"2011 计划"司法文明协同创新
中国政法大学法庭科学文化研究

FORENSIC CULTURE RESEARCH

法庭科学文化论丛

第 3 辑

张保生 / 主编

中国政法大学出版社

2018·北京

图书在版编目（ＣＩＰ）数据

法庭科学文化论丛. 第3辑/张保生主编. —北京：中国政法大学出版社，2018.1
ISBN 978-7-5620-8080-0

Ⅰ.①法…　Ⅱ.①张…　Ⅲ.①法庭—中国—文集　Ⅳ.①D926.2-53

中国版本图书馆CIP数据核字(2018)第020436号

出　版　者　中国政法大学出版社
地　　　址　北京市海淀区西土城路25号
邮寄地址　北京100088信箱8034分箱　　邮编100088
网　　　址　http://www.cuplpress.com（网络实名：中国政法大学出版社）
电　　　话　010-58908437(编辑室) 58908334(邮购部)
承　　　印　北京九州迅驰传媒文化有限公司
开　　　本　720mm×960mm　1/16
印　　　张　21.75
字　　　数　350千字
版　　　次　2018年1月第1版
印　　　次　2018年1月第1次印刷
定　　　价　69.00元

CONTENTS/ 目 录

2

科学鉴定与推理

权养科 *

　　一名从事物证鉴定的技术人员在一个论坛上曾经提出这样一个问题：指挥员或侦查员分析案件出现差错是可以原谅的，为什么鉴定人员工作中出现差错却难以容忍？从表面上看起来，这只是一种抱怨而已。然而，这个疑问的存在反映了一些深层次的问题，即对物证鉴定科学性以及科学鉴定如何在侦查和诉讼中发挥作用的认识。近年来，随着我国经济的发展和科技的进步，物证鉴定技术也得到了全面和快速的提升，物证鉴定在许多案件的侦破和诉讼中发挥了重要作用。然而，在我国法庭科学领域，随着大量新方法和新设备的引进以及物证种类的增加，鉴定的科学性以及鉴定结果的表述、解释和应用中存在的一些问题也开始突显出来。因此，认识和总结存在的问题，分析这些问题并研究相关对策，无论对法庭科学自身的发展，还是对侦查和诉讼活动中正确应用法庭科学的鉴定结果，都是意义深远的。

一、科学检测与数据分析

　　物证鉴定的科学性不但包括检验原理和方法必须科学，而且还应包括正确运用科学方法得出可靠的检测数据，并对数据进行合理的分析

---

　　* 作者单位：公安部物证鉴定中心。

评判。一般来说，在原理、检测和结果分析这三个环节中，前两个环节的正确性比较容易判断。这是因为目前绝大部分物证鉴定方法是从自然科学领域直接引进或者根据特定需求进行改进而形成的方法，其原理的科学性已经得到证实；另外，当前我国物证鉴定人员绝大部分都是学自然科学出身，具有相应的专业技术知识，能够熟练运用本专业的技术方法进行检测。然而最后一个环节，即检测结果或数据的分析评判，在法庭科学领域却有着很大的特殊性[1]。

人们常说，法庭科学是一门比对科学，这主要是根据法庭科学检验的目的而言。法庭科学包含的子领域很多，但绝大部分子领域中，检验的目的并不仅仅是获得数据或某些特性，而是要通过检材和样本的比较，对它们的相关性或来源进行判断。而这种判断的正确与否，不仅与检测方法本身有关，而且与检测对象以及检验者对检测对象群体相关信息的了解有关。以常见的纸张物证检验为例，要通过化学成分和物理性质检验判断两份文件所用纸张是否相同或者有相同来源，仅仅通过对两份文件进行检验的数据，是很难得出准确可靠的结论的。同一纸张不同部位化学成分的均匀性以及不同种类、不同厂家、同厂家不同批次生产的纸张相互之间的差异程度等，都是分析判断时应考虑的因素。显然，离开对这些因素或背景信息的了解，仅仅通过两份纸张的检测数据比较得出结论，其可靠性及科学性则难以保证。

由以上分析可以看出，物证鉴定中由检测数据的分析得出最后的鉴定结论，需要有足够的检验对象的背景信息和知识，也就是基础数据库。然而，基础数据库建设在我国法庭科学领域普遍重视不够。长期以来，许多法庭科学机构重视购买先进仪器设备，重视引进高学历人才，重视新方法研究，却忽视基础数据积累、样本信息收集等基础工作。这样导致的结果是我们有一流的检验人员、一流的检验设备、先进的检验手段，得出的鉴定结论的水平并不高，甚至其正确性都难以保证。用一个不太恰当的例子来比喻，我们的检验人员仅仅相当于医院里一个优秀的化验员，而不是医生。在国外，具有对检测结果进行分析和解释的能力的法庭科学工作者也被称为科学家。显然，科学检测并不等于科学鉴定，在重视先进技术方法的同时，我们还应注重数

---

[1] 王海君："对司法鉴定若干问题的认识"，载《中国司法鉴定》2004年第1期。

据积累等基础工作，并不断提高数据分析判定的水平。

二、鉴定结论的表述与应用

鉴定结论表述看起来只是个格式或形式问题，其实不然。如前所述，从事物证鉴定的人员一般都是学自然科学出身，而他们做出的鉴定结论提供给侦查、起诉和审判部门后，使用这些结论的人往往没有自然科学的教育背景，这就有可能产生所谓的"科学与法律之间的鸿沟"[1]。读懂并准确理解鉴定结论，是在案件侦查、起诉以及审理中正确应用鉴定结论的前提。因此，如何表述鉴定结论，尽量使非专业人员能够准确理解并正确应用，是一个非常重要的问题。由于法律及审判制度等原因，我国鉴定人出庭作证的比例还不是很高，鉴定人意见主要以书面形式提交，这样鉴定结论如何表述就更为重要[2]。

目前，除 DNA 专业有的检验结论以概率的形式给出外，其它专业的结论多为文字或语言描述，但存在的问题很多。目前首先应解决的是结论表述规范化问题。法庭科学包含的专业很多，各专业有各自的鉴定结论的表述方式，但如果同一专业不同检测机构对同样的鉴定结论有不同的表述，会给结论使用者带来困惑，甚至误解或误用。因此，各专业应当研究并制定统一的结论表述规范。另外，欧洲国家的一些法庭科学实验室不但将 DNA 鉴定结论以概率的形式给出，其它许多物证的鉴定结论也开始用统计学方法表述，目前使用最多的是似然比及贝叶斯法[3]。事实上，随着科学技术水平的提高，不仅物质成分检测可以得到数据形式的结果，而且一些传统的形态学物证也可获得量化的特征指标，其鉴定结论也可以通过统计学计算而以概率的形式表述。物证鉴定是科学鉴定，但在许多因素的限定下，仍然具有相对性。因此，用概率的形式给出结论，并非降低了结论的准确性，反而使得结论更加科学和可靠。结果表述方法是法庭科学领域今后的一个重要研究方向。

---

〔1〕 Richard Saferstein, *Forensic science handbook*, Volume 3, 2nd edition, Pearson Published, 2009.

〔2〕 张玉镶："司法鉴定学基本概念研究"，载《中国司法鉴定》2001 年第 1 期。

〔3〕 Zadora G., Ramos D., "Evaluation of glass samples forforensic purposes - anapplicationoflikelihood ratio model and information - theoretical approach", *Chemometrics and Intelligent Laboratory*, 2010（102）63~83.

三、同一认定与来源推断

长期以来，同一认定在我国被视为物证鉴定的基础理论，也有人认为是侦查学基础理论，甚至是司法证明的基础理论。近年来虽然对同一认定出现了一些不同理解和解释[1]，但同一认定在我国法庭科学领域，尤其是政法院校相关教材和公安系统仍然广泛使用。然而，随着物证鉴定技术的发展，尤其是大量先进的科学方法和理念的不断引入，对同一认定的原有的各种定义、解释以及应用有必要进行重新认识，尤其是要对其科学性、必要性和可行性进行分析。

目前 DNA 检验是个体识别最有效的方法之一，然而在置信概率极高的情况下，DNA 检验仍不能给出同一认定的结论。由此可见，同一认定的科学性是一个很复杂的问题。鉴定结论在案件侦查、起诉和审理中的作用大小，不但与证据种类及鉴定结论有关，而且与具体案情有关。例如，有的案件侦查或审理中对两个物证的鉴定要求也许仅仅是非此即彼即可；有的案件涉及的范围可能很小，即使检验的物证不具有同一认定所要求的唯一性，但也可能在侦查和审理中发挥至关重要的作用。因此，进行同一认定检验的必要性应视具体案情而定。同一认定的可行性是一个更为复杂的问题。物证检验涉及的专业很多，如果将其分为物质成分检验和形态特征检验两大类，可以看出，对于成分检验来说，判断两个样品成分是否相同，涉及检测方法的灵敏度、仪器的稳定性、测量误差等多种因素，判断两个样品是否为相同来源（或者同一认定），除上述因素外，还涉及样品的均匀性、同种类但不同来源样品之间差异的临界值等等。显然，检测方法越先进，仪器越灵敏，上述问题越突出，给出绝对化的认定结论难度很大。对于形态类检验，虽然随机特征或微观特征的特异性很强，但特征量的选取、表征以及特征量的数量等方面存在问题，容易导致盲人摸象的错误。

综上可以看出，无论是物质成分类检验，还是形态类检验，绝对认定结论的可靠性都难以得到保证，存在较大的风险。因此，在比对检验中尽量不做出绝对化的认定，而是根据科学技术的发展水平及现阶

---

[1] 郝宏奎、杨立云："同一认定理论地位新探"，载《中国人民公安大学学报（社会科学版）》2010年第4期。

段能够达到的检验能力，对物证的来源进行判断，这是一种更为科学和可行的方法。

四、对今后工作的建议

（一）建立样本库和数据库

如果没有对大量比对样品的分析研究，物证鉴定中缺少对检测数据的分析和解释的相关信息，得出的鉴定结论可能难以在案件中发挥作用。因此，尽快建立比对样品库或数据库，提高检验的整体水平，才能增强检验结论的实用性，更好地发挥科学鉴定在案件侦查、起诉和审理等各个环节的作用。

（二）数据处理方法研究

随着新技术和新仪器在物证鉴定中越来越广泛地使用，大量检测数据的研究分析，将成为制约检验水平的瓶颈。因此，法庭科学不同专业尽管有各自的特点，但应用统计学方法对数据进行分析和处理，都是提高鉴定水平和质量的重要途径。针对不同专业及不同检测方法，研究相应的数据处理和分析方法，是今后法庭科学领域的一个重要研究方向。

（三）侦查、起诉和审理人员学习物证鉴定的相关知识

随着审判制度的改革以及物证鉴定技术的不断提高，科学证据在案件侦查到审理的多个环节中将发挥越来越重要的作用，相关办案人员学习或了解物证鉴定基本知识十分必要。鉴定技术再发展，物证检验的水平再提高，科学鉴定也难以代替审判[1]。如本文开始部分所述，鉴定人员所做的鉴定必须要科学，才能为侦查人员的推理提供有用的破案线索或依据，也为审理人员综合分析和判断提供可靠证据。反之，侦查和审理人员如果具备一定的技术知识，可以更好地利用这些鉴定结论。

---

[1] 朱胜："刑事物证鉴定结论科学性问题研究"，载 http://kns.cnki.net/KCMS/detail/detail。

文检辨真伪，碑树人心中

——缅怀著名文件检验专家詹楚材先生

秦　达　王晓光　郝红光 *

2016 年 2 月 14 日，农历丙申年正月初七，正值春节后上班第一天，当人们还在回味着春节的喜庆时，一则噩耗却让中国的文检界同行悲痛不已：我国著名的文件检验专家，公安部物证鉴定中心研究员詹楚材先生因病医治无效，于 2016 年 2 月 12 日 3 时 45 分在北京逝世，享年 80 岁。在悲痛之余，先生的音容笑貌依然铭记在脑海中，往事历历在目……

1936 年 2 月，詹楚材先生出生在湖南省桃江县。1959 年毕业于北京政法学院（今中国政法大学）。在那个革命斗志昂扬的年代，年轻的詹楚材响应国家号召，来到了位于辽宁省沈阳市的公安部第一人民警察干部学校（今中国人民刑事警察学院）技术教研室工作。在这里，詹楚材虚心向经验丰富的老同志学习，将理论知识与案件检验实践相结合，开始了长达半个世纪的文件检验工作，书写了一段平凡而伟大的文检人生。

作为我国文件检验的泰斗级人物，詹楚材先生一生检验过上千起疑难案件，而他印象最深的却是工作后的第一起案件。詹楚材先生曾回忆说，1959 年 11 月，他在工作后参与检验鉴定的第一个案件意见就出

---

* 作者单位：公安部物证鉴定中心。

现了偏差。作为那个年代的大学生，又是科班出身，他的压力之大可想而知。痛定思痛，从这件事中詹楚材先生明白了在文件检验领域理论和实践的差别，并开始了仔细的总结和学习。他又拿出了当时仅有的课本，重新学习了三遍。第一遍掌握书中的基础理论，第二遍研读其中的细节，第三遍则仔细思考，并结合实际案例掌握其中的重点和难点。从那时起，詹楚材先生养成了白天工作、晚上思考案件的习惯，并且积极向经验丰富的老同志们请教，对照他人的特征比对表，分析自己寻找的笔迹特征标注的异同，真正把案件吃透。为了研究笔迹特征，他把自己高中、大学时的笔记本拿出来，分析年龄对笔迹变化的影响。这种细致勤奋、刻苦钻研的精神让詹楚材在短时间内快速成长，成为业务骨干。1961年，詹楚材先生在沈阳市公安局实习期间，参与破获了多个疑难案件，在青年人中崭露头角。

作为文件检验专家，詹楚材先生在案件检验上的成就有目共睹，同时他也是教书育人的典范。1962年6月，因为在工作中成绩优异，詹楚材被调回至北京，在北京政法学院任教。由于具有扎实的理论和实践基础，他的讲课时内容丰富，课程受到学生的热烈欢迎，其他班级的学生都慕名来听课。其他老师借过他的教案学习，却发现他的讲义和讲稿只有薄薄的几张纸，上面只是列有简短的提纲和案例名称。詹楚材先生曾自豪地说，他讲课不需要讲稿，授课时所讲的案例都是他在实际办案中的真实案件，这些都保存在他的脑子里。在讲课时，他结合课堂上涉及的知识点，从案情、笔迹情况、笔迹特征、检验收获等几方面引申展开，能够让学生短时间内掌握文件检验的精髓。对于学生来说，詹楚材亦师亦友。他常说，他爱才，对于优秀的年轻人才会创造条件助其发展，即使年轻人犯了一点错误，他也是以批评教育为主，争取不会因为错误对他们后来的人生道路产生影响。在公安部物证鉴定中心工作期间，他兼任中国刑警学院客座教授、中国人民公安大学研究生导师等，为全国公安、检察、法院、司法、军队、银行等系统单位培养了大批优秀技术人才。

1972年5月，詹楚材调至公安部三局，1977年10月起在公安部物证鉴定中心工作，历任文检研究室科员、副主任、主任、文检处处长、助理研究员、副研究员、研究员。在30年的工作生涯中，詹楚材参与鉴定、复核数千起重大疑难案件，其中有不少中央、公安部直接交办的大案要案，为国家挽回了重大损失。这其中的很多案件，都是一个个充满传奇色彩的故事，可以编写一本本惊心动魄的书。可是詹楚材先生的工作职责要求他默默在案件的侦查、起诉过程中提供科学准确的证据，为了社会的安宁、人民的幸福，詹楚材先生尽到了一个优秀的共产党员、一个称职的人民警察的职责。1994年，詹楚材作为鉴定人在澳大利亚出庭为某涉外案件出庭作证，在法庭上他沉着冷静、随机应变、适时反击、终不辱使命，圆满完成任务，被称为中国应邀到国外出庭作证鉴定人"第一人"。凭借卓越的成绩，他于1992年享受国务院政府特殊津贴，1993年12月被国务院授予专业技术一级警监警衔，1998年荣立个人三等功。这是国家对詹楚材先生工作成绩的最高褒奖。

詹楚材先生一生中检验鉴定案件上千起，每一起都有独特的幕后故事。这其中，最跌宕起伏、关注度最高的案件莫过于香港世纪遗产争夺案。正是这起案子，让长久居于幕后的文件检验第一次出现在大众的视野中，也在世界范围内展示了中国文检人的风采。案件发生在香港华懋集团主席龚如心与其公公王廷歆之间，目的在于对龚夫王德辉的遗产争夺，诉讼涉及金额为400亿港币的遗产，因此被称为"世纪遗产争夺案"。1990年4月，原华懋集团王德辉被人绑架，至今仍无任何消息，其妻龚如心接管华懋集团并将其发展壮大。1997年王父王廷歆向法庭提起诉讼，以一份1968年遗嘱为依据要求继承王德辉全部遗产，龚如心也提交了一份1990年的遗嘱，内容为遗产全部赠与龚如心。于是，围绕着龚如心所提供的4份遗嘱的真伪，在香港开始了一场旷日持久的世纪诉讼。詹楚材与中国刑警学院贾玉文、中国人民大学徐立根三人组成了中国文检界的"铁三角"，作为被告方龚如心聘请的鉴定专家，对4份遗嘱进行了细致而科学的鉴定，最终二审龚如心胜诉。值得一提的是，该案的最终审判，不仅证明了三位专家的业务水平，也维护了中国文检界乃至司法界的尊严和名誉。这也成了詹楚材先生人生中浓墨重彩的一笔。

詹楚材先生同样具备很深的学术造诣，他参与编写了《文件检验》《司法鉴定学》《刑事侦查基础知识》《物证技术学》《中国公安辞典》《司法鉴定知识大全》等一系列著作。由他任副主编的《物证技术学》曾获北京市哲学社会科学优秀成果一等奖。在科研方面，他先后完成了"伪造货币检验的研究""显现被掩盖文字新方法的研究"等多项课题，曾获部级科技进步三等奖和所级科技进步一等奖。他在国内外文检学术界享有很高的声望，曾任中国刑事科学技术协会常务理事、全国刑事技术标准化委员会委员、中国刑警学院客座教授、中国人民公安大学研究生导师等，从各个方面为我国文件检验事业的发展贡献着自己的力量。在去世前，詹楚材先生还应公安部物证鉴定中心的邀请，为中心青年干部答疑解惑，对青年文检人员提出宝贵的意见建议，并寄语"细致勤奋，去伪存真，施展才华，实现理想"，为年青的同志们树立了正确的人生航向。

欲问凭栏何所忆，于无声处听惊雷。詹楚材先生的一生，是敬业的一生、奋斗的一生、奉献的一生。在工作中，他恪尽职守，勇挑重担，勤奋敬业、任劳任怨、廉洁奉公。对文件检验事业的深沉热爱、孜孜不倦、精益求精的业务追求，求真务实、刚正不阿的学术作风，是詹楚材先生一生的写照，也是他用行动给予我辈最深刻的教诲。

谨以此文深切缅怀詹楚材先生！

（感谢公安部物证鉴定中心团委、离退休干部处对本文写作的大力支持。）

图1　詹楚材，男，1935年3月生，湖南省桃江县人。
公安部物证鉴定中心研究员。2016年2月12日在北京病逝。

《名公书判清明集》 中的文书检验

刘敬杰　胡　坤　张　宁 *

前　言

　　《名公书判清明集》是南宋中后期诉讼判决文书和官府公文的分类汇编，也是中国最早刊行的一部实际诉讼判决书的汇编，是研究南宋中后期社会、经济、法制的珍贵史料（以下称《清明集》）。书名中的"名公"是指判书的作者，包括胡石壁、范西堂等在内的 28 位有一定名望和声誉的士大夫和官员，"书判"即判决文书，"清明"是指所断案件的清正廉明，"上不违法意，下不拂人情"。

　　当前，中国大陆对这部珍贵文献的研究主要集中在历史、民俗和法律领域，我国台湾地区及日本、美国的学者也多有类似的研究和译注出版，甚至还成立了专门的研究机构。据笔者依据 1987 年中华书局点校本统计，全书共计 14 卷，分 7 门 103 类，收录判书 456 篇，判书中多涉及各类文书物证，其中略述文书辨伪方法或检验依据的有 31 篇，是研究南宋时期文书检验制度和检验发展水平极为难得的史料，但迄今关于这部著作的文检学研究却鲜见纸端，笔者不揣浅陋，试作分析。

---

　　* 刘敬杰，苏州同济司法鉴定所；胡坤，苏州市公安局；张宁，苏州市人民检察院。

一、文书检验制度

（一）文书物证的审查

南宋时期的决狱较注重证据的运用，"今无片纸可照，但执一告，揆之役法，实不可行"[1]。南宋时期经济发达，交易频繁，契书的使用趋于成熟，"交易有争，官司定夺，止凭契约"[2]。从书中可知审判官员并非一味地依靠庭堂之上刑讯逼供或主观臆断来决狱，而是非常重视各类书证的辨伪及证据效力的审查，如《户婚门·孤女赎父田》中所述："切惟官司理断典卖田地之讼，法当以契书为主，而所执契书又当明辨其真伪，则无遁情"。

在我国的封建社会时期，司法官员是集审判员和鉴定人于一身的，南宋也不例外，然而文献中并未见关于官员们接受文检专业培训的记载，这就对县令等基层司法官员的才学与认知提出了较高的要求，正如《官吏门·县令老缪别委官暂权》中所称："县令之职，最为劳人，自非材具优长、智识明敏者鲜能胜任"。可见审案的官员对各类文书物证具有审查、鉴辨的双重职责。

（二）文书检验的申请

审判官员对文书物证具有先天的审查职能，而在《户婚门·伪冒交易》一案中还出现了当事人根据自己的质疑提出鉴定请求的情况，并提供了比对样本，进行鉴定："周八娘又执出君实临死遗嘱之文，乞与辨验君实押字笔迹。寻与点对，则契上君实押字，与遗嘱笔迹不同"。

在亡者之妻周八娘的"乞求"下，审判官员同意对书契物证中的押字笔迹进行鉴定，并还以真相，这一点与现代民诉中的举证及鉴定申请别无二致。

（三）文书检验辅助人——书铺

南宋是一个重视使用契约的朝代，但在利益的驱动下伪造也极盛行，"往岁到官之初，尝取版籍，逐一考核，其间真伪相半，而实有凭

---

[1] 《户役门·限田论官品》。
[2] 《户婚门·物业垂尽卖人故作交加》。

11

可以免税者无几"〔1〕。"物业垂尽，每于交易立契之时，多用奸谋，规图昏赖，虽系至亲，不暇顾恤。或浓淡其墨迹，或异同其笔画，或隐匿其产数，或变异其土名，或漏落差舛其亩步四至，凡此等类，未易殚述"〔2〕。审判官员除对这些涉案文书亲自审查外，《清明集》中还记述了审判官员在审查鉴辨文书物证时使用了具有辅助司法鉴定职能的鉴识人员，即书铺。当"惟本县但以契书为可凭，而不知契之真伪尤当辨"时，遂"唤上书铺，当厅辨验"〔3〕，又如《户婚门·伪作坟墓取赎》中载"仔细点检，契内无官印，契后合接处虽有官印，稍涉疑似，当唤上书铺辨验，同称其伪"。《惩恶门·结托州县蓄养罢吏配军夺人之产罪恶贯盈》载述"至如假官一节，索到告身批书，皆是揩洗书填，难掩踪迹，唤取前项书铺辨验，造伪晓然"。

书铺在官员的要求下进行技术性检验与论证，其结论用来佐证官员的审查判断，也被用作定案的依据，最终审判官员作出公正判决，平争止讼。南宋时期的文书检验既已建立了以司法官员为主，以"书铺"相辅助的检验鉴定模式，这也是宋代文书检验先进性的体现之一。《清明集》中除五篇判词有"书铺"参与检验外，还有一篇是关于书铺因教唆他人伪造证据而被论罪获刑的判词〔4〕。书铺的职能与现代的司法鉴定职能相当，应被视为我国现代司法鉴定机构的雏形，但遗憾的是书中并未记述书铺是如何检验文书真伪的。

二、文书检验技术

（一）契约制作的规范性审查与逻辑推理

受科学技术发展及个人认知的制约，并非所有的伪造行为都能被识破，"夫增添之真伪，固未可知"〔5〕，因此书契书写的规范性就自然成了审查证据真伪和效力的重要方式，看其内容是否详尽，当事人签字画押是否完备，如《户婚门·高七一状诉陈庆占田》载"又于内即无号数亩步，别具单帐于前，且无缝印。乡原体例，凡立契交易，必

---

〔1〕《户役门·限田论官品》。
〔2〕《户婚门·物业垂尽卖人故作交加》。
〔3〕《户婚门·孤女赎父田》。
〔4〕《人品门·假作批朱》。
〔5〕《户婚门·漕司送下互争田产》。

书号数亩步于契内，以凭投印。今只作空头契书，却以白纸写单帐于前，非惟税苗出入可以隐寄，产业多寡皆可更易，显是诈欺"。由此可见，若契约书写格式不规范、"契要不明"或"纵有私约，非官文书，更历年深，何所照剧"[1]，即认定为无效文书，所谓"分书不载，不理官户，正防此伪冒"[2]。

文书并非孤立存在的，文书的制作与形成要受到多种时空条件的共同制约与影响，"容心作伪，殊不计岁月之讹舛"[3]。在南宋科学技术发展水平有限的状况下，更多注重的是文书制作的规范性，并审查文书内容是否有违逻辑及行事规律，从而寻找端倪。

根据《户婚门·漕司送许德裕等争田事》载："虽曰有扑佃文字，然自淳熙九年至嘉定二年，相去二十七年，胡为全不交租？虽曰续曾陪还价钱，然自嘉定二年至宝庆三年，相去又十九年，胡为不再管业，直至去春，方来入词"，这显然是不符合常理的，文书的真实性受到了极大的怀疑。

（二）笔迹鉴定

受判例体的限制，《清明集》中关于文书检验的记载十分简略，大多没有阐述具体的检验方法和检验的依据及科学道理，多是一笔带过。对笔迹鉴定论述最为详细的当属《陈安节论陈安国盗卖田地事》一案，其中记述有"阿江已死，无可验证，但以契上所书陈安节三字比之，陈安国及陈安节两人经官状词，亦各有陈安节三字，则知其为陈安国假写无可疑者。契上节字皆从草头，其偏傍则皆从卩（子结反）字，陈安国状上节字亦如此写，陈安节状上则皆从竹头，其傍皆从附邑。又唤上书铺辨验，亦皆供契上陈安节三字，皆陈安国写，则是瞒昧其母与弟，盗卖田产无疑"。审判官员通过契书与状词中"節"字写法的异同认定陈安国伪造契书，盗卖田产，这一结论也得到了书铺的支持。说明当时官员和书铺对人的书写习惯已经有了一定的认识，能够通过笔迹所反映出的稳定的特征进行笔迹分析鉴定。

不仅如此，《清明集》中审判者还能够对笔迹的人各不同、时时变化的特性准确把握，区分这类"不同"及"变化"也就成了笔迹鉴定

---

[1]《户婚门·漕司送许德裕争田事》。

[2]《赋役门·须凭簿开析产钱分晓》。

[3]《户婚门·伪批诬赖》。

的关键。《户婚门·正典既子母通知不得谓之违法》载："典、绝两契皆是周道卿亲笔，所谓'母亲卢氏'四字不同，乃是真草有异，谓非周道卿之笔，则吾不信也。周道卿典契押字与绝契押字，诚是不同，但押字或然随时改易，事在出业之人，不干得业人之事。若使得业人伪为，则正当摹效使之相似，岂有故作两样之理？"

从上述记载可以看出，审判者认为四字不同是"真草有异"，是由人的书写多样性造成的，是"随时改易"而产生的结果，属非本质性差异。并认为若是模仿形成，那么模仿人在仿写时会尽量与被摹仿人字迹相似，而不是故意写出差异来，这不符合常理。判例中的精彩论断显示出了审判者对笔迹特征的充分认识，具有较高的检验水平。

《清明集》中所述笔迹检验均是对照自然样本进行的，而未提及实验样本的使用。

（三）篡改（污损）文件检验

《清明集》中记录了众多的伪造文书的方法。如，旧纸写新墨、移取粘补、重贴旧纸、揩改文字、烟尘熏染等等。讲述的篡改变造文书的方式不可谓不丰富，这也说明了当时对这些作伪造假的手段已经能够进行有效的鉴别。

《户婚门·伪作坟墓取赎》载："杨迪功又执出干道间上手契书，称有墓地，子细点检，契内无官印，契后合接处虽有官印，稍涉疑似，当唤上书铺辨验，同称其伪"。又如《惩恶门·以累经结断明白六事诬罔脱判昏赖田业》一案中记述："见得陈经署宅经界砧基簿上，该载黄文炳黄沙田九亩三角甚明，即无揩改等痕迹，则此田是陈经署宅业分晓。黄文炳家砧基簿，就本号田内扯去原批字，重贴旧纸，写立契典与四字。则此田不是黄家典产，故作情弊，混赖赎田分晓"。当事人在被揭示造假后供认"祖父故后，清仲同叔黄安世，将上祖砧基簿卖字贴补作典字，于赵知县任内与陈鈇争业，执占不还此田"，与审判者的分析判断正相吻合。

（四）朱墨时序检验

《户婚门·出继子卖本生位业》中载："伪契非特假作许氏花押，兼所写字画皆在朱印之上，又无年月，全不成契照，可见作伪之拙"。又如《户婚门·兄弟争业》一案中县令发现"潘祖应"字迹与其他文字"墨迹浓淡不同"，且字迹又书写于"税契朱墨之上"，从而认定契书存在添加变造。上述两案皆是通过判断印文与文字的形成次序来认定伪造文书的，可见先书写文字再钤印印文，是正式文书的一贯做法，若朱墨次序颠倒，则文书的真实性就要受到质疑，这一点至少在宋代就已经形成了共识，并能够对朱墨时序进行了检验。

《清明集》中有多份判例提及了朱墨时序的检验，但遗憾的是书中均未表述是如何检验的，也未记述认定的依据。

（五）系统检验

宋代司法官员认为，在文书上动手脚，必定会造成缺漏，只要细心检验，定会发现异常。而且对书证的审查辨验不局限于内容、逻辑，还对文书的外观、纸张、墨迹等多要素、多角度一一分析，系统鉴辨。

例如《户婚门·伪批诬赖》中所载："今以吴五三之砧基、批约与陈税院之契书、租札参考其故，真伪易见，曲直显然。大抵砧基当首尾全备，批约当笔迹明白，历年虽久，纸与墨常同一色，苟有毫髪妆点，欺伪之状晓然暴露。今吴五三赍出砧基止一幅，无头无尾，不知为何人之物，泛然批割，果可凭信乎？吴五三所执批约二纸，烟尘熏染，纸色如旧，字迹如新，公然欺罔，果可引乎？此吴五三虚妄一也。陈税院执出吴亚休契，并缴上手赤契，出卖乃嘉泰二年八月，于当年投印管业，割税，入户三十余年矣。吴五三輙称其父亚休已于嘉泰元年赎回，所执陈税院父陈解元退赎两批，皆是嘉泰元年八月十二日内书押。陈解元身故多年，笔迹是否，固不可辨，但以批约验之契书，岂有二年方交易，元年预先退赎，其将谁欺？容心作伪，殊不计岁月之讹舛，此吴五三虚妄二也"。宋代司法官员在实际检验中已能够普遍运用系统检验的方法，多要素分别检验，相互印证，综合判断。

宋慈别号与书判辑佚

刘 通[*]

一、宋慈别号考略

宋慈书判佚文是从宋人所编《名公书判清明集》的明刻本辑得的。该书对所录入书判作者的落款一般采用"姓+别号"的方式。书中还列有《清明集名氏》对照表，著录作者的"别号+姓氏+名+字+籍贯"。一般而言，这是十分准确无误的。然而，由于年代久远，著录习惯有别，尤其是宋慈的别号平时很少为世人所知，所以，在此对宋慈的别号先作一番考究是很有必要的。

宋慈与其他历史文化名人一样，一般都有姓有名有字，还有别号。然而，在与宋慈有关的生平史籍中，如明嘉靖《建阳县志·列传·人物类》[1]、明《八闽通志·人物》、[2]清陆心源《宋史翼·宋慈传》[3]和现代版《建阳县志·人物·宋慈》[4]等，均没有宋慈别号的记载。那么，是不是宋慈真的原本就没有别号呢？不是的！据考证，宋慈的别号为"自牧"，有以下几条史料可资证明。[5]

---

[*] 作者单位：福建省建阳市宋慈研究会。

〔1〕（明）冯继科纂修：《天一阁藏明代方志选刊——建阳县志（嘉靖景印本）·列传·人物类》卷之十，上海古籍书店 1962 年版，第 9~10 页。

〔2〕（明）黄仲昭纂修，福建省地方志编纂委员会主编：《福建地方志丛刊——八闽通志（下）·人物》卷之六十四，福建人民出版社 1991 年版，第 521 页。

〔3〕（清）陆心源：《宋史翼》卷二十二。

〔4〕陈明考主编：《建阳县志·人物》，群众出版社 1994 年版，第 870 页。

〔5〕方彦寿："'大宋提刑官'宋慈的'别号'"，载《闽北医教》总第 10 期。

首先，在宋人刘克庄的《宋经略墓志铭》中有"晚尤谦挹，扁其室曰'自牧'，丞相董公槐记焉"[1]诸语。室名，即书斋之名。古人都喜欢给自己的书室命个名，或以之明志，或以之寄情，或以之自勉。而室名，往往又和别号分不开。譬如，朱熹在《云谷记》中记载道：他在建阳云谷山"作草堂其间，榜曰'晦庵'"。[2]由此可知，"晦庵"之名，最初是室名，但其后成了朱熹最常使用的别号之一。宋慈别号"自牧"也是这样。从上述引用刘克庄的记载中，我们知道时任丞相的董槐曾为宋慈的书室作过记。只因董槐无著作存世，所以他为宋慈撰写的《自牧斋记》或《宋慈自牧堂记》之类的文章不传于世。否则，今人定会多一份研究宋慈生平事迹的珍贵史料。

其次，在《续古逸丛书》本《宋本名公书判清明集》[3]卷首的《清明集名氏》这份名单中，列出了有"书判"被本书辑入的宋代"名公"，其中包括真德秀、刘克庄、蔡杭和宋慈等人的姓名、字号和籍贯。其中记宋慈为"自牧先生宋氏，慈，字惠父，建安人。"根据这份名单的惯例，记真德秀为"西山先生真氏，德秀，字希元，建安人"；记刘克庄为"后村先生刘氏，克庄，字潜夫，莆阳人"；记蔡杭为"久轩先生蔡氏，杭，字仲节，建安人"。西山、后村、久轩分别为真德秀、刘克庄和蔡杭的别号，由此可以推断，"自牧"确实是宋慈的别号。文中为何称宋慈为"建安人"而不是建阳人？这是因为历史上建阳县和浦城县一样，曾隶属于建安郡，故文中把浦城的真德秀和建阳的宋慈、蔡杭均称为"建安人"。这个"建安"实指南宋时期作为闽北政治经济文化中心的建宁府。令人遗憾的是，《宋本名公书判清明集》原书已无全本存世，现存的只是一个残帙。宋慈之"自牧"别号，除了《清明集名氏》列表中得以一见之外，正文中未见录有宋慈书判内容及相应别号。

〔1〕（宋）刘克庄：《后村先生大全集》卷一百五十九，四川大学出版社 2008 年版，第 4062 页。

〔2〕（明）朱熹：《朱文公文集》卷七十八，《朱子全书》本，上海古籍出版社、安徽教育出版社 2002 年版，第 3726 页。

〔3〕孙毓修等编：《宋本名公书判清明集》，收于《续古逸丛书》，上海商务印书馆 1922 年版。

再次，现存的《名公书判清明集》还有一部明刻本。[1]此即明代张四维据《永乐大典》本校录的十四卷本。其中收录"宋自牧"即宋慈的书判共有七篇十六则。文中"自牧"凡一见，"宋自牧"凡十见。由此，再一次证明，"自牧"确实是宋慈的别号。

此外，宋慈有一位老部下和好朋友、南宋广东籍探花李昂英（别号文溪），曾经步韵奉和宋慈《七律·劝驾》诗一首，名为《和广帅宋自牧劝驾韵》。[2]其时，宋慈在广东任经略安抚使（广帅），李昂英辞官赋闲在广东老家，好一个"吾乡遇故知，其乐也融融"！本诗中"主人况是梅花宋"是他的诗词名句，也是该诗的"诗眼"，用典十分贴切到位，与宋慈的祖先——唐代名相宋璟因撰《梅花赋》而名扬天下相关，意为当今的宋自牧乃是宋璟之后五百年再出的"小梅花宋"，现在正是"小梅花宋"宋慈"各领风骚数百年"的时候！仅凭这条旁证，就足以说明"广帅宋自牧"就是"广帅宋慈"。我们已知宋慈的姓、名和字，那么，"自牧"必然是宋慈的别号了。写到这里，我们不得不赞叹广东的李文溪先生昂英是一位伟大的预言家，当年的广帅宋自牧先生慈早已是"业绩垂千古，洗冤传五洲"的世界法医学鼻祖了！

最后，李昂英还为宋慈的季子宋秉孙写过一首七言律诗，名为《赠宋省元巍荐经义》。[3]此诗的诗前小序为"宋秉孙广帅慈之子也，治周礼义。"上面那首和诗的诗题有"广帅宋自牧"，这一首诗的诗前小序有"广帅慈"，且子随父姓"宋"，因此，我们完全可以解读出"广帅宋慈号自牧"之文意。通过李昂英这首格律诗，又一次证明，"自牧"确实是宋慈的别号。

刘克庄在《宋经略墓志铭》中说宋慈"晚尤谦挹，扁其室曰'自牧'"，一方面说明此室名和别号得之于宋慈晚年；另一方面，"谦挹"一词，实际上已解读了"自牧"的内涵。意思是身居高位更要时刻保持着危惕之心，不要忘记谦虚谨慎，加强自身的道德修养。从宋慈的别号——自牧，可以看出这位大宋提刑官的旨趣、抱负和精神追求。逐渐地，当人们介绍大宋提刑官宋慈时，必将越来越习惯于说：

---

〔1〕（明）张四维辑：《名公书判清明集》，收于《续修四库全书》，上海古籍出版社2002年版。

〔2〕（宋）李昂英：《文溪集》四库全书本，卷十五。

〔3〕（宋）李昂英：《文溪集》四库全书本，卷十六。

"宋慈，字惠父，号自牧！"[1]～[2]

二、宋慈书判辑佚

（一）巡检因究实取乞

当职在江西时，已闻扶友嵩、扶如雷之名。一时夺江州统领官陶俊印以归，残两路，破永新，此人也。往岁范西堂权帅，尝自发其恶，闻于朝，拘于寨，不知后来以何因缘冒滥今官，又以何因缘得此职，宜其以前日贼心戕百姓。此事特一件。今皮千四供执已明，岂靠顽所可抵拒。逮照勘案，催追未到人，再判扶如雷所犯情由照应。某顷年守官江右，正值扶冠结约狂僧，集众披猖，震动两路，残破县邑。其时

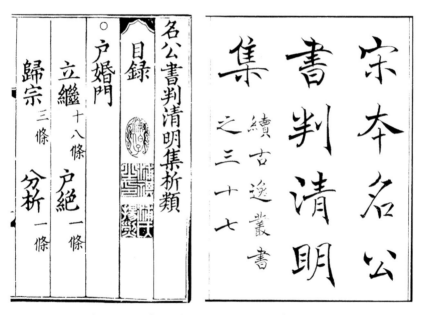

图1 《续古逸丛书》本《宋本名公书判清明集》扉页与析类目录

官司狃于性习，饵以官资，赏以厚赂，方得帖服。自此益张骄习，江州视效，无岁不扰，常切扼腕。及误蒙恩易节湖湘，忽于本路在任官

〔1〕 参刘通："宋慈——世界法医学之父"，载《麻阳斋随笔（武夷文苑丛书）》，海潮摄影艺术出版社2009年版，第45页。

〔2〕 参刘通："大宋提刑官宋慈陵园"，载《麻阳斋随笔（武夷文苑丛书）》，海潮摄影艺术出版社2009年版，第53页。

员脚色籍中见有凶雏扶如雷者，依然正统部内巡检职事，犹以其未招民诉，姑且容养。及交事后，节节据人户有状论其不法，或讼其受人户白词，或诉其纵寨兵劫夺，然亦不过判下本州、本县就近追究，尚冀其少悛元恶。近据衡州州院勘到皮千四因争水车，辄开集人众，各执器械，杀死杨百二事，系委扶巡检究实，却使虞候贺照胁取大会一千贯，及将会三百贯与寨吏潭伸计嘱因依。本司行下攸县，追到巡检扶如雷及寨吏潭伸赴司供对，次续据攸县冯天麟、陈宗等亦诉扶巡检取乞，方行诘问，乃咆哮不伏，公然放声，谓做官不如打劫自由及无官更自快活之语。寻院送根问，后据州院勘到巡检扶如雷，本司照得贪吏赃污，世不能免，乃若以盗贼而诈冒得官，既冒官而复谋攘窃，此其虎咒豺狼之性，至死不改，却非寻常贪赃之比。在法：诸领寨官为监临，受财十五疋者绞，其命官将校奏裁。今扶如雷所受赃数过五十疋，死有馀罪。又法：诸诈假官者流二千里，谓伪奏拟之类。今扶如雷以贼渠魁，不肯作招安受命，妄以自备家财赎回两官印，欺罔朝廷，冒受官资，正应上项条令，岂容轻贷。再契勘到本人父扶友嵩猖獗之时，朝廷至遣统制王旻部兵马三千前来讨捕，黄冈一战，官兵折三之二，贼势愈炽，劫持官司，必欲取利，所带恶少屯于沙浦，甚至又欲世袭峒主，不纳王租。一时余侍郎轸念生齿，遂主招降，并官其子，至今衡湘痛入骨髓。况据本人供招所具，又曾两次谋杀王官，已被拘锁。今其所管之寨距旧日巢穴，不满三舍，设或断蛇不殊，纵虎出押，他日必结连残党，倡哄前日所部寨兵，合从而起，其祸有难言者。检准绍兴元年十一月指挥，凡兵将盗贼尽属安抚司，况枢阃责专消除祸本，干系甚大。其扶如雷见拘锁衡州土牢听候，所合备录本人过犯在前，欲望钧旨行下，拖考本人，拘锁原案，将扶如雷真决刺配，永锁土牢，将原冒受告身追毁，径关枢密院照会，非特可以警肃赃贪，抑使崔苇馀孽凡受招携之恩者，皆将有所忌惮，而不为不义。申知院大使行府，伏乞钧旨施行。后准大使行府劄，本司差人管押扶如雷赴大使行府，从所申事理施行，遂差彭超荣管押扶如雷，解投大使行府去后，准劄下，照得扶如雷，顷者父子寇攘，邀求官爵，既登仕籍，长恶不悛，流毒于民，其实迹见于宪司所申，勘招不诬，赃满配流实当，但以其曾忝一命，姑从末减。决遣拘系，免复出贻害善良，且使其徒知有三尺。已取上扶如雷送湖南周路钤，决军杖一百，拘锁飞虎寨，永不疏放，并关枢院照应施行。非得朝旨，不许疏放，庶免使复出为恶。劄下湖南安抚大使及潭州各照应，及本司照会。

（二）都吏辅助贪守罪恶滔天

大教射毕收垛，其箭数或收或退，合追合断亦合从，知郡审实施行，又岂都吏可得以私意而自专。军营遗火其犯人合追断亦合从，知郡审实施行，又岂都吏可得以私意而容庇，详此二节，可见郑俊平时一军事权尽由本人把握，押下州县，枷勘前后罪犯及新知军到任以来，郑俊专擅不法及非理取乞事件。胡杰且责令照此一一依直再供，违并送勘。知郡之廉耻扫地，郑俊之罪恶滔天，凡所供所招之词，皆未见未闻之事，备所供摘录申取大使行府钧旨断遣。胡杰且拘下，再勒供平日同恶相济之人，一并为民除害。据郑俊招伏情款，狼藉之状所不忍闻，乞祠从便，但不许归军干预财赋，因此席卷公私币藏，牒报通判，同押簿历，一毫欺弊，贵有所归。并引示本军都副吏，及贴财赋官，知委断罪。郑俊辅助贪守，椎剥民财，党庇亲私，激成大变，擢发不足数其罪，姑从拟重决脊杖二十，刺配海外州军，拘锁郴州土牢。胡杰决脊杖十二，编管全州。

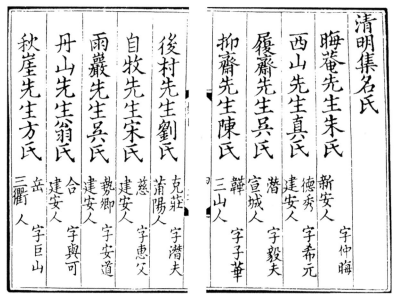

图2 《宋本名公书判清明集·清明集名氏》

清明集名氏

晦菴先生朱氏　新安人　字仲晦

西山先生真氏　建安人　字希元

履斋先生吴氏　潜　宣城人　字毅夫

抑斋先生陈氏　三山人　字子华

韩三山人

后村先生刘氏　克庄　莆阳人　字潜夫

自牧先生宋氏　慈城人　字惠父

雨岩先生吴氏　势卿　建安人　字安道

丹山先生翁氏　合　建安人　字与可

秋崖先生方氏　岳　三衢人　字巨山

21

（三）办公吏摊亲随受赂

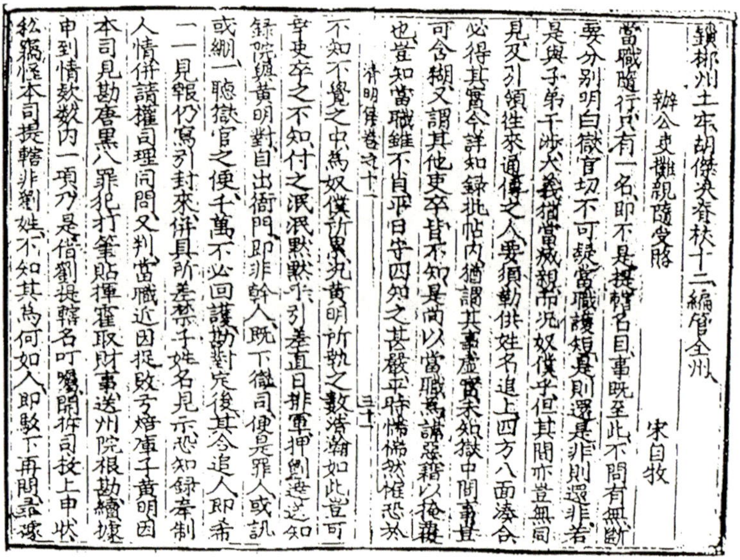
竊郴州土牢胡傑决脊杖十二編管全州

辨公吏攤親隨受賂　　宋自牧

當職隨行只有一名即不是提轄名目事既至此不問有無斷要分别明白獄官切不可疑當職護短是則還是非則還非若是與子弟干涉大義猶當滅親而况奴僕乎但其間亦豈無同見及引領往來通傳之人要須勒供姓名追上四方八面湊合必得其實今詳知録批帖内猶謂其事虚實未知獄中間事豈可含糊又謂其他吏卒皆不知是尚以當職爲諱惡藉以掩覆也豈知當職雖不肖平日守四知之甚嚴平時惴惴然惟恐於

清明集卷之十二　三十一

不知不覺之中爲奴僕所累况黄明所執之數浩瀚如此豈可幸吏卒之不知付之泯泯默默乎引差直日排軍押劉達送知録院與黄明對自出衙門即非幹人既下獄司便是罪人或訊或綳一聽獄官之便千萬不必回護勘對定後其合追人即希一一見報仍寫引封來并具所差禁子姓名見示恐知録牽制人情併請權司理同問又判當職近因捉敗弓焙庫子黄明因本司見勘唐黑八罪犯打筆貼揮霍取財事送州院根勘續據申到情款數内一項乃是借劉提轄名叮囑開拆司投上申狀私竊怪本司提轄非劉姓不知其爲何如人即駁下再問尋據

图 3　明刻本《名公书判清明集》中的宋慈书判原文

当职随行只有一名，即不是提辖名目。事既至此，不问有无，断要分别明白，狱官切不可疑当职护短，是则还是，非则还非。若是与子弟干涉，大义犹当灭亲，而况奴仆乎？但其间亦岂无同见，及引领往来通传之人，要须勒供姓名追上，四方八面凑合，必得其实。今详知录批帖内，犹谓其事虚实未知，狱中间事，岂可含糊。又谓其他吏卒皆不知，是尚以当职为讳恶，藉以掩覆也。岂知当职虽不肖，平日守四知之甚严，平时惴惴然，惟恐于不知不觉之中，为奴仆所累，况黄明所执之数，浩瀚如此，岂可幸吏卒之不知，付之泯泯默默乎？引差直日排军，押刘达送知录院与黄明对。自出衙门，即非干人，既下狱司，便是罪人，或讯或绷，一听狱官之便，千万不必回护。勘对定后，其合追人，即希一一见报，仍写引封来，并具所差禁子姓名见示。恐知录牵制人情，并请权司理同问。又判：当职近因捉败弓焙库子黄明，因本司见勘唐黑八罪犯打笔贴挥霍取财事，送州院根勘，续据申到情款，数内一项乃是借刘提辖名，叮嘱开拆司投上申状。私窃怪本司提辖非刘姓，不知其为何如人，即驳下再问。寻据知录相访，复称乃是宅堂干人刘达者，且惊且喜，以其爱于己，且忠于己也。次早缴到黄明情款，赃数盈纸，当职亦信其问之审，对之实，谓事必然也，即押刘达送狱，见之书判，且云：既出宅门，即非干人，才入狱门，便是罪人，绷吊勘讯，一听狱官之便。今收禁勘问已五日矣，又曾追黄明所执见证人李百二押下同勘矣，忽申到情款，尽以前执为虚。且图圄岂是妆排行戏之场，赃物亦非撮弄变幻之具，未追人之先，须要诘问的实情由，已追之后，须要究竟原物归着，岂可如巡、尉司纵贼，摊人有钱，得钱则放，荡无纲纪。当职僮仆，惹此外谤，收禁绷吊，皆所自取；李百二，百姓也，祸从天来之，故与顽囚对勘于隆冬极寒之时，岂不可怜。且身为监司，设使果不能钤束奴仆衷私受赃，自当缴解他司，明正典刑，投章自劾，退归闲散。若无其事，乃为本司一库子所诬玷，又为已觉发罪吏所控持，至此岂容但已。况本司所管者，狱事，无故押一仆入狱，又忽然平白放出，虽此心可以自信，在傍人宁免有狱司观望之疑。况中间甘知县申到复帖，其中有吏卒未知之语，是其亦不相信，欲以此勾引当职俯首请求，掩覆于吏人乎？何则，事至于此，愈涉嫌疑，断须究竟到底，亦非本司所敢专行，送金厅，且引上黄明面问，事无因由，如何平白生出一段事节，刘达与李百二原无冤仇，如何忽然有此供摊，如其不然，的实出于何人指教，及出于是何吏卒锻炼，一一责从实供。仍从金厅点对，备公文，奉涴提举使司专差干官一员，送无干碍狱司监督审勘，如是果有实情，径将刘达照条重作施行，庶几可以自白。是乃所以笃交承之情，全联台之义。如其不然，官员尚可置而不问，其公吏教囚诬报，控持监司情犯，望径从使台斟酌公行。金厅遵从，就州院取上黄明，赴本司金厅，当面逐一审问。

（四）与贪令掯撼乡里私事用配军为爪牙丰殖归己

陈瑛安停赵知县于替满之时，赵知县作意周旋陈瑛安将安停之际。今详索到别项县案，其平白科罚，动计一千贯，名曰暂借，实则白夺。而陈瑛是时亦于此旁缘骗取物业，至于六七千缗。则毛信所诉，岂为全虚？皆缘陈瑛财力丰厚，专与县官交结，而此狱干连非一辈，营救非一人，所以前一次孔县尉财物，狱吏周旋，既脱身善去，今此奸计复行，拖延年馀，追会徒繁，至今查无定论。今唤上审验，毛六四之被缧绁，犹有可言。自古岂有论人骗乞，偏受绷吊，而被执者反安然坐视之理？又岂有见在人又不勘，勒令供执已死人虚当之理？

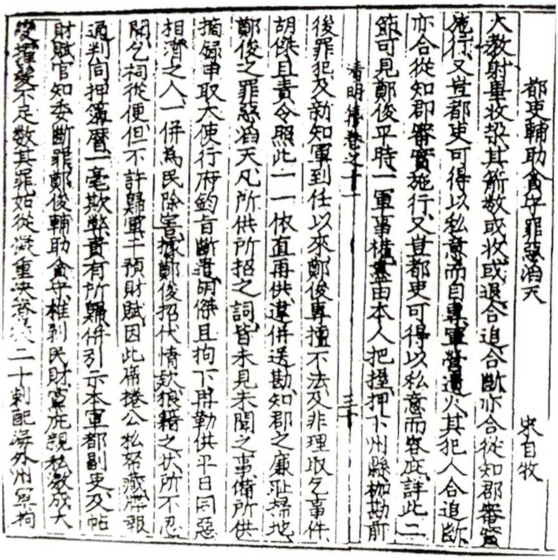

图 4　明刻本《名公书判清明集》中的宋慈书判原文

详此，则谓推吏非受情弊不可也。前此权知录者，虽曰开端差舛，然亦不过延引追会。又其时别理骗乞之讼未兴，赵知县科罚之案未出，今旁证已明，他词交至，而犹与之缚倒词人，非特诉冤者痛不能堪，而当职视其疮痍，亦恻然不能堪矣。送都吏，选差本司人吏一名，及踏逐差款司推司二名，唤上两项诉陈瑛人及干连人，委请本司兼金赵司法，于四景堂反复诘问，不直供者绷讯，惟实之归。及见索到及索州院未到案，发照问引，会州院见行推司拘下，先将一项案连与司法看过，今深熟，方可引上一行人勘。此狱当自赵知县移居其家内一项，科罚推寻，便见情实。

检法书拟

陈瑛操不仁之心，贪不义之富，出入县道，以神其奸，交结配隶，而济其恶，主把公事，挈攫民财，但知为一家之肥，不知为众怨之府。今据所招情犯言之，放债取息，世固有之，然未有乘人之急、谋人之产如陈瑛者也。罗喆，始者借其钱六百贯，一入圈缋，缠磨不休，本钱已还，累息为本，逼迫取偿，勒写田契，已是违法。甚至唆使张云龙诬赖不还，告□以兴讼，取媚县道，令纳千缗寄库以从和。操担掉阖，惟意所欲。既以此逼写膏腴之业，又以此没其寄库未尽之钱。专

24

务行霸以自昱，乌知鬼神之所瞰。今两词对定，罗喆前后实借去钱三千一百贯，陈瑛则累本利共取八千一百八十贯，勒写田业准还，又寄库支用外，悉是白夺其四千四馀贯之业。原其设心措虑，非空罗氏之产不休。乃若主持贺八饶屋之讼，始则执毛信打夺所追人王世斌，实之囹圄，终则受其财贿，夤缘县官，号召县吏，便可白休。惟得之求，宁顾法理。今其身罹宪纲，犹运通神之力，厚赂狱吏，拷缚词人，逼令退款，则其横行闾里，吞噬乡民，其毒岂特如蛇蝮而已哉！恶贯已盈，罪不容逭。在法：诸欺诈取财满五十贯者，配本城。又法：诸以卖买、质借、投托之类为名以取财，状实强夺者，以强盗论。欲将陈瑛决脊杖二十，配一千里。吴与系已配人，既为牙爪谋骗，又作陈瑛名折缚田业，计五百贯以上，助恶谋业，受保借钱一百贯，欲决脊杖十五，加配五百里。李三六系茶食人，行赇公事，受钱五十贯，欲决脊杖十三，配三百里，并监赃所夺钱业，送案别呈。罗喆、罗茂才且监下，毛信、毛六四先放。

断　罪

甚矣！陈瑛之贪黩奸狡也，上则为贪令作囊橐，捃摭乡里私事，与之推剥取财，下则用配军为爪牙，旁缘气势剟缚，因而丰殖归己。即此一项，已是白夺四千四百贯之业，其他被其嚼肤吮血，合眼受痛，缄口茹苦者，不知其几。湖南之盗贼，多起于下户穷愁，抱冤无所伸。此事自州县而至本司，将及一年，狱官则为其奇玩钓饵，推吏则为其厚赂沉迷，越历两官，托廷百计，及其终也，反将词人两手两脚缚烂终死定论。若非专官专吏，索齐干照案牍，不特豪强依然得志，而被害之家反被诬罔之刑矣。若酌情而论，情同强盗，合配远恶。送之检法，止欲抑疾恶之忿心，行酌中之公法。并引上照断，遵照拟判，逐一结断。

（五）结托州县蓄养罢吏配军夺人之产罪恶贯盈

当职任江西提刑日，有陈姓一族，原与杨子高是至亲，后因财穀交争，被其挟势谗间于孟马帅之前，斩其父首，并其财物，及陈氏亦经江西宪司有词，且广印怨歌，四路散贴。当职是时下落遗，累追不获，合并勘问。

又 判

杨子高铜臭恶类，垄断贱夫，逞威倚势，暴于虎狼，伤人害物，毒于蛇虺。结托州县官吏，禀听风旨，蓄养罢吏、配军，分任爪牙。意之所欲，则夺人之产，据人之妻；心之所嫉，则破人之家，戕人之命。恶贯盈于作业成熟之后，奸状败于当职将去之时，尚且名作抱病，迁延日子，巧避刑名，妆点疾病，图免鞫勘。然而殴死人力，犹须见证追会，旁夺田产，亦要干照索齐。至如假官一节，索到告身批书，皆是揩洗书填，难掩踪迹，唤取前项书铺辨验，造伪晓然。准律：诈为制书，及增减者，其罪当绞。即此一节，便可明正典刑。但以其所犯三罪，其二尚未图结，兼以本人动称制司财赃尚有交加，且先决脊杖二十，刺配英德府牢城，差官录问，取服状先断。馀二犯帖院，一面接续催勘。尚虑本人有通神之财，逞挟山之力，片词番异于当职已离后，照已具检申省。仍将前项告身一宗文字缴申，乞赐敷做行下。

检法书拟

王元吉，亦奸民之尤也，顶冒功赏，假称制属，结托豪民杨子高为声势，蔑视国法，毒害平民，盖不一端而足。今姑以大者言之，旁缘制司名色，增长私贩盐价，锁缚抑勒铺户，取偿者，则又执私约以欺骗，计赃一千贯有馀，被害者不知其几人矣。在法：质借，投托之类为名，其诈称官遣人追捕以取财者，以强盗论。即此一项所犯，已该绞刑。又况遣子商贩，往来江右，动以官钱易砂毛私铸，搬入摄夹杂行用，以求厚利，遂使私钱流入湖湘贩者众。在法：剪凿钱取铜，及卖买兴贩之者，十斤配五百里。元吉父子所犯，据供已五百贯，以斤计之，抑又不知其几千百矣。甚至以趣办工匠课程，取媚芮路分，致投之水者二人，以盐船漂泊，赶打稍工赴水者一人，占据良人女为小妻，逼迫其父自缢者一人。在法：以恐惧逼迫人致死者，以故斗杀论。若元吉之犯绞刑，盖亦屡矣。恶贯已盈，岂容幸免，欲将王元吉决脊杖二十，配广南远恶州军。所是日前卖盐废约，并不行用。仍帖县，给屋业还赵十一管业，词人放。

断　罪

杨子高何等物数，辄以制属自呼；王元吉与结死交，正是凶德参会。倚恃制司芮将声势，顶冒死人王举官资。盐利乃国家所资，至敢夹带私贩，抑配强敷，肆为侵夺。铜于法禁最重，公然剪凿私铸，搬贩砂毛，莫敢谁何，遂使江西三角破钱，尽入湖南一路界内。奸占良人妇女为小妻，为宠婢，不敢陈论者七人；贼杀无辜平民，或赴水，或自尽，死于非命者四项。一孔微利，必欲焚林竭泽。万口交怨，恨不食肉寝皮。倾湘江之水，不足以洗百姓之冤；汗南山之竹，不足以书二凶之恶。本合坐以绞罪，庶可以快众情，但以当职行去官，且虑停囚反以长智。兼其分遣爪牙，纷然求援，富有财力，可以通神，才一转身，必至漏网，岂可养虎遗患，纵令死灰复燃。王元吉且照检法所定罪名，刺配广州摧锋军，拘监重后，日下押发，赃监家属纳，馀照行。所有本人顶冒绫纸，曾无收索，及原追未到人，曾无再催，别呈。已取上王元吉，断配广州摧锋军。

（六）举人豪横虐民取财

匿名文书，固不可受。谭一夔罪恶，亦不可不知。印本糊涂，誊过附案，以凭参合民词，审虚实施行。

检法书拟

谭一夔，豪民之倾险者也，冒受官资，诈称制属，交结同党为羽翼，蓄养无赖为爪牙，夸张声势，凌压善民，流毒一方，不可殚述。或撰造公事，恐吓夺人之山地；或把握民讼，暗中骗取其资财；或高抬制司盐价，诱人赎买，逼迫捉缚，准折其田宅；或与人交易，契一入手，则契面钱抵捱不肯尽还；或作合子文字，贷之钱物，则利上纽利，准折产业以还。骗业及于妻家，索租及于官地，即此推之，他可知矣。近年以假手请本州文解，如虎而翼，声焰愈张，被害愈众。如谢小一以陈洪迈等二十五人，相率赴司伸诉，所司勘究，具得其实，纽计诸色赃，计四千三百六十馀贯，十七界官会五百馀贯。盖世间未有如一夔之豪横，而不顾国法者也。在法：诸欺诈取人财物满五十贯者，配本城。又法：以卖买、质借、投托之类，追捕人以取财物者，以强盗论。如一夔系犯死罪，一配有馀，欲将谭一夔决脊杖二十，配二千里，仍监赃。谭三俊、陈节平日与一夔同恶相济，邑人有三将军、十将军之号，亦可概见，又何止同谋夺谢小一山地一项而已。欲将陈节、谭三俊各决脊杖十五，编管五百里。谷昌系罢县吏，受其资给，凡一夔欺诈取财者，皆本人佐之，至于匿下陈洪迈钱，计六百贯入己，其他可知，欲将谷昌决脊杖二十，配千里，监赃。陈德系腹心干仆，冒称承信，凡一夔锁缚取财者，皆本人助之，至于勒刘文先白写领盐钱手会，及私自胁取，其他亦可得知。欲将陈德决脊杖二十，配千里，仍监赃。萧明、谭兴、谭文、李念四各系人力，内萧明、谭兴助主为恶，至妄以隐寄事诬害平民，欲各决脊杖十五，编管五百里，谭文索契不到，勘杖八十，李念四得罪，其主资给，乃说令继父谢小一白写地契与之，勘杖一百。陈士渊承叔父之命，写契与人，免科。词人谭安进等放。

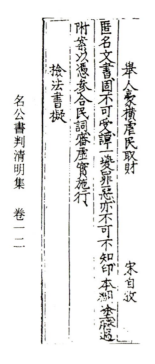

图 5　明刻本《名公书判清明集》中的
宋慈书判原文

断

已录问讫，索冒赏吏部帖及文解帖，遵照拟判，逐一施行。

28

（七）把持公事欺骗良民过恶山积

唐黑八与蒋黑念二，两人同把握二水一县民讼权柄，过恶如山，怨嗟盈路。今州妄陈冒赏，是特小事。只详唐自如一词读之，令人悲酸。此郡吏强之名，闻于天下，重以此两虎分霸在乡在市，若不剿除，吾民其为鱼肉矣！唐黑八枷送衡阳县勘，词人随司，仍榜本州照蒋念二例，召被害人陈诉，并牒通判、帖职官受民诉缴申。蒋堂黑八枷项，并蒋百二、唐九二，同状首唐自如及父唐少四，并案祖帖押下衡阳县照勘，限三日具申。

检法书拟

唐梓，小人中之狼虎也。始者以骗赌，博得富室不肖子袁八钱八千贯成家，增长气势，交结公吏，计会允役，私置狱具，纵横乡落，不惟接受民户白词，抑且自撰白状，以饱溪壑之欲。或诬人闭籴，径自收缚唐正二，骗去钱四百贯而后已；或以停著盐客，收捉蒋七三，骗去银五百贯而后放；或诬赖染户取罗，骗去蒋四六钱六十七贯而后休；或诈称有文引，勾追证对公事，捉缚蒋四八，骗去十八界官会三百贯；或因民诉到官，及执陈德一唆使捉缚，骗钱一百贯。其他如诸唐、诸蒋被其妄生事端捉缚，或取受钱三百十贯，或六、七十贯，不可胜计。以至谋夺邻舍表五七屋业，妄执其与婢使通奸，收捉本人，而割去其耳。件件违法，事事凶强，州县公吏，皆其亲故，被害者莫敢谁何。如唐自如等所陈，具有其实，总计赃钱一万一百一十八贯零，揆之杂犯死罪，唐梓一死有馀，欲且将唐梓决脊杖二十，刺配广南远恶州军，仍籍没家财，永锁土牢不放。唐百一、唐百二济父之恶，蒋百二为强恶爪牙，凡唐梓平日捉缚平民欺骗，此三人者无往不俱，欲将唐百二各决脊杖二十，配千里，并永锁，蒋百二决脊杖十七，配一千里，监赃。赵秀本是官妓，脱籍与唐梓为小妻，凡悖入之财，皆其收掌，及事败露，乃敢挟厚赀为之行用，欲决脊杖十二，押下雄楚寨，与戍兵射给多中者为妻。袁万一为赵大姐搬挈衣物寄附，后能自督，欲勘杖一百。唐九二系唐自如被逼买屋钱主，无罪可科，欲并放。

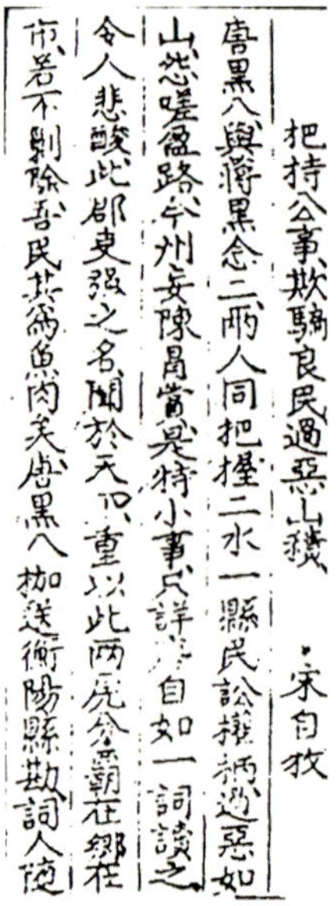

图 6 　明刻本《名公书判清明集》中的宋慈书判原文

断

唐梓撰造百端词讼，骗夺一方善良，贪虐甚于豺狼，凶暴烈于虎豹，公吏惟所号召，州郡为其控持。今狱官所勘，法官所拟，仅得其一二尔。其最干系一方利害者，所交所结，无非猺獠，作敌作使，皆听指挥，平时则椎肌剥髓，不遗秋毫，有事则挑变激衅，欲邀功赏。方当刬平峒寇之后，正是安辑人心之时，若不杀草除根，必至养虎遗患。原其积恶，虽万死不足赎，若更诛心，尤三尺所不容，姑照今法官所定常刑，不欲于平世更施重典。引上照断，仍报本司，请备榜晓示。

三、辑佚后记

就辑佚工作本身而言，上述宋慈书判佚文辑录于明张四维辑《名公书判清明集》明刊十四卷本（据说尚有十七卷本，可惜早已失传），今收入《续修四库全书》，并以中华书局本《名公书判清明集》进行校对。〔1〕其书内容分为官吏、赋役、文事、户婚、人伦、人品、惩恶共计七门，门下析类，类下再分篇列则。其中收录"宋自牧"即宋慈的书判共计七篇。分别是：卷之二官吏门受赃类的《巡检因究实取乞》；卷之十一人品门公吏类的《都吏辅助贪守罪恶滔天》和《办公吏摊亲随受略》；卷之十二惩恶门豪横类的《与贪令招撮乡里私事用配军为爪牙丰殖归己》、《结托州县蓄养罢吏配军夺人之产罪恶贯盈》和《举人豪横虐民取财》；卷之十四惩恶门奸恶类的《把持公事欺骗良民过恶山积》。

根据所辑书判的内容来看，这些书判文字大多为宋慈在湖南提点刑狱司任上所撰。刘克庄在《宋经略墓志铭》中说宋慈"公博记览，善辞令，然不以浮文妨要，惟据案执笔，一扫千言，沉着痛快，哗健破胆。"这是对宋慈书判的最好评价。还有，宋慈年轻时在临安太学里读书，学业上非常用功，尤其是文章写得很好。太学博士真德秀盛赞他的文章源流都是从心灵肺腑深处发出来的。如今，我们即使在宋慈所撰的司法公文——书判这类体裁之中，也能找到诸如"倾湘江之水，不足以洗百姓之冤；汗南山之竹，不足以书二凶之恶。"这般如联似对的工整好句，尤其是后一分句，用夸张手法写其"恶"之大，同时化用整合了"汗青"与"罄竹难书"两个词语的意思，〔2〕驾驭语言文字的能力极高，颇具唐代李密"罄南山之竹，书罪未穷；决东海之波，流恶难尽"之神韵。由此可见，当年真德秀对宋慈的赞扬一点也不过分。另外，宋慈在书判中没有自称"本官"、"本司"什么的，而是处处谦称"本职"，从此也可证明刘克庄所言宋慈"晚尤谦挹"之词不虚！

此外，《名公书判清明集》总共收录宋慈书判7篇，有4篇归于惩恶门，其中3篇归于惩恶门的豪横类，另一篇归于惩恶门的奸恶类。刘克庄在《宋经略墓志铭》中说宋慈"听讼清明，决事刚果；抚善良甚恩，临豪猾甚威，属部官吏，以至穷闾委巷、深山幽谷之民，咸若有一宋提刑之临其前。"依此也可窥见一斑。我们从所辑录的这些书判的字里行间，完全可以得出宋慈这位大宋提刑官，对善良的人甚为爱护，遇到狡猾的豪门则严厉处制的深刻印象。此时此刻，我们也仿佛觉得有一个宋提刑的形象呈现在我们面前！

---

〔1〕 中国社会科学院历史研究所宋辽金元史研究室点校：《名公书判清明集》，中华书局1987年版。

〔2〕 许浩：《〈名公书判清明集〉词汇研究》，人民出版社2013年版，第200页。

浅谈印章艺术中的奇葩之"肖形印"

韩元利　韩星周 *

肖形印又称"形肖印""图像印""蜡封""画像印",也有人称"图章"或"虫鸟印",是中国历史悠远、文明发达程度的见证,是先民社会生活、思想情感和民俗文化的反映,也是审美追求的历史见证和文化历史的重要组成部分[1]。

肖形印的图形表现形式是在中国传统民俗文化环境下形成的,充分地反映了中国人"以象达意,以象喻理"的思维观,同时也表现了中国人长久以来善于以形式来寄托观念、表达思想的独特之处,体现了追求和谐的生活观。肖形印中朴拙天然的表现形式在给人们带来审美享受的同时,其中的象征性也包含了中华民族对自然、对生命、对生活的歌颂和追求人生终极幸福的美好愿望,肖形印用民俗化的方式凝聚了东方艺术的精华。[2]

肖形印是我国印章艺术宝库中的一枝奇葩,具有相当高的艺术价值和史料价值。方寸之内,以形写神,删繁就简,印中有画,画里有印,印从画出,印外求印,有图、有笔、有墨又有刀,彰显先祖高超的智慧和中国传统艺术的博大精深,给人启迪,让人震撼。

---

　* 韩元利,证据科学教育部重点实验室(中国政法大学);韩星周,公安部物证鉴定中心。

　〔1〕 刘小平:"早期肖形印文化浅说",载《肖形印研究·西泠印社癸巳春季雅集专辑》2013 年第 2 期第 38 辑。

　〔2〕 于洁:"古代肖形印中的民俗文化表现",载《美与时代(上)》2013 年第 2 期。

一、肖形印的起源

肖形印的起源，当与铜器的制作有关，雏形始自陶器、青铜器的纹饰印模。早在四千多年前，我们的先祖在制作陶器时，用雕琢好的纹饰、图案符号、族徽印模压印在器坯上，以示标记。黄宾虹[1]在《虹庐藏印·弁言》中提到"古昔陶冶，抑埴方圆，制作彝器，俱有模范，圣创巧述，宜莫先于治印，阳款阴识，皆由此出。"《尊古斋集印》和《滨虹藏古钵印》中的"兽面印"（图1，左图出自《尊古斋集印》右图出自《滨虹藏古钵印》）、"龙印"、"鸟印"（图2）等，其形状、结构与商、周、战国的铜器纹饰（图3）极为相似。又如《双剑誃古器图录》[2]内刊安阳出土的"亚形钵"（图4），"亚"中"Y"上作"鸟"形，与辽宁喀左县北洞村出土商铜罍铭文"兑亚"形貌相似，也说明这类玺印与铜器铭文印模的确存在着密切关系。这钮"亚形鸟印"被认定为商代的遗物，是现存最古老的肖形印。

图1　兽面印　　　　图2　鸟印

图3　铜器纹饰　　　　图4　亚形鸟印

---

〔1〕 黄宾虹（1865~1955年）祖籍安徽歙县西乡潭渡村，出生于浙江金华。原名懋质，后改名质，字朴存，中年更字宾虹，别署予向，晚年署虹叟、黄山山中人等。著有《陶玺文字合证》《古印概论》《虹庐画谈》《鉴古名画论》《宾虹草堂印谱》《宾虹诗草》等。

〔2〕《双剑誃古器图录》主要讲述：于省吾先生治学严谨周密，在中国古文字、古器物研究和古籍整理研究领域取得了卓越的成就，尤其是在甲骨文、金文考释方面，贡献极大；同时，运用古文字学研究成果及出土文物数据，对先秦典籍进行校订和诠释，为研究古代典籍开辟了新的途径，成为"新证派"的代表人物。

二、肖形印的题材和时代特点

肖形印起源于商周，盛行于战国和两汉，到汉末已趋衰落，六朝时期几乎绝迹，到了元代，入主中原的蒙古人一时无法适应汉文化，随着元押[1]（图5）的产生，肖形印又有了复兴的现象，但数量比汉代要少得多。

图5　花押印（元押）

肖形印不像官印一样严谨，而是随心所欲、有感而发的，因此它的题材和表现手段都是自由的。它来源于生活，反映生活，内容题材十分广泛，对于生产、生活、习俗、礼仪、信仰等诸多内容均有体现，如描写生活的歌舞伎乐、鼓瑟击秦、车马出行、武士骑射、狩猎搏兽、牲畜耕田等；也有表现神话故事的跨虎乘龙、羽人[2]等；更有刻画各种鱼虫、龙虎马、鹿羊兔十二属相及神话传说中的"四方位神"青龙、白虎、朱雀、玄武等。黄宾虹在《古印概论》中论及肖形印时说："肖形诸印，有龙凤虎兕犬马，以及人物虫鱼，飞潜动静，各各不同；莫不浑厚沉雄精神焕发，与周金镂采，汉碑刻画相类……"

---

〔1〕元押，亦作"元戳"，系镌刻花写姓名的印章。押字是古人画诺之遗。六朝时有凤尾书，亦曰花书，后人以它入印。指元代的"花押印"。"花押印"系镌刻花写姓名的印章，始于宋。一般没有外框，签押得使人不易模仿，作为取信的凭记。

〔2〕羽人，古代汉族神话中的飞仙。《楚辞·远游》："仍羽人於丹丘兮，留不死之旧乡。"顾名思义身长羽毛或披羽毛外衣能飞翔的人，最早出现在《山海经》，称羽民。王充称："身生羽翼，变化飞行，失人之体，更受（爱）异形。"张华说："体生毛，臂变为翼，行于云。"道教将道士称羽士，将成仙称羽化登升。羽人因身有羽翼能飞，因此与不死同义。

纵观历朝历代的肖形印，虽因时代不同、地域各异，但各个时期的肖形印都与当时的造型艺术、纹样形象的风格特点是一致的。

（一）商周时期

商周时期的肖形印面以铜器的花纹居多，风格特点大致可概括为简约、质朴、古拙。图6所示为一枚蟠龙纹肖形印，据考证为西周时期遗物。该印以线造型，线条飘逸流畅，纹样风格与同期的青铜器颇为相似。

图6　龙印

（二）战国时期

战国时期出现了不铸动物形象的肖形印，另外战国时期，诸侯之间互相侵伐，战争不断，肖形印中又出现了以保疆御侮为主题的武士形象，这是以人物形象入印面的开始。这个时期的肖形印，内容以人物、禽兽为主，构图严谨，形象生动，装饰性强（图7）。

图7　战国肖形印

（三）两汉时期

汉代肖形印最为精彩，现存肖形印作品，多数是汉代遗物。常见的有“虎印”（图8）“凤印”（图9）“鹿印”“鹤印”“车马印”（图10）“日利双鱼印”等。有一钮“牛耕印”（图11），反映汉代的农业生产，刻一人扶犁，一牛力耕，是现存古代肖形印中难得见到的作品。汉代的肖形印，题材日趋广泛丰富，表现手法上更加奔放自由，更加趋向写实，生活气息更浓郁，造型上更准确洗练，艺术风格也变得雄浑大气，体现了汉民族“大美”的文化精神。

图8　汉虎　　　　图9　汉凤　　　　图10　车马出行印　　　图11　牛耕印

汉代肖形印以各种动物图案最多，对动物形象单纯、简略、生动的刻画，尤称独到。汉代动物肖形印多取材于瑞兽异兽，反映着汉人对长生吉祥的向往。如汉代肖形印中鹿纹很多（图12），当时就有"鹿者乐也""鹿来禄至"的说法；鱼纹也是重要题材，而且鱼常与鸟相配（图13）。汉代大儒董仲舒谓："《尚书》曰：'白鱼入于王舟，有火复于王屋，流为鸟。'此盖受命之符也。"可见最早鱼鸟图可能与神秘的图谶有关，是一种吉祥之兆。

图12　鹿印　　　　　图13　鱼鸟印　　　　图14　四灵印

谶纬〔1〕迷信在这个时期盛行，阴阳五行、道教神仙之说有了很大发展，肖形印面的内容题材，也加入了这些方面的成分，出现了四灵〔2〕、龙、虎、鸟类、守宫〔3〕、虿〔4〕等图像的印面（图14）。

汉代乐舞绚丽多彩，汉代著名的舞蹈、百戏、各式乐器在肖形印中几乎都有反映，有的呈现壮观的表演场面，有的简洁地刻画了典型的百戏动作（图15）。人们在茶余饭后把自己喜闻乐见的形象雕刻下来，制作出精

---

〔1〕　"谶纬"，即谶书和纬书的合称。"谶"是巫师或方士制作的一种隐语或预言，预兆吉凶得失的义字和图记。"纬"对"经"而言，是方士化的儒生附会儒家经典的各种著作。

〔2〕　四灵是汉族传说中四大神兽。青龙、白虎、朱雀、玄武合称"四象"，又称四方四神。道教有以青龙、白虎、朱雀、玄武为天神护卫的说法，古人将黄道（太阳和月亮经过的天区）中的恒星分为二十八个星座，称为"二十八宿"，后来将二十八宿和四象相结合，按阴阳五行五方配五色之说，以此有东方青龙，北方玄武，西方白虎，南方朱雀之说。

〔3〕　晰蜴的一种，躯体略扁，脊部颜色灰暗，有粟粒状的突起，腹面白黄色，口大，舌肥厚，四足各有五趾，趾内多皱褶，善吸附他物、能游行在直立的墙壁上，就是大家常见的"壁虎"。

〔4〕　蝎子一类的毒虫。

美的艺术品，已经成了汉代的一种社会风气。

图 15　乐舞印

汉代的体育活动，在中国古代体育的发展史上占有重要的地位，蹴鞠纹印和角抵纹印就是体现体育活动的两枚肖形印珍品（图 16）。

图 16　体育肖形印

这个时期还出现了两面穿带印，印体中间有孔，以供穿绶带之用。印体两面皆有内容，或两面都刻有文字，或一面刻文字一面刻图像。其中，图文两面印最为常见，内容多为名字或吉语，图像主要有二人背坐、乐舞、朱雀、白虎等。

（四）元明清时期

宋末元初，印章艺术又逐渐为士大夫阶层所提倡，但很少看到以肖形图像或花纹入印的，只是在群众中较广泛的流行着押印〔1〕和花印〔2〕。元代及以后还有大量的所谓"铜十字"〔3〕。花印和铜十字，全部都是朱文〔4〕，艺术造型简朴淳厚。

明清以来，由于书法、绘画艺术的发展和石质印材的广泛利用，雕刻印章似乎成为书画家所应有的一种技艺，印章艺术又进入了一个空前发展

---

〔1〕　行、楷签字体的文字印。

〔2〕　宋、元之际的一种肖形图案印，较常见的有：官吏、儿童、兔、鸡形象和瓶形、葫芦形、银锭形、琵琶形以及各种花朵、花纹图形等。

〔3〕　铜十字形制薄而大，印面所铸大致可分为十字形、鸟形和花纹三种，原出土于内蒙古呼和浩特一代，据说以前当地牧民外出牧羊时，就用铜十字印泥封门。

〔4〕　朱文，文字凸起，亦称阳文；白文，文字凹入，亦称阴文。

阶段。但在制作肖形图案印方面，却并不被人重视，有的也不过只是模仿前人作品，很少有新的创作。

三、肖形印的"新生"

时至今日，对于肖形印的创作，不但很多当代篆刻家乐此不疲，而且题材和技法都有了新的发展，并出现了以肖形印为主题的发表与展览[1]。《篆刻》杂志在1992年和1996年两次举行肖形印专题大展，2013年《西泠印社》杂志与中国西泠网又联手举办肖形印专题评展，有百余位肖形印爱好者参加评选。这几次专题对肖形印的发展起到了极其重要的作用。肖形印在经过了各个历史阶段的起伏与延续后，仍保持着顽强的生命，并且作为一种相对独立的姿态立足于印坛。

来楚生[2]是当代肖形印复兴的关键人物，他是一位艺术风格鲜明，身兼诗、书、画、印三绝的艺术家。来先生的肖形印脍炙人口，其肖形印题材极广，除佛像、生肖、人像，还有花卉、草虫及故事、成语等。《然犀室肖形印存》是来先生肖形印创作的重要里程碑，也是有史以来第一部肖形印谱。此印谱1949年刊行，共收印53方及边款，其中佛像13方，肖形印36方，成语印2方，龟形和花各1方。

图17　老奶奶上民校

---

[1]　张耕源："印林的另一片新天地——试论现代肖像印"，载《肖形印研究·西泠印社癸巳春季雅集专辑》2013年第2期。

[2]　来楚生（1903~1975），原名稷，号然犀，浙江潇山人，是诗、书、画、印四绝的著名艺术家。其画清新朴茂、笔墨简练、格调隽逸，在现代花鸟画坛上独树一帜。书法拙中寓巧，草书和隶篆最为人称道。

来楚生先生在 20 世纪 50 年代末 60 年代初，取材当时民歌、民谣，刻过一批巨印，数量不多，颇为珍贵。印面从 65 厘米至 10 厘米，长、方皆有。民歌肖形印《老奶奶上民校》（图 17），该印 6.5 厘米见方，一石六面满刻，其中四面刻浙江民歌《老奶奶上民校》，另两面刻上海民歌《舞龙》。这组肖形印没有曲折的故事，但生活气息浓郁，真挚感人，老奶奶老态龙钟仍然好学，小青年热情可爱，画面上表现得生动有趣。不论独立欣赏，还是整体品味，诚令人越读越爽，越赏越有趣。此印造型简洁生动，背景拓印效果好，使人有"暮色苍茫"之感。这是吸收古代肖形印及汉画的风格而能推陈出新的好作品。

"中国印·舞动的北京"是 2008 年北京奥运会会徽。"舞动的北京"会徽（图 18）将肖形印、中国字和五环徽有机地结合起来，充满了活力。尺幅之地，凝聚着东西方的神韵；笔画之间，升华着奥运会的精神。她上面的笔画，像字非字，似画非画；融字于画，寓画于字；笔画之间，舞姿翩翩；舞韵之间，笔墨纵情；以竹简汉字笔体书写的"Beijing2008"更浸透着中华书法艺术的博大精深。这一切，既浓缩了我国古代印章由字而画的发展轨迹，也诠释了我国古代哲学力求中庸的主流观点。

图 18　中国印

作为第 29 届奥运会的会徽，"中国印·舞动的北京"既隐喻中国的信誉和沉稳，又表现出了北京的活力和魅力。以中国传统文化符号——印章（肖形印）作为标志主体图案的表现形式，将中国传统的印章和书法等艺术形式与运动特征结合起来，经过艺术手法夸张变形，巧妙地幻化成一个向前奔跑、舞动着迎接胜利的运动人形。印章早在四五千年前就已在中国出现，是渊源深远的中国传统文化艺术形式，并且至今仍是一种广泛使用的社会诚信表现形式，寓意北京将实现"举办历史上最出色的一届奥运会的庄严承诺"。

"中国印·舞动的北京"之一笔一划，每一个构成要素，均承载着浓重的中华民族文化传统和激越的奥林匹克精神，均彰显着先进的审美观念和昂扬的时代激情。她带给我们的，不仅仅是一个奥运会历史上史无前例的会徽，更是中华文明在世界文明史上的又一次发扬光大。

四、肖形印的未来发展

现今，肖形印不仅作书画闲章被文人墨客使用，还因为它古朴、浑厚的装饰美被广泛应用于报章杂志的版面或内文首尾的补白装饰，以增加艺术的美感。同时也是许多工艺美术产品借鉴使用的纹样。随着肖形印社会功能的用途扩展和现代化艺术设计手段的提升，以肖形印为原型和创作源泉的艺术设计和构思作品越来越多，并在不断地被更多不同层次的人们所欣赏和接受，这门古老而又具民族传统的艺术瑰宝，势必会焕发出旺盛的艺术生命力。

汉字的前世今生

连园园 *

　　汉字，是世界上迄今为止连续使用时间最长的主要文字，也是世界上唯一仍被广泛使用的高度发展的语素文字。早在古代，汉字就已发展至高度完备的水准，不单中国使用，在很长时期内还充当东亚地区唯一的国际交流文字，20 世纪前一直是日本、朝鲜半岛、越南、琉球等国家官方的书面规范文字。

　　目前关于汉字的确切历史可以追溯到商朝的甲骨文。不过，由于甲骨文已经属于一种相当发达成熟的文字，所以它不可能是汉字的最早起源。在甲骨文出现之前，汉字还经历了数千年的发展过程。

一、汉字的起源

　　关于汉字的由来，《说文解字·序》[1]中是这样论述的：

　　* 作者单位：证据科学教育部重点实验室（中国政法大学），2011 计划司法文明协同创新中心。

　　[1]《说文解字·序》，又作《说文解字·叙》。作者是东汉的经学家、文字学家许慎，成书于汉和帝永元十二年（100 年）到安帝建光元年（121 年）。文字篇幅较长，大致讲了五层意思：第一，阐述周代以前文字的源流；第二，介绍自周代到秦文字的演变；第三，介绍汉以后文字的概况及其研究；第四，指出后汉尊崇隶书反对古文的错误；第五，说明作书的态度、意义和体例。其中心，是阐述汉代书体与古文的联系、分析传统六书，讨论文字与象形的联系，要求人们不要忘记古文，不要忘记文字象形的特点，这样才能正确理解文字的内涵，懂得作书的意义。这篇叙，既是对《说文》提纲挈领的概述，也对书法、传统文字学的研究有着重要的意义和价值。

古者疱牺氏之王天下也，仰则观象于天，俯则观法于地，视鸟兽之文，与地之宜，近取诸身，远取诸物，于是始作《易》八卦，以垂宪象。及神农氏，结绳为治，而统其事，庶业其繁，饰伪萌生。黄帝之史官仓颉，见鸟兽蹄远之迹，知分理之可相别异也，初造书契……仓颉之初作书，盖依类象形，故谓之文。其后形声相益，即谓之字。文者，物象之本；字者，言孳乳而浸多也。著于竹帛谓之书，书者，如也。以迄五帝三王之世，改易殊体。封于泰山者七十有二代，靡有同焉。

这段文字涉及汉字起源的四种传说，即"八卦说""结绳说""刻契说"和"仓颉造字说"。

（一）八卦说

孔安国《尚书》[1]序里说："古者疱牺氏之王天下也，始画八卦，造书契，以代结绳之政，由是文籍生焉。"

信奉汉字起源"八卦说"的人很多，但这种说法受到的批评也很尖锐，甚至被指责为"无稽之谈"。尽管如此，从实际情况来看，汉字与八卦确实存在一些相似之处。不仅在构形笔画上相似，在表意和内涵上也有相通的地方。易学家常秉义[2]曾说："汉字有阴阳五行之理存焉，语言有平声、上声、去声、入声等四声变化关系。形有阴阳，音亦有阴阳。"[3]这样的说法虽有些牵强，但我们不能否认某些汉字的产生确有可能从阴阳八卦的抽象符合中得到了启发。

---

〔1〕 孔安国（约公元前156年~前74年）：字子国，孔子第10世孙。安国少学《诗》于申培（申公），受《尚书》于伏生（伏胜），学识渊博，擅长经学。汉武帝时任博士，后为谏大夫，官至临淮太守。是司马迁的古文经学老师（司马迁的今文经学老师是董仲舒）。据传，汉鲁恭王刘馀扩建宫室拆除孔子故宅，于壁中得古文《尚书》，较今天《尚书》多16篇，安国将古文改写为当时通行的隶书，并为之作"传"，成为"尚书古文学"的开创者。

〔2〕 常秉义，男，1944年生，山西忻州人，著名易学家。对象、数、理、占全面关注，并将易学原理与现代化建设相结合，古为今用，取得许多开拓性、原创性的研究成果。先后撰写并出版了《周易与股票市场预测》《妙股奇招》《周易与历法》《股市周期循环奥秘》《最佳买卖时机揭秘》《江恩实战精华》《股指期货获得诀窍》《易学精华思维丛书》《焦氏易林注》和《焦氏易诂》等，其《周易尚氏学》（修订版）一书对民国易学大师尚秉和的原著进行了点校，对易学发展做出了突出贡献。

〔3〕 彭军：《中华国学经典丛书·汉字的前世今生——汉字演进史趣说》，中华工商联合出版社2014年出版，第4页。

图1　伏羲八卦（先天八卦）（采自百度图片）

（二）结绳说

《北史·魏本纪》[1]说北朝魏的先世："射猎为业，淳朴为俗，简易为化；不为文字，刻木结绳而已。"记录了一些原始社会部落，在文字出现之前，以结绳记事的方法，把战争、猎获、会盟、选举、庆典、联姻、生育、疾病和灾害等大大小小的事件记录下来。也有学者据《易传·系辞下》[2]"上古结绳而治，后世圣人易之以书契，百官以治，万民以察"的论说，推断"文字起源于结绳"。

不同于"八卦说"，"结绳说"几乎得到了人们的一致认可。在文字产生之前，原始人类经历了很长一段时间用实物帮助记忆的时期，其中就包括"结绳法"。即使是今天，仍有些偏远地区的人民仍然采用"在裤腰带上打结"[3]的办法来辅助记忆某些重要事情。事实上，古埃及人、古

---

〔1〕《北史》是汇合并删节记载北朝历史的《魏书》《北齐书》《周书》《隋书》而编成的纪传体史书。魏本纪五卷、齐本纪三卷、周本纪二卷、隋本纪二卷、列传八十八卷，共一百卷。记述从北魏登国元年［386年（丙戌年）］到隋义宁二年（618年）的历史。《南史》与《北史》为姊妹篇，是由李大师及其子李延寿两代人编撰完成的。

〔2〕《易传·系辞》或《周易·系辞》，是今本《易传》的第四种，它总论《易经》大义，相传孔子作了7篇阐发和总结《周易》的论述，即通常说的《易传》，《系辞》是这7种论述中思想水平最高的作品，《系辞》中引用了不少孔子的论述，应当经过了孔子以后儒家的整理，可以说《系辞》是先秦儒家认识论和方法论的集大成。

〔3〕　彭军：《中华国学经典丛书·汉字的前世今生——汉字演进史趣说》，中华工商联合出版社2014年出版，第6页。

波斯人都曾有过结绳记事的历史。但我们不难发现，结绳记事其实也只能起到辅助记忆的作用，方法本身并不能独立完整地记录事件本身，更不可能表示语言中的读音。因此，一些学者认为"结绳法"只能算作是原始的记事法，而不具备真正意义上的文字性质。

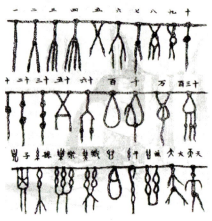

图2　结绳记事（采自百度图片）

（三）仓颉造字说

《吕氏春秋·君守》[1]说："仓颉作书，后稷作稼。"《说文解字·序》："仓颉之初作书，盖依类象形。"

传说仓颉[2]是黄帝的史官，黄帝是古代中原部落联盟的领袖，由于社会进入较大规模的部落联盟阶段，联盟之间外交事务日益频繁，故迫切需要建立一套各联盟共享的交际符号，于是搜集及整理共享文字的工作便交在史官仓颉的手上了。

---

　　[1]　《吕氏春秋》是在秦国丞相吕不韦主持下，于公元前239年左右完成的先秦时期黄老道家重要的巨著，全书共分十二卷，一百六十篇，二十余万字。《吕氏春秋》作为十二纪、八览、六论，注重博采各家学说，以道家思想为主体兼采阴阳、儒墨、名法、兵农诸家学说而贯通完成的一部著作。

　　[2]　仓颉，原姓侯冈，名颉，俗称仓颉先师，又史皇氏。《说文解字》记载仓颉是黄帝时期造字的左史官，见鸟兽的足迹受启发，分类别异，加以搜集、整理和使用，在汉字创造的过程中起了重要作用，被尊为"造字圣人"。据史书记载，仓颉有双瞳四个眼睛，天生睿德，观察星宿的运动趋势、鸟兽的足迹，依照其形象首创文字，革除当时结绳记事之陋，开创文明之基，因而被尊奉为"文祖仓颉"。

图3　仓颉（采自百度图片）

历代文字研究学者对"仓颉造字"较为一致的看法是：成系统的文字工具不可能完全由一个人创造出来，而是古代先民集体创造的结果。从殷商时期甲骨文异体繁多的事实中，不难看出文字绝不是一个人创造的，否则一个字就不可能有许多不同的写法。如果确有仓颉其人，应该是文字整理者或颁布者。此外，原始社会的人并没有确切的私名，传说中的上古人物大多是后人根据某种特征另起的名字，比如，神农氏是指最早开创农业的先祖，燧人氏是指钻木取火的发明者等。由此推测，仓颉很可能是指首先创造文字的人，因"仓"与"创"音形相近，"颉"与"契"音近，"仓颉"有可能就是"创契"的意思[1]。

（四）刻契说

刻契，或称契刻，就是在木头、竹片、石块、泥板等物体上刻划各种符号和标志，用以表示一定的意义。依据近几十年的考古成果，学术界普遍认为，遍布中华大地的新石器时代的刻画符号是汉字的萌芽阶段[2]。

图4　刻契计数（采自百度图片）

---

〔1〕　彭军：《中华国学经典丛书·汉字的前世今生——汉字演进史趣说》，中华工商联合出版社2014年出版，第8页。

〔2〕　李瑛："汉字之源——中华大地新石器时代的刻画符号"，载《文化月刊》2014年第24期。

刻契，同结绳一样，是古人辅助记忆的一种方法，但与结绳相比，这种形式无疑是最早的文字书写形式之一。古人利用这种形式把一些数字符号或象形符号刻在陶片或竹木片上，用以传递某种信息，就有可能逐渐演化成类似青铜器或竹简上的文书，文字也就慢慢形成了。

特别是近代考古在河南舞阳发现的贾湖刻符[1]，经碳14物理测定，距今约有7762年（±128年）的历史。贾湖契刻共发现17例，分别刻在甲、骨、石、陶器上，其中龟甲上刻符9例，骨器上刻符5例，陶器上刻符3例，其特点均是契刻而成。专家研究发现，贾湖刻符结构为"横""点""竖""撇""捺""竖勾""横折"等笔画，书写特点也是先横后竖，先左后右，先上后下，先里后外，与汉字基本结构一致。有些契刻符号的形状与其4000年后的商代甲骨文有许多相似之处，如形似眼目的"目"，光芒四射的太阳纹等。

图 5　贾湖刻符（采自百度图片）

专家研究认为，8000年前的贾湖契刻与比它晚四五千年的殷墟甲骨文有着惊人的相似：一是书写工具相同，皆以利器为工具把符号刻在龟甲、骨器上；二是作用相同，商代甲骨文是用来记载占卜内容的，而贾湖契刻也与占卜相关；三是造字原理相同，贾湖契刻是事理符号，而甲骨文的事理文字很多。由此可以说贾湖契刻符号应是中国最早的文字雏形。

贾湖的契刻符号，是世界上可能与文字关联的符号中出现最早的，年

---

〔1〕贾湖刻符，指的是在河南舞阳贾湖遗址中出土的龟甲等器物上契刻的符号，至少十七个，从其形状看，具有多笔组成的结构，应承载契刻者的一定意图，是目前我国已发现的最早文字符号。

代早到公元前第七千纪。与苏美尔文字[1]的发明有关的黏土相比，贾湖刻符与文字的相似性要大得多。因此，贾湖契刻符号一经公布，就引起国内外相关学者的关注，如《科学》网站报道说："在南方的伊拉克于5200年前出现文字之后2000年，中国出现了文字，但是一个由中国和美国学者组成的研究小组如今提出，文字在中国的形成经历了一个缓慢而长期的发展过程，其源头甚至可以追溯到令人惊讶的8000年前。他们研究认为，在河南省的新石器时代墓穴中发现的龟壳上契刻痕迹，是最终演变为汉字体系的已知最早的前身，并且它们很有可能用来完成一些萨满教的仪式。或许找到促使中国文字发展的理由比了解中国文字发展的过程更能引起学者们的兴趣。与比自身早4000年的贾湖遗址一样，很多商朝的文字也是在龟壳上发现的。这一证据表明，早在新石器时代，龟壳就已用来进行占卜活动了。"

香港中文大学的饶宗颐先生曾对贾湖刻符及相关问题进行了深入的探讨，文章中细致地对每一个符号进行了考证，并提出"贾湖刻符对汉字来源的关键性问题，提供了崭新的资料"。有学者认为，贾湖契刻符号的发现"为商代甲骨文的历史源头探索提供了可靠的证据"，"这不但是到目前为止新发现的我国最早的甲骨契刻符号，也是至今我国年代最早的文字前形式"。一些学者提出，文字在中国的形成已经历了一个缓慢而长期的发展过程，其源头甚至可追溯到8000年前。他们研究认为，河南省的新石器时代墓穴中发现的龟壳上的契刻痕迹是最终演变成汉字体系已知的最早前身。

北京大学历史系古文字学家葛英会也认为"这些符号应该是一种原始文字"。有的学者认为"贾湖契刻的发现，为商代甲骨文的历史源头探索提供了可靠的证据"。

汉字由语段文字阶段发展到语词文字阶段。从现有资料来看，自贾湖契刻符号到商代甲骨文，至少经历了5000多年的历程，成熟的商代甲骨文之所以被认为是突然出现，主要原因很可能是载体的变化，寻找这类过渡阶段的文字载体，是解决汉字起源之谜的主要途径，应是我们考古工作

---

[1] 苏美尔文字，公元前3500年左右，苏美尔人开始刻图像于石或镪印于黏土，以此作为拥有某物的标志：或者用一块岩石表示"铁石心肠"，或者用一棵树表示一幢房屋。受相应的黏着型语言的制约，苏美尔文字在一千年的使用中基本处于停滞状态。其简素的一种最早可以上溯到公元前第八千纪。

者今后的努力方向之一。

此外，还有 7000 年前的双墩刻符[1]、6000 年前的半坡陶符[2]、5000 多年前青墩遗址[3]刻符、连字成句的庄桥坟遗址[4]文字、大汶口陶尊符号[5]、尧舜时代的陶寺遗址朱文[6]、夏墟的水书[7]等。早期的骨刻文就是丰富的文字系统，后期才逐渐进入初步成熟阶段。这些考古发现可能是汉字起源的重要线索，也可能是各种文字发展的不同源流[8]。

---

[1]　安徽省蚌埠双墩遗址出土的 630 多个刻划符号，丰富多彩，数量多而集中，是迄今为止新石器时代遗址中出土数量最多、内容最丰富的一批与文字起源相关的资料，在中国文字史、汉字起源史上有重要地位。双墩刻符的功能可以分为表意、戳记、计数三大类，是社会经济文化发展到一定历史阶段的必然产物，处于文字起源发展的语段文字阶段，已经具备了原始文字的性质。

[2]　1952 年，在陕西西安的半坡村发现了距今 6000 年的 30 个文字符号。分析研究指出，半坡的文字符号已达到相当成熟的地步，它们已成为汉字的字形并为造字方式确定了基本框架。推算出"半坡人"与现代人相隔 300 代，会建造房屋，主要从事农业生产，过着定居生活，"半坡人"还会种菜，饲养家畜，种麻织布，编织渔网，制造弓箭，农闲时捕鱼打猎。他们的遗址、遗物，给人以一派田园生活的景象。安定的生活环境为科学和文化艺术的发展创造了良好的条件。"半坡人"已掌握一定的气象知识，会生产彩色陶器，绘画也达到相当高的水平。"半坡人"是十分文明的，"半坡时代"被称作文明时代是当之无愧的。

[3]　青墩遗址位于江苏省海安县西北部约 21 公里处，发现于 2002 年，是一处闻名全国的新石器时代遗址。中国社会科学院历史研究所张政良教授在他发表于《考古学报》1980 年第 4 期上的一篇论文中指出："1979 年江苏海安青墩遗址发掘，出土骨角栖和鹿角枝上有易卦刻文八个，例如三五三三六四（艮下，乾上，遁）六二三五三一（兑下，震上，归妹）。其所使用的数目字有二、三、四，为前举三十二条考古材料所无，说明它的原始性。这是长江下游新石器时代文化，无论其绝对年代早晚如何，在易卦发展史上应属早期形式，可以据此探寻易卦起源地点问题。"

[4]　庄桥坟遗址位于浙江省嘉兴市平湖市林埭镇群丰村，是一处大型的良渚文化遗址，是新石器时代的古人类遗址。遗址于 2003 年 5 月被发现，遗址中共有 240 余件器物被发现刻画符号，表明大约在距今 5000 年前，良渚先民就开始使用文字，在那时华夏民族已进入文明时代。

[5]　距今四五千年的山东大汶口文化遗址中发现了刻有陶文的陶器，这些陶文与古文字已有相似之处。

[6]　陶寺遗址是中国黄河中游地区以龙山文化陶寺类型为主的遗址，还包括庙底沟二期文化和少量的战国、汉代及金、元时期的遗存。位于山西省襄汾县陶寺村南，东西约 2000 米，南北约 1500 米，面积 280 万平方米。是中原地区龙山文化遗址中规模最大的一处。1984 年考古工作者在陶寺遗址中发现一片扁壶残片，残片断茬周围涂有红色，残片上朱书两个文字，其中的一个字为"文"，另外一个字专家们有"尧""易""命"等多种解释。

[7]　夏朝的都城遗址。遗址上最为丰富的文化遗存属二里头文化，对研究华夏文明的渊源、国家的兴起、城市的起源、王都建设、王宫定制等重大问题具有重要的参考价值，学术界公认为中国最引人瞩目的古文化遗址之一。

[8]　冯来云："试析汉字起源及演变"，载《吕梁学院学报》2014 年第 4 期。

图 6　大汶口陶尊符号——合体图画会意字　　图 7　陶寺遗址朱文符号
　　　"炅"（热）（采自百度图片）　　　　　（采自百度图片）

二、汉字的前世——从甲骨文到楷书的演变

在几千年漫长演变的历程中，汉字经历了甲骨文、金文、篆书、隶书、楷书等阶段，至今普遍使用楷书，但仍未完全定型。

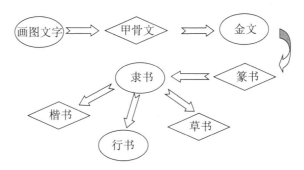

图 8　汉字演变过程示意图（采自百度图片）

	魚	鳥	羊
甲骨文			
金文			
小篆			
隶书			
楷书			
草书			

图 9　汉字字体字形的演变（采自百度图片）

（一）甲骨文

甲骨文[1]，又称"契文""甲骨卜辞""殷墟文字"或"龟甲兽骨文"。是中国商代后期（前14~前11世纪）王室用于占卜记事而刻（或写）在龟甲和兽骨上的文字。记录和反映了商朝的政治和经济情况。殷商灭亡周朝兴起之后，甲骨文还使用了一段时期，是研究商周时期社会历史的重要资料。

图10　甲骨文（采自百度图片）

甲骨文的形体结构由独立体趋向合体，且出现了大量的形声字，上承原始刻绘符号，下启青铜铭文，是汉字发展的关键形态，被称为"最早的汉字"。现代汉字即由甲骨文演变而来。截至2012年，发现有大约15万片甲骨，4500多个单字。这些甲骨文所记载的内容极为丰富，涉及商代社会生活的诸多方面，不仅包括政治、军事、文化、社会习俗等内容，而且涉及天文、历法、医药等科学技术。从甲骨文已识别的约2500个单字来看，它已具备了"象形、会意、形声、指事、转注、假借"的造字方法，展现了中国文字的独特魅力。

从文字上看，甲骨文已具备了中国书法的用笔、结字、章法三要素。其用笔线条严整瘦劲，曲直粗细均备，笔画多方折，对后世篆刻的用笔用刀产生了影响。从结字上看，文字有变化，虽大小不一，但比较均衡对称，显示了稳定的格局。从章法上看，虽受骨片大小和形状的影响，仍表

---

〔1〕甲骨文是中国的一种古代文字，是汉字的早期形式，有时候也被认为是汉字的书体之一，也是现存中国王朝时期最古老的一种成熟文字。甲骨文属于上古汉语（old chinese），而非上古或者原始的其他语系的语言。

现了镌刻的技巧和书写的艺术特色。"甲骨书法"现今已在一些书法家和书法爱好者中流行，就证明了它的魅力。

从用笔上看，甲骨文因用刀契刻在坚硬的龟甲或兽骨上，所以，刻时多用直线，曲线也是由短的直线接刻而成。其笔画粗细也多是均匀；由于起刀和收刀直落直起，故多数线条呈现出中间稍粗两端略细的特征，显得瘦劲坚实，挺拔爽利，并富有立体感。

就结字而言，甲骨文外形多以长方形为主间或少数方形，具备了对称美或一字多形的变化美。另外，甲骨文在结字上还具有了方圆结合，开合揖让的结构形式，有的字还具有或多或少的象形图画的痕迹，具有文字最初发展阶段的稚拙和生动。

从章法上看，卜辞全篇行款清晰，文字大小错落有致。每行上下、左右，虽有疏密变化，但全篇能呈行气贯串、大小相依、左右相应、前后呼应的活泼局面。并且，字数多者，全篇安排紧凑，给人以茂密之感，字数少者又显得疏朗空灵，总之，都呈现出古朴而又烂漫的情趣。

（二）金文

金文，指铸刻在殷周青铜器上的文字，也叫钟鼎文。商周是青铜器的时代，青铜器的礼器以鼎为代表，乐器以钟为代表，"钟鼎"是青铜器的代名词。所以，钟鼎文或金文就是指铸在或刻在青铜器上的铭文。

金文，上承甲骨文下开大小篆，是字形结构比较成熟的文字。它的形体和结构同甲骨文非常接近，有所不同的是，金文大多是用模子铸出来的，铸造之前先要把字刻在模具上，有条件精工细作，所以它的笔画相比甲骨文更加粗壮、圆润，字体大小也更加匀称。金文应用的年代，上自商代的早期，下至秦灭六国，约 1200 多年。

图 11　金文汉代文盘（采自百度图片）

从目前已经发现的青铜器来看，殷商时期的青铜器上铭刻金文的字数比较少。从西周开始，青铜器上铸刻的金文字数逐渐多了起来。到了东周，也就是春秋战国时期以后，在青铜器上铭刻的金文字数进一步增多。然而到了秦始皇统一中国之后，由于人们的兴趣从青铜器上铸刻铭文转移到了直接在石碑、崖壁上刻字，青铜器上的金文字数反倒少了，有些器物上甚至一个字也没有。目前，我国发现的最大青铜器是出土于河南安阳武官村的司母戊鼎。金文的字数，据容庚《金文编》[1]记载，共计3722个，其中可以识别的字有2420个。青铜器上铭文所记内容主要是颂扬祖先及王侯们的功绩，同时也记录重大历史事件。如著名的毛公鼎[2]有497个字，记事涉及面很宽，反映了当时的社会生活。

金文的书体，一般称为大篆或籀书[3]。金文的发展促进了书法艺术的发展。西周时期的金文是一种很成熟的书法艺术，改写了长期以来谈书法只能从隶、楷书始和魏晋南北朝以后才有真正书法艺术的传统认识，并把中国书法艺术的历史推溯至3000多年前。

图 12　洪运凯金文书法作品
《登岳阳楼》（采自百度图片）

---

[1] 《金文编》于1985年7月1日第一次由中华书局出版，作者是张振林、马国权摹补，主要讲述引编分正续两编，正编为殷周金文，续编为秦汉金文。集录以彝器饮识为主，兵器镜鉴附焉。玺印泉币应另为专编。摹写之字据拓本或影印本为多，西清古鉴等书变易大小者，原器剥蚀模糊者阙焉。

[2] 毛公鼎（Duke Mao Tripod），西周晚期毛公所铸青铜器，清道光二十三年（1843年）出土于陕西岐山（今宝鸡市岐山县），收藏于台北故宫博物院。鼎高53.8厘米，口径47.9厘米。圆形，二立耳，深腹外鼓，三蹄足，口沿饰环带状的重环纹，造型端庄稳重。鼎内铭文长达四百九十九字，记载了毛公衷心向周宣王为国献策之事，被誉为"抵得一篇尚书"。其书法乃成熟的西周金文风格，奇逸飞动，气象浑穆，笔意圆劲茂隽，结体方长。是研究西周晚年政治史的重要史料。

[3] 籀书，也有称为古籀的。籀是周宣王时的史官，籀书即为他所写的字书。

商周时期的金文一般都能够在相当程度上体现出墨书的笔意。商代的金文书法字数不多，字体瘦长，笔道遒劲雄美，行气疏密有致，结构严谨，情势凝重，各有风韵〔1〕。周灭商以后，周人继承了商人的金文书法，使之发展成具有独特风格的金文书法艺术。西周早期的金文从书体和书法风格来看，总的情势是清秀隽美，笔道首尾出锋，有明显的波磔，结构严谨，行款章法自如。

其前期的作品风格质朴平实，多采用挺拔的悬针笔法，仍带有甲骨文的影响。后期的风格凝重雄放，已显出金文的独特艺术。尤其是大盂鼎的金文，共 19 行，291 字，记载了康王追述文武受命，克殷建邦的伟绩，书法凝练奇古，雄伟挺拔，遒劲华丽，从人形或以人为偏旁的字及王字等，多用肥笔，用笔轻重明显，文字端庄典雅，大小得体，形态生动，为成康之世〔2〕金文书法造诣最高一品，其拓本摹本至今尚被书法大家所珍视。

（三）篆书

篆书是大篆、小篆的统称。大篆〔3〕指西周晚期开始，直到秦始皇建立秦朝以前，各诸侯国使用的文字，保存着古代象形文字的明显特点。大篆最大的问题在于字体不完全统一，某个文字在秦国是一种写法，到了赵国就可能是另外一种写法。所以当时人们需要同时掌握多门"外语"，很不方便。大篆的代表是今存的石鼓文〔4〕，以周宣王时的太史籀所书而得名。他在原有文字的基础上进行了改革，因刻于石鼓上而得名，是流传至今最早的刻石文字，为石刻之祖。

---

〔1〕 古铭、徐谷甫：《两周金文选》，上海书画出版社 1986 年版。

〔2〕 成康之世，指西周时姬诵、姬钊的统治。史家称"成康之际，天下安宁，刑措四十余年不用"。中国西周时周成王、周康王相继在位年间继承文王、武王的业绩，对内推行周公"以德慎罚"的主张，务从节俭，用以缓和阶级矛盾；对外不断攻伐淮夷，用武力控制东方少数民族地区，取得了很大胜利。成康时期，是周最为强盛的阶段，史称天下安宁，刑具 40 余年不曾动用，故有成康之治的赞誉。康王在位期间，国力强盛，经济繁荣，文化昌盛，社会安定。后世将这段时期和成王末年的统治誉称为"成康之治"。

〔3〕 大篆，汉字的古代体之一，见于汉代著作，与"小篆"对称。广义指"小篆"以前的文字和书体，包括甲骨文、钟鼎文、籀文和六国文字等；狭义专指周宣王太史籀厘定的文字，即"籀文"。"大篆"的代表作品，有《石鼓文》和《秦公簋》铭文等。

〔4〕 石鼓文，秦刻石文字，因其刻石外形似鼓而得名。发现于唐初，共十枚，高约三尺，径约二尺，分别刻有大篆四言诗一首，共十首，计七百一十八字。内容最早被认为是记叙周宣王出猎的场面，故又称"猎碣"。

图 13　石鼓文，战国

（公元前 403 年~

公元前 221 年）

（采自百度图片）

　　秦始皇灭六国之后就开始着手统一全国的文字，由宰相李斯〔1〕负责推行"书同文，车同轨"，统一度量衡的政策，也就有了小篆〔2〕。小篆，也称"秦篆"，是以先前秦国使用的文字为基础，参考其他六国的字体演化而成，是大篆的简化字体，其特点是形体均匀齐整、字体较籀文容易书写。小篆的制定是中国历史上第一次有系统的将文字的书体标准化。

　　小篆一直在中国流行到西汉末年，才逐渐被隶书所取代。但由于其字体优美，始终被书法家所青睐。又因为其笔画复杂，形式奇古，而且可以随意添加曲折，印章刻制上，尤其是需要防伪的官方印章，一直采用篆书，直到封建王朝覆灭，近代新防伪技术出现。康熙字典上对所有的字还注有小篆写法。

图 14　小篆-峄山石刻

（采自百度图片）

---

　　〔1〕　李斯（约公元前 284 年~公元前 208 年），李氏，名斯，字通古。战国末期楚国上蔡（今河南上蔡）人。秦代著名的政治家、文学家和书法家。

　　〔2〕　小篆是在秦始皇统一中国后（前 221 年），推行"书同文，车同轨"，统一度量衡的政策，由丞相李斯负责，在秦国原来使用的大篆籀文的基础上，进行简化，取消其他的六国文字，创制了统一文字的汉字书写形式。一直在中国流行到西汉末年（约公元 8 年），才逐渐被隶书所取代。

小篆的字形为长方形，笔画横平竖直，圆劲均匀，粗细基本一致。空间分割均衡与对称是篆书的独特魅力，对称不仅存在于左右对称，上下对称，而且还存在于字的局部对称，圆弧形笔画左右倾斜度的对称。此外，小篆的大部分字主体部分在上大半部，下小半部是伸缩的垂脚。当然也有下无脚的字，主体笔画在下部，上部的笔画则可以耸起。中国文字发展到小篆阶段，逐渐开始定型（轮廓、笔画、结构定型），象形意味削弱，使文字更加符号化，减少了书写和认读方面的混淆和困难，这也是我国历史上第一次运用行政手段大规模地规范文字的产物。秦王朝使用经过整理的小篆统一全国文字，不但基本上消灭了各地文字异行的现象，也使古文字体异众多的情况有了很大的改变，在中国文字发展史上有着重要的角色。

（四）隶书

秦始皇在"书同文"的过程中，命令李斯创立小篆后，又采纳了程邈[1]整理的隶书[2]。隶变[3]是汉字发展史上的一个里程碑，汉字发展至汉朝隶书时被取名为"汉字"。

图15 程邈（采自百度图片）

─────────────

〔1〕程邈，秦代书法家。字元岑，内史下邽（今陕西渭南北）人。相传他首先将篆书改革为隶书。

〔2〕隶书，亦称汉隶，是汉字中常见的一种庄重的字体，书写效果略微宽扁，横画长而直画短，呈长方形状，讲究"蚕头雁尾""一波三折"。隶书起源于秦朝，由程邈整理而成，在东汉时期达到顶峰，对后世书法有不可小觑的影响，书法界有"汉隶唐楷"之称。

〔3〕隶变，是汉字发展史上的一个里程碑，标志着古汉字演变成现代汉字的起点。有隶变，才有今天的汉字。在隶变中，中国文字由小篆转变为隶书。隶变是中国文字发展上一个重要的转折点，结束了古文字的阶段，隶变之后的文字，接近现在所使用的文字，也比古文字更容易辨识了。

《说文解字》中关于嬴政统一文字后汉朝复兴和发掘传统文字的历史是这样记录的："……秦烧灭经书，涤荡旧典，大发吏卒，兴役戍，官狱职务繁，初为隶书，以趣约易，而古文由此绝矣"。相传隶书为秦末程邈在狱中所整理，去繁就简，字形变圆为方，笔画改曲为直。改"连笔"为"断笔"，从线条向笔画，更便于书写。程邈当时是秦朝的一个小官，曾当过县狱吏，负责文书一类的差事。因他性情耿直，得罪了秦始皇，被关进了云阳狱中。他在狱中度日如年，无事可做，白白浪费时光觉得实在可惜，心想，何不干出一番事业来，以求赦免罪过？可是，在狱中能干什么事业呢？这个问题一直困扰着程邈。当时正值秦始皇推行"书同文"政策，以小篆为全国统一文字。其时政务多端，文书日繁，用小篆写公文固然比以前方便许多，但小篆不便于速写，还是费时费事，影响工作速度和效率。程邈以前身为狱吏，深知小篆难以适应公务，若能创造出一种容易辨认又书写快速的新书体，不是更好吗？脑子里有了这个想法，程邈便绞尽脑汁地琢磨，于是乎，他在监狱中索性着手整理在在工作中与同事流行使用的隶书，最后还编成了一本书。程邈把自己的成果献给秦始皇后，秦始皇龙颜大悦，当场宣布将程邈无罪释放。

图 16　隶书《华山庙碑》（采自百度图片）

秦汉时期的隶书分秦隶[1]和汉隶[2]。隶书的出现，是我国文字史

------

〔1〕秦隶，书法上也叫古隶，是由小篆走向今隶的过渡字体，也是古文字时代向今文字时代过渡字体，也是古文字时代向今文字时代过渡的桥梁。它的特点是把小篆粗细相等的均匀线条变成平直有棱角的横、竖、撇、捺、挑、勾等的笔画。古隶的流行时间大约

乃至书法史上的一次重大变革，逐渐成为占统治地位的官方书体。从此，我国文字告别了延续三千多年的古文字而开端了今文字，在形体上逐渐由图形变为笔画，象形变为象征，复杂变为简单，在造字原则上则从表形、表意到形声，字体结构也不再有古文字那种象形的含义，而完全符号化了。但秦朝初创的隶书，结体和用笔都带有篆书的意味，长扁不一，波磔[1]也不明显，可以说只是篆书的潦草写法。到了东汉，隶书才有了大的变化，结构向扁平发展，笔画出现了雄健的波磔，更趋于工整精巧，从而形成了汉朝隶书的独特字体。汉隶结体用笔富于变化的特点，又影响和促进了楷书和其他书体的形成及风格的多样。直到如今，隶书仍然是一种常用的字体，并作为一种书法艺术而存在。

就书法而言，隶变完成了以下篆隶转换：一是摆脱篆书字形结构的凝固化束缚而走向隶书线条时空运动的抽象化表现；二是线条由篆书委婉的弧笔变为险峻的直笔，曲折处由篆书的连绵圆转变为转折的方笔。隶变标志着汉字相形性的破坏和抽象符号的确立，使汉字由古文字体系向今文字体系转换；同时也标志着隶书的独立品格和美学特征的最终形成。

隶书起源于秦朝，在东汉时期达到顶峰，书法界有"汉隶唐楷"之称。隶书是汉字中常见的一种庄重的字体，书写效果略微宽扁，横画长而直画短，讲究"蚕头雁尾""一波三折"。隶书的出现是中国文字的又一次大改革，史称"隶变"。汉字字体从篆书到隶书的演变，使中国的书法艺术进入了一个新的境界，是汉字演变史上的一个转折点，奠定了楷书的基础。

（五）楷书

楷书又称正书，或真书，是我国封建社会南北魏到晋唐最为流行的一种书体，始于东汉。其特点是：形体方正，笔画平直，可作楷模，故名。楷书作为标准写法的汉字，是今日普遍使用的汉字手写正体字。

（接上页）在公元前 309 年至公元前 111 年，即从秦武王时期至汉武帝晚期。这只是大致的分期。实际上，古隶的存在时间很长，公元前 52 年的丞相御史律令册（汉 24）还是古隶体。

〔2〕 汉隶，是汉代隶书的统称。因东汉碑刻上的隶书，笔势生动，风格多样，因学写隶书者重视东汉碑刻，把这一时期各种风格的隶书特称为"汉隶"。广义地说，所有汉代的隶书都是汉隶，包括汉初的古隶、汉隶（狭义的汉隶）和八分书。狭义的汉隶是指西汉使用最广泛的隶书体，五凤元年简（汉 22）和定县汉简（汉 23）是其成熟的形态。汉隶较古隶规范，又不像八分那样具有装饰性，是西汉直至汉末的通用书体。

〔1〕 磔，书法术语，点画用笔的一种技法。"永字八法"称捺笔为"磔"。

《辞海》[1]中关于楷书的解释说：它"形体方正，笔画平直，可作楷模。"故名楷书。楷书的产生，紧扣汉隶的规矩法度，而追求形体美的进一步发展，汉末、三国时期，汉字的书写逐渐变波、磔而为撇、捺，且有了"侧"（点）、"掠"（长撇）、"啄"（短撇）、"提"（直钩）等笔画，使结构上更趋严整。

中国楷书的发展史分为四个时期：即楷书的萌芽期——秦汉，楷书发展期——魏、晋、南北朝，楷书繁荣期——隋、唐、五代，楷书守成期——宋、元、明、清[2]。

初期"楷书"，仍残留极少的隶笔，结体略宽，横画长而直画短。东晋以后，南北分裂，书法亦分为南北两派：北派书体，带着汉隶的遗型，笔法古拙劲正，而风格质朴方严，长于榜书，这就是所说的魏碑[3]；南派书法，多疏放妍妙，长于尺牍。南北朝，因为地域差别，个人习性、书风迥然不同：北书刚强，南书蕴藉，各臻其妙，无分上下。唐代的楷书，书体成熟，书家辈出：唐初的虞世南[4]、欧阳询[5]、褚遂良[6]、中

---

〔1〕《辞海》是1915年舒新城先生主编的图书，是中国最大的综合性辞典。《辞海》是以字带词，兼有字典、语文词典和百科词典功能的大型综合性辞典。辞海二字源于陕西汉中著名的汉代石崖摹刻《石门颂》。皇皇巨著《辞海》是一个世纪、几代学人千锤百炼的结晶。时中华书局创办人陆费逵先生决心编纂集中国单字、语词兼百科于一体的综合性大辞典，其宏博气势，令人钦敬。并取"海纳百川"之意，将书名定为《辞海》。

〔2〕楷书的发展史。

〔3〕魏碑，是我国南北朝时期（420年~588年）北朝文字刻石的通称，以北魏为最精，大体可分为碑刻、墓志、造像题记和摩崖刻石四种。此时书法是一种承前启后、继往开来的过渡性书法体系，钟致帅称魏碑"上可窥汉秦旧范，下能察隋唐习风。"魏碑书法对后来的隋和唐书体的形成产生了巨大影响。可以说魏碑是一种从隶书到楷书的过渡书体，魏碑经常带有隶书的写法在其中，因此它的楷书性质还不成熟，但正因为这种不成熟性，也就造成了百花齐放的场面，意态奇异，形成了一种独特的美，康有为评价有"魏碑十美"。

〔4〕永兴文懿公虞世南（558年~638年7月11日），字伯施，汉族，越州余姚（今浙江省慈溪市观海卫镇鸣鹤场）人。南北朝至隋唐时著名书法家、文学家、诗人、政治家，凌烟阁二十四功臣之一。

〔5〕欧阳询（557年~641年），字信本，汉族，唐朝潭州临湘（今湖南长沙）人，唐朝著名书法家，官员，楷书四大家之一，南梁征南大将军欧阳頠之孙，南陈左卫将军欧阳纥之子，南朝梁太平二年（公元557年）出生于衡州（今湖南衡阳），祖籍潭州临湘（今湖南长沙）。欧阳询与同代的虞世南、褚遂良、薛稷三位并称初唐四大家。他与虞世南俱以书法驰名初唐，并称"欧虞"，后人以其书平正中见峭绝，最便初学，号为"欧体"。

〔6〕褚遂良（公元596年~公元659年），字登善，唐朝政治家、书法家，杭州钱塘人，祖籍阳翟（今河南禹州）。

唐的颜真卿〔1〕、晚唐的柳公权〔2〕，其楷书作品均为后世所重，奉为习字的模范。到了唐末，楷书已发展到了顶峰，风格已过于规整，于是逐渐走下坡路了。但是"唐书重法，宋书重意"，宋朝的苏轼〔3〕以其诗人的风度开创了丰腴跌宕、天真烂漫的"苏体"，堪称"宋朝第一"。宋末元初的赵孟頫〔4〕，以其恬润、婉畅，形成了"赵体"，也就是四大家中的"赵"，但是"赵体"严格来讲应该属于行楷，不再是规规矩矩的楷书了。清代的楷书以邵瑛所著的《间架结构摘要九十二法》〔5〕为代表，它全面地研究剖析了汉字结构组合规律，归纳总结出 92 种汉字结体书写的方法，是一本较为完整、实用的法帖，在清末及民国初年达到了家喻户晓、人手一册、学书之人案头必备的程度，至今仍有广泛影响力〔6〕。

总而言之，楷书自汉末兴起，至今已有约 1700 年的历史，是自汉代以后历朝历代普遍使用的一种典范文字。楷书之所以能在这么长时间里被人们广泛使用，就在于楷书字体端正秀丽、书写方便。也正是从楷书，今天汉字的笔画形式和方块字均已基本定型。时至今日，楷书仍然是当代出版物印刷用字的主要字体。

---

〔1〕 颜真卿（709 年~784 年 8 月 23 日），字清臣，小名羡门子，别号应方，生于京兆万年（今陕西西安），祖籍琅玡临沂（今山东临沂），颜师古五世从孙、颜杲卿从弟，唐代名臣、杰出的书法家。

〔2〕 柳公权（778 年~865 年），字诚悬，汉族，京兆华原（今陕西铜川市耀州区）人。唐代著名书法家、诗人，兵部尚书柳公绰之弟。柳公权书法以楷书著称，与颜真卿齐名，人称"颜柳"，又与欧阳询、颜真卿、赵孟頫并称"楷书四大家"。

〔3〕 苏轼（1037 年 1 月 8 日~1101 年 8 月 24 日），字子瞻，又字和仲，号东坡居士，世称苏东坡、苏仙。汉族，北宋眉州眉山（今属四川省眉山市）人，祖籍河北栾城，北宋著名文学家、书法家、画家。

〔4〕 赵孟頫（1254 年 10 月 20 日~1322 年 7 月 30 日），字子昂，汉族，号松雪道人，又号水精宫道人、鸥波，中年曾署孟俯。浙江吴兴（今浙江湖州）人。元初著名书法家、画家、诗人，宋太祖赵匡胤十一世孙、秦王赵德芳嫡派子孙；其父赵与訔曾任南宋户部侍郎兼知临安府浙西安抚使。是元代初期很有影响的书法家，著有《松雪斋集》。

〔5〕 《间架结构摘要九十二法》，清代邵瑛所著，是在唐初四大书家之一欧阳询《结字三十六法》及明代李淳《大字结构八十四法》基础上系统、全面地研究剖析了汉字结构组合规律，归纳总结出九十二种汉字结体书写的方法，并各有典型例字。

〔6〕 于海阔、潘培忠："清代《间架结构摘要九十二法》作者小考"，载《历史档案》2012 年第 3 期。

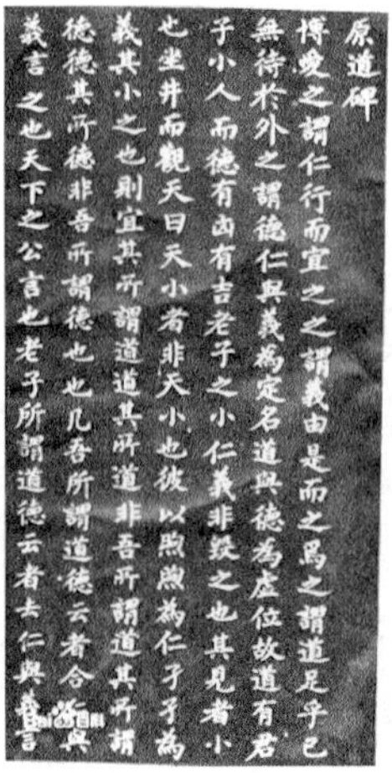

图 17 柳公权小楷《原道碑》

（采自百度图片）

（六）草书和行书

草书形成于汉代，是为书写简便，在隶书基础上演变出来的。有章草[1]、今草[2]、狂草[3]之分。汉初，通用的是"草隶"，即潦草的隶书，后来逐渐发展，形成一种具有艺术价值的"章草"。汉末，张芝[4]变革"章草"为"今草"，字的体势一笔而成。唐代张旭、怀素又发展为笔势连绵回绕，字形变化繁多的"狂草"。草书为书法家所常用，其特点是：存字之梗概，损隶之规矩，纵任奔逸，赴速急就，因草创之意，谓之草书。

---

〔1〕章草，是书法的传统书体之一，是早期的草书，始于秦汉年间，由草写的隶书演变而成的标准草书。章草是"今草"的前身，与"今草"的区别主要是保留隶书笔法的形迹，上下字独立而基本不连写。

〔2〕今草，亦称"小草"。草书的一种。始于汉末，是对章草的革新。据史书记载，今草为东汉张芝所创，世称张芝为"草圣"。笔画连绵回绕，文字之间有连缀，书写简约方便。至东晋王羲之博采众长，发扬完善，以《十七帖》最为著名，是历代草书之绝品。

〔3〕狂草，属于草书最放纵的一种，笔势相连而圆转，字形狂放多变，在今草的基础上将点画连绵书写，形成"一笔书"，在章法上与今草一脉相承。狂草的成就，是唐代书法高峰的另一方面的表现。其中张旭、怀素二人尤见个性（俗称"颠张醉素"），对后世影响极大。

〔4〕张芝（？～约190至193年），字伯英，敦煌酒泉人。他敢于创新，省略章草的繁难之处，在运笔上使用了流利的笔锋，显示出的奋逸的力量，打破了章草的常规，从而创造了"今草"这种书法体。今草行笔自然，刚柔相济，疏密相宜，后世将张芝列为"草圣"。

图17 怀素草书作品（采自百度图片）   图18 《兰亭序》局部（采自百度图片）

行书大约是在东汉末年产生的，是介于楷书、草书之间的一种字体，可以说是楷书的草化或草书的楷化。它是为了弥补楷书的书写速度太慢和草书的难于辨认而产生的。笔势不像草书那样潦草，也不要求楷书那样端正。楷法多于草法的叫"行楷"，草法多于楷法的叫"行草"。代表人物："二王"：王羲之[1]，王献之[2]。

三、汉字的今生——近现代汉字的改革历程

从晚清时期算起，现代汉字改革的历程已经走过了一个多世纪。百余年来，关于汉字改革的主要观点归纳起来不外乎两点：一是简化汉字，也就是主张汉字实现从繁体字到简体字的转变，这个目标目前在除港澳台之外的中国大陆已基本实现；二就是汉字拉丁化，即主张彻底废除汉字，用类似于今天的汉语拼音字母彻底取代汉字。由于后一种观点与千余年来汉字的发展演变格格不入，时至今日，汉字拉丁化的主张已基本退出了历史

---

〔1〕 王羲之（303年~361年，一作321年~379年），字逸少，汉族，东晋时期著名书法家，有"书圣"之称。琅琊（今属山东临沂）人，后迁会稽山阴（今浙江绍兴），晚年隐居剡县金庭。历任秘书郎、宁远将军、江州刺史，后为会稽内史，领右将军。其书法兼善隶、草、楷、行各体，精研体势，心摹手追，广采众长，备精诸体，冶于一炉，摆脱了汉魏笔风，自成一家，影响深远。风格平和自然，笔势委婉含蓄，遒美健秀。代表作《兰亭序》被誉为"天下第一行书"。在书法史上，他与其子王献之合称为"二王"。

〔2〕 王献之（344年~386年），字子敬，小名官奴，汉族，祖籍琅琊临沂（今山东临沂），生于会稽山阴（今浙江绍兴）。东晋著名书法家、诗人、画家，为书圣王羲之第七子、晋简文帝司马昱之婿。官至中书令，为与族弟王珉区分，人称"大令"，与其父王羲之并称为"二王"。与张芝、钟繇、王羲之并称"书中四贤"。

的舞台。

（一）汉字的拼音方案

最早利用拉丁字母拼写汉字读音的是意大利人利玛窦[1]，他制定了第一套用拉丁字母给汉字注音的方案，其中包含了一套拥有 26 个声母和 44 个韵母的汉语拼音体系。但清入关后的 200 年间，由于清政府闭关锁国，外国人的汉语拼音尝试也因此被相隔。直到鸦片战争爆发后，为汉字注音的运动才再次蓬勃发展起来。

1. 切音字运动

鸦片战争以后，一些爱国知识分子提出了教育救国的主张，梁启超、沈学、卢戆章[2]、王照[3]都一致指出，汉字的繁难是教育不能普及的原因。1892 年卢戆章《一目了然初阶》[4]出版，标志着"切音字运动"[5]的开始，此后 20 年间相继涌现了近 30 种各具特色的切音方案，但随着清政府的灭亡，"切音字运动"趋于沉寂。

"切音字运动"是中国人民自觉提倡拼音化的开始，历经 20 年的艰辛探索，"切音字运动"理论日臻完善，实践越发理性，但是缺点同样毋庸忌讳。倡导者们普遍存在的各自为战、攻击诘难的行为，并将民众的智愚、国家的兴衰，简单归因于汉字，显然是不妥的。然而瑕不掩瑜，风雨 20 年，"此间所作均属草创，然筚路蓝缕之功，殊不可没"[6]。"切音字

---

〔1〕 利玛窦（1552 年 10 月 6 日年~1610 年 5 月 11 日），号西泰，又号清泰、西江，意大利的天主教耶稣会传教士、学者，明朝万历年间来到中国传教。利玛窦是天主教在中国传教的最早开拓者之一，也是第一位阅读中国文学并对中国典籍进行钻研的西方学者。他通过"西方僧侣"的身份，"汉语著述"的方式传播天主教教义，并广交中国官员和社会名流，传播西方天文、数学、地理等科学技术知识，他的著述不仅对中西交流作出了重要贡献，对日本和朝鲜半岛上的国家认识西方文明也产生了重要影响。

〔2〕 卢戆章，汉语拼音文字首倡者。字雪樵，福建同安人，清末学者。创制中国切音新字，中国文字改革的先驱。

〔3〕 王照（1859 年~1933 年），字小航，号芦中穷士，又号水东，直隶宁河县（今属天津市）人。王照是近代拼音文字提倡者、"官话字母"方案的制订人。

〔4〕《一目了然初阶》，是中国汉字改革史上的第一部切音字专著，其中记述的创作缘起、方法、目的、语言学观点等极具代表性；书中包含 55 篇切音与汉字对照的通俗读物，其雅俗共赏、简单易晓的内容以及分词连写、左起横行的形式都颇具开创性，意义重大，影响深远。该书作为中国拼音文字的第一套方案，理所当然地成为清末汉字改革运动的伟大起点。该方案共计 55 个表音符号，通过字母与韵脚（即 15 音）双拼切合成音；创制 6 种音标符号以标示声调；具体所需字母数量根据各地实际语音情况选择应用。

〔5〕 切音字运动：清末 20 年间发端于民间的创造和推行汉语拼音方案的运动。切音就是拼音，切音字就是泛指在这一运动中产生的各种各样的汉语拼音方案。

〔6〕 罗常培：《国音字母演进史》（第 5 版），商务印书馆 1948 年版，第 11 页。

运动"在理论与实践上证明了汉字可以改用拼音字母来书写，这为随后一个世纪的文字拼音化运动打下了坚实的基础。

2. 注音字母运动

1912 年 8 月，民国政府教育会议通过《采用注音字母案》，自此展开全面的策划与实施工作。1913 年 2 月，读音统一会在北京召开。会议历时三月之久，审定了 6500 个汉字的读音，确定了"标准国音"；拟定了一套注音字母（共 39 个），这套字母采用汉字笔画式，字母选自古代汉字，仅用于标注汉字读音，不作为拼音文字，并于 1918 年正式公布。

图 19　《北京切音教科书》局部（采自百度图片）

1920 年，全国各地陆续开办"国语传习所"和"暑期国语讲习所"，推广注音字母，小学教科书都在汉字的生字上用注音字母注音。1930 年国民政府将其改名"注音符号"，以强调这不是一种与汉字并行的文字。这套拼音方案一直沿用至新中国成立后，是中国第一套法定拼音字母方案，现在仍然是台湾地区使用的拼音方式。从 1920 年到 1958 年，注音字母在我国使用了近 40 年的时间。这对于统一汉字读音、推广国语、普及拼音知识起了很大的作用。

3. 国语罗马字运动

五四运动之后，钱玄同于 1918 年在《新青年》上发表《中国今后之文字问题》的文章，提出了"废孔学""废汉字"的主张，他不满足于注音字母，认为"汉字之根本改革"应该采用罗马字母。1923 年，《国语月刊》出版了《汉字改革专号》，采用罗马字的呼声达到高潮，国语罗马字运动进入一个新的阶段。

注音符号	汉语拼音方案		注音符号第二式		国语罗马字							
					阴平		阳平		上声		去声	
	非零声	零声	非零声	零声	非零声	零声	非零声	零声	非零声	零声	非零声	零声
帀	i		r / z		y		yr		yy		yh	
丨	i	yi	i	yi	i		yi		ii	yii	ih	yih
ㄨ	u	wu	u	wu	u		wu		uu	wuu	uh	wuh
ㄩ	ü/u	yu	iu	yu	iu		yu		eu	yeu	iuh	yuh
ㄚ	a		a		a		ar		aa		ah	
ㄛ	o		o		o		or		oo		oh	
ㄜ	e		e		e		er		ee		eh	
ㄝ	ê		ê		è		èr		èè		èh	
ㄞ	ai		ai		ai		air		ae		ay	
ㄟ	ei		ei		ei		eir		eei		ey	

1926 年"国语统一筹备会"制定"国语罗马字拼音法式",1928 年大学院将其正式颁布,这是中国第一份拼音文字方案,公布之后数年间社会推行效果较差,基本局限于学者内部,1934 年以后"国语罗马字运动"几乎进入停滞状态,主要致力于与拉丁化新文字运动的系列探讨与论争。但国语罗马字在台湾一直被采用〔1〕。

国语罗马字方案是在切音字和注音字母的基础上发展起来的,采用世界通用、现成的 26 个字母,彻底摆脱了汉字笔画的束缚。国语罗马字方案的原则、方法及其较为完善的正字法为新中国的"汉语拼音方案"提供了大量经验,在理论与实践上为其奠定了坚实的基础。国语罗马字作为中国第一套法定拉丁字母式拼音方案,对语音统一与识字教育做出了一定贡献,尤其在助益世界经济文化交流这一点上,功不可没。

4. 拉丁化新文字运动

20 年代末 30 年代初,中国的拉丁化新文字在苏联创制,其目的是为给苏联远东的 10 万华工扫除文盲,在条件成熟时,用拉丁化新文字代替汉字,以解决中国大多数人的识字问题。

1921 年瞿秋白在苏联草创《拉丁化中国字》,并于 1929 年出版。

---

〔1〕 1984 年,台湾对国语罗马字做了详细修订,历时两年之后,于 1986 年颁布全国,正式命名《国语注音符号第二式》。台湾当局的此次修改,完全打破了国语罗马字原本坚持的标调方式,而是充分借鉴了《汉语拼音方案》的符号标调法。

1930 年，瞿秋白又与吴玉章等人共同完成出版了《中国拉丁化字母》一书，引起很大反响。1931 年 9 月 26 日在中国文字拉丁化第一次代表大会上通过了《中国汉字拉丁化的原则和规则》[1]。至此，拉丁化新文字运动正式开始，这个运动推动了中国语文现代化的历史进程。

1933 年，拉丁化新文字被介绍到国内。1934 年 8 月，上海成立了"中文拉丁化研究会"，出版介绍拉丁化新文字的书籍。接着，在北方和南方都先后成立了拉丁化新文字团体[2]。1941 年 1 月，陕甘宁边区政府成立"新文字工作委员会"，正式宣布新文字与汉字有同等的法律地位。在抗日战争的最紧急年代里，拉丁化新文字在陕甘宁边区推行，效果很好。

拉丁化新文字的创制者和国语罗马字的创制者之间曾经进行过激烈的论战，前者叫作"北拉派"，后者叫作"国罗派"。后来他们都发现，两派在一些根本问题的认识上是一致的，只是在个别枝节问题上有分歧[3]。

拉丁化新文字运动一直延续到 1958 年《汉语拼音方案》公布时为止，历时近 30 年。在整个中国文字改革史上占有重要地位，为新中国《汉语拼音方案》的制定与推广提供了大量的参考与借鉴[4]。

5. 现代汉语拼音方案

1949 年 10 月，民间团体"中国文字改革协会"成立了，协会设立"拼音方案研究委员会"，讨论拼音方案采用什么字母的问题。

1955 年 10 月 15 日，全国文字改革会议在北京举行。会议印发了 6 种拼音方案的草案，有 4 种是汉字笔画式的，一种是拉丁字母式的，一种是斯拉夫字母式的。最终拉丁字母的方案被采用，并在中央开会通过。1955 年 10 月，国务院成立"汉语拼音方案审定委员会"，并于 1957 年 10 月提出《修正草案》，在 11 月 1 日国务院全体会议第 60 次会议上，新的《汉语拼音方案（草案）》通过，提请全国人民代表大会审议，1958 年 2 月 11 日，第

---

〔1〕《中国汉字拉丁化的原则和规则》的主要内容是：中国拉丁化新文字的原则（13 条）；中国拉丁化新文字的规则（包括：字母，拼写规则，写法规则）。

〔2〕据统计，从 1934 年到 1955 年 21 年中，拉丁化新文字团体总共有 300 多个。

〔3〕拉丁化新文字是在国语罗马字的基础上制定的，在标调方式上与国语罗马字不同：国语罗马字对于所有的音节都要标调，而拉丁化新文字规定：原则上不标声调，只是在极有必要或极易混同的情况下才标声调。

〔4〕切音字自始主张不妨碍汉字，注音字母主要用途局限于汉字注音，国语罗马字壮志未酬而被迫做了"国音字母第二式"，拉丁化新文字则是明确提出彻底取代汉字的宏伟目标，"要根本废除象形文字，以纯粹的拼音文字来代替。"为了实现这一历史重任，拉丁化新文字运动者做出了种种努力与尝试，其现实功绩远远超出了此前的几个阶段。

一届全国人民代表大会第五次会议正式批准《汉语拼音方案》。1958 年秋季开始，《汉语拼音方案》作为小学生必修的课程进入全国小学的课堂。

國際音標	注音符號	漢語拼音	例字	國際音標	注音符號	漢語拼音	例字
[p]	ㄅ	b	玻	[tɕ]	ㄐ	j	基
[pʻ]	ㄆ	p	坡	[tɕʻ]	ㄑ	q	欺
[m]	ㄇ	m	摸	[ɕ]	ㄒ	x	希
[f]	ㄈ	f	佛	[tʂ]	ㄓ	zh	知
[t]	ㄉ	d	得	[tʂʻ]	ㄔ	ch	蚩
[tʻ]	ㄊ	t	特	[ʂ]	ㄕ	sh	詩
[n]	ㄋ	n	訥	[ʐ]	ㄖ	r	日
[l]	ㄌ	l	勒	[ts]	ㄗ	z	貴
[k]	ㄍ	g	哥	[tsʻ]	ㄘ	c	雌
[kʻ]	ㄎ	k	科	[s]	ㄙ	s	思
[x]	ㄏ	h	喝				

图 21　老式字典中的拼音（采自百度图片）

汉语拼音，是一种辅助汉字读音的工具，是中华人民共和国官方颁布的汉字注音拉丁化方案，该拼音方案主要用于汉语普通话读音的标注，作为汉字的一种普通话音标。由全国人民代表大会于 1958 年 2 月 11 日批准公布该方案。1982 年，成为国际标准 ISO7098（中文罗马字母拼写法）。部分海外华人地区如新加坡在汉语教学中采用汉语拼音。2008 年 9 月，中国台湾地区确定中文译音政策由"通用拼音"改为采用"汉语拼音"，涉及中文英译的部分，都将要求采用汉语拼音，自 2009 年开始执行。

从汉语拼音的历史渊源来看，不管是中国人自己的拼音方案，还是近代西洋人设计的拉丁字母拼音方案，都不是要真正取代汉字，只是给汉字注音而已。他们的目的很明确，就是要解决汉字读音的问题，特别是西洋人用自己的字母给汉字注音，其出发点恐怕和今天很多初学英语的中国人用汉字给英语注音的目的类似。

（二）简体字运动

清末以来，随着普及民众教育的呼声日趋高涨，汉字的难易程度备受关注。依靠旧有汉字教化民众的种种尝试举步维艰，新创制的各种切音字更是难堪重任，与此同时，伴随着拯救民族危亡运动的一再受挫，简化汉字的呼声越发强烈。

1. 新中国成立之前的汉字简化运动

1909 年，陆费逵[1]发表《普通教育应当采用俗体字》[2]，这是我国历史上第一次公开提倡使用简体字。1920 年，钱玄同在《新青年》发表了《减省汉字笔画的提议》，他看到了汉字拼音化的艰难，所以提出了简化汉字的主张[3]。1935 年上海"手头字运动"、南京国民政府公布《第一批简体字表》[4]，标志着简体字运动的首个高潮。

整体来看，清末至新中国成立前的简体字运动，几乎始终是处在拼音化狂潮的夹缝中，作为治标的办法展开的。这一阶段的简体字运动主要做了两方面努力，一是规范固有简体字，二是进一步简化汉字。这些尝试为新中国的汉字简化工作积累了丰富的经验，为今后的文字改革工作提供了借鉴。但是由于简体字的受重视程度明显不够，直至新中国成立前始终未能获得政府的法定认可。

图 22　第一批简体字表
（采自百度图片）

---

〔1〕　陆费逵：(1886 年 9 月 17 日~1941 年 7 月 9 日)，中国近代著名教育家、出版家，中华书局创办人。汉族，浙江桐乡人。复姓陆费，名逵，字伯鸿，号少沧，幼名沧生，笔名有飞、冥飞、白华等。原籍浙江桐乡，生于陕西汉中。母为李鸿章侄女，颇识诗书。

〔2〕　陆费逵认为：简体字是"最便而最易行者。此种字笔画简单，易习易记，与正体字不可同日而语。且此种字除公牍考试外，无不用之，贩夫走卒，且借此以读小说、歌本焉。若采用于普通教育，事顺而易行。"

〔3〕　钱玄同把汉字拼音化当作终极目标，是"治本"的方法，而把汉字简化只看作是一个过渡，减省汉字的笔画只是"治标"的办法。在这样的思想之下，简化汉字并没有得到应有的重视，这必然会影响到汉字简化运动的结果。

〔4〕　《第一批简体字表》的选字原则是："1. 述而不作；2. 选择社会上比较通行之简体字，最先采用；3. 原字笔画甚简者，不再求简。"

2. 新中国成立之后的汉字简化运动

新中国成立以后，党和政府都十分重视汉字简化工作，并把简化汉字与推广普通话、制定和推行汉语拼音方案列为文字改革的三大任务。

1949 年 10 月中国文字改革协会[1]在北京成立，随后便开始了汉字的整理和简化工作。1952 年 2 月 5 日，中国文字改革研究委员会[2]成立后继续承担汉字简化的任务。1956 年 1 月 28 日，国务院通过了《汉字简化方案》[3]及《关于公布汉字简化方案的决议》。简化字取得了"正体字"的地位，我国正式进入简化字时代。

图 23 　中国文字改革研究委员会成员（采自百度图片）

1964 年 3 月，中国文字改革委员会、文化部、教育部发出《关于简化字的联合通知》，扩大了类推简化的范围。5 月，文改会在总结使用简化字的经验的基础上，明确了简化偏旁的应用范围，并经国务院批准编印《简化字总表》（以下简称为《总表》），作为使用简化字的规范。《简化字总表》共收 2236 个简化字，一共简化了 2264 个繁体字。

---

[1] 　中国文字改革协会是新中国成立以后的第一个全国性的文字改革组织，其工作内容和新中国文字改革的基本任务是一致的。

[2] 　中国文字改革研究委员会，是新中国第一个主管文字改革工作的国家研究机构，它不同于以往的民间群众组织。该组织拟出了《汉字简化方案草案》。

[3] 　《汉字简化方案》将 544 个繁体字简化为 515 个简化字，并有 54 个简化偏旁。

1986 年 10 月，国家语委经国务院批准重新发布了《简化字总表》，并作了个别调整。调整后的《总表》，实收 2274 个简化字及讠〔訁〕、饣〔飠〕、纟〔糹〕、钅〔釒〕等 14 个简化偏旁，不仅精简了汉字系统的字数和许多字的笔画，而且为人们确立了一个明确的字体规范。

图 24　二简字

（采自百度图片）

在汉字的整理和简化工作中，由于缺乏经验，也存在一些缺点。譬如由于草书楷化而出现了一些不便称说的新部件，再就是不恰当的同音代替可能引起意义的混淆[1]。1977 年，征求意见发表的《第二次汉字简化方案草案》[2]，拟订过程中受到极"左"思潮的干扰，一味求简，发表以后，各方面意见较大[3]。试行没多久，由于当时的人们已经普遍的脱盲，在社会上造成了使用上的混乱，以及受到当时"文革"结束后的政治氛围所影响。国务院于 1986 年宣布废止二简字。

（三）现行规范汉字

在中国大陆境内，规范汉字[4]是指一简字[5]和未经整理简化过的

---

　　[1]　范利："从汉字形体演变史看现代简化改革"，载《当代教育论坛（学科教育研究）》2008 年第 8 期。

　　[2]　《第二次汉字简化方案（草案）》，民间俗称二简字，是由中国文字改革委员会继 20 世纪 50 年代《汉字简化方案》通过后，在 1975 年 5 月 15 日提出来的简化汉字方案。

　　[3]　"新中国的文字改革"，载《文字改革》1984 年第 5 期。

　　[4]　在中国大陆境内，符合中华人民共和国颁布的规范标准的汉字。

　　[5]　指新中国成立后，经过整理简化并由国家以《简化字总表》形式正式公布的简化字，习惯称"一简字"。

传承字〔1〕。"不规范汉字"则包括已被简化的繁体字〔2〕、已经被废除的异体字〔3〕、已经被废弃的二简字〔4〕，和乱造的不规范的简体字和错别字。

1. 正体字〔5〕

是指 1955 年公布的《第一批异体字整理表》〔6〕中所收的正体字为规范字，相对的异体字为不规范字，除姓氏和某些特殊场合外，不再使用。1986 年重新发表的《简化字总表》和《现代汉语通用字表》都对《第一批异体字整理表》中提出的异体字作了修订。《现代汉语通用字表》随着 2013 年 6 月《通用规范汉字表》的发布而停止使用〔7〕。

2. 简化字

是指在 1986 年 10 月国务院批准重新发表的《简化字总表》中所收的简化字为规范字，对照的繁体字为不规范字，一般在面向社会公众的场合中停止使用。

3. 新字形

指在 1988 年发布的《现代汉语通用字表》中所收的新字形为规范字

---

〔1〕 传承字，广义上是指历史上流传下来（主要是隶变之后的楷书字体）沿用至今的汉字；狭义上是指未被《简化字总表》简化的汉字。对于香港、澳门和台湾而言，"传承字"即为正在使用的传统汉字。

〔2〕 繁体字，亦称繁体中文，1935 年的《第一批简体字表》称之为正体字，欧美各国称之为传统中文（Traditional Chinese），一般是指汉字简化运动被简化字所代替的汉字，有时也指汉字简化运动之前的整个汉字楷书、隶书书写系统。繁体中文至今已有 3000 年以上的历史，直到 1956 年前一直是各地华人中通用的中文标准字。

〔3〕 2000 年 10 月颁布的《中华人民共和国国家通用语言文字法》第 17 条对允许繁体字、异体字保留或使用的"特殊"情形作出了规定：1. 文物古迹；2. 姓氏中的异体字；3. 书法、篆刻等艺术作品；4. 题词和招牌中的手书字；5. 出版、教学、研究中需要使用的；6. 经国务院有关部门批准的特殊情况。

〔4〕 指 1977 年公布了《第二次汉字简化方案（草案）》，不久废止。

〔5〕 中华人民共和国的官方文件中"正体字"是"异体字"的反义词，正体字以 1955 年文化部和中国文字改革委员会发布的《第一批异体字整理表》中选用的字为准，该表公布后又作了几次调整，恢复使用了 28 个被淘汰的异体字。

〔6〕 淘汰的异体字当时为 1055 个，如"泝腺（泪腺）"中的"泝"字，但用作姓氏的可以不加改变，像"邱"姓可以不改为"丘"。还需注意以后的 3 次改动：1956 年恢复"蹍""挫" 2 字为规范字；1986 年《简化字总表》收进的"诉""晔"等 11 个类推简化字为规范字；1988 年收入《现代汉语通用字表》中的"骼""薰""黏""愣"等 15 个字为规范字，也不再作为淘汰的异体字。据此，"骨骼"不能再写成"骨骼"，"黏膜"不应再写成"粘膜"。

〔7〕 国务院《关于公布〈通用规范汉字表〉的通知》，载中华人民共和国中央政府网，引用日期：2014 年 8 月 24 日。

形，相对的旧字形为不规范字形，一律不再使用。

另外还有：《部分计量单位名称统一用字表》《普通话异读词审音表》《现代汉语常用字表》《信息交换用汉字编码字符集·基本集》和经国务院批准更改的地名生僻字等。

2001 年 1 月《中华人民共和国国家通用语言文字法》实施，明确规定中国推行规范汉字，同时也明确保留或使用繁体字的范围。2013 年 6 月 5 日中国国务院公布《通用规范汉字表》，含附表《规范字与繁体字、异体字对照表》，一般应用领域的汉字使用以规范字表为准。目前主要使用繁体字的地区有中国的台湾地区、香港特别行政区和澳门特别行政区。

从清末至今，汉字改革经历了近百年的历程。在这 100 多年的时间里，汉字改革取得了很大的成就。特别是新中国的汉字改革成就有目共睹。通过一个多世纪的努力，简化汉字使得汉字的笔画减少了，变得容易学了，对全国扫盲起到了很大的促进作用。汉语拼音方案为汉字注音，为我国与国际交流提供了标准。

四、结语

汉字，是世界上使用人数最多的文字，从公元前八千纪开始演变至今，是现在仍在使用的历史最悠久的文字。世界上没有一种文字像汉字这样历尽沧桑，青春永驻。曾经和汉字承载的华夏文明一样灿烂辉煌的古埃及文明、古巴比伦文明以及古印度文明早已湮没在历史的长河中，与之相应的古埃及圣书字[1]、苏美尔人的楔形文字[2]以及著名的玛雅文[3]、婆罗米文[4]文字也随之消亡。只有汉字不但久盛不衰，独矗世界文字之林，还不断地得以发展。汉语不失，华夏永存。

---

〔1〕 古埃及圣书字，由意符、音符和定符组成，是一种语词–音节文字。意符有许多明显的象形字，而音符大都是从早期的意符转化而成，只表辅音，附带不写出的元音。定符是规定意义类别的记号，本身不读音，跟其他符号结合成词，有区别同音词的作用。埃及圣书字在 425 年后开始衰亡。
〔2〕 楔形文字，是源于底格里斯河和幼发拉底河流域的古老文字，这种文字是由约公元前 3200 年左右苏美尔人所发明，是世界上最早的文字之一。
〔3〕 玛雅文，是一种语词–音节文字，约有 270 个符号，常用的 170 来个。其中有表示整个词义的"意符"，但是大多数符号是不表意义、只表声音的"音符"。
〔4〕 婆罗米文，是除了尚未破解的印度河文字以外，印度最古老的字母，是婆罗米系文字如天城文、泰米尔文、孟加拉文、藏文的来源。最早的文献溯源于前 3 世纪。一般认为婆罗米文来自亚拉姆文。一般相信，婆罗米文字也是泰文字的源头。

古代根据言语特征判定文件形成时间的方法及其启示

欧阳国亮 *

引 言

文件制成时间检验，从整个文件检验的发展历史来看，是一个古老的话题。至少在唐宋时代的文献记载中，就已经出现了文件制成时间检验的案例[1]。当时的人们，由于受科技条件的限制，推断文件制成时间的方法主要是根据文字、词语、字义及言语内容的时代特征进行，其原理就是根据文书中言语（包括字形、字体、词语、言语内容等）的时间指向性，推断这些言语特征是否符合文书标称年代的言语特点，进而确定文书形成时间的可能性。由此可见，古人已经自觉地利用了时代性言语的价值和规律来从事文件"检验鉴定"工作。

上述这种根据言语时代特征推断文件形成时间的方法，在古代许多的文书鉴定中都得到了很好的运用，对今天的文件形成时间检验工作提供了一定的方法论，起到了实践指导意义。

一、古代推断文件制成时间的具体方法

（一）根据词语的时代性进行推断

词语具有时代性，每个词语都有其产生的特定年代，在此之前这个

　＊　作者单位：中国刑事警察学院。
　〔1〕　贾玉文：《文件检验学导论》，警官教育出版社 1997 年版，第 44～45 页。

词语是不可能在文书中出现的。于是，古人就利用这种词语的时代特征来对文件进行断代，从而推断其制成时间的上限或者下限。运用这种方法来推断文书时间，最典型的例子就是推断《尚书》（图 1）的年代问题。

众所周知，《尚书》是我国最早的一部史书，相传是孔子编订，因此被历代王朝奉为治国理政的理论依据和政治课本。但到了宋代，学者们对《尚书》的形成年代产生了怀疑，认为该书的真实版本已在秦朝的焚书坑儒活动中失传，流传下来的《尚书》应当是在原版《尚书》残存篇目的基础上伪造的。例如王柏的《书疑》、吴澄的《书纂言》及梅鹭的《尚书考异》和《尚书谱》都从内容等方面对《尚书》的形成年代进行了"鉴定"，认为是"晋世晚出之书"，也即认为应当是晋朝人伪造的。

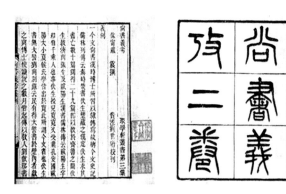

图 1　流传的儒家经典《尚书》

多年以后，清朝的语言文字学家朱彝尊在大量考证古代词语的基础上，根据词语的时代性对《尚书》的形成时间进行了判定，他举例说《尚书》中出现的"驹丽""金城"这两个词在孔子时代是不存在的，汉以后才出现，因此《尚书》的形成时代肯定不是孔子时代而是汉代以后。这成为判定《尚书》系汉以后才出现的铁证，颇具说服力。近几年来，随着出土的清华竹简的解密（图 2），《尚书》的原貌得以重现，客观上证明古代学者们的质疑和"鉴定"结论是合理的。

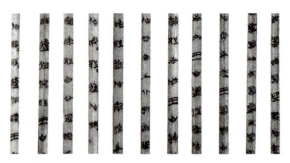

图2 清华竹简再现《尚书》遗篇

（二）根据字形的时代性进行推断

字形，即字的外在形体，也即写法。字形往往会伴随着时间的推移或社会的更替而发生某种变化，在一个特定的历史阶段，有些字是不能随意使用的[1]。换句话说，文字形体有其特定的历史阶段和背景。古人曾就以此来推断某些文件的制成时间上下限。

例如，据清光绪年间编著的《折狱龟鉴补》记载，广东李家与江西李家各有族谱一份，都宣称是正本，为此争执不下。后告至县衙，县令仔细查验两份族谱，发现广东版本的姓氏名录中有"邱氏"一词，而江西版本对应的姓氏名录是"丘氏"。县令认为，雍正元年（1723年）朝廷为避孔圣人讳，下令将"丘"改为"邱"，也就是说"邱"这个字用在姓氏中是雍正元年以后的事情了。因此判定江西版本为真，广东版本为后起之作。这是一起典型的根据字形年代特征判定文件制成相对时间的案例。

图3 清代《折狱龟鉴补》局部

---

[1] 欧阳国亮、李彪："利用字形时代特征佐证文件制成时间刍议"，载《刑事技术》2016年第1期。

（三）根据字义与现实的矛盾进行推断

每个字都有其特定的含义，字的含义有时候会与该含义所代表的社会现实事物出现矛盾，古人有时候就利用这种矛盾来推断文书的制成时间，进而辨别真伪。例如，《折狱龟鉴》载宋代一张姓富翁病故，其子张氏遇一老者登门认他为亲生子。老者出示了一份记载将亲生子送给张家过程的药书。判官接过该药书，上面确实书写有"某年某月将子送与张翁"的话语。判官仔细查验一番，认为这个"翁"字可疑。于是，他询问老者道假若按上面的记载时间，张氏的父亲当时应该是 40 岁，但你怎么能将他称作"翁"呢？老者顿时大惊，承认系近期造假所致，可谓是"智者千虑，必有一失"。这实际上是根据字义的时间指向性，推出该字义与事实之间的矛盾进而判定文件的制成时间。

图 4　清代修订的宋本《折狱龟鉴》

（四）根据言语表达及书写习惯的时代性进行推断

字词具有时代性，言语表达习惯也有这一特性，好比我们今天的许多书写习惯就跟"文革"时期有所不同，这都是时代性的表现。古人早已认识到了这一点，并将其运用到了文书时间的推断中。例如，《清史稿》（图5）记载了这样一件事，同治年间，肇庆一商贩与邻人发生纠纷，起因是一份《田凭》落款日期被损，无以辨识。邻人认为该《田凭》系同治元年所写，商贩则坚信系祖辈遗物。二人争执不下，无奈告至广州府。广州府查之，见《田凭》提首语有一个"召"字，该字系嘉庆年间广州府公文抬首语，其后各类公文皆已不用，故断定该凭证系嘉庆之物。最终官司得以和解。

图 5 《清史稿》记载了不少"司法鉴定"案例

从上述内容可见，古人已经自觉地运用了言语时代特征来推断文书的制成时间，并在实践中取得了一定的成就，我们可以把这种方法归纳为"言语推断法"。从文件检验发展的历史看，"言语推断法"是我国古代文件检验领域取得的一大成就，我们这样来评价，丝毫不为过。

二、启示

现代以来，随着物理化学技术的发展，文件制成时间的检验有了新的突破。比如可以通过纸张老化程度检验、墨水变化程度检测、印油扩散程度测定等系列方法判定文件制成时间。相对来说，这些方法适用面广、推断时间较为准确。但我们依旧不能小觑古代的"言语推断法"，因为古代的这种方法对今天的文件检验鉴定工作仍有一定的借鉴意义和实践价值，因此启示颇多。概括起来有三个方面：

（一）应当重视言语特征在判定文件制成时间中的价值

从前面论述的根据言语特征推断文件制成时间的历史发展情况来看，我们可以得出这样一个结论："言语推断法"有其历史源流，实践也证明了它的可靠性和可行性。何况现当代涉案的各类文书不乏打印文件，如契约、合同、票证、借据等。因此，必须重视言语特征在判定文件制成时间中的价值。那么具有推断文件制成时间价值的言语特征有哪几类呢？总的来说有如下几类：

一是字形特征。如繁体字、简体字、异体字、二简字、旧体字等。这些字都有明确的发布或废止年代，因此对于某些印刷文件制成时间的判定具有很好的参照作用。比如繁体字能够判断文件制成时间的下限是 1964 年，异体字判断文件制成时间的下限是 1955 年，二简字能够判定文件制成时间的区段是 1977~1986 年等（图 6）。这些都与其废止的年代相符合。

图 6 文件上出现的"疆""蒙"等二简字写法与标称年代一致

二是字体特征。字体有宋体、仿宋体、楷体、黑体等之分，每个年代，字体的印刷形态和使用范围有所不同。比如黑体字在民国时期的文书中一般不出现，仿宋体在现代各类票证中出现较多等。从而对判定文件的制成时间具有很好的参照作用。

三是词汇特征。词语具有变动性，表现为随着年代的推移，为了满足表达新事物的需要，词汇源源不断地出现。因此，词汇具有很好的年代性[1]。比如改革开放初期出现的词汇"红利、包产到户、招商引资、外资、合资"，新世纪以来出现的词汇"上网、交强险、信用卡、硬盘、手提、公积金、五险一金"等。不同年代背景决定了其词语的时代属性，从而让词语具备了推断文件制成时间的潜在功能。

四是行文格式及字音特征。20 世纪 60 年代之前，各类文书多采用竖排书写，而此后普遍采用横排书写，从而让文书的书写格式打上了时代的烙印。此外，随着 1957 年汉语拼音方案的推行，其后的印刷文书一般带有各类拉丁字母拼音标记，而此前的拼音标记一般采用注音字母。这对文件制成时间的判定也能起到辅助作用。

五是标点符号特征。标点符号具有很强的年代特征，我国先后在 1920 年、1938 年、1951 年、1967 年、1980 年、1990 年、1995 年、2005 年、2011 年对标点符号的用法、数量、类型、印刷形体进行了调整。因

---

〔1〕 欧阳国亮："词语的时代特征与文件制成时间的判定"，载《广东公安科技》2015 年第 2 期。

此标点符号具有很强的时代特征，对检验某些印刷文件的形成时间具有很好的参考作用。

除上述具有年代性质的言语特征外，还有语法、段落语篇、言语内容的年代特征等[1]。这些特征都是各类文书言语体系不可或缺的组成部分，因此都具备佐证文件制成时间的价值。

（二）应当合理借鉴古人推断文件制成时间的方法

古人运用言语特征推断文件、字画、古董、书籍的制成时间，其具体做法主要是两种：一种是溯源鉴别法，即通过追溯某个字词的历史原貌，还原文件真相，从而将文件的绝对制成时间锁定在一个较小的范围。这种方法主要可以起到推断文件制成时间的上限、下限的作用，对文件真伪的辨别也有判定价值。另一种是比较鉴别法，即将真伪两份文件（还包括书画、书籍等）放在一起，从文字语句的角度逐一对比，寻找二者用词用字方面的差异，根据其中的差异寻找突破点。这种方法主要鉴别文件的相对制成时间，判定二者形成时间的前后，在此基础上辨别文书的真伪。这告诉我们，应该针对文件物证细微的差异，从还原历史及比较检验的角度出发，辩证地看待检材。

（三）应当系统总结和完善"言语推断法"的内容

尽管这些年运用理化方法检验文件制成时间已经取得了较大的进展，但理化检验法也有其局限性，主要表现在三个方面：一是对于形成时间较近的文件，理化方法难以判定其具体形成时间；二是对某些用稳定性强的墨水或碳粉打印形成的文件，理化方法也难以判定其时间；三是理化方法一般都需要建立样本数据库，目前还不够完善，制约了实践的发展。这在一定程度上制约了其效用的发挥。在此背景下，根据言语时代特征来推断文件制成时间，具有补充印证的价值。关于这种价值，已有一些学者略有讨论。例如 1990 年，陈星认为根据文字的演变规律可以推断文书的书写年代；1992 年，冯柱石提出根据文字和言语年代特征有助于判断文件的制成时间[2]；1997 年，毛焕庭、暴仁先生主编的《污损文件检验》提到了根据言语内容的时代特征推断文件制成时间；近年来李彪等人在研究民国伪造文件的特点及鉴定方法时，认为根据言语特征可推断这些伪造民

---

〔1〕　岳俊发：《言语识别与鉴定》，中国人民公安大学出版社 2007 年版，第 138～143 页。

〔2〕　毛焕庭、暴仁：《污损文件检验》，警官教育出版社 1997 年版，第 352 页。

78

国文件的制成时间[1]；笔者也曾发文探讨了根据言语时代特征佐证文件制成时间的基本理论与实践原则，并呼吁系统总结现有经验，完善这一方法的理论体系。

三、案例应用

我国古代根据言语特征推断文件形成时间的方法，对我们的办案工作也带来了实践启发。这几年，我单位鉴定或收集了一些根据言语的时代特征来判定文件制成时间的有关案件。

案例一

2014年6月，山东B市一起合同纠纷案，涉案合同落款时间为2004年6月23日，但乙方对时间表示怀疑。鉴定人员发现合同中有一条款提到了"交强险"这个词语，该词是"机动车交通事故责任强制险"的简称，该险是2006年7月1日才实施的，怎么可能出现在2004年的文书中呢。据此，推断该合同的制成时间应当是2006年以后。最终，甲方承认了造假行为。

案例二

湖北某案要求对一份落款为民国时期的《买契》进行制成时间检验，以确定其真伪。经理化检验判定其形成时间是20世纪三四十年代。其后专家还发现了两个特殊的字："苔"（即"答"）和"质"（即"質"），经查这是民国在1936年左右试行的简体字（笔者对民国这批简体字有专门探讨，当时国民政府发布了324个简体字，字形比较特殊）。综合理化检验及字形分析结果，认为这份《买契》的形成时间是民国无疑。

案例三

2015年11月，湖南省S市公安局与我单位联系，要求对一份农村用地协议书进行文件形成时间方面的鉴定。经初步检验，这份协议书系喷墨打印机打印形成，使用的纸张是A4规格纸，落款处的签名经显微分析系中性笔书写而成，落款的标称时间是1982年12月28

---

[1] 李彪、冯明帅："民国时期伪造文件的检验"，载《广东公安科技》2009年第2期。

日（如下图）。

一份，叁方签字生效。

村里

图 7　《协议书》落款

湖南 S 市公安局表示，1982 年我国是没有喷墨打印机的，因为喷墨打印机系 1976 年在美国发明，何况这份合同的签订地点是当地农村。尽管所有人都认为这份文件极有可能是伪造的，但由于没有明确证据证明当时国内是否有这类打印机，因此这个案子成为悬案。警方联系了多家鉴定单位均无果，最后找到了我们。我系鉴定人员经过仔细观察、反复论证，最终从字符、书写工具、言语特征等角度进行了多维度分析，得出文件系后来伪造的结论。

在这个鉴定中，言语符号的时代特征起到了很好的作用。这份协议书上出现了一个人民币符号"￥"（见下图），"￥"是人民币符号。1955 年，中国人民银行决定用"Y"作为人民币的符号，若干年后，考虑到"Y"容易与字母搞混，于是 1994 年 3 月 2 日，中国人民银行下发了《关于统一使用人民币符号的通知》，正式确定"￥"作为人民币符号使用。由此可见，一份标称是 1982 年的文件，怎么会出现一个 1994 年才出现的专用符号呢，显然这是相互矛盾的。

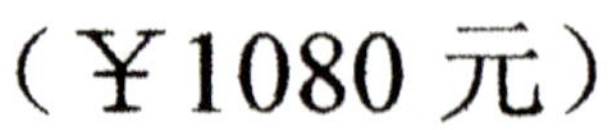

（￥1080 元）

图 8　《协议书》局部截图

四、结语

尽管言语时代特征具有推断文件形成时间的价值和作用，并且在一些案件的鉴定实践中发挥了其应有的作用，经受住了实践的检验。但目前业界有关"言语推断法"的相关讨论，其内容还不系统，也缺乏经验总结，因此很有必要深化这方面的研究。笔者认为，这方面的研究内容至少应该包括七个方面：字形的时代特征与文件制成时间的判定、字体的时代特征与文件制成时间的判定、言语内容的时代特征与文件制成时间的判定、语法的时代特征与文件制成时间的判定、标点符号的时代特征与文件制成时间的判定、字音时代的特征与文件制成时间的判定、语篇及行文格式的时代特征与文件制成时间的判定等[1]。只有将这些问题都探讨得比较清楚了，方能使文件制成时间检验的理论体系更趋完善。这也是我国古代推断文件制成时间的方法带给我们的一个重要启示。

---

[1] 欧阳国亮、李彪、王世全："印刷字体的时代性与文件制成时间的判定"，载《广东公安科技》2016 年第 2 期。

秦汉时期司法检验制度研究 [*]

拜荣静　王世凡 ^{**}

　　司法检验制度作为诉讼证据制度的基石性内容，对其的考察离不开对诉讼法律制度、判例等的系统分析研究。另外，由于历史久远，秦汉时期的史料佚失严重。因此，本文仅根据现有残存资料进行分析研究。

一、中国司法检验制度溯源

　　按照史书记载，在大约在公元前 21 世纪~公元前 770 年的夏、商、周时期，中国便已有了较为系统的立法活动。"夏有乱政而作《禹刑》，商有乱政而作《汤刑》，周有乱政而作《九刑》"。[1]到了公元前 770 年~前 221 年的春秋战国时期，随着社会经济和政治制度的变迁，立法活动有了进一步的发展，开始出现正式公布成文法典的活动，并产生了中国历史上第一部比较完整的成文法典。公元前 536 年，郑国执政（即宰相）子产"铸刑书于鼎，以为国之常法"，[2]开启我国古代正式公布成文法典之先

　　* 本文系证据科学教育部重点实验室 2014 年度开放基金项目（2014KFKT03）《中国古代司法鉴定制度研究》的阶段性成果。
　　** 拜荣静，兰州大学法学院教授；王世凡，证据科学教育部重点实验室（中国政法大学）兼职教授，中国政法大学法庭科学文化研究中心研究员。
　　〔1〕《左传·昭公六年》。
　　〔2〕《左传·昭公六年》。

河。随后，公元前 501 年郑国执政驷颛"杀邓析而用其竹刑"，[1]公元前 513 年晋国也效法郑国"铸刑鼎"。[2]公元前 5 世纪末，魏国相李悝编撰《法经》，被认为是中国历史上第一部比较系统的私家法学著作，[3]也是中国历史上第一部比较完整的成文法典。[4]但遗憾的是，上述法典均已失传。除了在一些史书典籍中稍有提及之外，对其详细内容无法考查。这就给我们依据当时的法典考察其司法检验活动的情况带来困难。因此，对于中国古代司法检验活动起源的考察只能依据相关史书典籍来进行。

根据史书典籍，现存我国最早与司法官检验活动相关的记载见于《礼记》和《吕氏春秋》。这两部典籍中都有《月令》篇，文字基本一致。月令是上古一种文章体裁，按照一个 12 个月的时令，记述政府的祭祀礼仪、职务、法令、禁令，并把它们归纳在五行相生的系统中。《礼记·月令》中记载：

> 孟秋之月，……是月也，命有司，修法制，缮囹圄，具桎梏，禁止奸，慎罪邪，务博执。命理瞻伤、察创、视折、审断决，狱讼必端平，戮有罪，严断刑。天地始肃，不可以赢。

对于这段文字，东汉郑玄解释说："理，治狱官也，有虞氏曰士，夏曰大理，周曰大司寇。"[5]也有学者认为，士或理是夏朝的地方司法官，掌管辖区内一般案件的审理。大理为中央司法长官，掌管全国性重大案件的审判。[6]总之，可以认为"理"是先秦时期的法官。[7]东汉蔡邕注释说："皮曰伤，肉曰创，骨曰折，骨肉皆绝曰断。言民斗辩而不死者，当以伤、创、折、断、深浅、大小正其罪之轻重。"[8]清代孙希旦则称：

〔1〕《左传·定公九年》。
〔2〕《左传·昭公二十九年》。
〔3〕 沈家本：《历代刑法考》（二），中华书局 1985 年版，第 843 页；张传汉："《法经》非法典辨"，载《法学研究》1987 年第 3 期。
〔4〕 张晋藩主编：《中国法律史》，法律出版社 1995 年版，第 68 页。
〔5〕（汉）郑玄注，（唐）孔颖达疏：《礼记正义》，北京大学出版社 1999 年版，第 521 页。
〔6〕 薄坚主编：《中国法制通史·夏商周卷》，法律出版社 1999 年版，第 117 页。
〔7〕《北京大学法学百科全书：中国法律思想　中国法制史　外国法律思想　外国法制史》，北京大学出版社 2000 年版，第 463 页。
〔8〕 郑钟璇主编：《法医学》，法律出版社 1982 年版。

"伤也,刨也、折也、断也皆掠治罪人所致。伤轻,故瞻之而已;创重于伤,故察之;折又重于创,故视之;断又重于折,故审之。皆恐其以创重致死,矜恤之意也。断,谓明于曲直之辨而无所枉。平,谓得乎轻重之宜而无所颇。赢者,肃之反,谓政令之宽纵也。承上文而言:所以戮有罪,严断刑者,所以顺天地之气也。"[1]

虽然,按蔡邕的解释,检查对象是"言民斗辩而不死者",孙希旦则认为是"掠治罪人",即被刑讯的犯人。但在《月令》规定由司法官对受伤者进行身体检验这一点上,两人的看法是一致的。清末法学家沈家本也认为:"瞻焉、察焉、视焉、审焉,即后世检验之法也。"[2]

《礼记》是战国至秦汉年间儒家学者关于《仪礼》的解释、阐发性文章的汇编。《礼记》内容广博,门类杂多,涉及政治、法律、道德、哲学、历史、祭祀、文艺、日常生活、历法、地理等诸多方面,几乎包罗万象,集中体现了先秦儒家的政治、哲学和伦理思想,是研究先秦社会的重要资料。作者不止一人,写作时间也有先有后,都出于孔门弟子及其后学之手。由于其内容主要是记载和论述先秦的礼制、礼仪,解释仪礼,记录孔子和弟子等的问答,记述修身做人的准则,因而也是我国古代一部重要的典章制度书籍。南宋以后《四书五经》成为儒学的基本书目,《礼记》就是《五经》之一。

《吕氏春秋》是战国末期(秦王政八年,即公元前 239 年前后)由秦国丞相吕不韦召集门人食客集体编写而成的一部历史文献。[3]由于《吕氏春秋》博采各家之说,故被学术界认为是先秦杂家之代表作。[4]《吕氏春秋》共 160 篇,是一部"备天地万物古今之事"的有组织有系统的作品,内容涉及经济、政治、军事、法律、哲学、音乐、农业等各个方面。而其中的法学思想,也占有相当地位。

---

〔1〕 (清)孙希旦撰:《礼记集解》,中华书局出版1989年版,第469页。

〔2〕 沈家本:《无冤录序》,《历代刑法考·附寄簃文存》,中华书局1985年版,第2213页。

〔3〕 关于《吕氏春秋》的成书年代,本书采用司马迁《史记·吕不韦列传》的记叙:"吕不韦以秦之疆羞不如(面对信陵君、春申君、平原君、孟尝君等人的礼贤下士),亦招致士,厚遇之,至食客三千人。是时诸侯多辩士,如荀卿之徒,着书布天下。吕不韦乃使其客人人着所闻,集论以为八览、六论、十二纪,二十余万言。"《吕氏春秋》成书于吕不韦生前。

〔4〕 郭沫若:《十批判书》,东方出版社1996年版,第422页;侯外庐等:《中国思想通史》(第一卷),人民出版社1957年版,第656页。

尽管学术界对于《礼记》、《吕氏春秋》中的《月令》篇，谁先谁后，谁因袭谁，从汉代就已经开始存在争议。[1]但从两部典籍的主要内容来看，都是反映了先秦时期的社会情况，特别是对当时的礼制等方面的情况进行了详细的记述。根据我国法制史学界的通说，"礼"与"刑"是西周法律体系不可分割的两个组成部分，共同构成完整的法律体系。"礼"正面积极地规定了人们的日常行为规范，"刑"则被动消极地规定了对违反礼制者的惩罚措施，即"礼之所去，刑之所取"——出礼则入刑。因此说我国古代由司法官员从事人身检验活动的现象最早起源于先秦时期（公元前 221 年之前），还是有史料和理论根据的。

二、秦汉时期法律制度沿革

公元前 221 年，秦始皇统一六国，建立了中国历史上第一个统一的中央集权制的封建国家——秦朝。公元前 207 年，秦朝被推翻，共存续 15 年。汉朝是中国历史上继短暂的秦朝之后出现的朝代，分为"西汉"（公元前 202 年~公元 9 年）与"东汉"（公元 25 年~公元 220 年）两个历史时期，后世史学家亦称两汉。西汉为汉太祖刘邦所建立，建都长安；东汉为汉光武帝刘秀所建立，建都洛阳。其间曾有王莽篡汉自立的短暂新朝（公元 9 年~公元 23 年）。公元 220 年，汉献帝被迫将帝位"禅让"给曹操之子魏文帝曹丕，东汉结束，汉朝国祚也正式告终。两汉共存续 426 年。

秦朝建立后，虽然陆续制定颁布了许多新的法律令，但由于其存在仅 15 年，因此主要是沿用原来秦国的法律令，并使之推行全国。秦国自春秋战国时期商鞅入秦主持变法革新，将《法经》改编为《秦律》（史称"改法为律"）以后，励行法治。秦王嬴政即位后，重用法家李斯，进一步推进法治。因此，秦朝律令名目繁多，而且体例和内容已经相当完备。汉承秦制。汉代法律是在秦律的基础上建立和发展的，这已经通过出土汉简得到证实。当然，由于汉代的政治经济情况不断发展变化，汉代律令在秦代的基础上又发生了很大的变化，同时又制定颁布了大量新的律令。

---

〔1〕 汉代郑康、宋代黄震认为《礼记》因袭《吕氏春秋》；汉代蔡邕、宋代马端临则认为《吕氏春秋》因袭《礼记》。参见贾静涛：《中国古代法医学史》，群众出版社 1984 年版，第 2 页。

但遗憾的是，秦汉时期的律令早已失传，现在我们只能通过出土的《睡虎地秦墓竹简》[1]《居延汉简》[2]《张家山汉墓竹简》[3]和其它史籍资料等窥其大略。

1975年12月，我国考古学界在湖北省云梦县睡虎地发掘了12座战国末期至秦代的墓葬，出土的大量秦代竹简，定名为《睡虎地秦墓竹简》。秦简共1155枚，残片80枚，分类整理为10部分内容，包括：《秦律十八种》《效律》《秦律杂抄》《法律答问》《封诊式》《编年记》《语书》《为吏之道》、甲种与乙种《日书》。其中《语书》《效律》《封诊式》《日书》为原书标题，其它均为后人整理拟定。[4]

秦简《秦律十八种》《效律》《秦律杂抄》《法律答问》《封诊式》等中均存在与司法检验活动相关的内容。其中与人身检验相关的内容主要存在于《法律答问》和《封诊式》中。根据我国法制史学界的通说，秦代的法律形式包括"律""令（制、诏）""式""法律问答""廷行事"等。[5]很显然这些均属于秦代法律之一，都具有法定强制性，因此它们应当是我国古代现存最早与司法检验活动相关的法律。

三、秦汉时期的司法检验制度

（一）司法检验人员

根据相关出土竹简和史籍资料，秦汉时期与司法检验活动相关的人员大致分为两类：一类是具有检验职责的检验官吏，另一类是辅助检验的人员。

1. 具有检验职责的检验官吏

主要包括令史、亭长和游徼。令史为县令之属吏，具有多种职责。从《封诊式》的规定来看，令史承担的与司法检验相关的职责包括勘验现

---

〔1〕 睡虎地秦墓竹简整理小组编：《睡虎地秦墓竹简》，文物出版社1990年版。

〔2〕 谢桂华、李均明、朱国照：《居延汉简释文合校》，文物出版社1987年版。

〔3〕 张家山汉墓竹简整理小组编著：《张家山汉墓竹简［二四七号墓］（释文修订本）》，文物出版社2006年版。

〔4〕 睡虎地秦墓竹简整理小组编：《睡虎地秦墓竹简》，文物出版社1990年版，"出版说明"。

〔5〕 徐世虹主编：《中国法制通史·第二卷·战国秦汉》，中国法制出版社1999年版，第64页；叶孝信主编：《中国法制史（新编本）》，北京大学出版社1996年版，第52~53页。

场、尸体检验、活体检验、诊验疾病、检验牲畜以及逮捕人犯等。亭长属于低于县一级的行政建制长官。秦汉时在乡村每十里设一亭。亭有亭长，掌治安警卫，兼管停留旅客，治理民事。游徼为乡官，职责为掌一乡的巡察缉捕。对于亭长、游徼参与检验活动，汉代史籍《急就篇》记载：亭长游徼共杂诊。师古注：亭长，一亭之长，主逐捕盗贼。游徼，乡之游行巡徼，皆督察奸非者也。杂，犹参也；诊，验视也。有被杀伤者则令亭长游徼相参而诊验之，知其轻重曲直也。[1]《风俗通义·怪神篇》中也有亭长参与检验的例子："亭卒上楼扫除，见死妇，大惊，走白亭长。亭长击鼓会诸庐吏，其集（"杂"之讹误）诊之。"[2]

2. 辅助检验的人员

主要包括隶臣隶妾、医生和兽医等。隶臣是服奴役刑的男犯，隶妾是服奴役刑的女犯。隶臣妾主要在官府里从事一些被人认为是"辱事"的杂役小事。从《封诊式》的规定来看，隶臣主要随从令史进行检验尸体等，其的工作性质应该与后世的"仵作"相似，即主要从事搬运、翻转尸体之类的工作。隶妾主要是参与对流产妇女人身的检查，其工作性质应该与后代"产婆""稳婆"等相似。医生主要参与某些疾病的检验。如《封诊式·疠爰书》规定，在检查"疠"（即麻风病）时"令医丁诊之。"兽医主要参与对马、牛等死亡、伤病的检验。如《敦煌悬泉汉简》记载：鸿嘉四年七月丁亥，临泉亭长褒敢言之，谨案：亭官牛一，黑，齿八岁，夬鼻，车一辆。还病，饮食不尽度，马医诊治及射彘不能愈，日益（I90DXT011①：1.2）[3]

（二）与人身伤亡有关的检验勘验

1. 自杀的检验

秦简《法律答问》规定："或自杀，其室人弗言吏，即葬埋之，问死者有妻、子当收，弗言吏而葬，当赀一甲。"也就是说，如果有人自杀，其同居的人没有向官吏报告，就把死者埋葬了，经讯问知道死者有妻、子本应收尸，只是未经报告即行埋葬，应罚一甲。很显然，秦律规定对于自

〔1〕（汉）史游撰，（唐）颜师古注：《急就篇》，载王云五主编：《丛书集成初编》，商务印书馆1936年版，第302页。

〔2〕（汉）应劭撰，吴树平校释：《风俗通义校释》，天津人民出版社1980年版，第353页。

〔3〕甘肃文物考古研究所："敦煌悬泉汉简释文选"，载《文物》2000年第5期。

杀必须报告官府检验，以便在法律上进行确认。秦简《封诊式·经死》即规定了对缢死案件进行勘验的案例程序（详见后）。

2. 疾病死亡检验

即是否由疾病引起死亡的司法检验。

秦简《秦律十八种·厩苑律》规定：

> 将牧公马牛，马牛死者，亟谒死所县，县亟诊而入之，其入之其弗亟而令败者，令以其未败直（值）赏（偿）之。其小隶臣疾死者，告其□□之；其非疾死者，以其诊书告官论之。其小隶臣疾死者，告其□□之；其非疾死者，以其诊书告官论之。（译文：率领放牧官有的牛马，牛马有死亡的，应急向牛马死时所在的县呈报，由县加以检验后将已死牛马上缴。如因不及时而使死牛马腐败，则令按未腐败时价格赔偿。如小隶臣病死，应告其……处理；如小隶臣不是因病而死亡，应将检验文书报告主管官府论处。）

显然根据秦律的规定，对于负责放牧的小隶臣是否由于疾病引起死亡应当进行检验。但需要注意的是，《厩苑律》是管理饲养牲畜的厩圈和苑囿的法律，再结合上述法律文本的前后文分析，这里的"小隶臣"应该是专指负责放牧的牧童。因为根据秦简《法律答问》的规定："主擅杀、刑、髡其子、臣妾，是谓'非公室告'，勿听。而行告，告者罪。告者罪已行，它人有（又）袭其告之，亦不当听。"也即家主可以擅自杀死、刑伤、髡剃其子或臣妾，这叫"非公室告"，官府不予受理。如果控告，官府还要追究控告者的责任。家主擅自杀死、刑伤、髡剃子、臣妾官府都不受理，更何谈官府过问普通小隶臣是否疾病死了。因此，有学者根据前述法律规定，推论得出秦律规定对于小隶臣是否疾病死亡都需要进行司法检验的结论并不准确。

3. 麻风病检验

在古文中麻风病被称为"疠"。麻风病检验，也即对是否患有麻风病的司法检验。

秦简《法律答问》规定："'疠者有罪，定杀'。'定杀'可（何）如？生定杀水中之谓殹（也）。或曰生埋，生埋之异事殹（也）。""甲有完城旦罪，未断，今甲疠，问甲可（何）以论？当（迁）疠所处之；或曰当（迁）（迁）所定杀。"城旦、鬼薪疠，可（何）论？当迁疠近所。"也就是说秦律规定，对于麻风病人犯罪的，应当"定杀"即淹死或活埋；对于未判决的犯人和已判决服刑的犯人，都需要迁往麻风病隔离区居住。可见，麻风病在秦代被认为是很严重的传染病。因此犯罪嫌疑人或犯人是否患有麻风病必然需要进行司法检验。

秦简《封诊式·疠》规定了麻风病司法检验的案例程式：

（疠）　爰书：某里典甲诣里人士五（伍）丙，告曰："疑（疠），来诣。"讯丙，辞曰："以三岁时病疕，麋（眉）突，不可智（知）其可（何）病，毋（无）它坐。"令医丁诊之，丁言曰："丙毋（无）麋（眉），艮本绝，鼻腔坏。刺其鼻不嚏（嚏）。肘□（膝）□□□到□两足下奇（踦），溃一所。其手毋肢。令□（号），其音气败。（疠）（也）。"（译文：爰书：某里的里典甲送来该里士伍丙，报告说："怀疑是麻风病，将他送到。"讯问丙，供称："在三岁时患有疮伤，眉毛脱落，不知道是什么病，没有其它过犯。"命医生丁进行检验，丁报告说："丙没有眉毛，鼻梁断绝，鼻腔已坏，探刺到他的鼻孔，不打喷，臂肘和膝部……两脚不能正常行走，有溃烂一处，手上没有汗毛，叫他呼喊，其声嘶哑，是麻风病。"）

4. 首级检验

所谓首级检验，也就是人体头颅检验。此种检验，可能主要与秦在战国时期著名的"商鞅变法"有关。商鞅曾下令"有军功者，各以率受上爵，为私斗争，各以轻重被刑"，以奖励军功而禁止私斗。据《汉书》记载："商君为法于秦，战斩一首赐爵一级，欲为官者五十石"。也就是说将卒在战争中斩敌人首级一个，授爵一级，可为五十石之官；斩敌首二个，授爵二级，可为百石之官。另外，根据《秦律十八种·军爵律》的规定："欲归爵二级以免亲父母为隶臣妾者一人，及隶臣斩首为公士，谒归公士而免故妻隶妾一人者，许之，免以为庶人。工隶臣斩首及人为斩首以免者，皆令为工。"也就是说，斩首级获得的爵还可以用来赎免亲父母、妻或工隶臣的奴隶身份，使他们获得庶人或工匠的身份。因此，斩获敌人首级，对于秦国的普通百姓来讲意义非常重大。

另外，根据秦律规定，在某些情形下，如不易获得或移送完整尸体时，还可用首级检验作为对死亡人犯验明正身的方法。

秦简《封诊式》规定的对于争夺敌人首级案件的检验程式：

夺首　军戏某爰书：某里士五（伍）甲缚诣男子丙，及斩首一，男子丁与偕。甲告曰："甲，尉某私吏，与战刑（邢）丘城。今日见丙戏镢，直以剑伐痍丁，夺此首，而捕来诣。"诊首，已诊丁，亦诊其痍状。[译文：军戏（偏师）负责人某爰书：某士伍甲捆送男子丙，及首级一个，男子丁同来，甲报告说："甲是尉某的私吏，参加邢丘城的战斗，今天在军戏驻地道路上看见，丙故意用剑砍伤丁，抢夺这个首级，于是将丙捕获送到。"检验首级，随即验视丁，并检验丁受伤情况。]

□□　　□□某爰书：某里士五（伍）甲、公士郑才（在）某里日丙共诣斩首一，各告曰："甲、丙战刑（邢）丘城，此甲、丙得首（也），甲、丙相与争，来诣之。"诊首□发，其右角痏一所，袤五寸，深到骨，类剑Ｌ；其头不所齐然。以书讔首曰："有失伍及□（迟）不来者，遣来识戏次。"（译文：……某爰书：某里士伍甲、公士郑县某里人丙，一起送到首级一个，分别报告说："甲、丙在邢丘城作战，这是甲、丙获得的首级，甲、丙互相争夺，把首级送到。"检验首级，小发，左额角上有剑伤一处，长五寸，深到骨，像是剑的痕迹，其被割断的颈部短而不整齐，用文书征求辨认首级说，"如有掉队迟到的，派来军戏驻地辨认"。)

秦简《封诊式》规定的用首级检验作为对死亡人犯验明正身方法的检验程式：

群盗　爰书：某亭校长甲、求　才（在）某里日乙、丙缚诣男子丁，斩首一，具弩二、矢廿，告曰："丁与此首人强攻　人，自昼甲将乙等徼循到某山，见丁与此首人而捕之。此弩矢丁及首人弩矢（也）。首人以此弩矢□□□□□□乙，而以剑伐收其首，山俭（险）不能出身山中。"讯丁，辞曰："士五（伍），居某里。此首某里士五（伍）戊（也），与丁以某时与某里士五（伍）己、庚、辛，强攻某里公士某室，钱万，去亡。己等已前得。丁与戊去亡，流行毋

（无）所主舍。自昼居某山，甲等而捕丁戊，戊射乙，而伐杀收首。皆母（无）它坐罪。"? 诊首母诊身可（也）。（译文：某亭校长甲、求盗者某里人乙、丙送男子丁、首级一个，具弩两具，箭二十支，报告说："丁和这个被斩首人结伙抢劫，昨日白昼甲率领乙等巡逻到来某山，发现丁和这个被斩首的人，即行逮捕，这些弩箭是丁和被斩首的人，被斩首人用这弩箭……乙，于是用剑斩取他的首级，因山险不能把他的躯体运出山来。"讯问丁，供称："是士伍，住在某里，这个首级是某里士伍戊，和丁一起于某时与某里士伍巳、庚、辛、结伙抢劫某里公士的某家，盗钱一万，逃亡，巳等到前已被逮捕，丁和戊逃亡，四处漂流，无处寄居，昨日白昼在某山，甲等来捕丁、戊，戊用弩射乙，于是被杀，取了首级，丁、戊都没有其他过犯。"可以只检验首级而不验躯体。）

5. 外伤性流产检验

秦律称流产为"出子"。

秦简《封诊式·出子》规定了外伤性流产案件的检验程式：

出子　爰书：某里士五（伍）妻甲告曰："甲怀子六月矣，自昼与同里大女子丙，甲与丙相捽，丙偾屏甲。里人公士丁救，别丙、甲。甲到室即病复（腹）痛，自宵子变出。今甲裹把子来诣自告，告丙。"即令令史某往执丙。即诊婴儿男女、生发及保之状。有（又）令隶妾数字者，诊甲前血出及痛状。有（又）讯甲室人甲到室居处及复（腹）痛子出状。丞乙爰书：令令史某、隶臣某诊甲所诣子，已前以布巾裹，如（胅）血状，大如手，不可智（知）子。即置盎水中摇（摇）之，（胅）血子（也）。其头、身、臂、手指、股以下到足、足指类人，而不可智（知）目、耳、鼻、男女。出水中有（又）（胅）血状？其一式曰：令隶妾数字者某某诊甲，皆言甲前旁有乾血，今尚血出而少，非朔事（也）。某赏（尝）怀子而变，其前及血出如甲。（译文：某里士伍之妻甲控告说："甲已怀孕六个月，昨日白昼和同里的大女子丙斗殴，甲和丙互相揪住头发，丙把甲摔倒。同里的公士丁来救，把丙、甲分开。甲到家就患腹痛，昨夜胎儿流产。现甲将胎儿包起，拿来自诉，并控告丙。"当即命令史某前往捉拿丙。随即检验婴儿性别、头发的生长和胎衣的情况。又命曾经多次生育的隶妾检验甲阴部的血和创伤情况。再讯问甲的家属甲到家后生活和腹痛流产的情况。丞乙爰书：命令史某、隶臣某检验甲送来的胎儿，已先用布巾包裹，形如凝血，有从指到肘节长短，不能辨出是胎儿。当即放在一水盆里摇荡，凝血确系胎儿。胎儿的头、身、臂、手指、大腿以下到脚、脚趾都已像人，但看不清眼睛、耳朵、鼻子和性别。从水中取出，又成为凝血的形状。另一程式是：命曾多次生育的隶妾某某检验甲，都说甲阴部旁边有干血，现仍少量出血，并非月经。某人曾怀孕流产，其阴部及出血情况与甲相同。）

6. 杀人案件的勘验

秦律中杀人案件被称为"贼死"。

秦简《封诊式·贼死》规定的杀人案件的勘验程式：

贼死　爰书：某亭求甲告曰："署中某所有贼死、结发、不智（知）可（何）男子一人，来告。"即令令史某往诊。令史某爰书：与牢隶臣某即甲诊，男子死（尸）在某室南首，正偃。某头左角刃痏一所，北（背）二所，皆从（纵）头北（背），袤各四寸，相奥，广各一寸，皆中类斧，脑角出皆血出，被（被）污头北（背）及地，皆不可为广袤；它完。衣布禅、襦各一。其襦北（背）直痏者，以刃夹二所，（应）痏。襦北（背）及中衽污血。男子西有秦綦履一两，去男子其一奇六步，一十步；以履履男子，利焉。地坚，不可智（知）贼。男子丁壮，析（皙）色，长七尺一寸，发长二尺；其腹有久故瘢二所。男子死（尸）所到某亭百步，到某里士五（伍）丙田舍二百步。? 令甲以布狸（埋）男子某所，侍（待）令。以襦、履诣廷。讯甲亭人及丙，智（知）男子可（何）日死，闻（号）寇者不（也）?（译文：某亭的求盗甲报告说："在辖地内某处发现被杀死的梳髻无名男子一人，前来报告。"当即命令史某前往检验，令史某爰书：本人和牢隶臣某随甲前往检验，男子尸体在某家以南，仰身，某头上左额角有刃伤一处，背部有刃伤两处，都是纵向的，长各四寸，互相沾渍，宽各一寸，伤口都是中间陷下，像斧砍的痕迹，脑部、额角和眼眶下都出血，污染了头部，背部和地面，都不能量出长宽，其它部位完好无伤，身穿单布短衣和裙各一件，其短衣背部伤口相对处，有两处被刃砍破，与伤口位置符合，短衣背部和衣襟都染有污血，男子系壮年，皮色白，身长七尺一寸，发长二尺，腹部有灸疗旧疤两处，男子尸体距某亭一百步，距某里士伍丙的农舍二百步，命甲用布裙将男子掩埋在某处，等候命令，把短衣和履送到交县廷，讯问甲同亭人员和丙是否知道男子死在哪一天，有没有听到呼喊有贼的声音?)

7. 缢死案件的勘验

缢死，在秦律中称为"经死"。

秦简《封诊式·经死》规定了缢死案件的勘验程式:

经死 爰书:某里典甲曰:"里人士五(伍)丙经死其室，不智(知)故，来告。"即令令史某往诊。令史某爰书:与牢隶臣某即甲、丙妻、女诊丙。丙死(尸)县其室东内中北廨权，南乡(向)，以枲索大如大指，旋通系颈，旋终在项。索上终权，再周结索，余末袤二尺。头上去权二尺，足不傅地二寸，头北(背)傅廨，舌出齐唇吻，下遗矢弱(溺)，污两却。解索，其口鼻气出渭(喟)然。索(椒)郁，不周项二寸。它度毋(无)兵刃木索。权大一围，袤三尺，西去堪二尺，堪上可道终索。地坚，不可智(知)人。索袤丈。衣络禅襦、各一，践。即令甲、女载丙死(尸)诣廷。诊必先谨审视其，当独抵死(尸)所，即视索终，终所党有通，乃视舌出不出，头足去终所及地各几可(何)，遗矢弱(溺)不(也)?乃解索，视口鼻渭(喟)然不(也)?及视索郁之状。道索终所试脱头;能脱，乃其衣，尽视其身、头发中及篡。舌不出，口鼻不渭(喟)然，索不郁，索终急不能脱，死难审(也)。节(即)死久，口鼻或不能渭(喟)然者。自杀者必先有故，问其同居，以合(答)其故。(译文:某里的里典甲说:"本里人士伍丙在家中吊死，不知道是什么原因，前来报告。"当即命令史某前往检验，令史某爰书:本人和牢隶臣某随甲同丙的妻和女儿对丙进行检验，丙的尸体悬挂在其家东侧卧室北墙的房梁上，用拇指粗的麻绳做成绳套，束在头上，绳套的系束处在头后部，绳在房檐上，绕檐两周后打结，留下了绳头长二尺，尸体的头上距房檐二尺，脚离地面二寸，头和背贴墙，舌吐出与嘴唇齐，流出屎溺，玷污了两脚，解开绳索，尸体的口鼻有气排出，像叹息的样子，绳索在尸体上留下瘀血的痕迹，只差头后两寸不到一圈，其它部位经检查没有兵刃、木棒、绳索的痕迹。房椽粗一围，长三尺，西距地上土台二尺，在土台上面可以悬挂绳索，地面坚硬，不能查知人的遗迹，绳长一丈，身穿络制的短衣和裙裙各一件，赤足，当即命甲和丙的女儿把丙的尸体运送县廷。检验时必须首先仔细观察痕迹，应独自到达尸体所在地点，观察束绳地方，束绳处如有绳套的痕迹，然后看舌是否吐出，头脚离束绳处及地面各有多远，有没有流出屎尿？然后解下绳索，看口鼻内有无叹气的样子，并看绳索痕迹瘀血的情况，试验尸体的头能否从束在头上的绳中脱出，如能脱出，便剥下衣服，彻底验看全身，头发内以及会阴部，舌不吐出，口鼻有没有叹气的样子，绳的痕迹不瘀血，绳索紧系颈上不能把头脱出，就不能确定是自缢，如果死去已久，口鼻也有不能像叹气的样子的，自杀的人必须先有原因，要询问他的同居，使他们回答其原因。）

8. 新生儿检验

即新生婴儿的检验，主要用于确认是否存在非法杀婴。

秦律虽然规定："主擅杀、刑、髡其子、臣妾，是谓'非公室告'，勿听。"但擅自杀死新生儿并不完全属于此列，如秦简《法律答问》规定：

> "擅杀子，黥为城旦舂。其子新生而有怪物其身及不全而杀之，勿罪。"今生子，子身全殴（也），毋（无）怪物，直以多子故，不欲其生，即弗举而杀之，可（何）论？为杀子。（译文："擅自杀子，应黥为城旦舂。如小儿生下时身上长有异物，以及肢体不全，不予治罪。"如新生小儿，身体完好，没有生长异物，只是由于孩子大多，不愿他活下来，就不加养育而把他杀死，应如何论处？作为杀子。）

很显然，除了"其子新生而有怪物其身及不全而杀之，勿罪"外，其他情形下杀死新生儿要被黥为城旦舂，即追究刑事责任。因此，新生儿身体是否完好，有没有生长异物，即是否属于先天畸形、发育异常等，必然会是司法检验的内容之一。

9. "毒言"案件检验

古人迷信，认为某些人口舌有毒，"与人谈言，口唾射人，则人脈胎肿而为创（疮）。南郡极热之地，其人祝树树枯，唾鸟鸟坠"[1]。因此，"毒言"也会成为诉讼的案由。

秦简《封诊式·毒言》规定的"毒言"案件检验的案例程式：

> 毒言爱书：某里公士甲等廿人诣里人士五（伍）丙，皆告曰："丙有宁毒言，甲等难饮食焉，来告之。"即疏书甲等名事关谍（牒）北（背）。讯丙，辞曰："外大母同里丁坐有宁毒言，以卅余岁时（迁）。丙家节（即）有祠，召甲等，甲等不肯来，亦未尝召丙饮。里节（即）有祠，丙与里人及甲等会饮食，皆莫肯与丙共栖（杯）器。甲等及里人弟兄及它人智（知）丙者，皆难与丙饮食。丙而不把毒，毋（无）它坐。"（译文：毒言爱书：某里公士甲等二十人送来同里的士伍丙，共同报告说："丙口舌有毒，甲等不能和他一起饮食，前来报告。"当即将甲等的姓名、身份、籍贯记录在文书背面。审问丙，供称本人的外祖母里人丁曾因口舌有毒论罪，在三十多岁时被流放。丙家如有祭祀，邀请甲等，甲等不肯来，他们也没有邀请过丙饮酒。里中如有祭祀，丙与同里的人和甲等聚会饮食，他们都不肯与丙共享饮食器具。甲等和同里弟兄以及其它认识丙的人，都不愿和丙一起饮食。丙并没有毒，没有其它过犯。）

10. 刑事责任能力检验

刑事责任能力，是指法律规定的承担刑事责任的能力或资格。具有刑事责任能力，应当承担刑事责任；不具有刑事责任能力，则不应当承担刑事责任。秦律以身高作为确定刑事责任能力的标准。这是中国古代法律的一个特例。

秦简《法律答问》规定：

> 甲小未盈六尺，有马一匹自牧之，今马为人败，食人稼一石，问当论不当？不当论及赏（偿）稼。（译文：甲年小，身高不满六尺，有马一匹，自己放牧，现马被人惊吓，吃了别人的禾稼，问应否论

---

〔1〕（汉）王充撰，黄晖校释：《论衡校释·言毒》，中华书局1990年版。

处？不应论处，也不应赔偿禾稼。）

甲盗牛，盗牛时高六尺，系一岁，复丈，高六尺七寸，问甲可（何）论？当完城旦。（译文：甲偷牛，偷牛时身高六尺，囚禁一年，再加度量，身高六尺七寸，问甲应如何论处？应完城旦。）

甲谋遣乙盗杀人，受分十钱，问乙高未盈六尺，甲可（何）论？当磔。（译文：甲主谋派乙盗劫杀人，分到十钱，问乙身高不满六尺，甲应如何论处？应车裂。）

上引第一例，身高未足 6 尺，不负刑事责任；第二例身高 6 尺 7 寸，负刑事责任；第三例，"谋遣"身高不足 6 尺的人盗劫杀人，主谋被追究刑事责任，甚至加重处罚。结合秦简《秦律十八种·仓律》的规定："隶臣、城旦高不盈六尺五寸，隶妾、舂高不盈六尺二寸，皆为小。"可见，在秦代男子身高达到 6 尺 5 寸、女子身高达到 6 尺 2 寸为成年人，达到此身高即具有刑事责任能力。需要注意的是，秦 1 尺约合今 0.23 米，6 尺 7 寸约合今天的 1.54 米，6 尺 2 寸约合今 1.43 米。古时一般认为男子 15 岁时身高 6 尺。[1]约合今 1.38 米。

汉律则规定直接按年龄评判刑事责任能力，并有最低年龄和最高年龄的区别。这一方法为后世封建法典所沿袭。

两汉时期，关于刑事责任年龄的规定，前后有几次变化。惠帝初即位（公元前 195 年）定："民年七十以上若不满十岁有罪当刑者，皆完之"[2]。景帝后元三年（公元前 141 年）诏："年八十以上，八岁以下，及孕妇未乳，师、侏儒当鞫系者，颂（囚禁时不加刑具，以示宽容）系之。"[3]宣帝元康四年（公元前 62 年）诏："自今以来，诸年八十以上，非诬告杀伤人，它皆勿坐。"[4]成帝鸿嘉元年（公元前 20 年）定令："年未满七岁，贼斗杀人及犯殊死者，上请廷尉以闻，得减死。"[5]平帝元始四年（公元 4 年），"明敕百僚，妇女非身犯法，及男子年八十以上七岁以下，家非坐不道，招所名捕，它皆无得系"[6]。东汉建武三年（公元

〔1〕（清）孙诒让撰：《周礼正义·卷二十一》，中华书局 1987 年，第 840 页。

〔2〕《汉书·惠帝纪》。

〔3〕《汉书·刑法志》。

〔4〕《汉书·宣帝纪》。

〔5〕《汉书·刑法志》。

〔6〕《汉书·平帝纪》。

27 年）诏："男子八十以上，十岁以下，及妇人从坐者，自非不道，诏所名捕皆不得系，当验问者，即就验。"〔1〕汉代郑玄注解《周礼》时引汉律："年未满八岁，八十以上，非手杀人，他皆不坐。"〔2〕

可以看出汉代关于刑事责任年龄的规定，大体情况为：8 岁以下 80 岁以上；7 岁以下 70 岁以上。或者 7 岁以下 80 岁以上；10 岁以下 80 岁以上。在此年龄阶段内，一般会处以轻刑或免除刑罚。

11. 保辜伤情检验

保辜制度是我国古代建立的一项特别的法律制度，其原理是通过立法强制性地规定各种损伤的保辜期限作为判断受伤与死亡是否存在因果关系的依据。若受伤后在保辜期限内死亡，则被认定殴伤与死亡之间存在因果关系，加害人应以殴人致死论处；若受伤后在保辜期外死亡，则认定殴伤与死亡之间不存在因果关系，加害人仅以殴人致伤论处。由于不同的伤情其保辜期限不同，因此在确定保辜期限前都需要对受害人进行伤情检验。

根据相关史籍，汉代已经存在保辜制度。《春秋公羊传注疏·襄公七年》对"伤而反，未至乎舍而卒也"的注疏中就记载：

> 古者保辜，诸侯卒名，故于如会名之，明知会时为大托所伤，以伤辜死也。君亲无将，见辜者，辜内，当以弑君论之，辜外，当以伤君论之。……其弑君论之者，其身枭首，其家执之。其伤君论之者，其身斩首而已，罪不累家，汉律有其事。然则知古者保辜者，亦依汉律，律文多依古事，故知然也。〔3〕

《汉书·功臣表》记载："嗣昌武侯单德，元朔三年坐伤人，二旬内死，弃市。"《急就篇》载："保辜者，各随其状轻重，令弑者以日数保之。限内至死，则坐重辜也。"〔4〕另外《居延汉简》载：

> ……所持铍即以疑所持胡桐木杖从后默击意三下，以辜一旬

〔1〕《后汉书·光武帝纪》。

〔2〕（汉）郑玄注，（唐）贾公彦疏：《周礼注疏》，北京大学出版社 1999 年版，第947 页。

〔3〕（汉）公羊寿传，（汉）何休解诂，（唐）徐彦疏：《春秋公羊传注疏（标点本）》，北京大学出版社 1999 年版，第 425 页。

〔4〕（汉）史游撰，（唐）颜师古注：《急就篇》，王云五主编：《丛书集成初编》，商务印书馆 1936 年版，第 311 页。

死……以兵刃、绳索、它物可以自杀者，予囚，囚以自杀、杀人；若自伤、伤人而以辜二旬内死，予者，髡为城旦舂，及有……。[1]

这些都为汉代已经存在保辜制度提供了史料依据。

12. 人身损伤程度及其致伤物检验

根据秦律规定，不同的损伤程度、不同的方式致伤、不同的致伤物致伤其刑罚也不同。因此，对于人身损伤性质及其致伤物的检验，应当是当时一项很重要的司法检验项目。秦简《法律答问》规定：

（1）"殴打父母，黥为城旦舂。"今殴高大父母，可（何）论？比大父母。（译文："殴打祖父母，应黥为城旦舂。"如殴打曾祖父母，应如何论处？与殴打祖父母同样论处。）

（2）妻悍，夫殴治之，夬（决）其耳，若折支（肢）指、肤肢（体），问夫可（何）论？当耐。（译文：妻凶悍，其夫加以责打，撕裂了她的耳朵，或折断了四肢、手指，或造成脱臼，问其夫应如何论处？应处以耐刑。）

（3）律曰："斗夬（决）人耳，耐。"今夬（决）耳故不穿，所夬（决）非珥所入殹（也），可（何）论？律所谓，非必珥所入乃为夬（决），夬（决）裂男若女耳，皆当耐。（译文：律文说："斗殴撕裂他人耳朵，应处耐刑。"如撕裂的耳朵本来没有穿过戴珥的孔，所撕不是挂珥的部位，应如何论处？律文的意思，并没有说的只有挂珥的部位才算撕裂、撕裂男子或妇女的耳朵，都应处以耐刑。）

（4）或与人斗，缚而尽拔其须麋（眉），论可（何）殹（也）？当完城旦。（译文：有人与他人斗殴，将他人捆绑起来，拔光其胡须眉毛，应如何论处？应完城旦。）

（5）拔人发，大可（何）如为"提"？智（知）以上为"提"。（译文：拔落他人头发，拔多少称为"提"？被拔者有所感觉上称为"提"。）

（6）或斗，啮断人鼻若耳若指若唇，论各可（何）殹（也）？议皆当耐。（译文：有人斗殴，咬断他人鼻子，或耳朵，或手指，或嘴唇，各应如何论处？都应以耐刑论处。）

---

〔1〕 甘肃省文物考古研究所：《居延新简》，中华书局1995年版，第100页。

（7）士五（伍）甲斗，拔剑伐，斩人发结，可（何）论？当完为城旦。（译文：士伍甲斗殴，拔出剑来砍，砍断他人的发髻，应如何论处？应完为城旦。）

（8）铍、戟、矛有室者，拔以斗，未有伤殴（也），论比剑。（译文：铍、戟、矛有鞘的，拔出来相斗，没有伤人，应与拔剑相斗同样论处。）

（9）斗以箴（针）、铢、锥，若箴（针）、铢、锥伤人，各可（何）论？斗，当赀二甲；贼，当黥为城旦。（译文：用针、铢、锥相斗，或用针、铢、锥伤人，各应如何论处？用以相斗，应罚二甲；伤害人，应黥为城旦。）

（10）或与人斗，夬（决）人唇，论可（何）殴（也）？比疻痏。（译文：有人与他人斗殴，撕破他人嘴唇，应如何论处？与打人造成青肿或破伤同样论处。）

（11）或斗，啮人颡若颜，其大方一寸，深半寸，可（何）论？比疻痏。（译文：有人斗殴，咬伤他人头部或颜面，伤口的大小是方一寸，深半寸，应如何论处？与打人造成青肿或破伤同样论处。）

（12）斗，为人殴殴（也），毋（无）疻痏，殴者顾折齿，可（何）论？各以其律论之。（译文：斗殴，被人殴打，没有青肿破伤，打人的人反而折断了牙齿，应如何论处？应各自依有关法律论处。）

（13）"邦客与主人斗，以兵刃、投（殳）梃、拳指伤人，播以布。"可（何）谓「播」？播布入公，如赀布，入赍钱如律。（译文：邦客和秦人相斗，邦客用兵刃、棍棒、拳头伤了人，应播以布。什么叫"播"？将作为抚慰的布缴官，也就是和罚布一样，依法缴钱。）

（14）"以梃贼伤人。"可（何）谓"梃"？木可以伐者为"梃"。（译文："用梃伤人。"什么叫梃？可以用来打人的木棍称为梃。）

（15）可（何）如为"大痍"？"大痍"者，支（肢）或未断，及将长令二人扶出之，为"大痍"。（译文：怎样是"大痍"？"大痍"就是肢体可能还没有断，但需要将长叫两个人扶回来，称为大痍。）

根据上述规定，可以看出秦律对损伤的分类方法主要有按伤情程度和按致伤方式两种。按伤情程度，可以分为：①提（拔人头发）；②斩人发结；③尽拔其须眉（拔光其胡须眉毛）；④殴（软组织不需要出现"疻痏"）；⑤疻痏（即软组织青肿或破伤）；⑥大痍（肢体严重损伤，需要两人才能扶着走动）。按致伤方式，可以分为：殴打（单方施暴）和殴斗（双方互相施暴）。

以上诸多规定证实当时确实存在对损伤类型的详细分类，同时还特别注意到致伤物性质的不同，两者结合作为处罚的依据。如毁损鼻、耳、手指或口唇，处以耐刑，拔去须眉或斩断发髻，处以完城旦之刑；以针、鈯、锥等锐器伤人，处以黥为城旦之刑等。量刑时除了考虑到损伤本身的轻重外，也考虑到凶器的性质，如咬伤与针、锥伤人所受刑罚显著不同，使用针、锥等锐器伤人被认为是情节严重的伤害行为。秦律明确规定，不同程度的损伤处以不同程度的刑罚。由此可见，秦律的实施必然依赖相关的检验作依据。

（三）其他物证痕迹检验

1. 盗窃现场的勘验

秦简《封诊式·穴盗》规定了挖洞偷窃案件的勘验程式：

穴　　爰书：某里士五（伍）乙告曰："自宵臧（藏）乙复（复）衣一乙房内中，闭其户，乙独与妻丙晦堂上。今旦起启户取衣，人已穴房内，（彻）内中，衣不得，不智（知）穴者可（何）人、人数，毋（无）它亡（也），来告。"？即令令史某往诊，求其。令史某爰书：与乡□□隶臣某即乙、典丁诊乙房内。房内在其大内东，比大内，南乡（向）有户。内后有小堂，内中央有新穴，穴（彻）内中。穴下齐小堂，上高二尺三寸，下广二尺五寸，上如猪窦状。其所以钬者类旁凿，广□寸大半寸。其穴壤在小堂上，直穴播壤，被（破）入内中。内中及穴中外壤上有（膝）、手、（膝）、手各六所。外壤秦菜（履）四所，衰尺二寸。其前稠菜衰四寸，其中央稀者五寸，其（踵）稠者三寸。其履类故履。内北有垣，垣高七尺，垣北即巷（也）。垣北去小堂北唇丈，垣东去内五步，其上有新小坏，坏直中外，类足之之，皆不可为广袤。小堂下及垣外地坚，不可。不智（知）人数及之所。内中有竹，在内东北，东、北去廯各四尺，高一尺。乙曰："□衣中央。"？讯乙、丙，皆言曰："乙以乃二月为此衣，五十尺，帛里，丝絮五斤（装），缪缯五尺缘及殿（纯）。不智（知）

者可（何）人及蚤（早）莫（暮），毋（无）意（也）。"？讯丁、乙伍人士五（伍）□，曰："见乙有复（复）衣，缪缘及殿（纯），新（也）。不智（知）其里□可（何）物及亡状。"以此直（值）衣贾（价）。[译文：爰书：某里士伍乙报告说，"昨晚乙将本人的棉裙一件收在自己的居室侧房中，关好门，乙自己和妻丙夜间睡在正房，今早起来关门取衣，有人已在侧房挖洞直通房中，裙衣丢失，不知挖洞盗窃的是谁，有几个人，没有丢失其它东西，前来报告。"当即命令史某前往查看，搜捕窃犯。令史爰书：本人和乡某，牢隶臣随乙及里典丁查看乙的侧房，侧房在其正房东南，与正房相连，朝南有门，房后有小堂，墙的中央有新挖的洞，洞通房中。洞下面与小堂地面齐，上高二尺三寸，下宽二五尺五寸，上面像猪洞形状，用来挖洞的工具像是宽刃的凿，凿的痕迹宽二（?）又三分之二寸。挖下的土在小堂上，散布的土都对着洞，是由这里钻进房中的，房中和洞里外土上有膝部和手的印痕各六处，外面土上有秦慕履的印痕四处，长二尺二寸。履印前部花纹密，长四寸，中部花纹稀，长五寸，跟部花纹密，长三寸。履印像是旧履。房的北面有墙，墙高七尺，墙的北面就是街巷，北墙距小堂的北部边缘一丈，东墙距房五步的地方，墙上有不大的新缺口，缺口顺着内外的方向，好像人脚越墙的痕迹，都不能量定长宽，小堂下和墙外的地面坚硬，不能查知人的遗迹。不知道窃犯人数和到什么地方去了。房中有竹床，床在房的东北部，床东面、北面各距墙四尺，床高一尺，乙说：把裙衣放在床中心了，讯问乙、丙，都声称乙在本年二月做的这件衣服，用料五十尺，用帛做里，装了棉絮五斤，用缪缯五尺做镶边，不知道窃犯是谁和盗窃的时间，没有怀疑的对象，讯问丁和乙的邻居士伍某说："曾见过乙有一件棉裙衣，用缪缯镶边，不知道衣里是什么做的，也不知道丢失的情形。"据此估计衣服的价值。]

2. 牛马的检验

主要包括耕牛腰围、牛马死亡检验和牛龄检验等。如根据秦简《秦律十八种·厩苑律》规定，在每年4月、7月、10月、正月评比耕牛。满一年，在正月举行大考核，成绩优秀的，赏赐田啬夫酒一壶，干肉10条，免除饲牛者一次更役，赏赐牛长资劳30天；成绩低劣的，申斥田啬夫，罚饲牛者资劳两个月。如果用牛耕田，牛的腰围减瘦了，每减瘦一寸要笞打主事者10下。又在乡里进行考核，成绩优秀的赏赐里典资劳10天，成绩低劣的笞打30下。另外规定，率领放牧官有的牛马，牛马有死亡的，应急向牛马死时所在的县呈报，由县加以检验后将已死牛马上缴，如因不及时而使死牛马腐败，则令按未腐败时的价格赔偿。

《封诊式·争牛》规定，爰书：某里公士甲和士伍乙一起带来牛一头、系黑色母牛，套有长套绳，有角，报告说："这是甲、乙的牛，丢失了，甲、乙认为是自己的，一起带来争讼。"当即命令史某检查牛的牙齿，牛已六岁。

3. 工程质量检验

根据《秦律十八种·徭律》规定，征发徒众作城邑的工程，要对所筑的墙担保一年。不满一年而墙坏，主持工程的司空和负责该墙的君子有罪，令原来修墙的徒众重新修筑，不得算入服徭役的时间。

4. 工程量估算

根据《秦律十八种·徭律》规定，县进行经常性的及时呈报批准的工程，由吏估计工程量，如施工时间超过或不足两天以上，以不察论处。县以上的征发，如估计工程量不确，与县同例。估算工程量，必须由司空和匠人一起估算，不得单令匠人估算。如所估不实，对估算者依法论处，再按实际情况计算所需服徭情况徒众的数量。

5. 财物检验与估价

根据秦律的规定，财物检验与估价分为两种情形：一是《法律问答》规定的发生盗窃案件后的赃物估价；二是《效律》规定的县和都官物资账目的核验。

6. 粮食仓库库存的检验计量

《秦律十八种·仓律》对粮食保管仓库的管理工作职责有严格的规定，仓库主管官吏免职时应当开仓核验库存数量。

7. 伪造官印、公文的检验

秦简《法律答问》规定，"盗封啬夫何论？廷行事以伪写印。"意思是假冒啬夫封印应根据成例按伪造官印论罪；"发伪书，弗知，赀二甲。"意思是拆开伪造的文书，未能察觉，罚二甲。显然，对伪造的官印、公文等需要进行司法检验。

8. 田界勘验

秦简《法律答问》规定，"私自移封，应赎耐。"什么叫"封"，"封"就是田地的阡陌。百亩田的田界是算做封，如私加移动，便判处赎耐，是否太重？算做封，判处并不算重。

四、结语

依据前述法律和史籍等的考察可以看出，在秦汉时期，由于法律制度的逐渐发达，伴随司法审判而产生的司法检验活动已经初步显现制度化规范化。其特征可以大致可以概括为：

一是司法检验官吏化。即司法检验活动的主持者必须由官吏担任。此为中国古代司法检验制度的一个重要特色。虽然在秦汉时期司法检验主持官吏为令史、亭长和游徼等基层官吏，宋代以降司法检验主持官吏职位逐渐提高，但这种由官吏主持司法检验的制度到清末修律正式引进现代司法鉴定制度之前，一直未曾改变。[1]

二是司法检验项目法定化。即对于需要检验的项目等通过法律明文规定，应做未做即可能构成犯罪。从前述的考察可以看出，此类项目十分细致，仅涉及人身伤亡有关的检验勘验，至少包括自杀的检验、疾病死亡检验、麻风病检验、首级检验、外伤性流产检验、盗窃案件的勘验、杀人案件的勘验、缢死案件的勘验、新生儿检验、"毒言"案件检验、刑事责任能力检验、保辜伤情检验、人身损伤程度及其致伤物检验等 12 类。涉及其他物证痕迹的检验勘验，至少包括盗窃现场的勘验、牛马的检验、工程质量检验、工程量估算、财物检验与估价、伪造官印公文的检验、田界勘验等 8 类。

三是司法检验启动法定化。司法检验的启动随报案而发生。而报案，无论是自诉（被害人或其亲属提出）、告发（一般人，如邻居等犯罪事实知情者提出）、举劾（具有法律监督职责的官吏以职责提出）均属法定义务，"知情不报"必受法律制裁。

四是司法检验过程公开见证化。即在司法检验勘验过程必须公开，而且必须召集相关人员到场见证。如《封诊式·贼死》《封诊式·经死》

---

〔1〕 王世凡："鉴定与司法鉴定概念的引入及其演进研究"，载《法律与医学杂志》2007 年第 2 期。

《封诊式·穴盗》中详细记述了检验勘验过程的公开和见证人员身份。

五是司法检验实施程序法定化。即对司法检验实施过程中应当遵循的方式、方法、步骤、注意事项以及文书格式等用法律形式格式化。此方面的例证，主要就是秦简《封诊式》。《封诊式》本身为秦代法律之一，其中主要内容就是案件的调查、勘验、审讯、查封等方面的规定和文书程式。

亲子鉴定在行政管理领域中应用的现状及问题 *

鲁 涤 ** 王 影

　　亲子鉴定是通过人类遗传标记的检测和遗传规律分析，对有争议的父母与子女之间血缘关系的鉴定。狭义地讲，亲子鉴定是对父母与子女之间是否存在亲生关系的检验，广义地讲，还包括对同胞、祖孙、叔侄、姑表等亲缘关系的检验。

　　亲子鉴定技术在刑事、民事案件领域中应用广泛，其作用和价值已为司法界所认同。近年来，一个更大的鉴定市场正在向这一技术敞开，即行政管理领域。我国行政管理中也在大量地使用亲子鉴定，且有愈加广泛之势，主要有三种情形：①在许多情形下办理户口登记、迁/转户籍及出入境手续，公安机关要求申请人进行亲子鉴定；②亲子鉴定结果成为计划生育管理部门征收社会抚养费的依据；③在患者家属申请捐献器官为患者进行器官移植时，或父母为孩子补开出生医学证明时，卫生行政管理部门要求提供 DNA 亲子鉴定意见以证明他们之间的身份关系。目前，行政领域对亲子鉴定的需求数量，已远远超出司法系统和个人委托需求量。

　　众所周知，生物学样本采集和基因检测涉及公民的自主/自由权和隐私权，鉴定中虽然检验的是被鉴定人之间的血缘关系，但对其情感、婚姻和经济利益影响极大，涉及当事人知情权、隐私权、监护权、抚养权、被

---

　　* 基金项目：教育部人文社会科学研究规划基金资助项目（13YJA820031）。

　　** 作者单位：2011 计划司法文明协同创新中心，证据科学教育部重点实验室（中国政法大学）。

抚养权、继承权等公民基本权利的保护与行使，影响家庭、社会的稳定。所以有人称亲子鉴定技术为"双刃剑"，用好了有利于社会公平正义，用不好，会损害儿童、家庭和社会利益。目前我国尚未针对亲子鉴定设立法律规制，在此情形之下，有必要对亲子鉴定在我国行政管理中应用的现状及问题进行调查研究。我们的调研工作主要在北京地区进行。

一、公安机关户籍管理部门应用亲子鉴定的现状

（一）北京市户籍管理中亲子鉴定的应用情况

由于城市发展水平不同，各地的户籍政策也不尽相同。大城市户口因伴随有教育、医疗、社保等众多资源，因而落户条件较为严格。以北京市为例，京公人管字〔2004〕1062 号《派出所办理常住户口登记工作规范（试行）》中规定，非婚生子女落户要提供亲子鉴定证明，超计划生育的要求提供计生部门出具的缴纳社会抚养费证明。而在办理户籍迁入登记时，一般都是亲属投靠，包括夫妻间的投靠、父母与子女间的投靠，也要求出具亲属关系证明。

通过对北京户籍警进行访谈，我们了解到，在日常工作中，办理户籍登记时需要亲子鉴定证明的数量约占户籍登记总数量的 1%，使用亲子鉴定的目的有两个：①证明公民的身份，防止拐卖妇女、儿童等犯罪行为和骗取大城市户口等行为；②提高对户籍申请审查工作的效率。由于部分户籍申请人提交的材料不齐全，其身份信息证明困难，户籍登记的审核难度较大。亲子鉴定给户籍登记审核工作带来很大便利。

对北京市因办理户籍登记需要做亲子鉴定的 165 个家庭的调查显示，需鉴定的情形如下：

1. 孩子没有出生证明，需要给孩子补办出生证明进而办理户口，或虽有出生证明，但其上登记的信息有误或者与其他证件上登记的信息不一致；

2. 被拐卖、遗失走丢的孩子，找到亲生父母之后需要为其办理户口或将户口迁到一起；

3. 单身母亲未婚生育，没有准生证或无法提供孩子生父信息的，或现有材料无法证明他们之间身份关系的；

4. 被领养的孩子要返还亲生父母家庭的，或为逃避计划生育处罚将

孩子户籍登记在他人名下、现又申请转回至亲生父母家庭的；

5. 领养或收养的孩子办理户口登记，需证明孩子与养父母之间不存在亲生关系的；

6. 夫妻之间投靠，家属随军、人才引进家属落户，如丈夫是北京户口，妻子、孩子需要迁户口进京的。

（二）对北京市司法鉴定机构进行户籍亲子鉴定情况的调查

北京市公安局指定的户籍亲子鉴定机构是通达首诚司法鉴定所，故对该机构亲子鉴定的调研具有代表性。6 年来该机构办理的户籍亲子鉴定情况见表 1。

表 1　北京通达首诚司法鉴定所户籍亲子鉴定情况

年份	2009	2010	2011	2012	2013	2014
户籍亲子鉴定数量	626	1688	1685	1759	1766	1889
占总鉴定量比例（%）	91.65	91.99	89.91	96.44	81.42	82.24
鉴定年增长率（%）	–	169.65	0.00	4.39	0.00	0.07
否定亲子关系的比例（%）	0.96	1.12	1.19	1.53	1.81	2.17

北京还有另外 6 家可以从事亲子鉴定的司法鉴定机构。以法大法庭科学技术鉴定研究所为例，自 2009 年至 2014 年户籍亲子鉴定的调查显示，6 年中户籍登记亲子鉴定总量为 214 例，占鉴定总量的 14.70%，排除亲子关系的比例占 3.31%。该机构并非北京市公安局指定的鉴定机构，其数据可以代表非指定机构户籍亲子鉴定的状况。

从以上数据看，北京市自 2010 年以后户籍亲子鉴定所占比例增长显著（与我国 2010 年第六次人口普查工作的开展密切相关），且在亲子鉴定总量中所占比例较大。

（三）户籍登记申请人情况调查

我们调查了北京市因办理户籍登记需要做亲子鉴定的 165 个家庭，52% 的家庭属于为非婚生子女办理户籍情况；迁转户籍进京的占 25%，包括亲属之间投靠以及人才引进等；二胎/超生办理户籍的比例为 18%；婚生子需补办出生证明的占 5%。

这些家庭对于公安机关要求其进行亲子鉴定的态度表现不一，见图 1。

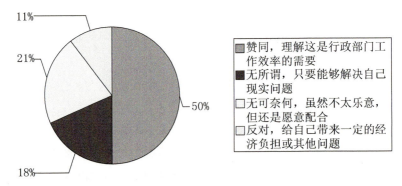

图1 受访家庭对行政机关要求其进行亲子鉴定的态度

绝大多数家庭，尤其是非婚生子家庭，对自身违反法规的生育行为或迁户政策有所认知，只要给上户口，可以积极配合亲子鉴定。根据不同的情形，反对鉴定的家庭不超过5%，例如：

情形1：迁户口时，除了个别证件存在局部错误外，其他资料均可相互印证，也被要求鉴定。例如：原户口本、出生证明上的姓名为"王芳"，身份证姓名被错写为"王方"，性别、出生日期、地址、身份证号等均一致；或仅因为出生证明上母亲的身份证号被错误录入一位数字等。被鉴定家庭认为，证件上的信息错误是由开具证件的政府机关失职、工作粗心大意所致，将此经济负担转嫁到公民身上不公平。

情形2：某男，18岁，因为系二胎，没有准生证及出生证明，一直未进行户籍登记。2010年第六次人口普查后，其申请在父母的户籍上登记北京市户口，被要求做亲子鉴定。鉴定结果显示，支持其母亲为生母，但父亲并非生父。最终的结果是：户口问题解决了，夫妻关系、父子关系却陷入困境。

前者是因行政行为失误给公民带来麻烦和经济损失；后者则因鉴定揭露了家庭隐私，得不偿失，因为父或母亲只要一方是北京籍，孩子就可落户北京，没有必要做父母双方亲自鉴定。

二、计划生育管理部门应用亲子鉴定的现状

超计划生育、非婚生育的家庭，因为没有准生证，面临着缴纳社会抚养费的问题。在获得计划生育部门开具的已缴纳社会抚养费证明后，才能

为孩子办理户籍登记[1][2][3]。由于我国经济发展水平不同，各地区征收社会抚养费的标准也不同。一般来讲，经济越发达的地区社会抚养费征收数额越高。北京市的征收幅度是人均收入的3~10倍。以北京市海淀区为例，该区超生家庭需缴纳近30万元的社会抚养费。湖南省的人口计划生育条例规定，超生二胎的按照夫妻总收入的2~6倍征收社会抚养费，如果是重婚生育的或者与配偶之外的人生育的，按照6~8倍征收。河南省的社会抚养费征收办法规定，对于二胎子女是按照人均收入的3倍，个人收入高于人均收入的按照实际收入的3倍，如果是3胎，征收幅度将会提高至6倍。福建省对于超生一个子女的，按2~3倍征收，超生第二个子女的，按4~6倍征收，超生三个以上的从重征收。

面对大城市高昂的社会抚养费，某些超计划生育家庭采取了规避行为，例如谎称孩子是捡来的，或把孩子生在小城市，按照当地标准缴纳社会抚养费之后再迁户口到北京、上海等大城市，根据一事不再罚的原则，规避大城市的社会抚养费。

计生部门认定超计划生育，大多数情况下要通过亲子鉴定。计生工作人员在接受访谈时表示，对于违反计划生育的人，亲子鉴定是很好的检测手段，也是有利的证明，许多人不承认自己超生，亲子鉴定结果让其哑口无言。计生部门建议做亲子鉴定的情形有：

1. 没有准生证的家庭；

2. 结婚后不久出生的孩子，有可能属于超计划出生的家庭；

3. 计生部门接到举报，怀疑违法生育的家庭；

4. 号称收养孩子，但手续不全的家庭；

5. 如果当事人拒绝做亲子鉴定，计生部门会推定其属于超计划生育。

计生部门甄别是否超计划生育，与户籍登记工作密切相关。前文所述的165家户籍亲子鉴定中，有70%属于此类。

---

〔1〕《中华人民共和国人口与计划生育法》第18条规定："国家稳定现行生育政策，鼓励公民晚婚晚育，提倡一对夫妻生育一个子女；符合法律、法规规定条件的，可以要求安排生育第二个子女。具体办法由省、自治区、直辖市人民代表大会或者其常务委员会规定。"

〔2〕《社会抚养费征收管理办法》第3条规定："不符合人口与计划生育法第十八条的规定生育子女的公民，应当依照本办法的规定缴纳社会抚养费。"

〔3〕 程胜清："上户口先交社会抚养费"，载《检察日报》2014年1月15日。

三、卫生行政管理部门应用亲子鉴定的现状分析

卫生行政管理部门要求当事人提供亲子鉴定意见书，主要解决两个方面的问题：一是补办出生医学证明，二是进行活体器官移植，作为医学伦理审核的必备材料。

（一）卫生行政管理中亲子鉴定的应用情况

1. 在出生证明管理中应用

卫生部《关于进一步加强出生医学证明管理的通知》（卫妇社发〔2009〕96号）中规定："对于新生儿母亲有效身份证件原件与住院分娩登记的产妇姓名等相关信息不一致的，领证人需提供户口登记机关的相关证明，必要时需提供法定鉴定机构有关亲子鉴定的证明"。

北京市卫生局转发卫生部《关于进一步加强出生医学证明管理的通知》（京卫妇精字〔2010〕1号）中规定："自2010年7月1日起，办理助产机构外出生的《出生医学证明》，领证人须提供法定鉴定机构有关亲子鉴定的证明、身份证和户口本原件及复印件"。

2. 在活体器官捐赠与移植的审批程序中应用

《人体器官移植条例》（2007国务院令第491号）第10条规定："活体器官的接受人限于活体器官捐献人的配偶、直系血亲或者三代以内旁系血亲，或者有证据证明与活体器官捐献人存在因帮扶等形成亲情关系的人员"。为了证明活体器官捐献者与患者之间的关系，2012年11月《北京市卫生局转发卫生部办公厅关于印发活体器官移植临床应用管理文书的通知》中规定："如供体和受体属于父子女或母子女关系，还应提交具备检验鉴定资质并在市司法局备案的社会鉴定机构出具的亲缘关系认定意见书"。

通过对相关医院中器官移植管理人员进行访谈，我们了解到，对申请移植的患者家庭进行亲子/亲缘关系鉴定的目的有二：①终极目的在于鉴别真、假近亲属，防止医院成为器官买卖的犯罪场所；②鉴于卫生行政部门没有能力和精力对活体器官捐献人进行身份审查，故采用亲子鉴定作为判断的依据。

（二）对北京市司法鉴定机构进行相关亲子鉴定情况的调查

法大法庭科学技术鉴定研究所是北京市卫生局指定的进行移植亲子鉴定的机构之一，其近6年的相关统计结果见表2。

表 2　法大法庭科学鉴定研究所卫生行政管理亲子鉴定情况

年份	肝移植数	肾移植数	补出生证明	占总鉴定量的比例（%）	年增长率（%）	排除亲子关系数
2010	0	0	1	0.006	–	–
2011	0	20	1	11.475	95.238	–
2012	0	43	3	21.698	54.347	–
2013	70	44	4	32.065	61.017	–
2014	59	40	4	26.076	-12.712	1
2015	78	40	5	30.673	16.260	1

表 2 中排除亲子关系的情形如下：

例 1. 张某，男，19 岁，患尿毒症，其母亲欲为其捐献一侧肾脏。从这个家庭提供的身份证、结婚证和户口本来看，张某是其父母的婚生子。DNA 检验结果支持张某与母亲存在亲生关系，却排除了其与父亲存在亲生血缘关系。

例 2. 尚某，女，7 岁，因肝硬化需要进行肝移植，其父欲为其捐献部分肝脏。鉴定之前，已经向卫生部门提供了身份证、户口簿、孩子的出生证明、离婚证明、当地派出所出具的父子关系证明信。这些资料显示，二人之间系父女关系，但鉴定结果却出人意料地排除了二人之间的亲生血缘关系。

（三）对器官捐赠申请家庭的调查

对法大法庭科学技术鉴定研究所鉴定的 100 家申请器官移植的家庭进行调查显示：

1. 绝大多数肝移植患者的年龄在 3 岁以下，捐献者绝大多数为患者母亲或父亲；肾移植患者的年龄多在 16~30 岁之间，捐献者数量母亲>父亲>同胞>夫妻。对这两类移植进行综合统计，亲子移植的占 80%，同胞移植的占 15%。

2. 在亲子移植鉴定的家庭中，100% 的成人带有身份证，带有结婚证的占 81.3%、出生证明的占 97.5%、户口本的占 83.8%，这些均为在政府部门登记注册的证明家庭亲属关系的合法证件。81.3% 的家庭，上述"四证"齐全。

3. 申请移植家庭对亲子鉴定的态度：赞同的占 31%，无所谓的占 21%，表示无奈的占 34%，反对的占 14%。

这一人群当中，对亲子鉴定持不积极态度的比例远高于户籍亲子鉴定的家庭，尤其是"四证"齐全的家庭。他们认为，政府发的所有证件都可以表明他们之间的直系亲属关系，为什么还要让经济困难的患者家庭再支付一笔鉴定费？38%的家庭认为，这笔费用最好由政府全额或差额支付。

四、行政管理部门应用亲子鉴定手段处理行政事务暴露出来的问题

（一）亲子鉴定有可能被扩大化地滥用

行政事务往往涉及政策与民生，会有大量人口参与。2015年12月国务院办公厅发布了《关于解决无户口人员登记户口问题的意见（国办发〔2015〕96号）》，要求全国公安户籍管理部门均通过亲子鉴定来解决三类人员补开《出生证明》和户口登记问题，即：政策外生育、非婚生育的无户口人员；在助产机构外出生的无户口人员；我国公民与外国人、无国籍人在国内非婚生育、未取得其他国家国籍的无户口人员。2016年上半年，北京户籍亲子鉴定量较2015年同期暴增3倍。估计全国户籍亲子鉴定在这一阶段会涉及二十万余户家庭。另外，一些省市出入境管理部门也在使用亲子鉴定证据，要求为孩子办理护照的家庭作亲子鉴定。

随行政管理政策而来的亲子鉴定，在限时完成、集中办理的过程中，往往会因为执行者对政策把握不当而出现"大拨儿轰""一刀切"的现象，使得DNA亲子鉴定这一本应慎用的技术方法被滥用，不仅增加其经济负担，人身自由权和隐私权也难以保护。

滥用的另一种情况，正如前文所述，81.3%的申请器官移植的家庭"四证"齐全，还要做亲子鉴定。身份证、结婚证、出生证明和户口簿均为国家行政机关颁发的合法证件，是国家管理公民及其身份关系的凭证，为何被视为废纸？把证明患者不是极少数买卖器官的罪犯的举证责任转嫁到经济负担已经很重的广大患者家庭，是一种社会不公平的表现。

当亲子鉴定被扩大化地滥用时，在某种程度上是让公民花钱承担了行政机关的不犯错风险。

（二）行政机关指定鉴定机构，是滋生腐败的土壤

国家发改委2007年12月制定的《全国司法鉴定收费项目和收费标准

目录》中，亲子鉴定的定价是 2400 元/三联体[1]，发达地区可以加收 50%。以某省份为例，全省预计 1.5 万户的户籍亲子鉴定量，鉴定费用有 3000 多万元。这样的市场，如果不通过招投标的方式而是行政机关指定司法鉴定机构，便有可能滋生腐败。国有鉴定机构因上级单位管理和财务管理严格，一般不会提供鉴定费回扣，但如今"个体户""投资户"司法鉴定机构多如牛毛，难免滋生腐败。

（三）为完成批量鉴定凑起来的实验室，鉴定质量令人担忧

笔者作为中国合格评定国家认可委员会（CNAS）的评审员，评审过许多家社会鉴定机构。有的机构是因为看到公安系统有批量亲子鉴定外包业务而成立的，有些机构主要是靠户籍亲子鉴定业务维持的。由于缺乏合格的法医物证司法鉴定人，表现出诸多乱象。例如，机构中拿着法医物证鉴定资质的鉴定人对 DNA 检验和亲子鉴定一窍不通，他们只管在鉴定书上签字，而掌控 DNA 检验、书写亲子鉴定意见的人员未必有鉴定人资质。更有甚者，连做 DNA 实验的主要人员都不知道如何规范地分析 DNA 图谱，如果软件不给出明确的 DNA 型，还要由外请人员（如鉴定机构所'依附'的公安厅/局刑科所技术人员）来处理。也曾有社会鉴定机构收鉴定、发报告，由公安鉴定机构做实验的情况。为什么有许多获得了法医物证鉴定资质的人员不懂 DNA 检验、不掌握亲子鉴定原理和技术标准，这与司法鉴定机构注册、司法鉴定人登记审批不严格，监管不到位有很大关系。

司法部办公厅 2016 年 6 月 21 日下发了《司法部办公厅关于规范司法鉴定机构开展亲子鉴定业务有关工作的通知》（司办通［2016］40 号），对亲子鉴定委托受理、样本采样及鉴定实施进行了规范，在一定程度上为大规模户籍亲子鉴定活动提供了法规保障。

---

[1] 三联体亲子鉴定，指父、母、子均参与的鉴定。

北京市司法鉴定业协会伦理守则

杨天潼 *

北京司法鉴定业协会（以下简称"本协会"）制定的伦理守则（以下简称"本守则"），是本协会根据党中央《关于司法体制及工作机制改革的初步意见》和《全国人大常委会关于司法鉴定管理问题的决定》精神，其他国家相关法律、法规，授权本协会在广泛征集有关专业人士的意见后制定的。制定本守则的目的是让本协会在司法鉴定管理工作中充分发挥自我约束、自律发展、教育培训、对外发展的作用，完善宣传司法鉴定有关法律、法规、规章和政策，搞好为会员服务的工作，保障会员依法执业，维护行业利益，维护会员的合法权益；研究司法鉴定工作中的新情况、新问题，配合政府有关部门制定相关的规章制度；接受政府有关部门委托，制定司法鉴定人各类教育培训计划并组织实施；组织行业间各种交流活动；协调行业内、外部关系，向有关部门反映会员的意见和建议等协会职能。本守则亦作为本协会司法鉴定专业伦理规范以及本协会处理有关司法鉴定专业伦理申诉的主要依据和工作基础。

总　则

北京司法鉴定业协会所制定的伦理守则是提高本协会所有成员高品质

---

* 作者单位：证据科学教育部重点实验室（中国政法大学），2011 计划司法文明协同创新中心。

执业能力和个人行为的规则，该伦理学守则适用于司法鉴定人对被鉴定人所进行司法鉴定工作，它被本协会所有成员和分支机构认可。

司法鉴定人在交叉学科领域内进行司法鉴定。由于法律及司法鉴定相关学科均已建立起其各自的学科体系、章程、价值观等，这必然造成司法鉴定人在鉴定过程中不得不面对困惑、冲突、误解和滥用鉴定权的潜在危险。人们呼吁司法鉴定人在履行司法鉴定职责的同时，平衡其对个人和社会的责任。他们应受到潜在的伦理道德规范的限制。

司法鉴定人有义务提供符合他们最高职业标准的鉴定服务，并对他们自己的个人行为负责。司法鉴定人应做出合理的努力，确保他们的鉴定结论客观而公正。本协会成员的职责是全心全意的为公平正义服务。在履行上述职责时，本协会成员必须应用其所掌握的所有的科学手段，尽可能的确认与诉讼有关的关键性客观事实。在做出具有现实根据的结论后，还必须能对其结论进行解释和评价。在整个鉴定过程中，必须依据自己所掌握的专业知识和经验，经过缜密的分析，得出可靠的结论，并且确保鉴定意见或结论能够尽可能的揭示事实真相。这些鉴定意见或结论将以书面形式供诉讼所需。所以，准确的书写技巧对本协会成员也非常重要。所有这一切的最终目的是使人们全面的了解司法鉴定意见或结论，并且清晰明确地认识到司法鉴定意见或结论与关键问题间的关系。

在履行上述职责过程中，本协会应以专业的道德标准，遵守本守则之规定。

任何时候，本协会成员无论在动机、方式或行动上，都应具有高尚的、得体的和正确的伦理道德行为。

本守则可视为本协会成员进行司法鉴定活动的行为规范；遵照本守则的协会成员将会得到本协会的全力支持。

1. 专业关系

本协会成员应尊重被鉴定人，按照专业的伦理规范与被鉴定人建立良好的专业工作关系，这种工作关系应以维护司法公正为目的。本协会成员不得以任何目的，包括为了获得成员资格、许可和/或认可，以口头或书面形式伪造成员的资格、教育背景或执业经验履历。

1.1 本协会成员不得因被鉴定人的年龄、性别、种族、性取向、宗教和政治信仰、文化、身体状况、社会经济状况等任何方面的因素歧视对方。

1.2 本协会成员应尊重被鉴定人的知情同意权。在鉴定服务工作开始时和工作过程中，本协会成员应首先让对方了解司法鉴定工作的目的、专业关系、相关技术、工作过程、专业工作可能的局限性、工作中可能涉及的第三方的权益、隐私权、可能的危害以及专业服务可能带来的利益等相关信息。

1.3 本协会成员应依照当地政府要求或本单位的规定恰当收取专业服务的费用。司法鉴定人在进入专业性工作关系之前，要对被鉴定人清楚地介绍和解释其服务收费的情况。不允许司法鉴定人以收受实物、获得不恰当劳务服务或其他方式作为其专业服务的回报，因为它们有引起冲突、剥削、破坏专业关系等潜在的危险。

1.4 本协会成员要明了自己对被鉴定人的影响力，尽可能防止损害信任和引起依赖的情况发生。

1.5 本协会成员应尊重被鉴定人的价值观，不能代替对方做出重要决定，或强制其接受自己的价值观。

1.6 本协会成员应清楚地认识自身所处位置对被鉴定人的潜在影响，不得利用对方对自己的信任或依赖利用对方，或者借此为自己或第三方谋取利益。

1.7 本协会成员要清楚地了解双重关系（例如与被鉴定人发展家庭的、社交的、经济的、商业的或者亲密的个人关系）对鉴定的不利影响及其伤害被鉴定人的潜在危险性，避免与被鉴定人发生双重关系。在双重关系不可避免时，应采取一些专业上的预防措施，例如签署正式的知情同意书、寻求专业督导、做好相关文件的记录，以确保双重关系不会损害自己的判断并且不会对被鉴定人造成危害。

1.8 本协会成员不得与被鉴定人发生任何形式的性关系和亲密关系，也不得为有过性关系和亲密关系的人进行司法鉴定。一旦业已建立的专业关系超越了专业界限（例如发展了性关系或恋爱关系），应立即终止专业关系并采取适当措施（例如寻求督导或同行的建议）。

1.9 本协会成员在进行司法鉴定工作中不得随意中断鉴定工作。在司法鉴定人出差、休假或临时离开工作地点外出时，要对已经开始的鉴定工作进行适当的安排。

1.10 本协会成员认为自己已不适合对某个被鉴定人进行工作时，应向对方明确说明，并本着为对方负责的态度将其转介给另一位合适的司法鉴定人。

1.11 在司法鉴定工作中，本协会成员应相互了解和相互尊重，应与同行建立一种积极合作的工作关系，以提高本协会成员的鉴定水平。

1.12 本协会成员应尊重其他专业人员，应与相关专业人员建立一种积极合作的工作关系，以提高本协会成员的鉴定水平。

2. 隐私权保护

本协会成员有责任保护被鉴定人的隐私权，本协会成员在进行鉴定时，应注意到被鉴定人对隐私保护的合理期望。用于司法鉴定的资料或鉴定报告均应受限于特殊的保密原则，任何可能被公开的司法鉴定资料亦应受此限制。同时，本协会成员应认识到隐私权无论在内容还是范围上，都受到国家法律和专业伦理规范的保护和约束。

2.1 本协会成员在司法鉴定工作中，有责任向被鉴定人说明工作的保密原则，以及这一原则应用的限度。

2.2 本协会成员应清楚地了解保密原则的应用有其限度，下列情况为保密原则的例外：（1）司法鉴定人发现被鉴定人有伤害自身或伤害他人的严重危险时；（2）被鉴定人有致命的传染性疾病等且可能危及他人时；（3）未成年人在受到性侵犯或虐待时；（4）法律规定需要披露时。

2.3 在遇到2.2中的（1）、（2）和（3）的情况时，本协会成员有向对方合法监护人或可确认的第三者预警的责任；在遇到2.2中（4）的情况时，本协会成员有遵循法律规定的义务，但须要求法庭及相关人员出示合法的书面要求，并要求法庭及相关人员确保此种披露不会对临床专业关系带来直接损害或潜在危害。

2.4 本协会成员只有在得到被鉴定人书面同意的情况下，才能对鉴定过程进行录音、录像或演示。

2.5 本协会成员鉴定工作中的有关信息包括个案记录、测验资料、信件、录音、录像和其他资料，均属于专业信息，应在严格保密的情况下进行保存，仅经过授权的司法鉴定人可以接触这类资料。

2.6 本协会成员因鉴定工作需要对案例进行讨论，或采用案例进行教学、科研、写作等工作时，应隐去那些可能会据此辨认出被鉴定人的有关信息（得到被鉴定人书面许可的情况例外）。

2.7 本协会成员在演示被鉴定人的录音或录像，或发表其完整的案例前，需得到对方的书面同意。

3. 职业责任

在司法鉴定过程中，本协会成员应遵守诚实和力求客观的原则。本协会成员应以客观鉴定资料及法律事实为标准，客观地得出鉴定意见或结论。他们应以诚实的行事方式，努力达成客观的鉴定结论，尽力维护诚实和力求客观是本协会成员的职业责任。

本协会成员应遵守国家的法律法规，遵守专业伦理规范。同时，努力以开放、诚实和准确的沟通方式进行工作。本协会成员所从事的专业工作应基于科学的研究和发现，在专业界限和个人能力范围之内，以负责任的态度进行工作。本协会成员应不断更新并发展专业知识、促进个人在生理上、社会适应上和心理上的健康，以更好地满足专业责任的需要。

3.1 本协会成员应在自己专业能力范围内，根据自己所接受的教育、培训的经历和工作经验，为不同人群提供适宜而有效的鉴定服务。

3.2 本协会成员应充分认识到继续教育的意义，在专业工作领域内保持对当前学科和专业信息的了解，保持对所用技能的掌握和对新知识的开放态度。

3.3 本协会成员应保持对于自身职业能力的关注，在必要时采取适当步骤寻求专业培训的帮助。在缺乏专业培训时，应尽量寻求同行的专业帮助。

3.4 本协会成员应当意识到个人的生理或心理问题可能会对被鉴定人造成伤害时，应寻求督导或其他专业人员的帮助。司法鉴定人应警惕自己的问题对被鉴定人造成伤害的可能性，必要时应限制、中断或终止鉴定服务。

3.5 本协会成员在工作中需要介绍自己情况时，应实事求是地说明自己的专业资历、学位、专业资格证书等情况，在需要进行广告宣传或描述其服务内容时，应以确切的方式表述其专业资格。本协会成员不得贬低其他专业人员，不得以虚假、误导、欺瞒的方式对自己或自己的工作部门进行宣传，更不能进行诈骗。

3.6 本协会成员不得利用专业地位获取私利，如个人或所属家庭成员的利益、性利益、不平等交易财物和服务等。也不得利用司法鉴定与治疗、教学、培训的关系为自己获取合理报酬之外的私利。

3.7 当本协会成员需要向第三方（例如法庭、保险公司等）报告自己的专业工作时，应采取诚实、客观的态度准确地描述自己的工作。

3.8 当本协会成员通过公众媒体（如讲座、演示、电台、电视、报纸、印刷物品、网络等）从事专业活动，或以专业身份提供劝导和评论时，应注意自己的言论要基于恰当的专业文献和实践，尊重事实，自己的言行应遵循专业伦理规范。

3.9 本协会成员不得作伪证。

3.10 本协会成员不得转授职责或鉴定责任给任何没有资格履行这些职责或接受这些责任的人。

3.11 本协会成员不应以"风险代理"的方式向法律诉讼当事人提供专业服务，这些服务包括向法院或行政机构提供专家证言证词，或者当他们要求鉴定人就案件事实做出判断或表述。

4. 司法鉴定意见或结论的解释

本协会成员应正确理解解释在司法鉴定的意义和作用，并恰当使用。本协会成员在司法鉴定过程中应考虑被鉴定人的个人文化背景。

4.1 司法鉴定与评估的目的在于促进公平正义，本协会成员不得滥用鉴定手段以牟利。

4.2 本协会成员应在接受过有关司法鉴定的相关培训，对某特定鉴定方法有适当的专业知识和技能之后，方可实施鉴定工作。

4.3 本协会成员应尊重被鉴定人对鉴定结果进行了解和获得解释的权利，在实施鉴定之后，应对鉴定结果给予准确、客观、可以被被鉴定人理解的解释，努力避免其对鉴定结果的误解。本协会成员有义务向被鉴定人解释符合职业和法律标准的司法鉴定工作，如鉴定过程结果的公开、鉴定依据的解释以及得出鉴定结论的事实依据等。他们应该用被鉴定人可以理解的语言描述鉴定结论依据并充分解释鉴定结论。

4.4 本协会成员在利用某测验或使用测量工具进行评估、解释时，或使用鉴定技术、访谈或其他测量工具时，须采用已经建立并证实了信度、效度的测量工具，如果没有可靠的信度、效度数据，需要对鉴定结果及解释的说服力和局限性做出说明。本协会成员不能仅仅依据心理分析的结果做出主观判断。

4.5 本协会成员有责任维护鉴定材料（指操作手册、测量工具、协议和鉴定项目）和其他鉴定工具的完整性和安全性，不得向非专业人员泄漏相关鉴定的内容。

4.6 本协会成员应运用科学程序与专业知识进行鉴定的编制、标准化、信度和效度检验，力求避免偏差，并提供完善的使用说明。

4.7 正确的科学态度要求个人认识到自身的不足，对于那些正在拓展新领域的学者，应该拒绝超出自身能力之外的工作，在经过充分的培训和论证之前，他们不应该将新理论过早的应用到司法鉴定实践中。

5. 教学和培训

本协会成员应努力发展有意义的和值得尊重的专业关系，对教学和培训持真诚、认真、负责的态度。

5.1 本协会成员从事教学、培训工作的目的是：促进学生、被培训者的个人及专业的成长和发展，以促进司法鉴定职业福祉。

5.2 从事教学、培训工作的本协会成员应熟悉本专业的伦理规范，并提醒学生及被培训者注意自己应负的专业伦理责任。

5.3 负责教学及培训的本协会成员应在课程设置和计划上采取适当的措施，确保教学及培训能够提供适当的知识和实践训练，满足教学目标的要求或颁发合格证书等的要求。

5.4 担任培训工作的本协会成员应向被培训者说明培训的目的、过程、评估方式及标准。注意在培训过程中给予被培训者定期的反馈。

5.5 任培训工作本协会成员对其培训的学生、被培训者进行专业能力评估时，应采取实事求是的态度，诚实、公平而公正地给出评估意见。

5.6 担任培训师的本协会成员应清楚地界定与自己的学生及被培训者的专业及伦理关系，不得与学生或被培训者卷入鉴定关系，不得与其发生亲密关系或性关系。

5.7 担任培训的本协会成员应对自己与被培训者（或学生）的关系中

存在的优势有清楚的认识，不得以工作之便利用对方为自己或第三方谋取私利。

6. 科学研究和发表

本协会成员应具有纯粹的科学精神，应做到不耻下问、孜孜不倦、逻辑清晰和公正无私。本协会提倡本协会成员进行专业研究以便对专业学科领域有所贡献，并促进对专业领域中相关现象的了解和改善。本协会成员在实施科学研究时应尊重参与者的尊严，并且关注参与者的福祉。遵守以人类为研究对象的科学研究规范和伦理准则。

6.1 本协会成员在从事研究工作时若以人作为研究对象，应尊重人的基本权益。遵守伦理、法律、服务机构的相关规定以及人类科学研究的标准。应对研究对象的安全负责，特别注意防范研究对象的权益受到损害。

6.2 本协会成员在从事研究工作时，应事先告知或征求研究对象同意。应向研究对象（或其监护人）说明研究的性质、目的、过程、方法与技术的运用、可能遇到的困扰、保密原则及限制，以及研究者和研究对象双方的权利和义务等。

6.3 研究对象有拒绝或退出研究的权利，本协会成员不得以任何方式强制对方参与研究。只有当确信研究对参与者无害而又必须进行该项研究时，才能使用非自愿参与者。

6.4 本协会成员不得用隐瞒或欺骗手段对待研究对象，除非这种方法对预期的研究结果是必要的，且无其它方法可以代替，但事后必须向研究对象做出适当的说明。

6.5 当干预或实验研究需要控制组或对照组时，在研究结束后，应对控制组或对照组成员给予适当的处理。

6.6 本协会成员在撰写研究报告时，应将研究设计、研究过程、研究结果及研究的局限性等做客观和准确的说明和讨论，不得采用虚假不实的信息或资料，不得隐瞒与自己研究预期或理论观点不一致的结果，对研究结果的讨论应避免偏见或成见。

6.7 本协会成员在撰写研究报告时，应注意为研究对象的身份保密（除非得到研究对象的书面授权），同时注意对相关研究资料予以保密并妥善保管。

6.8 本协会成员在发表论文或著作时不能剽窃他人的成果。在发表论文或著作中引用其他研究者或作者的言论或资料时，应注明原著者及资料的来源。如果没有做实质性的工作，本协会成员不应为了提高自己的声望而无故在出版物上署名，或参加某些社会组织。

6.9 当研究工作由本协会成员与其他同事或同行一起完成时，发表论文或著作应以适当的方式注明其他作者，不得以自己个人的名义发表或出版。对所发表的研究论文或著作有特殊贡献者，应以适当的方式给予郑重而明确的声明。若所发表的文章或著作的主要内容来自于学生的研究报告或论文，该学生应列为主要作者之一。

7. 伦理问题处理

本协会成员在专业工作中应遵守有关法律和伦理。本协会成员应努力解决伦理困境，和相关人员进行直接而开放的沟通，在必要时向同行及督导寻求建议或帮助。本协会成员应将伦理规范整合到他们的日常专业工作之中。

7.1 本协会成员可以从本协会、有关认证或注册机构获得本协会的伦理规范，缺乏相关知识或对伦理条款有误解都不能成为违反伦理规范的辩解理由。

7.2 本协会成员一旦觉察到自己在工作中有失职行为或对职责存在着误解，应采取合理的措施加以改正。

7.3 如果本协会的专业伦理规范与法律法规之间存在冲突，本协会成员必须让他人了解自己的行为是符合专业伦理的，并努力解决冲突。如果这种冲突无法解决，本协会成员应该以法律和法规作为其行动指南。

7.4 如果本协会成员所在机构的要求与本协会的伦理规范有矛盾之处，本协会成员需要澄清矛盾的实质，表明自己具有按照专业伦理规范行事的责任。应在坚持伦理规范的前提下，合理地解决伦理规范与机构要求的冲突。

7.5 本协会成员若发现同行或同事违反了伦理规范，应予以规劝。若规劝无效，应通过适当渠道反映其问题。如果对方违反伦理的行为非常明显，而且已经造成严重危害，或违反伦理的行为无合适的非正式的途径解决，或根本无法解决，本协会成员应当向本协会的伦理工作组或其他适合的权威机构举报，以维护行业声誉，保护被鉴定人的权益。如果本协会成员不能确定某种特定情形或特定的行为是否违反伦理规范，可向本协会的伦理工作组或其他合适的权威机构寻求建议。

7.6 本协会成员有责任配合本协会的伦理工作组对可能违反伦理规范的行为进行调查和采取行动。本协会成员应熟悉对违反伦理规范的处理进行申诉的相关程序和规定。

7.7 本伦理规范反对以不公正的态度或报复的方式提出有关伦理问题的申诉。

7.8 本协会设有伦理工作组，以贯彻执行伦理守则，接受伦理问题的申诉，提供与本伦理守则有关的解释，并处理违反专业伦理守则的案例。伦理工作组的行为可被视为本协会行为，伦理工作组可以进行调查和取证，如有必要，负责召开听证会，听取有违反本准则行为的成员或分支机构的陈诉。并对违反本准则的成员或分支机构的行为提供处罚建议。

7.9 在下列情况下，伦理工作组可以启动调查程序，本协会成员或分支机构认为其他成员或分支机构有违反本守则行为，并向协会秘书处或协会理事会提交正式书面报告的；基于违反本守则的事实，或有证据表明的确有进行进一步调查必要时，伦理工作组将启动调查程序。为了规范调查程序，任何本协会官员在收到有关协会成员或分支机构对违反本准则行为的申诉或指认时，应以书面表述形式提交伦理工作组，并应附有处罚建议，如果具有上述书面表述，应启动调查程序。

7.10 如果有指称违反本守则的书面陈述材料，学会秘书处应在第一时间内转交伦理工作组。伦理工作组将确认申诉或投诉是否是在其所管辖的伦理学范围内，并决定是否将其提呈至协会理事处。

7.11 如果经伦理工作组初步审查，认为该申诉或投诉不在其伦理学管辖范围内，或缺乏事实根据，就不能认为该申诉或投诉是合理的，应以撤销处理。这时，伦理工作组应该向协会理事会提交一份书面报告，说明所涉及的基本事实，并详细说明撤销调查的理由及结果。该调查报告一式两份，申诉或投诉所涉及的双方各执一份。

7.12 如果经伦理工作组初步审查，认为该申诉或投诉在其伦理学管辖范围内，或具有事实依据是合理的。那么它应该依据本守则制定的条例或细则，将被申诉或被投诉的一方列为调查对象，伦理工作组将开始准备原被告双方的陈述及他们所依据的事实材料，并应决定其是否需要进行更进一步的调查。伦理工作组可以指派一名协会成员或其他人就申诉或投诉展开调查，如有必要，这名被指派展开调查的协会成员将全权代表本协会。

7.13 伦理工作组可以在没有召开听证会的情况下，做出撤销申诉或投诉的决定。但它必须将此结果通知原被告双方，并应就此结果向协会理事会提交书面报告，阐述基本事实。如果伦理工作组决定就申诉或投诉举行听证会，那么它应该给予原、被告双方同等的机会，使其可以充分地陈述自己的观点，并进行答辩。之后，伦理学工作组可以做出决定，并且向原、被告双方告知这个决定。同时，它还必须就做出该项决定的理由及是否有必要采取进一步的调查向协会理事会提交书面报告。

7.14 在收到伦理工作组的调查报告后，本协会将对调查结果进行表决，如果有 3/4 的协会理事认为该行为是违反伦理学守则的，那么本协会将对当事人进行处罚。被告人有权在本协会理事会做出表决后提出申诉。在进行申诉时，申诉人必须提交一份简明扼要的上述书，书面声明自己的主张和要求，这份声明同时要求有不少于 1/2 人的本协会成员的签字。

8. 出庭质证

8.1 司法鉴定人在某些领域具有比普通人更专业、广博的知识。司法鉴定人的见解可准确的理解为"专家的正式意见"。一般的，这些意见是对某些事实的理解或见解；而实际情况中，一些经过谨慎的分析和考虑但仍未获支持的结论也会包含其内。鉴定意见也可以理解为专家对某些事实的信念，或者是一种正式的判断，也通常被认为是，司法鉴定人依据自己所掌握的专业知识和经验，对事实的专业性思考。

8.2 具有职业道德的司法鉴定人，不会利用专家的特权，对那些虽在其专业领域内，但未经充分思考的事实，做出草率的论断。

8.3 无论在法律上如何定义，本协会成员应该认识到对他们最基本的要求就是提供"鉴定意见/结论"，他们不应该利用其特权做超出事实的论断。

8.4 如果所有的证据均有同一指向，那么本协会成员应义不容辞的提出他们由论证所得出的意见或结论，虽然他们可能还暂时提供不了足够的理论支持。

8.5 无论从哪一方面讲，本协会成员都应该尽量避免使用过多的专业词汇，避免过于抽象的解释。如果必须需要一种专业化的解释，那么这种解释不仅仅要准确，而且要通俗易懂。

8.6 司法鉴定人在法庭上的职责，并不是仅仅提供控辩双方都认可的证据，更重要的义务是以正当的形式，提供可被法庭采信的证据。

8.7 本协会成员不应该私自、蓄意或有意地，通过误导法庭的方式，来帮助控辩双方的任何一方。

8.8 本协会成员应尽量用通俗易懂的语言来解释他们的结论，并使法庭能够清晰明确的理解证据。用含混的、误导的、迂回的或者是歧义的语言误导陪审团是不道德的。他们应清晰、直观的解答有关问题，并可以拒绝回答超出自己能力之外的问题。

8.9 如果本协会成员必须以影像资料或口头叙述背景资料的方式向法庭提供证据，那么获取这些资料的途径必须是正规的或被认可的，并且是可靠和令人信服的。这些资料至少要达到科学研究的水平，必须能够成为法庭正确评估证据的基础。向法庭呈送的资料必须符合有关法律规范和程序。上述材料的准备可能并不是最好的，但必须努力做到最好。

从实证出发探索符合中国国情的司法鉴定制度改革之路

吴桂玲　于颖超　王　鑫　李晓亮　盛家鸿　王元凤 *

在 2005 出台的《全国人大常委会关于司法鉴定管理问题的决定》后，尽管我国司法鉴定体制改革取得了明显成效，但在推进和深化过程中仍存在一些突出的问题。这些问题有认识层面的，有体制、结构障碍层面的，也有权力配置科学性层面的[1]。对此，北京大学的汪建成教授专门针对中国刑事司法鉴定的现实状况进行调研，将我国司法鉴定实践困境总结为"权力培植的不平衡""资源分配的不合理"和"配套措施的不到位"等[2]。在此，笔者针对此份实证调研报告中揭示的部分现象，结合我国当前司法鉴定制度的现状，对比两大法系在鉴定制度上的设计，谈及个人对司法鉴定制度改革的看法。

一、调研报告揭晓的问题所在

这份实证调研报告是在北京、上海、青岛和呼和浩特四个城市进行

---

* 作者单位：证据科学教育部重点实验室（中国政法大学），2011 计划司法文明协同创新中心。

〔1〕霍宪丹、郭华："建设中国特色司法鉴定制度的理性思考"，载《中国司法鉴定》2011 年第 1 期。

〔2〕本文中所提到的各种实证数据和结论，详见汪建成："中国刑事司法鉴定制度实证调研报告"，载《中外法学》2010 年第 2 期。

的，采取法院阅卷以及面向侦查人员、检察官、法官、律师和司法鉴定人员发放调查问卷等两种调研方式，获取了我国目前司法鉴定制度的第一手实证资料。这份实证调研报告主要从宏观和微观两个层面进行考察。宏观层面的考察侧重于各司法主体对现行鉴定制度的总体评价，微观层面的实证分析主要包括鉴定程序、鉴定结论及其效力和鉴定人管理体制等三部分内容。具体涉及：鉴定程序的启动、鉴定人出庭、鉴定机构的选任、鉴定意见对法官的影响、法官获得专业帮助的程序化改革等子命题。

（一）鉴定程序的启动

据实证调研报告的结果显示："根据法院阅卷情况的总体统计，在各地中级人民法院调阅的 305 份案卷中，有 299 起案件中涉及的鉴定程序是由侦查机关在侦查阶段依职权自行启动的，其比例占阅卷总数的 98.1%。有 6 起案件是在审判阶段启动的，其中，有 3 起案件是由法官在庭审阶段依职权主动启动的，有 3 起案件是由当事人当庭申请重新鉴定被法官允许后启动的[1]。"

以上数据显示出，鉴定的启动权绝大部分掌握在侦查机关手中。这和我们一直讨论的"大陆法系一般采取法院中心主义，法院掌握鉴定的启动权[2]"的观点存在理论和实践的不一致。我们一直在呼吁"侦鉴分离"，其原因在于侦查机关作为犯罪调查的主体，同时又作为鉴定的主体，其鉴定的中立性很难得到保证。由于以中立性为前提条件的鉴定职能与指控职能在实践中没有严格区别开来，即便是符合客观实际的鉴定意见，一旦当事人提出质疑，其公正性也会因此受到影响，其司法鉴定意见的可靠性也会因可信性的危机或者"短板"难以得到当事人甚至社会公众认同[3]。

这一问题的讨论似乎又牵涉到另一个长期备受争论的话题，那就是"是否应该取消侦查机关的内部鉴定机构？"笔者认为，如若回答此问题，我们必须先对"刑事技术""刑事技术鉴定"和"司法鉴定"之间的相互

---

〔1〕 本文中所提到的各种实证数据和结论，详见汪建成："中国刑事司法鉴定制度实证调研报告"，载《中外法学》2010 年第 2 期。

〔2〕 闵银龙、宋远升："比较法视野下的司法鉴定制度的反思"，载《中国司法鉴定》2007 年第 1 期。又称"司法官授权鉴定制度（中立鉴定制度）"，参见武帅、陈国伟："我国司法鉴定制度改革刍议——兼论两大法系鉴定制度之比较"，载《黑龙江省政法管理干部学院学报》2004 年第 2 期。

〔3〕 霍宪丹、郭华："建设中国特色司法鉴定制度的理性思考"，载《中国司法鉴定》2011 年第 1 期。

关系进行厘清。"刑事技术"是指侦查主体运用现代科学技术成果同各种犯罪活动进行斗争的专门技术。这些技术的应用旨在发现、固定、提取、收集、检验或鉴定犯罪人在犯罪过程中形成的各种痕迹和遗留的物品、物质，为划定侦查范围、确定侦查方向、锁定犯罪嫌疑人提供科技支撑；"刑事技术鉴定"是指鉴定人员在侦查过程中利用案件中的痕迹、物品和有关档案资料，与可疑的人、物及其反映形象进行对照、检测与识别的活动；而"司法鉴定"则是指在诉讼活动中鉴定人运用科学技术或者专门知识对诉讼涉及的专门性问题进行鉴别和判断并提出鉴定意见的活动〔1〕。

刑事技术、刑事技术鉴定与司法鉴定不仅在应用技术的范围上不一致，对应用技术的可靠性程度要求也不同。

1. 应用技术范围的区别

刑事技术可以被广泛地应用在获取侦查线索以及为侦查破案提供发现犯罪、确认嫌疑对象以及犯罪嫌疑人的线索性证据的发现上；而刑事技术鉴定应用的技术多集中在"识别和鉴定证据的技术"上，体现在痕迹检验技术、文书（含笔迹）检验技术、刑事理化检验技术、刑事生化检验技术、声纹鉴别技术、气味（含警犬）鉴别技术、心理测定（测谎）技术、人体外貌识别技术以及网络侦查中的计算机识别技术。由于刑事技术鉴定中应用的一些技术，不符合"司法鉴定"对技术方法成熟稳定、具有可检验性的要求，因此有些刑事鉴定技术目前还不宜作为司法鉴定技术。如足迹鉴别技术、气味鉴别技术、心理测定（测谎）技术、人体外貌鉴别技术等〔2〕。简而言之，刑事技术、刑事技术鉴定与司法鉴定在技术应用范围上类似同心圆模式（见下图1），逐渐缩小并呈现范围递减的趋势。

2. 技术可靠性程度的要求

由于刑事技术、刑事技术鉴定与司法鉴定在技术应用上所达到的目标不同，所应用的技术可靠程度应当允许存在一定的差异，从侦查线索到定案根据以技术应用的角度来看，其可靠程度上应当具有递增的趋势，其技术本身也应当由"弱可靠性"向"强可靠性"发展（见下图2）。这种可靠程度的递增是相对于侦查线索、侦查强制性措施以及定案根据的不同要

---

〔1〕 对此三个概念的详细区分，参见郭华："刑事技术、刑事技术鉴定与司法鉴定关系之考量"，载《现代法学》2010年第6期。

〔2〕 本文中所提到的各种实证数据和结论，详见汪建成："中国刑事司法鉴定制度实证调研报告"，载《中外法学》2010年第2期。

求予以配置的[1]。

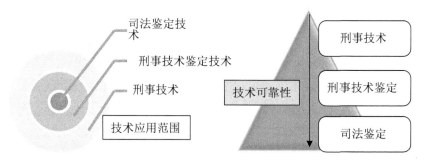

图 1　刑事技术、刑事技术鉴定与司法鉴定的技术应用范围示意图（左）与可靠性示意图（左）

　　笔者认为，实践当中若能按照上述分析，对刑事技术、刑事技术鉴定、司法鉴定三者的关系进行准确把握，像"侦查机关是否应取消内部鉴定机构"这一问题或许便不会再成为争论的焦点。侦查机关在侦查阶段所运用的刑事技术鉴定技术并不能当然的适用于司法鉴定。换句话说，只有成熟稳定的、具有可检验性的刑事技术鉴定才有可能作为司法鉴定技术。那这也就意味着刑事技术鉴定中所运用的科学方法是否达到成熟稳定、具有可检验性是有待审查的，即便其运用的技术手段可以作为司法鉴定技术，刑事技术鉴定意见能否作为证据使用又是需要进一步考量的。这样的两道防线设置，便是对刑事技术鉴定意见不公正性的极大弥补。刑事技术鉴定意见不公正的原因不在于其是由侦查机关内设鉴定机构作出的，而在于刑事技术鉴定意见并没有得到实质审查。但这样的防线设置，却恰恰是我国鉴定意见审查制度中所严重缺失的[2]。我国不仅缺乏完善的"鉴定中专门知识的科学判断标准"规定[3]，对证据（特别是鉴定意见）的审

---

　　〔1〕　对此三个概念的详细区分，参见郭华："刑事技术、刑事技术鉴定与司法鉴定关系之考量"，载《现代法学》2010 年第 6 期。

　　〔2〕　季美君："专家证据的价值与我国司法鉴定制度的修改"，载《法学研究》2013年第 2 期。

　　〔3〕　我国目前关于鉴定中专门知识的科学判断标准规定的相当少，仅有的规定就是《最高人民法院关于适用〈中华人民共和国刑事诉讼法〉的解释》第 84 条［鉴定意见应当着重审查的内容］中第 6 款："鉴定的过程和方法是否符合相关专业的规范要求。"第85 条［鉴定意见不得作为定案根据的情形］中第 6 款："鉴定过程和方法不符合相关专业的规范要求。"

查意识也相当淡薄。缺乏对科学证据的评价标准[1]必将使"伪科学"大量泛滥；缺乏对证据的审查意识，则使得许多的错误证据未经审查便流入审判的大门，对案件事实的认定带来了极大混淆。

（二）鉴定人出庭

据实证调研报告的结果显示："在上海市、青岛市和呼和浩特市中级人民法院随机调阅的所有法院案卷中，没有一起案件有鉴定人出庭接受质证的记录。报告进一步对鉴定人对不出庭的原因进行统计。具体比例如下：立法没有鉴定人出庭强制规定而不出庭的，占30%；鉴定人因为没有经济补贴而不愿出庭的，占30%；害怕出庭会遭受打击报复而不出庭的，占25%；与本职工作相冲突而不出庭的，占15%。其中值得一提的是法官群体选择的鉴定人不出庭的原因中，法官不愿意鉴定人出庭的，占17.1%；律师群体选择的鉴定人不出庭的原因中，检察官反对鉴定人出庭的，占21%；法官不愿意鉴定人出庭的，占20.1%。"[2]

从以上的数据可知：我国目前庭审实践中鉴定人出庭的情况仍不容乐观。究其深层次的原因，是因为不单鉴定人不愿意出庭，甚至法官和检察官也不愿意鉴定人出庭。在笔者看来，法官和检察官不愿意鉴定人出庭，影响诉讼效率是一个方面，更大的原因可能在于即使鉴定人出庭对审判也仍无帮助。因为鉴定涉及许多的科学知识，对法官来说对鉴定意见进行审查判断相对其他证据难度更大。有学者曾评价道："尤其是自然科学，是如此的复杂和专业，法庭甚至不能完全地理解鉴定的理由，更不用说评价其可信度了。当几个鉴定人提供了矛盾的鉴定意见时，这一困难就更加突出。"[3]

笔者认为，这样的评价是非常切合实际的，它同时也道出了鉴定人出庭难的本质原因。即便条文规定让鉴定人出庭，在我国现行的辩护制度下，辩护律师很难对鉴定人的鉴定意见提出有意义的质询，其质疑的多为

---

〔1〕 对科学证据的评价标准可参考美国的做法，如关于"弗赖伊规则"的详细介绍，参见白绿铉、卞建林：《美国联邦民事诉讼规则证据规则》，中国法制出版社2000年版，第226页。关于"多伯特规则"的详细介绍，参见［美］史蒂文·L. 伊曼纽尔：《证据法》（影印版），中信出版社2003年版，第520页。

〔2〕 本文中所提到的各种实证数据和结论，详见汪建成："中国刑事司法鉴定制度实证调研报告"，载《中外法学》2010年第2期。

〔3〕 ［德］托马斯·魏根特：《德国刑事诉讼程序》，岳礼玲、温小洁译，中国政法大学出版社2004年版，第181~182页。

程序上的问题〔1〕。即便是质询专业问题，鉴定人进行解答，对鉴定人的回答，辩护律师和法官又能听懂多少，最后鉴定人出庭的只能沦为形式，不仅对鉴定人的本职工作是一种拖延，对法官和律师来说也是极大的拖慢了诉讼进程。这样的现实原因之下，条文规定必然会被架空，如同高空阁楼般只能成为摆设。

（三）鉴定机构的选任

据实证调研报告的结果显示：“在鉴定机构的选任上，57.58%的法官倾向于委托级别较高的鉴定机构实施鉴定，31.82%的法官倾向于选择自己较为熟悉或者以前委托过的社会性鉴定机构实施鉴定，仅有10.61%的法官表示他们是随机选择鉴定机构委托鉴定。”要对这一结果进行分析，还得先介绍下我国当前鉴定机构的选任方式，以及存在的相关问题〔2〕。

目前我国在鉴定机构的选定采取了鉴定人名册制度。如当事人对于鉴定机构的选定可先自由协商，协商不成时，由法院摇号决定等程序〔3〕。这一规定，有其合理之处也有其荒唐之处。扩大当事人的自主权利和参与度，可以使得当事人对鉴定更有信服力，这一点值得充分肯定。但摇号决定鉴定机构这种缺乏科学性的做法，使得“册中册”“册外册”大肆其行。社会上每个鉴定机构的鉴定水平都参差不齐，即使是顶尖的鉴定机构可能也存在某一门类鉴定人的缺乏，鉴定设备的缺失。任何负责任的法官都不会贸然将鉴定交予一个级别不高并且并未合作过的鉴定机构，因此而导致的鉴定集中便不难解释。

但为了解决鉴定资源分配的不均匀，不考虑鉴定机构的实力和业务水平，追求所谓的形式公平，使得每一鉴定机构“都可能有饭吃的”的做法实在令人难以接受。而且这样的形式公平最后造就的就是“伪科学”的鉴定意见大量泛滥，群众对鉴定失去信心，不断上诉的失控局面。对鉴定机构缺乏完善的评估手段，加上摇号这种貌似人为操纵性低的鉴定机构选择方式，使得鉴定机构的选任不看业务水平，比拼的却是人脉关系，甚至存在“权钱交易”等腐败现象。

〔1〕 胡铭：“鉴定人出庭与专家辅助人角色定位之实证研究”，载《法学研究》2014年第4期。

〔2〕 本文中所提到的各种实证数据和结论，详见汪建成：“中国刑事司法鉴定制度实证调研报告”，载《中外法学》2010年第2期。

〔3〕 吴少军：“鉴定人名册制度效益评价”，载《人民法院报》2005年1月19日。

笔者认为，鉴定资源的分配不均是必然的，加大对中小鉴定所的扶持，及时更新鉴定人名册，鼓励法官多给符合标准的中小所鉴定机会才是解决这个问题的根本之道。而在法的执行过程中出现的"册中册""册外册"等问题，是由于缺乏后续的监督措施。只要在每月或每一季度法院的工作报告中，要求其公开委托鉴定的机构，以及其委托鉴定的次数，便可一目了然的发现是否存在"册外册"，或"册中册"的现象，而不能通过"摇号"这种"貌似"的公平来解决。鉴定机构的选任，与鉴定人名册的及时更新、鉴定机构的业务评估、鉴定委托的信息公开息息相关。

（四）鉴定意见对法官的影响

据实证调研报告的结果显示："对于鉴定意见对法官做出判决的影响，呼和浩特市被调查的 34 名法官中有 31 名法官认为鉴定意见对其影响较大，一般都会重点考虑到鉴定意见。3 名法官认为鉴定意见与其他证据无异，不存在特殊的影响。青岛市被调查的 10 名法官都认为鉴定意见对其影响较大，会重点考虑到鉴定意见。北京市参与调研的 47 名法官中有 33 名法官认为鉴定结论对其做出判决影响较大，一般都会重点考虑到鉴定意见。有 14 名法官认为鉴定结论对其做出判决不存在特殊的影响。在所有被调查的 91 名法官中，有 74 名法官直言案件鉴定结论对其判案影响较大，占法官总数的 81.3%。"[1]

从上述调研结果可以看出：鉴定意见对法官做出案件判决有重要的影响。在两大法系中，关于鉴定意见的审查，各国的实体法都有不同的规定。对鉴定意见的审查又涉及到"鉴定人和法官的关系"以及"鉴定意见如何审查"这两个理论问题的探讨。

有学者曾对两大法系中鉴定人和法官的关系做如下评价：在大陆法系，法官和鉴定人是主辅关系。作为解决法官在诉讼中遭遇的专门性问题而存在的鉴定人在司法鉴定制度下常被视为"法院的助手"，[2]甚至被称为"运用他的专门知识和法律上重要事实的推论相结合的方法，来帮助法院的认识活动的人"。[3]例如《法国刑事诉讼法典》第 159 条规定，预审

---

〔1〕 本文中所提到的各种实证数据和结论，详见汪建成："中国刑事司法鉴定制度实证调研报告"，载《中外法学》2010 年第 2 期。

〔2〕 ［德］克劳斯·罗科信：《刑事诉讼法》，吴丽琪译，法律出版社 2003 年版，第 261 页。

〔3〕 ［日］上野正吉等：《刑事鉴定的理论和实践》，徐益初、肖贤富译，群众出版社 1996 年版，第 12 页。

法官指定负责进行鉴定的专家；第 161 条规定，专家应当同预审法官或受委派的司法官保持联系，完成鉴定任务，并应随时将鉴定进展情况告知预审法官或受委派的司法官，以便能随时采取措施。鉴定人是"法官的辅助人"，法官处于鉴定程序中的主导地位。而在英美法系中，受当事人主义诉讼制度的影响，鉴定人主要接受当事人的委托，与法官并没有直接的辅助和被辅助的关系，相反的，鉴定人则是"当事人的辅助人"。[1]

大陆法系中鉴定人是"法官的辅助人"这一定位，精准地表达出鉴定人在法官心目中地位。因此，法官对鉴定意见的依赖，甚至于鉴定人成为法官上的法官就不难解释。[2]也正因于此，在大陆法系中，对鉴定意见的证据能力的审查也就尤为重要。鉴定意见的审查模式这一问题，是本文要核心阐述的一个命题。介绍完相关的实务现状后，笔者将在后文重点分析这一命题。

（五）法官获得专业帮助的程序化改革

据实证调研报告的结果显示：当面对专业程度极高的鉴定意见时，有 36.2% 的法官选择"在法院建立专门的鉴定咨询委员会"这一鉴定的审查模式，比例达到了最高；其后依次是"允许法官聘请专家顾问"的方式，比例为 33.17%；"建立技术陪审员制度"的方式，比例为 18.14%；"依靠控辩双方聘请的专家顾问"的方式，比例为 9.18%；其他方式，比例为 3.31%。有两个数据值得注意：在青岛市填写问卷的 12 名法官中有仅 1 名法官选择了其他方式的选项，并在其后注明其认为最有效的方式是让鉴定人出庭与专家证人进行对质；没有法官选择依靠控辩双方聘请的专家顾问的选项；北京地区参与调研的 47 名法官也仅有 3 名法官选择了依靠控辩双方聘请的专家顾问的选项[3]。

从以上介绍的数据中便可以看出，在理论界呼声最高的"专家证人"和"专家辅助人"，这两种鉴定审查方式竟很没有"市场"。或许会有人质疑调研样本的代表性和样本容量的不足性。但笔者认为，这组数据恰恰揭示了我国为何一直处于鉴定意见审查困境之中的最大原因：无论是"专

〔1〕 闵银龙、宋远升："比较法视野下的司法鉴定制度的反思"，载《中国司法鉴定》2007 年第 1 期。

〔2〕 陈光中、吕泽华："我国刑事司法鉴定制度的新发展与新展望"，载《中国司法鉴定》2012 年第 2 期。

〔3〕 本文中所提到的各种实证数据和结论，详见汪建成："中国刑事司法鉴定制度实证调研报告"，载《中外法学》2010 年第 2 期。

家证人"还是"专家辅助人"这两个制度的设计都没有很好地结合大陆法系的职权主义审判模式、我国的审判实践的现状、我国的法律实务从业人员的数量和业务水平等国情〔1〕〔2〕，盲目地引进可能会出现制度之间相互排斥，难以共容的尴尬局面。再给出笔者自己的看法前，我们先来看下大陆法系的各国在鉴定制度设计上所做的努力和尝试。

法国在 1957 年的刑事诉讼制度改革中，为保护犯罪嫌疑人、被告人的防御权，有些学者提出了采用专家证人（对席鉴定）制度来改造其司法鉴定制度的建议。这种建议被 1957 年 12 月 31 日法国第 57 号法律所接受。据此，法国仿效英国的专家证人制度在刑事诉讼中建立了"对席鉴定"制度，允许诉讼双方当事人分别选任鉴定人。然而，因与法国职权主义诉讼制度相排斥，尤其是忽视了鉴定人的中立性，专家证人制度在实际运行中遭受较大阻力，致使其在实行不到一年的时间内就被放弃，即辩护方挑选鉴定人的权利被取消〔3〕。

1988 年修改的《意大利刑事诉讼法典》曾得到我国学者的特别关注和高度赞赏。因为其不仅在诉讼制度上大量借鉴当事人主义诉讼制度，而且还创设了不同于专家证人制度的专家辅助人制度。意大利在司法鉴定制度上仅仅吸收了英美法系国家专家证人制度的某些因素，而未对其直接引进，其对待专家证人制度的谨慎态度值得肯定。即便如此"意大利及国际刑事诉讼法学者均一致认为意大利之修法是失败的"〔4〕。

而明显的，专家证人制度在英美法系国家存在"诉讼成本过高"导致"诉讼迟延"以及影响"诉讼不公正"等缺陷〔5〕。专家证人的偏向性已成为实行专家证人制度的国家一直力图纠正却始终成效甚微的顽症。至于专家辅助人制度也难逃"专家偏向性"这一桎梏的束缚〔6〕。在笔者

〔1〕 汪建成："司法鉴定模式与专家证人模式的融合——中国刑事司法鉴定制度改革的方向"，载《国家检察官学院学报》2011 年第 4 期。

〔2〕 郭华："司法鉴定制度改革的基本思路"，载《法学研究》2011 年第 1 期。

〔3〕 ［法］卡斯东·斯特法尼等：《法国刑事诉讼法精义》（下册），罗结珍译，中国政法大学出版社 1999 年版，第 647~648 页。

〔4〕 吴巡龙：《新刑事诉讼制度与证据法则》，新学林出版股份有限公司 2005 年版，第 19 页。

〔5〕 邓晓霞："论英美法系专家证人制度的基础与缺陷——兼论我国引入专家证人制度的障碍"，载《中国刑事法杂志》2009 年第 11 期。

〔6〕 郭华："司法鉴定制度与专家证人制度交叉共存论之质疑——与邵劭博士商榷"，载《法商研究》2012 年第 4 期。

看来，专家证人制度在中国是行不通的，其关键原因就在于我国缺乏庭审对专家证言真伪的审查能力。英美的制度设计中，鉴定人的资格是在庭审当中接受审查的，其鉴定意见能否作为证据使用是要接受双方律师的质询的。而在我国，鉴定意见很大程度上是法官的审判依据，其重要程度不言而喻，如果引进专家证人，赋予专家和证人同等地位，很难保证专家们不会为各自雇主说话，在我国缺乏庭审的实质质询下，其鉴定意见的真伪更难识别，法官莫衷一是。至于专家辅助人这一制度，目前在理论界也是备受争议的。理论界普遍接受：专家辅助人的地位与意见不能上升到证言与证人的级别，其出现只是为了帮助法官更好的认清案件事实，其发表的意见也只能是法官判案的参考，不能直接作为证据使用，这样的制度设计对鉴定意见的审查有一定合理之处。但进一步深入考察我国的审判实践现状，便可以发现专家辅助人制度也是一个高端的"奢侈品"，并不能真正的推广到审判实践中，而且还可能出现"偏向性的变异"。

二、鉴定意见审查模式的设计

"每个社会的法律在实质上都面临着同样的问题，但不同的法律制度以极不相同的方法解决这些问题。"[1]在笔者看来，这句话平实精辟而又耐人寻味。我们常感到纳闷，为什么很多在外国运行的很好地制度，到我们国家就"物种变异"或半路夭折了呢？这种现象如果要生动比喻的话，就有点类似"外来物种入侵"或者外国人来到中国的"水土不服"。没有合适的土壤、适宜的气候、充足的养料、栽培人的精心培育，怎么可能迎来丰收？要切实的解决我国司法实践中所遇到的问题，还是得立足于本土的国情，从我国的司法实践出发，利用现有的制度设计，完善相关的配套设施，从整体上把握改革的方向。下面，笔者仅就鉴定意见的审查模式谈谈个人的浅显看法。

在上文中最后讨论的"法官获得专业帮助的程序化改革"这一问题上，调研的结果为我们指明了鉴定意见审查的两个途径："在法院建立专门的鉴定咨询委员会"与"建立技术陪审员制度"。笔者之所以选择这两个鉴定意见的审查模式，是因为其可行性比较强，同时我国现行立法也有

---

〔1〕 [德] K. 茨威格特、H. 克茨：《比较法总论》，潘汉典等译，贵州人民出版社1992年版，第56页。

相关的制度基础。除此之外，近年来比利时司法部下属的犯罪与犯罪调查研究所为事实调查工作者配备的法庭科学顾问（Forensic advisor）也在鉴定意见审查模式改革的道路上树立了成功的典范，值得我们深入思考和借鉴。

（一）在法院建立专门的鉴定咨询委员会

1. 制度的设计

在法院内部建立专门的鉴定咨询委员会，既符合大陆法系的职权主义模式又能较好的进行鉴定意见的质询工作。笔者是这样设想的（详见图1）：

在刑事诉讼中，首先，凡是由侦查机关在侦查阶段作出的刑事技术鉴定，在开庭之前必须先交由鉴定咨询委员会进行审查，审查之后认为刑事技术鉴定程序合法、结果公正的才能作为证据使用。若经审查后认为刑事技术鉴定存在问题的，且鉴定意见关乎定罪量刑的，法院应当宣判无罪或驳回起诉。其次，为了防止"公检法一家"和"侦必诉，诉必判"的现象，应当赋予被追诉人首次的鉴定启动权，也就是说当被追诉人对经过鉴定咨询委员会审核后认为有效的刑事技术鉴定意见仍有异议，为了充分尊重其人权，应允许其启动鉴定，由中立的第三方鉴定机构作出鉴定。

（1）若中立的第三方作出的鉴定意见和侦查机关作出的刑事技术鉴定一致，且经过鉴定咨询委员会审查后认为两次结果都合法有效时，在同一审判中被追诉人不得再提起异议，也无权再启动鉴定；但由于前后的两份结果都可能是不利于被追诉人的，因此要求侦查机关的刑事技术鉴定人、鉴定委员会的专家必须出庭，对刑事技术鉴定、鉴定意见审查结果进行说明，接受辩护律师的质询。庭审后鉴定咨询委员会的专家仍应以书面形式提交审查结果说明书。法官综合庭审状况最终做出裁定。假如经过以上的审查程序后，一审当中的作为定案依据的鉴定确实存在错误，被追诉人可以在二审中申请重新鉴定，但却不允许在同一审判中赋予被追诉人多次鉴定启动权，导致重复鉴定的泛滥；

（2）若中立的第三方作出的鉴定意见和侦查机关作出的刑事技术鉴定不一致，应经过鉴定咨询委员会的审查来确定哪一份结果更具有说服力，若审查的结果是有利于被追诉人的那一份结果更有说服力，则直接使用有利于被追诉人的那一份鉴定意见作为证据使用。鉴定咨询委员会需要出具对侦查机关作出的刑事技术鉴定不采纳的原因说明，并呈交给法官，作为案件材料留档；

（3）若中立的第三方作出的鉴定意见和侦查机关作出的刑事技术鉴定不一致，且经过鉴定咨询委员会的审查后认为不利于被追诉人的结果更有说服力，则要求在开庭时鉴定咨询委员会的专家、刑事技术鉴定的鉴定人，与第三方的鉴定人进行对质，出庭接受控辩双方的质询，最终由法官裁决使用哪一份结果作为裁判，并应针对鉴定争议的认定在裁决书中进行说理。同样的，被追诉人鉴定的启动权在同一审判中仅有一次。

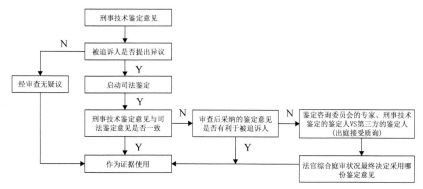

图 2   刑事诉讼案件鉴定意见审查模式的设计

在民事诉讼中，首先，双方当事人均享有鉴定的首次启动权，由社会上的鉴定机构作出鉴定，由鉴定咨询委员会的专家审查，审查之后认为鉴定意见可采纳的，直接作为证据使用；假如经过以上的审查程序后，一审当中作为定案依据的鉴定意见确实存在错误，上诉人可以在二审中申请重新鉴定，但却不允许在同一审判中赋予双方当事人多次的鉴定启动权，导致重复鉴定的泛滥。其次，审查之后认为鉴定意见不可采纳的，应再次启动鉴定，由另一社会鉴定机构作出鉴定。

（1）前后两份鉴定意见一致的，鉴定咨询委员会的专家出具对前后两份鉴定意见不采纳的原因说明书。鉴定咨询委员会的专家与前后两份鉴定的鉴定人进行对质，出庭接受双方律师的咨询，由法官综合庭审状况最终做出裁定。

（2）前后两份鉴定意见不一致的，鉴定咨询委员会的专家审查后认为应采用后一份鉴定意见的，应出具对前一份鉴定意见不采纳的原因说明书。同时，鉴定咨询委员会的专家、后一份鉴定的鉴定人，与首次鉴定的鉴定人进行对质，出庭接受双方律师的质询，由法官综合庭审状况最终做出裁定。

假如经过以上的审查程序后，一审当中作为定案依据的鉴定意见确实存在错误，上诉人可以在二审中申请重新鉴定，但却不允许在同一审判中赋予双方当事人多次的鉴定启动权，导致重复鉴定的泛滥。

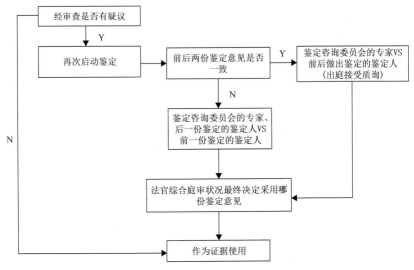

图 3　民事诉讼案件鉴定意见审查模式的设计

2. 制度的缘由

笔者对"法院建立专门的鉴定咨询委员会"鉴定意见审查模式的构想基于以下几点：

（1）大陆法系的职权主义审判模式和英美法系的对抗制偏向性的折中。我国的审判模式是典型的职权主义，为了防止职权主义的僵化，借鉴英美的对抗制是非常必要的，但为了避免英美对抗制的偏向性，在专家证人和专家辅助人制度行不通的情况下，在法院建立专门的鉴定咨询委员会的模式便有了其生存空间。在法院内部建立专门的鉴定咨询委员会，可以在最大程度帮助法官理解案件中涉及的专门性问题，对案件事实的把握也将更加清楚，这样对其作出公正裁判也有了很好的保障。加上"鉴定咨询委员会"设于法院内部，这样能够更好地方便法官和鉴定咨询委员会的专家进行沟通和交流，最大程度的发挥"法官辅助人"的作用。当鉴定咨询委员会的专家对侦查机关作出的技术鉴定或社会鉴定机构作出的鉴定意见予以否认时，必须以书面形式进行说明。特别是当其否定对被追诉人有利的鉴定意见时，其还要求出庭接受控辩双方的质询。强化鉴定咨询委员会的专家出庭作证，便是对职权主义扩张的重要限制。

（2）诉讼参加人的权利保障和鉴定意见审查的专业性要求。在人权保障越来越受到重视的时代，证据（特别是鉴定意见）审查的重要性也日益凸显。一份错误的鉴定意见能使无辜者无端含冤入狱断送大好青春年华，也能使十恶不赦的犯罪分子逍遥法外继续危害社会。在法官对鉴定意见高度信赖和依赖的情况下，对鉴定意见进行充分而实质的审查，不让错误的鉴定意见流入审判的大门便更具现实必要性。有学者曾对鉴定意见的审查做过以下精准的评析：

鉴定意见往往会涉及一些难以理解的专业术语，有时"只有那些拥有高度专业化知识或杰出技艺的人才能毫无困难地领会"[1]。因此基于鉴定意见审查的专业性要求，在法院建立专门的鉴定咨询委员会则有其合理之处。

一言以蔽之，鉴定咨询委员会的专家与原来的"法院内设鉴定人"的实质区别便是：鉴定咨询委员会的专家并不是直接从事鉴定的人，他们的职责仅是对鉴定意见进行审核。任何人不能既是游戏的参加者又是游戏的裁判者，将鉴定咨询委员会的专家从鉴定人的身份中抽离出来，仅作为鉴定意见的审查者。这样的身份剥离才能最大程度的保障鉴定是公正和中立的，同时又能发挥对鉴定意见的实质审查。

（二）建立技术陪审员制度

人民陪审制很早便出现在我国的法律规定中。新《刑事诉讼法》第178条第一款中规定，基层人民法院、中级人民法院审判第一审案件，应当由审判员三人或者由审判员和人民陪审员共三人组成合议庭进行，但是基层人民法院适用简易程序的案件可以由审判员一人独任审判。可见，我们完全可以建立技术陪审员制度来进一步加大对鉴定意见的审查。

为了明确规范技术陪审员的权力和切实保障其作用的发挥，以下几点是值得注意的：

第一，技术陪审员的身份应当与其待审的案件无利害关系。

第二，技术陪审员在庭审过程中可针对案件中涉及的鉴定问题，对出

---

〔1〕［美］肯尼斯·R.福斯特、彼得·W.休伯：《对科学证据的认定——科学知识与联邦法院》，王增森译，法律出版社2001年版，第156~157页。

庭的鉴定咨询委员会的专家、鉴定人、侦查机关的技术侦查人员进行质询，其应在判决书中针对鉴定争议进行评判和说理，就鉴定争议发表审判意见，审判长应当着重考虑。至于鉴定争议以外的案件裁量，其发表的审判意见仅作为审判长的参考，不具有较强的影响力。

第三，在要求鉴定咨询委员会的专家、鉴定人、侦查机关的技术侦查人员必须出庭的情形下，技术陪审员也必须至少保证有一人参与庭审。

（三）值得借鉴的比利时范例

如何对鉴定意见进行合理恰当的审核应属世界范围内司法实践领域中的共性问题。尽管各个国家的历史性以及现阶段问题各有不同，但是，如何与本国的传统司法体制实现顺畅衔接，如何与本土化的司法实践问题进行有效触碰，这两大问题皆是鉴定意见审查模式改革中的重要问题。环顾各国相关司法改革成果，比利时司法部的一项举措颇见成效。

改革之前的比利时，部分鉴定项目由警察系统中的相关部门来完成，如指纹鉴定；部分鉴定项目由司法部下属的犯罪与犯罪调查研究所来完成，如 DNA 鉴定。两大鉴定体系服务于同一个司法系统，解决共同的犯罪问题，但是鉴定项目毫无交叉。在过往的司法实践中，法庭以及两个独立的鉴定体系之间缺乏有效的沟通平台，并导致过度鉴定以及证据解读不合理等现象的出现。

面对上述困境，比利时司法部尝试在犯罪与犯罪调查研究所设定法庭科学顾问这一职位，并聘请具有扎实而全面的法庭科学专业功底的 Aurélie BARRET 女士担任这一要职。法庭科学顾问主要服务于法官，他应通晓指纹、足迹、DNA、毒化以及可疑文件检验等不同门类的鉴定活动。通过全面审视案件材料，法庭科学顾问可以协助法官瞄准事实争议的焦点，准确锁定其背后对应的司法鉴定核心问题，在两大鉴定体系之间进行有效沟通，并最终切实提升司法实践工作效率。经过数年的努力，法庭科学顾问在比利时司法实践过程中展示出其重要的地位和作用，其岗位人数也从最初的 1 人提升至 5 人（截至 2015 年）。在各种不同形式的鉴定中，法庭科学顾问对于不必要的 DNA 鉴定的识别和判断为比利时节约了大量司法资源，也为 DNA 证据泛滥的国际趋势敲响了警钟。

总而言之，无论是"法院建立专门的鉴定咨询委员会"与"建立技术陪审员制度"，都需要许多相关的配套制度加以完善，如强大的案件分流机制〔1〕、鉴定咨询委员会专家和技术陪审员的选定和考核监督机制、鉴定相关人员的出庭制度等等。一个制度的良好运行，需要很多的配套设施，同时还要在实践中不断改良才能最终成功。以上对司法鉴定改革的一些设想，是笔者结合实证调研报告结果、大陆法系的职权主义审判模式、我国的审判实践的现状、我国的法律实务从业人员的数量和业务水平等国情所架构出来的，其中许多的想法仍非常浅显和稚嫩，论证说理也显得有些苍白，但谨以此文表达个人对司法实践改革的强烈愿望。

---

〔1〕 在美国刑事诉讼中，超过90%的刑事案件并未通过正式审判程序终结，而是以辩诉交易的方式得以解决。我国应逐步完善简易程序的设计，使我国的司法资源能真正用于解决疑难案件。参见祈建建：《美国辩诉交易研究》，北京大学出版社2007年版，前言。

司法鉴定人行业约束机制研究

李晓霞 *

引　言

鉴定意见或科学证据在审判实践中具有重要作用，在涉及某些专业问题时，法官有时只能依赖鉴定意见才能做出准确的事实认定。可以说，鉴定意见的科学性和可靠性直接影响着司法判决的公正性。据 2013 年统计，我国审核登记的司法鉴定机构约有 5000 家，司法鉴定人数超过 5 万人。2012 年，我国检案量达到 169 万件。[1]这样庞大的数字有力地证明了科学鉴定的重要性。也从侧面证明了对司法鉴定人进行有效约束的必要性。

鉴定意见的科学性和可靠性取决于两个因素：一是鉴定必须依据可靠的科学原理和科学推论，二是鉴定主体在鉴定过程中必须保持客观、中立。本文主要研究第二个因素对鉴定意见科学性和可靠性的影响。为了保证鉴定主体的客观、中立性，需要建立有效的约束机制。

我国目前对于司法鉴定人缺乏系统的约束机制。现有的研究中，学者们也多从刑事责任、民事责任、行政责任等层面进行反向的威慑。应该说，这些是约束机制中的重要组成部分，但是尚不够全面。它是对司法鉴定人进行约束的重要手段，但是这种方式主要体现为威慑，只是事后的补

---

　　* 作者单位：北京市司法局。
　　〔1〕周斌："我国司法鉴定年检案量达 169 万件审核登记司法鉴定机构 4850 家从业人员 5.3 万人"，载《法制日报》2013 年 3 月 7 日，第 10 版。

救。这种方式的弊端在于过于消极，而且介入时间过晚。除了这些责任约束之外，对于司法鉴定人进行有效约束更多的还有赖于行业约束。它正可以弥补事后威慑的不足，对鉴定人从"入门"开始，到进行鉴定的全程都进行约束，从而可以更好、更全面地发挥作用。

从性质上，如果说法律责任的承担属于事后约束，那么行业约束更多的属于事前约束，因而更为积极有效。从范围上，行业约束包括行业制度约束、对鉴定行为的约束和行业道德约束。并且只有这些层面共同构成一个有机的整体才能更好地将司法鉴定人的行业约束机制系统的建立起来，从而保证司法鉴定的客观性和中立性。本文正是着眼于司法鉴定人行业约束机制的系统构建。

一、司法鉴定人行业约束机制构建概述

（一）司法鉴定人行业约束机制内涵和外延

1. 司法鉴定人行业约束机制内涵

要研究司法鉴定人行业约束机制，首先我们应当对司法鉴定的概念进行界定，这是进一步讨论的前提。

（1）司法鉴定的概念

我国理论和实务界对于司法鉴定的概念尚未形成统一的观点。而且差异较大，总体来说有狭义、中义和广义的区分。

狭义的概念：最狭义的概念是从审判的角度对司法鉴定进行的定义，司法鉴定就是人民法院进行的鉴定，其他机关、院校的鉴定，均属于非诉讼性活动的鉴定。[1] 该概念将司法鉴定局限于人民法院发动的鉴定。这种理解属于较为早期的概念，[2] 对发动鉴定的主体进行了严格的限制，甚至将其它司法行政机关，如人民检察院、公安机关提起的鉴定都排除于司法鉴定的范围之外，从而导致了司法鉴定的范围也变得非常的狭小。

中义的概念：此外现在对于司法鉴定所做的唯一的法定概念属于中义

---

〔1〕仝永涛："司法鉴定概念内涵探讨"，载《商丘职业技术学院学报》2006年第6期；林友、陈名校："司法鉴定概念刍议"，载《中国法医学杂志》2002年第17期。

〔2〕此外，类似的理解还见于张玉镶："对司法鉴定学几个概念再思考"，载《中外法学》1997年第3期。

概念，司法鉴定是指在诉讼活动中鉴定人运用科学技术或者专门知识对诉讼涉及的专门性问题进行鉴别和判断并提供鉴定意见的活动。[1]将司法鉴定的范围局限于诉讼活动中。但是对于发动的主体不再进行限制，比狭义概念更符合司法实践的要求。

广义的概念：有学者认为，司法鉴定是在司法诉讼或准司法活动中，由有资格的鉴定机构或个人对专门性问题出具鉴定意见。[2]准司法活动主要指仲裁、公证活动等。该广义概念在范围上已经从传统的诉讼活动扩展到了与诉讼相关或者性质相近的活动中。

笔者认为司法鉴定这个词从语言习惯上包含两个层面：首先是鉴定，限定该鉴定是司法鉴定而不是别的鉴定。例如较为典型的文物专家接受个人委托对文物真假进行鉴定，则不属于司法鉴定。从行文习惯上，"司法"鉴定告诉我们，司法鉴定的范围小于社会各行各业在一般意义上包罗万象的鉴定，其内容至少应当是与司法或者准司法活动相关的。

事实上，司法鉴定的涵义自身也是在不断发展的。从最初仅仅为刑事诉讼服务，发展到了行政、民事诉讼和仲裁服务；从仅仅接受司法机关和仲裁机关委托到也接受当事人委托进行鉴定等。[3]从这些分析中，我们可以看到，司法鉴定的涵义在司法的涵盖下随着时代的发展在不断地变化，除了诉讼和仲裁之外，[4]还在向着更为广阔的方向拓展。这也更符合司法鉴定行业发展的实际状况。[5]因此本文中的司法鉴定是采取了广义说，这样才能够将本文所构建的司法鉴定人行业约束机制在更广的范围上应用。

需要特别强调的一点是，目前某些鉴定可能是现有认证的司法鉴定机构无法做出的，还要依赖更为专门性的机构才能做出（比如对于涉及文物犯罪中的文物的真伪和价值进行鉴定可能需要专门的文物鉴定机构来做），这些机构尽管从其自身性质上不被认为是司法鉴定机构，但是由于其做出

〔1〕《全国人民代表大会常务委员会关于司法鉴定管理问题的决定》第1条（2005年2月28日第十届全国人民代表大会常务委员会第十四次会议通过）；另外采用类似概念的还见于张凤杰："对司法鉴定内涵的再认识"，载《山西高等学校社会科学学报》2004年第12期。

〔2〕孙业群："司法鉴定概念研究"，载《中国司法鉴定》2002年第2期。

〔3〕孙业群："司法鉴定概念研究"，载《中国司法鉴定》2002年第2期。

〔4〕霍宪丹："司法鉴定概念试析"，载《中国司法鉴定》2001年第3期。

〔5〕霍宪丹主编：《司法鉴定学》，中国政法大学出版社2010年版，第3页。

的鉴定是为司法活动服务的，因此也被认为属于司法鉴定才更为合适。从这个意义上说，服务于司法实践的鉴定都可以归入司法鉴定的范围。[1]

（2）司法鉴定人行业约束的内涵

笔者采用广义的司法鉴定的概念，也就是不仅包含诉讼活动，也包含准司法活动中进行的鉴定，同时虽然由非司法鉴定机构做出的，只要是为诉讼或者准司法活动进行服务的都可以归入本文所说的司法鉴定。也就是说，本文所指的司法鉴定行业约束，指的是在诉讼、仲裁、公证等活动中，从行业制度、行业道德和鉴定行为的角度对于由有资格的鉴定机构或个人对相关专门性问题出具鉴定意见的行为进行的制约。

2. 司法鉴定人行业约束机制外延

笔者认为，从行业约束的角度对司法鉴定人进行约束主要包括三个层面的内容：

第一，是从行业制度约束的角度。包括建立司法鉴定的行业协会、行业准入和评级制度，以及对鉴定意见的定位评价等内容。这是从鉴定人进入鉴定行业以及其在鉴定行业中的日常行为规制的角度进行的约束。

第二，是从鉴定行为约束角度。包括妥善保管送检材料；涉及自己和亲友的鉴定事项主动回避；无正当理由不得拒绝鉴定；公正客观地亲自进行鉴定；按照要求出具鉴定文书并签名；出庭说明情况；重新鉴定。这是对司法鉴定人做出鉴定行为的整个过程进行的约束。

第三，是从行业道德约束的角度。包括独立、客观中立和诚实等道德内容，这是对司法鉴定人的高层次的约束。

这三个层面基本涵盖了司法鉴定行业约束的全部内容。

（二）司法鉴定人行业约束机制诸层面的内在联系和研究价值

1. 司法鉴定人行业约束机制诸层面的内在联系

如前所述，司法鉴定人行业约束机制包括行业制度约束、对鉴定行为的约束和行业道德约束三个层面的内容。这三个层面并非是孤立的，而是有着密切的相互联系，这三者从不同的层面和角度有机结合在一起，共同对司法鉴定人发挥着有力的约束作用。

行业制度是从资质和资格的基础条件角度对司法鉴定人进行约束，这是从行业制度角度进行的宏观约束，它是保证司法鉴定人具有相应的鉴定

---

[1] 刘革新："构建中国的司法鉴定体制"，中国政法大学 2006 年博士学位论文。

能力的前提条件，也是从日常工作角度对司法鉴定人进行管束的有效措施。

对鉴定行为约束是司法鉴定的核心约束环节，它从鉴定前、鉴定中、鉴定后各个角度对规范化的鉴定过程进行制约。可以说，只有真正将鉴定行为自身制约住才可能真正发挥约束的实效，保证司法鉴定能够客观公平的进行。

而行业道德约束则是对司法鉴定人较高层级的约束。可以说，前面的行业制度约束和鉴定行为约束主要还是从外在的制度构建上进行的，是有形约束和外在约束；而行业道德约束则是无形约束和内在约束。而行业道德的形成尽管需要一个较长的过程，但是它也是真正能够发挥长效机制的约束模式。可以认为，制度约束和行为约束的归宿和落脚点是帮助行业道德真正建立起来，这样才能够最终形成良性的综合约束机制，帮助我国的司法鉴定行业约束机制真正建立起来。所以，本文中所阐述的司法鉴定人行业约束机制中的各个层面间是有着密切关联的，需要我们从更为全面的视角上对其进行审视和研究。

2. 司法鉴定人行业约束的研究价值

本文所研究的内容主要是从司法鉴定人行业的角度来构建如何有效规制鉴定人和鉴定行为的机制：行业制度的约束主要是从鉴定人进入鉴定行业的门槛设置，以及进入之后日常评级管理和技术交流等层面上保持鉴定人的技术水准；鉴定行为约束是结合我国现有关于鉴定问题的主要法规，对鉴定人的鉴定行为的整个过程进行全方位的约束；行业道德约束则是从鉴定人应有的职业道德角度进行的约束。行业道德是较高层次的要求，但是它对于鉴定人的意义却很重大。行业道德的贯彻反过来对整个鉴定行为进行指导，以保证鉴定行为的独立，鉴定结果的客观可靠。

综上，相对于事后责任的约束而言。行业约束手段能够更为积极的发挥防微杜渐的作用，更好的保证鉴定行为可以公平公正地进行。因此本文将侧重对如何更好地构建我国鉴定人行业约束体系进行研究。

二、司法鉴定人行业制度约束

（一）行业协会为主体的双重管理体制建设

1. 我国现行的管理体制及其问题

2005 年《全国人民代表大会常务委员会关于司法鉴定管理问题的决

定》[1]的出台是一个标志性的事件，我国的司法鉴定管理体制在该决定出台前属于政策型、权力型的分散管理体制。在该决定出台之后，我们的司法鉴定的发展目标逐步走向建立行业自律管理与政府管理相结合、主管部门协助配合管理等多种管理方式相结合，在统一的司法行政部门主导下的国家统一管理模式。[2]这种管理模式也是当今世界上主流的模式，大陆法系国家自不必说，属于英美法系的美国和澳大利亚也由司法部负责司法鉴定管理指导工作，在管理模式上政府管理和行业自律管理相互结合，共同作用。[3]可见，这种管理体制也是较为成熟的。应该说，我国在该决定出台以来的总体走向是健康的，但是积重难返，一些问题仍然存在。

根据前述，侦查机关不得面向社会接受委托从事司法鉴定业务。事实上已对自己的鉴定机构做了保留，自行管理。司法部仅能对面对社会接受委托从事司法鉴定的鉴定机构和鉴定人进行管理。而且那些自行管理的机关所占的鉴定业务份额是惊人的，根据公安部有关刑事科学技术工作的通知得知，公安机关所属鉴定资源占全国的80%，承担的鉴定工作量占全国的95%。[4]这个数据所反映出的我国鉴定行业现状令人担忧，由于侦查机关仍然自设鉴定机构，这几乎已经使得所谓建立统一管理体制的整个司法鉴定架构被颠覆。

尽管从某种意义上来说，每个立法过程都是多方利益博弈、碰撞的结果。而且制定法律法规的主体也不得不考虑现实的状况，从而很难一下做出对现有的体制改变过大的行为。但是不得不说，这种折中越充分，对构建我国统一司法鉴定管理体制所带来的潜在阻碍就越多。针对现有多头管理的现状，有些学者采取的是限制解释的立场，认为即使保留了这样的体制，但是除了自侦案件之外不应当出现自鉴的行为。[5]但是事实上，只要这些侦查机关还有自设的鉴定机构存在，这样的要求是很难落实的。

---

〔1〕 为了行文简略，后文统一称 2005 年《决定》。

〔2〕 霍宪丹主编：《司法鉴定学》，中国政法大学出版社 2010 年版，第 77 页。

〔3〕 孙业群："中外司法鉴定管理体制比较研究"，载《中国司法鉴定》2004 年第 1 期。

〔4〕 祁建建："完善统一司法鉴定管理体制的两个维度"，载《中国司法鉴定》2009 年第 4 期。

〔5〕 陈光中、陈学权："《关于司法鉴定管理问题的决定》之完善"，载《人民司法》2005 年第 6 期。

就我们目前的鉴定管理体制而言，大部分的鉴定机构仍然挂靠在司法或行政机关名下。这种体制不乏优点：例如鉴定的效率会比较高，扯皮的现象会比较少。但是这种自侦自鉴、自罚自鉴、自审自鉴的模式，意味着"既当运动员又当裁判员"，即使再公正的意见，在形式上也难以让人信服。侦查机关自设鉴定机构某种意义上说与现代诉讼理念是相悖的。[1] 司法鉴定机构只有独立于或中立于任何办案部门，才能对办案部门依法办事、正确适用法律形成一种真正的制约。[2] 而且这种自设的鉴定机构所进行的鉴定，至少有以下一些不足是难以克服的：

（1）侦查机关自设鉴定机构会形成变相的行业垄断，有谋取经济利益的嫌疑。例如浙江省公安系统接受委托办理非刑事案件鉴定 46178 件。一些地方公安部门聘请医生对当事人进行鉴定，每件鉴定收费 300 元，医生仅得到 10 元劳务费，剩下的都作为公安部门的收入。[3] 这还仅仅是我国一省的统计，那么可想而知全国会是多么庞大的一个数字。这样就容易理解实践中公安机关往往对社会鉴定机构所做的鉴定意见普遍不予认可，以达到对鉴定资源进行垄断。这对统一的鉴定体制的建设本身就是一种破坏。而且可以设想的是，如果还允许任何机关保留自己的鉴定机构，那么这种谋利的倾向就难以完全避免。

（2）由于鉴定机构挂靠在相应的司法或行政机关名下，成为这些机构的附属部分，导致这些鉴定行为本身就具有一定的公务性，在鉴定时难免会有一定"迎合"委托鉴定机关的倾向，其中立性难以保证。有这样一个案例，某机关食堂被盗，现场留下犯罪分子直纹胶底鞋印，侦查人员经摸排发现该机关郝某有嫌疑，就取了郝某的胶底鞋印送到本局的鉴定机构进行鉴定比对，鉴定人员由于受到侦查人员先入为主的想法干扰，只比对了鞋印的前半部分，就认定鞋印吻合，对后半部分没有比对。结果造成了错案。[4] 再比如著名的"杜培武案"中，检控方所提供的枪弹痕迹检验报告和杜培武所穿衬衣袖口射击残留物检验，但该枪支（被害人王俊波随

---

〔1〕 常林、高荣云："关于司法鉴定管理问题的若干意见"，载《法律与医学杂志》2003 年第 1 期。

〔2〕 施敏："对司法鉴定机构设置与管理的再认识"，载《犯罪研究》2006 年第 2 期。

〔3〕 张叶蓬："当前司法鉴定工作存在的问题及对策"，载《中国司法鉴定》2008 年第 4 期。

〔4〕 张鹏莉："对我国司法鉴定机构的初探"，载《研究生法学》1997 年第 2 期。

身携带的七七式手枪)一直下落不明,没有同一性检验的物质基础,是如何做出的鉴定意见的。很显然,这是侦查机关附属的鉴定机构迎合侦查要求做出的鉴定。[1]这样的情形是让人震惊的。

而且我国侦查活动中的一些老问题,例如刑讯逼供,如果需要对伤情进行鉴定,那么由侦查机关自己管理的鉴定机关来鉴定伤情,其结果如何可想而知。我国现今的审判中,仍存在大量的刑讯逼供的指控,但是绝大多数都很难取得实际的证据,部分原因与此有关。而且一个副效应是:即使他们真的能够客观地去检查,也往往由于鉴定主体的特殊地位而得不到社会公众的信任。

(3)存在追责难的问题。挂靠的鉴定机关所做出的鉴定,具有半公务性,而且其中的鉴定人与委托的公务机关间存在着千丝万缕的联系。即使故意或过失做了错误的鉴定,也往往不会受到追责。有资料统计显示,新中国成立以来,因为鉴定失职被追究刑事责任的例子只有6例。从这里追责之难可见一斑。而追责难的现状又导致了一些鉴定人在进行任意枉法鉴定的时候有恃无恐。

从这里可以看到,司法鉴定中鉴定人如果缺乏真正统一的管理体制就无法保证鉴定客观公正的进行。而我国当下仍然存在的多头管理,三足(甚至多足)鼎立的状况就很难保证对鉴定人进行有效的行业管理约束。所以,构建真正统一的管理体制是我们进行鉴定体制构建的首要环节。

2. 构建理想的司法鉴定管理体制

由前面分析可见,是否保留侦查机关的鉴定部门是如何构建理想的司法鉴定体制的首要问题。不容否认,这里确实存在一个价值权衡的问题。如果保留了侦查机关自己的鉴定部门,将无法保证鉴定的中立性,在一些疑难案件中,这种体制问题所带来的后遗症难以克服。如果去除侦查机关自己的鉴定部门,在侦查的效率上可能会受到一些影响。因此许多国家的立法也赋予了侦查机关相应的鉴定权。[2]但是笔者认为,在我国目前的司法鉴定如此混乱的现状中,权衡公平和效率,我们应当更多地考虑公平的实现。而且侦查中的效率问题也可以通过其他的方式加以弥补,例如在侦查机关设立社会鉴定机构办事处,该办事处鉴定人员不隶属于该侦查机

---

〔1〕 郭金霞:"鉴定资料收集之法律控制研究",载《证据科学》2008年第3期。

〔2〕 徐长苗、刘迎春等:"司法鉴定统一管理若干问题探讨",载《中国司法鉴定》2009年第4期。

关，从人事上归属于鉴定协会。这样既可以保证鉴定人的中立地位，也不会妨碍侦查中效率要求的实现。而且从一些成熟的经验来看，鉴定机构独立和低效率之间不存在必然的因果关系。例如，我国香港地区设立的法证事务部，为包括法院、警方、廉政公署等在内的众多机关部门服务，同样很好地完成了鉴定任务。[1]

我国目前实行的仍然是多元管理体制。已经有学者认识到这种多元体制的弊端，包括侦查机关、审判机关、社会司法鉴定机构在内都在不同程度上对于司法鉴定统一管理体制的形成有所侵蚀。[2]在此基础上，笔者认为，最为理想的模式还是建立全国统一的司法鉴定管理体制，即取消所有侦查机关内部设立的鉴定机构，将所有的鉴定机构统一管理。将所有鉴定机构的资源进行整合，推向社会，建立独立于公安机关、法院、检察院等部门的鉴定机构。这样的全国统一性的鉴定机构真正建立起来了，才能建立统一的名册，统一技术标准，从而使得以往许多争议很大的疑难问题迎刃而解。[3]笔者认为，这个目标的实现主要还有赖于立法活动，目前的 2005 年《决定》，从层级上不属于法律。虽然依据它把司法鉴定的权利大部分归属于司法部，但是仍然没有法律层级上的正式确认。这样，与司法部同级的公安部、最高院和最高检即使违背它也没有太多的忌讳。而一旦通过全国人民代表大会正式制定《司法鉴定法》，那么对前述几个部门的约束力就大为增强，它们所制定的与法律层级的《司法鉴定法》冲突

---

〔1〕 吴何坚："港澳司法鉴定管理和技术考察报告"，载《中国司法鉴定》2003 年第 6 期。

〔2〕 卞建林、郭志媛："健全统一 规范 公正的司法鉴定制度"，载《中国司法鉴定》2015 年第 3 期。

〔3〕 也许从我国的司法实践和现实状况出发，这样的做法尚有些激进，想要一步到位地将公安机关等机构保留的司法鉴定部门全部独立出来还有困难。在此之前，比较理想的做法是保留这些附属的鉴定机构，但是限制其权力。限制的层面应当包括如下几点：首先，从利益的角度，既然是公权力的行使，其鉴定行为属于公权力行使的一种方式，在此种情况下，仍然向当事人收取高昂的鉴定费用并不合理。因此，应当只从鉴定成本的角度进行收费，这样可以大幅度减轻当事人的负担，同时也能够限制司法机关在鉴定领域与民争利的倾向，同时也为司法鉴定最终独立出来扫清利益障碍。其次，司法鉴定的本质在于科学的认识。因此，尽管是司法机关附属的鉴定机构所做出的鉴定意见，也不应当具有效力的优先性，而只能由法官去做出选择和判断。最后，要建立起有效的问责机制。对于那些迎合侦查机关的预设倾向，违背事实所做出的鉴定要坚决追究其民事责任、行政责任和刑事责任，这样才能够对现有的附属司法鉴定机关进行更为有效的约束。

的部门规章就自然失效。[1]

对于何种管理模式更为理想，学者们看法有所不同。有学者构想司法行政和行业协会双重管理体制。从行业协会的角度来看，起草和修改技术标准，建立鉴定人准入制度和职称评定，开展司法鉴定实验室标准认证工作，进行教育培训，组织重大疑难案件司法鉴定工作等。[2]有学者认为，由司法行政部门牵头，建立起全国范围的司法鉴定组织的做法较为可取。[3]应该说，这些看法是有一定道理的。

特别值得关注的是，我们应当对于英美国家的弱化行业协会管理的当事人主义的模式保持适当的警惕。英国和美国的司法实践已经表明，尽管那种当事人主义的模式有其优势，但是无形中却导致了诉讼成本的水涨船高，特别是一些优秀的专家证人，其鉴定和出庭的费用都非常昂贵，成了奢侈品。[4]而且由于这些国家专家证人完全依附于雇用他的当事人，也难以完全避免其倾向性，从而容易导致"鉴定失真"。[5]所以这种制度弊端也十分明显，特别是高昂的费用，显然是我国现在众多当事人无法承受的。

目前较为适合我国的司法鉴定体制确实是这种司法行政部门和行业协会双重管理的模式。司法行政部门负责宏观政策的制定和宏观指导，负责编制和公布鉴定机构和鉴定人名册等，行业协会从技术的角度来起草和修改包括法医、物证、声像资料"三大类"等鉴定的技术标准，对鉴定人的准入和职称评定进行管理，还要开展司法鉴定实验室的认证，并定期进行教育轮训、进行学术交流和对外交流以及出版专业杂志，对鉴定机构在发

---

〔1〕 我国一些著名刑事诉讼学者也发文呼吁尽快制定《司法鉴定法》。参见徐静村、颜飞："司法鉴定统一立法要论"，载《中国司法鉴定》2009年第6期。

〔2〕 何颂跃："司法鉴定的历史演变：从神权走向民权"，载《中国司法鉴定》2006年第5期。

〔3〕 参见王云海："日本司法鉴定制度的现状与改革"，载《法律科学》2003年第6期。

〔4〕 英国杂志《你的证人》所做的调查报告显示，专家证人准备专家报告的平均收费标准在1997年为每小时93英镑，1999年为100英镑，2001年为110英镑，2003年则为123英镑；出庭一天的平均收费标准同样逐年飙升，2003年已达到893英镑。参见徐继军、谢文哲："英美法系专家证人制度评析"，载《北京科技大学学报》2004年第3期。

〔5〕 而且虽然很多专家证人有其职业操守，但是在诉讼中，出于诉讼的策略，所鉴定的问题是有选择性的，从而导致总体上的倾向性无法避免。较为著名的"辛普森杀妻案"中，李昌钰等著名刑事证据专家也被请来做专家证人。财富的不平等带来的资源和信息的不平等，这些又直接或间接地影响了诉讼。尽管某种意义上说绝对的公平无法真正实现，但是在法律面前我们应当尽量减少其他因素对案件的影响。

生重大争议疑难案件时，组织本领域的权威专家进行鉴定，在行业协会内部设立专门的委员会负责受理对于鉴定人的投诉，并有权对于有违规行为的鉴定人进行训诫、停止执业或吊销执业资格等惩罚。这样基本涵盖了这种双重管理模式的主要内容。这样的管理模式一旦建立并逐步进入良性运转，将对于从制度上有效约束鉴定人的鉴定行为奠定良好的基础。

在双重管理的司法行政部门和行业协会的关系上，看法有所不同。有学者对于鉴定协会的定位过于消极：认为鉴定协会是具有桥梁作用的社会中介组织，主要是沟通司法行政部门和司法鉴定具体业务。[1]有学者承认行业协会的重要性，但是认为"要使司法行政机关处于主导地位，起主导作用；而司法鉴定行业协会，处于辅助地位，起辅助的功能"。[2]笔者认为这样的看法是值得商榷的。在这种双重管理体制建立初期，发挥司法行政部门的管理和构建作用是正确的，这样可以促成在尽量短的时间内建成这样的统一的体制。但是在其建成并已经顺利运转之后，还是应该逐步转向主要的发挥协会作用。因为司法鉴定虽然涉及法律问题，但是本质上还是一种科学认识活动，由协会层面来主导鉴定工作的开展更符合科学性质的要求；而且协会作为主导，引领鉴定工作的开展，是在统一体制建立后，保证其仍能一直保持中立性的重要客观保障。[3]而司法行政部门逐步地退出主导地位，转向宏观管理，这才是保持司法鉴定统一体制发展的长远途径。以辽宁省鉴定行业现状为例，辽宁省现在大致处于第一阶段后期，即以行政管理为主，行业自律逐步介入的阶段，但是其发展方向是朝向行政管理和行业管理权力协调分配的第二阶段前进的，其最终方向仍应走向主要依靠行业自律。[4]当然这个目标的最终实现还有赖于高度的职

〔1〕 徐为霞、孙延庆等："关于我国司法鉴定行业协会运行的研究"，载《辽宁警专学报》2009年第1期。

〔2〕 胡锡庆、朱淳良："论司法鉴定行政部门行业协会'两结合'管理模式的精髓"，载《中国司法鉴定》2010年第5期。

〔3〕 河南"赵作海案"中涉及的鉴定问题给我们的教训是深刻的：该案中当地警方对无名尸体做过DNA鉴定，而且当时侦查机关并不能就该鉴定确认死者就是赵振响，最初检察机关曾坚持不予起诉。后来在商丘市政法委的协调之下才以"基本事实清楚，基本证据充分"为由迅速起诉。最终导致了冤案的发生。从这里我们可以看到鉴定意见被"悄悄绕过"。那么鉴定行业如果始终处于行政机关直接管理之下，那么想真正拥有独立的地位就变得非常之难，仍然随时有被各种"介入机关"架空的危险。参见段书臣、王兵："从赵作海案谈司法鉴定启动权的完善"，载《中国司法鉴定》2010年第6期。

〔4〕 赵文娟："辽宁省司法鉴定管理现状及对策研究"，大连理工大学2012年硕士学位论文。

业道德水平和信用体系的全面建立。〔1〕

我国目前也正在朝着这种方向前进。截至 2012 年 1 月 29 日，我国已经建立了省级司法鉴定协会 23 个，这些省级协会下属地市级别已成立协会数为 107 个。〔2〕这样鉴定行业协会只能说初具规模。接下来在各省级和市级鉴定协会逐步成立的基础上，县一级也应当建立起自己的司法鉴定行业协会，形成司法鉴定行业协会的大网络。这样下一步的工作就是如何更好地发挥行业协会的作用了，一定要将其各种工作真正落到实处。

构建合理的宏观管理体制，是对司法鉴定人进行行业约束的基础性的措施。在这样统一的管理体制下，保证了鉴定人独立的地位，对鉴定人进入鉴定行业有统一的要求，且拥有统一的技术标准，而且发生投诉时有专门的委员会进行事后评估，以及在重大疑难案件中有组织地进行重新鉴定。这样能保证司法鉴定人能够兢兢业业地进行鉴定工作，这是从制度上对鉴定人的有效规制。

（二）建立统一的司法鉴定人和司法鉴定机构名册

1. 我国司法鉴定名册的现状

国外鉴定制度较为成熟的国家几乎都有自己的名册。名册制度使得鉴定人由法院直接选取，不隶属于任何机构，保证其中立性；而且更为重要的是可以克服鉴定的行政等级化倾向，还原鉴定行为的科学本质。〔3〕

我国目前的状况不够理想，根据 2005 年《决定》的相关条款，仅有司法行政部门才能够建立名册。但是这样的局面并没有真正维持下来：

（1）公安部在 2005 年下发的通知中规定：公安机关鉴定机构和鉴定人一律不准到司法行政机关登记注册。

（2）最高检在 2005 年下发的通知中规定：检察机关的鉴定机构和鉴定人不得在司法行政机关登记注册从事面向社会的鉴定业务。

（3）人民法院由于在实践中拥有司法鉴定的启动权，从而形成了进入

〔1〕 刘涛："论我国司法鉴定人执业责任体系及其完善"，载《公民与法》2009 年第 11 期。

〔2〕 司法部司法鉴定局编：《中国特色司法鉴定制度的实践与探索》，法律出版社 2012 年版，第 240~241 页。

〔3〕 郭华："国外鉴定制度与我国司法鉴定制度改革的关系"，载《中国司法》2009 年第 3 期。

人民法院的名册比进入司法行政部门名册更有价值的倒挂局面。[1]这也导致了出于利益的驱使。实践中一些法院搞册中册,自行编制名册,有的将已经进入司法行政机关编制的司法鉴定机构排除在外,有的将许多未经司法行政部门登记,也未进入鉴定人和鉴定机构名册机构纳入名册。[2]这样的做法已经破坏了鉴定名册的统一性。在我国的一些省份中反响尤为强烈。[3]

这就是我国目前鉴定机构和鉴定人名册设置的现状。有学者指出,这种侦查机关管理自己名册,审判机关和检察机关维持自己内部名册的做法是违背统一管理精神的。[4]所以我国司法鉴定名册制度的现状基本上可以归纳为多头管理、多头设立、各自为政。这样的状况是非常不理想的。

名册制度的设立原本可以达到多赢的效果。从诉讼的角度,可以为当事人选任鉴定人提供条件,可以提高诉讼效率,对鉴定人可以进行监督和制约,也可督促鉴定人提高自己的技术水平,从而推动鉴定总体水平的提高。[5]同时,这样的一个真正唯一的名册建立起来之后,便于鉴定优势资源的整合,避免重复性的鉴定机构建设,从经济的角度也是有意义的。要实现这样的目标,只有建立严谨统一的名册制度。

同时,建立这样一个严谨统一的名册制度的前提就是要有对于司法鉴定人是否称职的预判断。该判断的有效有赖于对我国司法鉴定职业建立统一的司法鉴定职业称职性规则,建立健全司法鉴定人资格综合考试考核制度和司法鉴定机构认证认可制度,以及庭前、庭上结合的鉴定资格审核模式。[6]通过这样的制度将可以对于司法鉴定行业准入进行有效的约束。

---

[1] 李莉:"对完善我国司法鉴定制度的几点思考",载《理论月刊》2011 年第 1 期。

[2] 霍宪丹:"中国司法鉴定体制改革的实践探索与系统思考",载《法学》2010 年第 3 期。

[3] 四川省司法厅:"抓管理强质量促和谐积极推动四川司法鉴定事业再上新台阶",载司法部司法鉴定局编:《中国特色司法鉴定制度的实践与探索》,法律出版社 2012 年版,第 182~183 页。

[4] 徐景和:"构建统一的司法鉴定管理体制",载《中国司法鉴定》2006 年第 5 期。

[5] 常林、刘鑫:"评司法鉴定人名册制度",载《法律与医学杂志》2002 年第 2 期。

[6] 马江涛著:《司法鉴定职业行为规范研究》,法律出版社 2015 年版,第 134~135 页。

2. 建立统一的司法鉴定人和司法鉴定机构名册

正如上一节所述，只有真正建立起全国统一的管理体制，那么编制一个统一的名册才有可能。

笔者认为，我们应当以这两条为依据。当然要在上一节提到的建立了统一管理体制的基础上。由各省级人民政府司法行政部门牵头对审查职业的鉴定人和鉴定机构进行统一的审核、登记，在各个地区依照"三大类"分别编制鉴定机构和鉴定人的名册，然后将名册提供给公安机关、检察院、法院和当事人，在需要进行鉴定时由他们进行选择。省级人民政府司法行政部门还要定期对名册进行更新，保证名册内容的有效性。

这样才能真正达到名册设立的目的，既便于各机关和当事人选择鉴定人，也能对鉴定人进行约束。进一步督促鉴定人将更多的精力放到如何提高自己的鉴定能力上，将连带性的促进我国鉴定事业总体水平的提高。而且也会使得鉴定机构和鉴定人有危机意识，并无形中引进了良性竞争机制，使那些不符合社会需要的鉴定机构和鉴定人逐步被市场所淘汰，而得以生存的鉴定机构和鉴定人也将努力加强自身各项建设，以图保持优势地位，这样将共同推动鉴定质量的稳步前进，也达到了名册设立的最初目的。

另外笔者建议应当同时设立备用名册。实质上来说，需要进行司法鉴定的对象是无限的。这种审核、登记的制度对于一些不常见的鉴定内容和领域必然无法全部涵盖。而且对于这样一些本身就不是常见的鉴定领域也没必要设立专门的司法鉴定机构和鉴定人，否则有可能造成人、财和物的极大浪费。但是可以考虑将这些领域的专家纳入备用名册，在需要进行这些领域的鉴定时，就可以依照名册请他们进行鉴定。而他们在被聘请进行这样的鉴定时，就享有鉴定人的地位，有鉴定人应有的权利，但是也要承担鉴定人的义务。

（三）建立有效的司法鉴定人行业惩戒制度

1. 司法鉴定人行业惩戒制度的现状

司法鉴定人行业惩戒制度，主要是指由司法行政主管机关及行业协会在司法鉴定人违反鉴定职业道德和职业纪律的情形下，对他们所做出的惩处措施。这里特别强调的是行业惩戒制度是为了和鉴定人违反法律法规和部门规章等要承担的刑事、民事和行政责任相区分。因为本文所要构建的是司法鉴定人的行业约束机制，所以从惩戒的角度也只局限于行业纪律和行业道德层面的违反和惩罚。行业惩戒是与法律责任既有联系又有区别，而且是并行的一种惩罚。一般来说，需要进行行业惩戒的是违反鉴定纪律和鉴定道德的行为，而要承担刑事责任、民事责任或行政责任则是根据该行为所侵犯的法益及其严重程度所决定的。值得注意的是，由于司法鉴定人的特殊身份，对他们应当有更高的要求，所以行业惩戒和要承担的法律责任是不相冲突的。也就是即使需要承担法律责任，也不能抵免其应受到的行业惩戒。

例如，德国的各类协会在鉴定师的准入和管理中发挥了重要的作用。在准入方面，这些协会设立专门的评审委员会对于申请鉴定师的知识、信誉度、职业道德和人品等进行全面的考察。[1] 德国工商总会对鉴定人制定专门的惩罚程序，当地协会就可以决定处罚，对违反和不履行义务的情形可以予以警告或者撤销资格，但是不能罚款。[2] 在日本能够从事鉴定行业的通常是本领域公认的专家，日本主要通过学会和协会对鉴定人进行管理，例如对鉴定人资格管理、制定和颁布鉴定技术标准、进行学术交流和对外交流以及出版专业杂志等。[3] 而英国的 CRFP 内部也设立了惩戒委员会。它负责受理、审查对鉴定人的执业投诉。处理方式包括建议、警告、从注册名册中除名等。[4] 我国香港则侧重体现政府的行政管理权能，一旦出现不能接受的科学证据出错，可能存在从注册名册中被除名的风险。[5]

由上面的介绍我们可以看到，世界各个国家和地区由于鉴定管理体制的不同，导致对鉴定人的行业惩戒也存在不小的差别。有些侧重于通过行业协会进行行业惩戒，有些则主要通过政府来进行。这些对我们都有一定的借鉴意义。

---

〔1〕 陈金明："德国司法鉴定的特点及其对我国的借鉴"，载《中国司法》2010 年第 4 期。

〔2〕 2009 年司法部司法鉴定培训团："德国司法鉴定专题考察报告"，载司法部司法鉴定管理局组编：《统一司法鉴定司法管理体制发展的创新（第 5 辑）》，中国政法大学出版社 2012 年版，第 399 页。

〔3〕 第 16 期中国预防犯罪和刑事司法研修考察团："日本的刑事司法鉴定制度考察"，载《中国司法》2011 年第 3 期。

〔4〕 郝晓琴、刘少文："英国司法鉴定管理的改革走向与借鉴"，载《中国司法鉴定》2007 年第 6 期。

〔5〕 李春晓、蒋玉琴："香港司法鉴定制度的启示与借鉴"，载《中国司法鉴定》2012 年第 2 期。

2. 我国司法鉴定人行业惩戒制度的构建

依据《司法鉴定执业活动投诉处理办法》[1]第8条、第21条之规定，司法行政机关对于被投诉人违法违规情节轻微，没有造成危害后果，依法可以不予行政处罚的，应当给予批评教育、训诫、通报、责令限期整改等处理。情节严重可以依据情节移送至相应机关接受行政处罚[2]或刑事处罚。

我国目前对司法鉴定人的惩戒还是以行政处罚为主，职业惩戒较为少见。[3]这是需要弥补的。在一段时间内，可能更多的还是要依赖司法行政部门的监督和行政处罚来做行业惩戒。但是笔者认为随着我国双重管理体制的逐步完善，我们对司法鉴定人的惩戒也应当转向以行业协会进行惩戒为主，以司法行政机构的惩戒为辅的体制。因为依赖行政处罚还是比较消极，当鉴定体制逐步成熟之后，司法鉴定人的诚信体系和职业道德观念逐步建立起来，行业协会发动的对鉴定人的惩处会更加积极有效。

从惩戒的方式上，如果是行业协会进行的，应主要由警告、通报、重新培训、停止执业和从名册中除名等方式构成。这些惩戒方式上，警告和通报是针对较为轻微的违规行为所进行的；重新培训则主要针对鉴定中，鉴定人表现出某些鉴定能力不足而进行的，在重新培训之后应当进行重新考核，合格之后再重新上岗工作；停止执业针对那些有比较严重的违规鉴定行为，单纯进行警告和通报已经不足以惩戒的状况，如果存在这些行为则应当予以暂时停止执业，停止执业的时间可根据其违规的严重程度来确定，可以从几个月延续到一年左右的时间；从名册中除名是最为严厉的惩戒方式，主要针对那些存在严重违背司法鉴定人执业道德，已经不适合从事司法鉴定行业工作的人。而且对于这样的人应当对其进行从业禁止，今后也不能再进入相关领域进行工作。笔者认为，这样一个由轻到重的行业协会惩戒体系基本上已经可以满足对于司法鉴定人进行惩戒的要求。其具体的细则可以由今后司法鉴定行业全国总会制定总的纲要，然后由各省行

[1] 《司法鉴定执业活动投诉处理办法》，司法部第123号令，2010年4月8日公布，2010年6月1日实施。

[2] 见《司法鉴定人登记管理办法》（中华人民共和国司法部第96号令2005年9月29日）第28~33条中对司法鉴定人进行行政处罚的情形规定较为详细。其中涉及到的处罚方式有警告并责令改正；责令停止司法鉴定活动并处以违法所得1至3倍的罚款；停止执业3个月以上1年以下；撤销登记。

[3] 杜国栋："司法鉴定职业规则实证研究"，载《法制与经济》2012年第2期。

业协会根据该纲要和自己的情况制定惩戒细则，这样才能更好地满足实际的需要。相信随着司法鉴定体制的逐步完善，我国的司法鉴定人惩戒机制也会更好的建立起来。

三、对司法鉴定人鉴定行为的约束

对鉴定行为进行适当的约束是鉴定人行业约束构建的核心内容。因为从实质上说，鉴定行业制度约束和鉴定行业道德约束都是为对鉴定行为本身做出有效约束的铺垫。那些制度和道德只有真正贯彻到鉴定行为中才有其存在的价值。由此，对鉴定行为约束的重要性可见一斑。出于行文结构的需要，笔者将对鉴定行为的约束分为三个部分，鉴定前、鉴定中和鉴定后，也是围绕鉴定行为为中心所做的划分。

（一）鉴定前约束

1. 妥善保管送检材料

根据《司法鉴定人登记管理办法》第21条、第22条，司法鉴定人可以要求鉴定委托人无偿提供鉴定所需要的鉴材、样本；但是要妥善保管送鉴的鉴材、样本和资料。[1]可见对于妥善保管送检材料是有着法律上明确要求的。这是鉴定前对于鉴定人的首要要求，也是对鉴定人的重要约束。

送检材料是进行鉴定的前提和物质基础。不言而喻，对于送检材料的妥善保存尤为重要。因为鉴定的进行主要依赖于用以鉴定的证据材料。[2]送检材料如果被污染达不到鉴定标准，将无法提供客观的鉴定意见。[3]所以，某种意义上说这是进行正确鉴定的前提，同时也是在发生争议时可以进行复检的基本条件。因此，笔者这里所说得妥善保管不仅应当贯彻于鉴定的全过程，即使在初次检验完成之后，在最终结案前鉴定人也仍负有妥善保管送检材料的义务。我国司法实践中，由于人为因素导致送检材料被破坏的例子屡见不鲜。在黄静一案中，就是由于被害人的内脏器官标本被焚烧而导致重新鉴定受到了严重影响。[4]而且如果鉴定争议

---

〔1〕 见《司法鉴定人登记管理办法》（中华人民共和国司法部第96号令2005年9月29日）

〔2〕 刑永杰："涉案物品价格鉴定的规范"，载《中国司法鉴定》2010年第4期。

〔3〕 陈瑞华：《刑事证据法学》，北京大学出版社2012年版，第149页。

〔4〕 宁聪："论我国司法鉴定的监督"，西南政法大学2011年硕士学位论文。

较大，应当保留必要的重新鉴定条件。否则可能会造成不必要的损失。浙江绍兴农民工王学纪案件中，进行了两次鉴定，当地卫生部门检测的铅中毒数据与权威部门检测结果竟相差 716 倍。本来应当进行重新鉴定的，但是由于王学纪的尸体已经火化，重新鉴定已经无法进行。[1]

妥善保管即按照送检材料的不同，采取必要的措施来保持其本来面貌和性质，避免出现污染、变质等问题。在实践中这对于司法鉴定人的要求是很高的，特别是法医学等鉴定中，往往面对的是生物学的证据：尸体会腐败、损伤会愈合、DNA 会降解、毒物可以被代谢。[2]可见妥善保管送检材料有时体现为要求鉴定应当及时进行。一旦错过了鉴定的最佳时机，可能就错失了还原案件本来面貌的机会。这些是鉴定人必须达到的素质要求，否则无法保证鉴定能够客观地进行。从这个角度上，一名合格的鉴定人应当对自己所属领域的送检材料的性质非常了解；司法鉴定行业协会也应当从专业的角度，分领域对于检材的保管办法、保管条件和要求进行统一的规定，这样有助于切实贯彻对送检材料的正确保存。

2. 依法回避

根据《司法鉴定人登记管理办法》第 22 条，司法鉴定人负有依法回避的义务。这里的法至少包括刑事诉讼法、民事诉讼法和行政诉讼法，也就是在不同的诉讼领域中的鉴定回避，应当依照各个诉讼法的要求来进行，尽管大体规定上类似，但是仍然存在差别。

（1）根据《刑事诉讼法》第 28 条、29 条，要求鉴定人回避的情形有：①是本案的当事人或者是当事人的近亲属的；②本人或者他的近亲属和本案有利害关系的；③担任过本案的证人、鉴定人、辩护人、诉讼代理人的；④与本案当事人有其他关系，可能影响公正处理案件的。还要求鉴定人不得接受当事人及其委托的人的请客送礼，不得违反规定会见当事人及其委托的人，否则也应当回避。

（2）根据《民事诉讼法》第 44 条规定，要求鉴定人有如下情形应回避：本案当事人或者当事人、诉讼代理人近亲属的；与本案有利害关系的；与本案当事人、诉讼代理人有其他关系，可能影响对案件公正审理的。此外，如果鉴定人员接受当事人、诉讼代理人请客送礼，或者违反规

〔1〕 胡喜盈："农民工死因成谜 拷问鉴定机构良知：两份鉴定数值相差 716 倍"，载《工人日报》2009 年 8 月 24 日，第 5 版。

〔2〕 鲁涤："试论法医学鉴定人的证据意识"，载《中国司法鉴定》2010 年第 6 期。

定会见当事人、诉讼代理人的,当事人有权要求他们回避。

(3)根据《行政诉讼法》第47条规定,当事人认为鉴定人员与本案有利害关系或者有其他关系可能影响公正审判,有权申请鉴定人员回避。鉴定人员认为自己与本案有利害关系或者有其他关系,应当申请回避。

可见在三大诉讼法中,对于鉴定人应当回避的条件上仍存在细微的差别。在司法实践中,鉴定人根据所鉴定案件所属范围的不同,依照各诉讼法的要求进行依法回避。这种差别的原因主要在于各个诉讼法的具体立法主体不同,而且立法的时间段不同,所以其精细程度也不一样。其中刑事诉讼法中的规定最为细致,而行政诉讼法里的规定最为粗糙。除此之外,在《司法鉴定人职业道德和执业纪律规范》[1]第15条也规定:"司法鉴定人在执业中应依法回避,不得参与涉及本人、配偶或者本人、配偶的近亲属以及其他有利害关系的鉴定活动。"可见,关于回避问题也在司法鉴定的文件中有涉关规定,但是仍有失于粗糙。

笔者认为在今后正式制定《司法鉴定法》的时候应该对司法鉴定人回避问题参照我国刑事诉讼法的规定进行统一规范,在不同的诉讼法中存在这些差异的实际价值不大。

除了现有规定外,笔者认为在鉴定回避的范围上有些细节有待改进,例如初次鉴定的鉴定人和重新鉴定的鉴定人也应当有回避的要求。在我国宋代,如果涉及复检,初检官和复检官不得相见,以免相互影响。[2]而且在之后的元明清几乎一直沿用。这对我们今天仍有借鉴意义。我们可以借鉴这条,要求重新鉴定的鉴定人与最初鉴定人不得有利害关系且避免接触,否则可以要求其回避,这样比较周全。

依法回避是保证鉴定行为得以客观中立进行的重要保证。这时不能以鉴定人的职业操守来做赌注,因为鉴定人首先是具有动物性的人,不能对他们提出超出人性范畴的要求。那么要求他们依法进行回避就是最佳的选择。

3. 无正当理由不得拒绝鉴定

依据《司法鉴定人登记管理办法》第21条之规定,鉴定人有拒绝接

---

〔1〕 载百度文库:http://wenku.baidu.com/link?url=y4EVyCMj3Dk6joHN3SL6wlRL 379QPvSMNQ3BFFvSiefDlkNxOeqEoKGprJ3NQJeSQpW9--4Ofb0yCV_ q0TBGfxLy7BWeBqGVz WzcYBXBsdW,最后访问时间:2014年2月18日。

〔2〕 孙大明:《我国古代司法鉴定制度考论》,华东政法学院2006年硕士学位论文。

受委托鉴定的权利，但受不合法、不具备鉴定条件、超出登记的执业类别条件的限定。根据该办法第22条之规定鉴定人也有按照规定时限独立完成鉴定工作，并出具鉴定意见的义务。

广西公众司法鉴定中心制定的《司法鉴定人职业道德和执业纪律规范》第17条，司法鉴定人接受鉴定指派后，无正当理由不得拒绝鉴定。[1]

应该说，这是对鉴定人提出的重要要求，不仅在涉及某些利害关系时需要回避，而且也要求他们没有正当理由，一旦被选定进行鉴定，就不得随意拒绝。依照前面所述可以提出拒绝的正当理由，这些正当理由不仅约束鉴定人，同时也对案件真相的揭开有所帮助，客观上甚至能够减少某些不正当鉴定的"混淆视听"。著名的"杜培武案"中，检控方以所提供的枪弹痕迹检验报告和杜培武所穿衬衣袖口射击残留物的检验报告，来证明杜培武的犯罪嫌疑。但是一个重要的问题是，该枪支（被害人王俊波随身携带的七七式手枪）一直下落不明，连进行同一性检验的物质基础都没有。[2]那么这种情形就属于不具备鉴定条件，应当被拒绝的。从这里我们可以看到保持司法鉴定机关的独立性是多么重要。

但是除此之外，鉴定人一旦受到鉴定机构指派进行某项鉴定，就不得拒绝。这是由于在某些敏感案件出现的时候，有时涉及到巨大的利益纷争或者案件中各方利益冲突比较激烈时，某些鉴定人往往出于自保或某些利益考虑，拒绝对某些受委托事项进行鉴定。如果没有本条限制，可能会出现奇怪的"踢皮球"现象，有些鉴定人可能对某些被指派的鉴定事项拒不进行鉴定，这样当事人的利益将无法保障。所以做出这条规定是非常必要的。

（二）鉴定中约束

1. 亲自进行鉴定

鉴定工作必须由本人亲自完成，这是理所当然的要求。我国目前实践中由于鉴定人水平不高，常常无法独立完成鉴定任务，不得不求助他人，甚至将鉴定任务转包出去。这都是违背鉴定亲自完成的要求的。[3]

---

〔1〕 载百度文库：http://wenku.baidu.com/link? url=y4EVyCMj3Dk6joHN3SL6wlRL 379QPvSMNQ3BFFvSiefDlkNxOeqEoKGprJ3NQJeSQpW9--4Ofb0yCV_ q0TBGfxLy7BWeBqGVz WzcYBXBsdW，最后访问时间：2014年2月18日。

〔2〕 郭金霞："鉴定资料收集之法律控制研究"，载《证据科学》2008年第3期。

〔3〕 鲁跃晗、常林："论我国司法鉴定独立性偏位的管控"，载《中国司法鉴定》2011年第6期。

依据《司法鉴定人登记管理办法》第 22 条中规定，要求鉴定人在接受所在司法鉴定机构指派按照规定时限独立完成鉴定工作。这其中隐含的意思也就是要求该鉴定人要亲力亲为地完成该工作。

这项规定事实上是对鉴定人的职业品格的要求体现之一，作为鉴定人应当具有高度负责的精神，要遵循独立、科学的工作原则。[1]要按照要求完成被委托的鉴定事项。在鉴定过程中，要求鉴定人一切从实际出发，认真开展调查研究，还原事实真相，使用正确的鉴定方法和尽可能先进的仪器设备来认真谨慎地完成整个鉴定工作。[2]所以对特定的鉴定人的选择体现出了对其名誉和工作的认可，如果随意地由他人来代替完成，当然是违背委托人本意的。

当然这项约束还要求从实行鉴定人名册制度，由委托人从名册中指定特定的鉴定人，一旦被指定，体现出了委托人对鉴定人的信任，这时如果表面上由特定鉴定人承接了该项鉴定，却在实际操作中由该特定鉴定人转给其他鉴定人来完成，这样的做法毫无疑问是与委托人初衷相违背的。从某种意义上说，这项要求是对鉴定人名册制度落实情况的一项反馈。

在具体的操作上，要求鉴定人按照委托由其本人亲自完成鉴定工作。即使由于该鉴定任务比较庞杂，无法由个人独立完成，那么也要由该鉴定人完成该鉴定的主体内容，并对参与协助的人员分工予以说明。这些要求可以对鉴定人进行的鉴定工作起到很好的约束作用。

2. 按照要求出具鉴定文书并签名

在鉴定工作完成之后，需要鉴定人对所委托的鉴定事项提出意见，出具鉴定文书。依据司法部《司法鉴定文书规范》第 3 条之规定，司法鉴定文书分为司法鉴定意见书和司法鉴定检验报告书。二者主要包括检案摘要、检验过程、分析说明、鉴定意见等内容。[3]这些内容是一般鉴定文书中必备的。

在我国目前司法鉴定人出庭率还比较低的情况下，笔者认为，应当要求鉴定人对于鉴定的检验过程和分析说明都做出较为细致的阐释，不能在

---

〔1〕 罗光华："关于司法鉴定人自身素质的几点思考"，载《政法学刊》2008 年第 3 期。

〔2〕 王少仿、李艳楼："论司法鉴定人员职业道德规范的完善"，载《湖南公安高等专科学校学报》2009 年第 2 期。

〔3〕 中华人民共和国司法部：《司法鉴定文书规范》(2007 年 11 月 1 日司发通【2007】71 号)。

这些说理部分中简单略过只拿出鉴定意见。这样做的好处是有利于增强鉴定文书的说服力，同时可以减少争议和纠纷的发生。

另外，非常重要的还有个落款也就是签名的问题。陈瑞华教授认为鉴定文书的签名是鉴定意见的形式要件。鉴定文书要由鉴定机构加盖鉴定专用章，还要由鉴定人签名盖章。如果缺乏这些，就是鉴定意见形式要件不完备。法庭可以据此做出排除非法鉴定意见的决定。[1]

笔者认为，这是非常必要的。在传统上我国许多鉴定机构，特别是官方鉴定机构往往以集体名义做出鉴定，似乎这样能够达到鉴定意见的权威性和科学性令人不容置疑的效果。[2]但是从某种意义上说，没有签名等于无人负责。这样给一些不法鉴定的事后问责带来了很大的困难。河北"张利权故意杀人一案"中，被告人张利权涉嫌故意杀人，但是他凭借一张刑事责任能力鉴定书逃脱了法律的制裁，后来依靠重新鉴定才将其逮捕入狱，使其受到了应有的惩处。那张帮助张利权脱案的鉴定书上参加鉴定者姓名一栏没有鉴定人具体姓名，只写着"鉴定小组"。而且，鉴定章是先盖上的、字是后填的，极有可能是一张空白信。而河北省精神卫生鉴定中心一位负责人说，这份鉴定不知道是谁做的，至于签名问题，当时都是这样做，没有签名习惯，那时候也没有这方面的规定。[3]这是多么让人震惊的枉法行为，笔者认为，本案中当时那位鉴定人之所以敢如此胆大妄为，很大程度上是由于当时的鉴定不需要签名，事后追究起来也有难度。而从另一个层面上，该鉴定机构也缺乏一个完善的案件登记管理制度，同样难辞其咎。从该案件中我们可以想见，我国一些地区的鉴定机构可能一直采取这样的方式进行鉴定，没有具体对鉴定意见负责的人，只以鉴定小组或者鉴定机构的名义来落款。这种现象是必须要杜绝的，以便真正对鉴定人的鉴定行为进行约束，防止他们以机构的名义逃脱了个人应负的责任。

同时，要求鉴定人签名也是落实鉴定人负责制的客观要求，尽管有学者认为单纯的鉴定人负责制存在落实上、责任能力上的种种问题。[4]但

---

〔1〕 陈瑞华：《刑事证据法学》，北京大学出版社 2012 年版，第 151~152 页。

〔2〕 陈瑞华：《刑事诉讼的前沿问题》，中国人民大学出版社 2000 年版，第 554 页。

〔3〕 刘勇峰、杨守勇："二次司法鉴定，摘掉'免责金牌'——河北一杀人犯十年后被判死刑"，载《新华每日电讯》2003 年 9 月 1 日，第 4 版。

〔4〕 李本："关于鉴定人负责制的反思"，载《中国司法鉴定》2010 年第 2 期。

是无论怎样，鉴定人在鉴定文书上签字意味着他们要负起应负的责任，这样的制度对于强化司法鉴定人的责任心，提高他们的危机意识，督促他们能够认真负责地完成鉴定工作有重要的作用。

（三）鉴定后约束

1. 出庭作证，接受询问，阐释鉴定过程和鉴定意见的科学依据

鉴定人出庭作证，这是目前对于鉴定制度改革中讨论最热的话题之一。可以说，司法鉴定人应当出庭进行质证已经成为目前公众对司法鉴定领域最强烈的呼声。围绕这个问题许多学者做了深入细致的研究，也做出了全面的制度设想。

（1）鉴定人出庭质证的现状与必要性。在国外，英国、美国、德国、日本、澳大利亚等国家都把鉴定人出庭接受质证作为鉴定制度中不可或缺的一个部分。多数国家中以鉴定人出庭为常态，极其特殊的情况下才允许不出庭。在许多国家中，不经法庭质证就采纳鉴定意见几乎被认为是不可理解的。

而我国司法实践中的现实情况和上述国家中的情况恰恰相反。有学者统计，我国鉴定人真正能够出庭作证接受质证的不超过 5%。[1] 在一些地方的统计中，实际比率比这个数字要低得多：2008 年江苏省苏州市，司法鉴定部门委托鉴定 6009 件，三大类鉴定 2831 件，当事人申请鉴定的案件 5400 余件，[2] 但实际出庭率仅有鉴定总数的 2‰。即使在一些争议非常大的案件中也是这样，轰动一时的"湖南黄静案"，前后有 7 家鉴定机构介入，做了 5 次尸检，1 次文证审查，1 次中止鉴定，共做出了 6 份鉴定文书。这么多意见反差极大的鉴定意见，居然没有一家鉴定机构的鉴定人出庭接受质证。[3]

实际上，鉴定人出庭已经有了正式法律文件的要求。司法部《司法鉴定人登记管理办法》第 22 条鉴定人要求依法出庭作证，回答与鉴定有关的询问。甚至在经人民法院依法通知，非法定事由拒绝出庭作证的情形下还要承受停止执业 3 个月以上 1 年以下、撤销登记和依法追究刑事责任的

〔1〕 张慧霞、王娅菲："英美法专家证人制度对中国的借鉴意义"，载《人民论坛》2012 年第 23 期。

〔2〕 施晓玲："鉴定人出庭质证的相关法律问题"，载《中国司法鉴定》2010 年第 3 期。

〔3〕 吕易泽："中美鉴定制度比较研究"，浙江工商大学 2011 年硕士学位论文。

处罚。

这是非常必要的。由于鉴定往往涉及专业问题，如果鉴定人不出庭进行阐释，参加诉讼的人员很难对鉴定的正确与否做出判断，只能被动接受，这也是在许多疑难案件中，法官面对众多不同鉴定意见时无所适从的重要原因。而鉴定人通过出庭质证，在法庭上接受法官、检察官、律师以及当事人的询问，阐明鉴定原理和过程以及如何得出的鉴定意见，这应当是法官最终能否采纳其鉴定意见的决定性因素。所以提高我国司法鉴定人出庭质证比率势在必行。而且根据最高院 2011 年的新规定，在庭审中未经质证的证据，即使被原审法院采纳，也可以作为检察院进行刑事抗诉的新证据。[1]这在无形中有力地强化了鉴定人出庭质证的必要性。

（2）鉴定人出庭质证对法官的要求。因为鉴定具有科学性和专业性的特点，所以往往是重要的证据。因此法官和当事人都要通过质证过程努力理解鉴定的内容。许多时候也要求法官、检察官和当事人付出更大的努力。[2]这一点在我国司法实践中经常被忽略，似乎鉴定就是鉴定人的事情，和司法工作人员没有任何关系。这种看法是比较狭隘的。

鉴定意见归根结底就是证据的一种。何家弘教授指出，法官不应回避自己对司法鉴定本身的审查责任。[3]国外的法官很多是从多年从事法律工作的律师中选任，无论专业阅历或人生经验往往比较丰富。而我国现在的法官只是从通过司法考试有意愿做法官的年轻人里选择，从法官来源上已经看到明显的经验上的差距。这种选任方式若进行改革，尚有待时日。在目前的条件下，只有要求法官们大力拓宽自身的知识面，尽量全面了解各个领域的知识，不断提升自身素质，才能满足对证据进行审查的需要。特别是法官的能动性要充分调动起来，他们应当在司法实践中建立充分的自信，对待鉴定意见和对待其他证据一样进行筛选、自由心证和采纳。

而且也要让法官们充分重视这种能力。因为在涉及有需要鉴定的专业问题的案件中，如果法官不能很好地进行质证、了解和把握所鉴定事项，

---

〔1〕 张保生、常林："2011 年中国证据法治前进的脚步"，载《证据科学》2013 年第 2 期。

〔2〕 ［日］松尾浩也：《日本刑事诉讼法》（下卷），张凌译，中国人民大学出版社 2005 年版，第 95 页。

〔3〕 柴会群："司法鉴定何时才能不'打架'"，载《南方周末》2005 年 5 月 19 日。

那么法官只能被动地去接受鉴定意见，这样客观上会造成法官审判权的萎缩，而鉴定人从鉴定的层面上分享了审判权，这是非常不合适的。[1]

笔者认为目前加强对法官在这个方面要求的重要举措之一是应当规定法官对鉴定意见采信与否的说明义务。[2]这个义务对于敦促法官客观公正地认真审查和把握鉴定意见有重要价值。笔者曾经见过某位法官在一起案件中很荒唐的采信鉴定意见的过程：吉林市的一起民事案件中，甲对乙的嬉闹行为造成乙颈椎受伤，在鉴定甲的行为与乙的受伤的因果关系中，该法官先是认可了鉴定意见中甲的行为与乙的受伤之间仅有10%的因果关系的意见。之后又以很含糊的理由，要求甲承担90%的责任，而且最终也没说清这种责任分担大反转的理由在哪里。在这样的案件中，鉴定已经成为摆设，失去了其意义所在。如果要求法官必须详细充分说明其采信或者不采信某鉴定意见的理由，这样的现象将会大幅减少。也会督促法官不断强化和提高自身的能力。

此外，由于社会分工的日益细致化，要求法官精通各个领域和行业的知识显然是不现实的。为了弥补法官能力的不足，专家辅助人出庭帮助阐明事实也成为越来越必要的辅助性制度之一。[3]这一制度的意义在于帮助法官理解案件争议事实和把握争议鉴定意见的症结所在。同样具有很重要的价值。

（3）司法鉴定人出庭的保障制度。司法鉴定人出庭质证势在必行。目前更为重要的是对其出庭提供充分的制度保障，免除其后顾之忧。否则只是规定了怎么处罚，仍然达不到预期的目的。

有学者通过实证调查发现，我国鉴定不出庭的主要原因中，无经济补贴、无人身保障和无强制性规定，几个因素所占比例持平。而检察官和法官也出于顺利完成检控任务或者怕影响诉讼效率等因素，不支持鉴定人出庭。[4]以此为借鉴，笔者认为应当在如下几个层面上对司法鉴定人的出庭保障制度进行构建：

〔1〕 王屏："论我国司法鉴定程序的现状及重构"，华东政法学院2007年硕士学位论文。

〔2〕 杜志淳、孙大明："德国司法鉴定在司法中的运作及其借鉴"，载《犯罪研究》2011年第4期。

〔3〕 刘鑫、王耀民："论专家辅助人资格的审查"，载《证据法学》2014年第6期。

〔4〕 汪建成："中国刑事司法鉴定制度实证调研报告"，载《中外法学》2010年第2期。

司法鉴定人出庭的经济补偿。关于鉴定人出庭质证的经济补偿问题，在美国纽约州《刑事诉讼法》《日本刑事诉讼法》《德国刑事诉讼法》《苏俄民事诉讼法典》中对司法鉴定人的酬金、旅费和房租等都有细致的规定。[1]这样细致的规定会使司法鉴定人不会再有经济上的后顾之忧。1994年美国著名的辛普森杀妻案中，法医精神病鉴定人出庭作证的费用大约是每小时400美元。[2]这样高昂的价格从某种意义上是对司法鉴定人工作的认可。尽管我国目前尚无法实现给予这么高的经济补偿，但是还是应当对司法鉴定人的出庭的经济上进行细致的规定，这对于促进司法鉴定人多参与出庭质证有着重要的意义。

落实对司法鉴定人的人身保障制度。司法鉴定人出庭理所应当享有一般证人所应有的基本保障。而且还应当对鉴定人自身和其近亲属的人身财产安全进行保护。对这个方面应当全面制定细致的规则，对鉴定人出庭过程中以及出庭后的安全问题进行规定，其中对于应提供保护的机关和应保护的对象和范围等都应该有切实可行的制度。现有的一些国家中的24小时保护制和姓名、住所更改制等都可以作为参考。[3]

而对于法官和检察官不支持鉴定人出庭的现状要依靠制度保障来解决。一方面要通过评价指标的转换促使他们转变观念，另一方面也要从现有制度上入手。对法院的审判资源分配的角度要合理，对于争议较小的简单案件，尽量多的采用简易程序来处理。对于审判负担确实较重的基层法院，增设法官，保证各个法官能够在可承受案件数量的范围内工作，这样才能保证所处理案件的质量，这也是保证鉴定人得以尽量多的出庭参加质证的制度保障之一。

此外，出庭质证当然对鉴定人的专业能力、语言表达能力都有着更高的要求。不仅要求他们有很高的专业造诣，同时也要求其做出的鉴定意见应当是准确、易懂的，应该能够用通俗的语言阐述清楚。为了能够达到出庭的要求，也要求针对他们这些能力的提高进行更多的培训，以保障出庭效果，达到质证目的。

---

〔1〕 潘星容："保证鉴定人出庭质证制度的构想"，载《中国司法鉴定》2009年第6期。

〔2〕 管唯、张钦廷："法医精神病鉴定人出庭作证探讨"，载《中国司法鉴定》2009年第5期。

〔3〕 潘星容："保证鉴定人出庭质证制度的构想"，载《中国司法鉴定》2009年第6期。

相信随着司法鉴定人出庭质证制度的逐步建立和完善，将成为对鉴定行为最有效的约束手段之一。

2. 重新鉴定

依据《司法鉴定程序通则》[1]第29、30和31条对重新鉴定的条件、重新鉴定中的回避条件和对于重新进行司法鉴定的机构和鉴定人的选择方面的注意事项等问题都进行了规定。重新鉴定是对原鉴定的必要检查和监督，同时也有助于强化司法鉴定人的责任心。[2]因此重新鉴定也是对于鉴定人鉴定行为约束的重要方面之一，所以本文中对重新鉴定问题也进行尝试性的研究。

我国的重新鉴定高发、频发，进行反复鉴定，各部门互相否定的现状，在我国实践中一直饱受诉病。据了解，有些案件中最多的鉴定已超过30次，形成讼累。[3]

对于如何解决反复重新鉴定问题，专家学者们各执一词，从各自的角度提出了很多有见地的见解。

比如，有学者认为，解决司法鉴定争议的灵丹妙药之一还是要建立终局性的鉴定制度。[4]在我国司法鉴定发展历程中，曾一度以司法鉴定专家委员会做出终局鉴定或者功能相似的复核鉴定来解决重复鉴定的问题。有学者在反思该制度的基础上，认为专家委员会的职能应当定位于对鉴定意见本身尤其是科技运用方面提出参考性的意见，而且其意见只是作为参考。[5]

笔者赞同这样的看法。司法鉴定从本质上仍然是一种科学实证活动，只是与法律相关。科学认识活动如同科学实验和研究一样，不存在最高和最终之说。[6]因此鉴定意见没有也不应该有效力上的等级高低之分，同样与鉴定单位和鉴定人行政级别之间没有必然联系。虽然一般来说，高等

---

[1] 司法部：《司法鉴定程序通则》（中华人民共和国司法部令第107号）2007年8月7日。

[2] 胡锡庆、陈邦达："略论重新鉴定"，载《中国司法鉴定》2010年第2期。

[3] 霍宪丹："中国司法鉴定体制改革的实践探索与系统思考"，载《法学》2010年第3期。

[4] 胡锡庆、陈邦达："略论重新鉴定"，载《中国司法鉴定》2010年第2期。

[5] 郭华："司法鉴定专家委员会在鉴定纠纷中的性质和功能"，载《中国司法》2009年第12期。

[6] 孙大明："我国古代司法鉴定制度考论"，华东政法学院2006年硕士学位论文。

级的鉴定单位或者高职称的鉴定人由于技术先进，经验丰富，具有更好的鉴定物质和精神条件。但是这也无法得出其做出鉴定意见一定更正确的结论。科学史上真理掌握在少数人手中的例子比比皆是。

因此要解决多头鉴定和重复鉴定问题，不能依靠人为设置一个最终的机构来解决。从我国司法实践的实际情况而言，包括三大类之内以及三大类之外的那么多鉴定门类，全国一年数以百万计的鉴定案件，[1]其中有争议的不在少数，如果那么多的案件都依靠设立终局的鉴定机构来解决鉴定纠纷，既不可能也不现实。

我国目前重复鉴定高发的现状，其原因是多元的：例如，有学者认为这缺乏统一的标准，以及没有必要的限制。因此提出要有统一的立法、统一的标准，以及是否要对鉴定的时间和次数有所限制的问题。[2]也有学者认为重复鉴定、多头鉴定的根本原因在于鉴定意见缺乏权威性，而非鉴定机构等级问题。[3]不同的看法还有很多，笔者认为解决重新鉴定高发的问题要侧重从以下几个方面入手：

（1）笔者赞同鉴定机构和鉴定人的权威性不足，社会上的公众对其信任度不够是造成重复鉴定高发的首要原因。这方面问题的解决一方面有赖于制度中使其真正独立，另一方面还主要依靠严格的准入制度、统一的技术标准以及鉴定机构和鉴定人通过公正的执业行为来树立鉴定的权威形象。[4]这样才有助于从根本上减少重新鉴定。

（2）在实践中通过树立鉴定权威可以解决绝大多数的鉴定纠纷，但是肯定还是会有一些确实存在鉴定争议的案件，对于这类案件至少要有个较有威信的机构进行重新鉴定或者提供意见。这对于解决鉴定争议有着非常大的帮助，但是这和所谓终局鉴定还是不同的。

（3）提升法官对鉴定人的鉴定意见进行质证的能力也非常关键。重复鉴定频发，与法官在面对众多鉴定意见时缺乏采信这样专业证据的能力

---

〔1〕 2006年前10个月统计，我国鉴定业务量位3 119 934件。参见司法鉴定管理局编：《保障司法公正，服务和谐社会，进一步推动司法鉴定体制改革与发展》，中国政法大学出版社2007年版，第86页。

〔2〕 韦苇："法医鉴定到底谁说了算"，载《人民政协报》2005年8月22日，第B04版。

〔3〕 李明、林东泉："论我国司法鉴定改革重心的转换"，载《中国司法鉴定》2010年第2期。

〔4〕 邹荣："试论司法鉴定的权威性"，载《中国司法鉴定》2006年第3期。

有密切的联系。现在我国许多法官仍缺乏这样的能力，在面对多个鉴定时无所适从。这样，一些当事人才通过反复鉴定来谋取自己的利益，如果法官这方面的辨识取证的能力能够普遍大幅度地提高，重新鉴定几乎就失去了生存的空间。

（4）建立问责制度。而且既然鉴定是科学实证活动，就决定了其具有可证伪性。对于一些鉴定结果反差极大的鉴定，如果排除了送检的鉴材存在差别、检验的技术或方法存在重大瑕疵等可能性，那几乎就可以肯定认定是人为因素所导致的。那么鉴定人至少存在过失，甚至存在故意。这些问题一旦在重新鉴定中被发现，应当追究其失职甚至是法律的责任。这对于从威慑的角度上减少重新鉴定是很有帮助的。

四、司法鉴定人行业道德约束

（一）司法鉴定人行业道德约束的内涵和价值

1. 司法鉴定人行业道德约束的内涵

司法鉴定人行业道德约束指的是从司法鉴定人从事司法鉴定行业时应当遵守的道德操守的角度对司法鉴定人所进行的制约。这些道德操守具有司法鉴定的行业特色，是司法鉴定人应当一直遵守并贯穿于从业过程始终的。属于约束司法鉴定人的内在机制。

行业道德的树立非常重要。"道德守则被认为可以帮助执业成员形成关于其职责的集体认同感，从而创设了一种将道德行为作为标准的氛围，同时它也是一种教育工具……"当前美国众多法庭科学组织也都在制定相应的道德守则或者从业守则，"要求其成员能够以诚实、正直和客观的态度行事，以清楚而客观的方式提供证言与报告，避免利益冲突与潜在偏见"。〔1〕而且可以想见，在未来努力制定一部统一的道德守则也具有相当大的必要性。

我国四川、重庆、黑龙江、上海等十余个省市已经制定了自己的司法鉴定人执业道德规范。〔2〕笔者通过在百度浏览器进行搜索，寻找到了一

---

〔1〕 美国国家科学院国家研究委员会：《美国法庭科学的加强之路》，王进喜等译，中国人民大学出版社 2012 年版，第 225~226 页。

〔2〕 栾时春、张明泽："我国司法鉴定人对鉴定事项的释明"，载《中国司法鉴定》2012 年第 4 期。

些省市地区的司法鉴定职业道德规范的条文，发现了一些具有共性的内容：

表1　部分省市地区司法鉴定职业道德规范的条文

	地区	法律规范名称	相关条文内容
1	上海市	《上海市司法鉴定人职业道德规范》	第6条规定："司法鉴定人当遵循科学、客观、独立、公正的原则，诚实信用、严密审慎、尽职尽责，为查明事实真相提供科学依据。"[1]
2	福建省	《福建省司法鉴定人职业道德和执业纪律规范》	第4条规定："司法鉴定人应当忠于职守，尽职尽责，遵循科学、客观、公正、严谨的工作原则。"[2]
3	山东省	《山东省司法鉴定人职业道德和执业纪律规范（试行）》	第5条规定：恪尽职守，科学严谨，保持中立，敢于客观、科学、独立、公正地出具鉴定报告。[3]
4	山西省	《山西省司法鉴定人职业道德和执业纪律规范（试行）》	第6条规定："司法鉴定人应当恪尽职守，遵循独立、科学、客观、公正的工作原则。"[4]
5	湖南省	《司法鉴定人职业道德和执业规范（试行）》	第5条规定："尊重科学，严密审慎，科学中立，客观、科学、独立、公正地开展鉴定活动。"[5]
6	四川省	《四川省司法鉴定人职业道德和执业纪律规范（试行）》	第4条规定："司法鉴定人应忠于职守，尽职尽责，遵循独立、科学、客观、公正的工作原则。"[6]

---

〔1〕《上海市司法鉴定人职业道德规范》，载 http://www.chinalawedu.com/news/1200/22598/22603/22680/2006/4/li277814245511460027368-0.htm，最后访问时间：2015年8月5日。

〔2〕《福建省司法鉴定人职业道德和执业纪律规范》，载 http://www.fjlylc.gov.cn/zjbl/mxshgzfw/sflsl/sfjdr/201211/t20121130_28668.htm，最后访问时间：2015年8月5日。

〔3〕《山东省司法鉴定人职业道德和执业纪律规范（试行）》，载 http://www.shdma.com/show.aspx? id=1014&cid=93，最后访问时间：2015年8月6日。

〔4〕《山西省司法鉴定人职业道德和执业纪律规范（试行）》，载 http://www.docin.com/p-641502946.html，最后访问时间：2015年8月6日。

〔5〕《司法鉴定人职业道德和执业规范（试行）》，载 http://www.law-lib.com/law/law_view.asp? id=265178，最后访问时间：2015年8月6日。

〔6〕《四川省司法鉴定人职业道德和执业纪律规范（试行）》，载 http://gx.ybsf.gov.cn/news.asp? id=68，最后访问时间：2015年8月6日。

	地区	法律规范名称	相关条文内容
7	青海省	《青海省司法鉴定人职业道德和执业纪律规定》	（三）司法鉴定人必须忠于职守、坚持原则，严格按照司法鉴定程序开展鉴定业务工作，不受其它单位、个人的干预。（四）司法鉴定人在执业中必须公正廉洁、勤于进取、不徇私情、不谋私利、尽职尽责地为委托人提供鉴定服务，珍惜职业声誉。〔1〕
8	广州市	《广州市司法鉴定人职业道德和执业纪律规范》	第6条规定："司法鉴定人应当讲求社会效益，为维护司法公正和社会正义服务。"第9条规定："司法鉴定人应当遵循独立原则，坚持科学立场，忠于事实真相。"〔2〕
9	长春市	《司法鉴定人职业道德执业纪律规范（试行）》	第4条规定："司法鉴定人应忠于职守，尽职尽责，遵循独立、科学、客观、公正的鉴定原则，应坚持为社会主义民主与法制建设服务，维护法律的尊严，维护社会的公平正义。维护当事人合法权益。"〔3〕

此外，还有一些省市的司法鉴定执业道德规范，限于篇幅不再一一列举。从所有这些已经制定的道德规范内容上看，我们可以提炼出几个共性的关键词汇：科学、客观、独立、恪尽职守（忠于职守）等。这几个方面无疑是司法鉴定中应坚持的基本准则。但是笔者认为，科学性是司法鉴定的本质属性，虽然它是司法鉴定中的必备部分，但是其与道德的相关度不高。因此，对于司法鉴定人行业道德构建上并无必要将其列进来。我国司法部于 2009 年发布的《司法鉴定职业道德基本规范》中也将客观公正，探真求实列为基本内容之一。结合上述文件，笔者认为司法鉴定人行业道德约束主要的内容应该包含以下几个层面：

〔1〕《青海省司法鉴定人职业道德和执业纪律规定》，载 http://xxgk. qh. gov. cn/sft/html/1698/255382. html，最后访问时间：2015 年 8 月 6 日。

〔2〕《广州市司法鉴定人职业道德和执业纪律规范》，载 http://sfzb. gzlo. gov. cn/sfzb/file. do? fileId=24D3FE555D814DE49A39B6DFEE64C433，最后访问时间：2015 年 8 月 6 日。

〔3〕《司法鉴定人职业道德执业纪律规范（试行）》，载 http://www. cc148. com/sjy/9922. htm，最后访问时间：2015 年 8 月 6 日。

（1）独立。司法鉴定的独立性是司法鉴定的本质属性。[1]纵观英国、美国和德国等国家的鉴定机构设置，其重要的共通之处之一就是司法鉴定机构与法院、检察院等机构没有任何的隶属或上下级等关系。[2]司法鉴定人在鉴定中的地位不依附于任何一方，司法鉴定人只依据科学原理和先进设备对受委托事项进行鉴定，不受任何其它意见的影响。要保证鉴定人的独立地位，正如前文所述，需要首先从管理制度上，使得鉴定机构真正独立出来，不挂靠、依赖任何司法行政机关。司法鉴定人的工作应只为寻求客观事实和实现科学服务。

而缺乏独立性的挂靠的鉴定机构往往由于受到侦查机关入罪倾向的影响，对于鉴定的事项容易先入为主，缺乏调查研究。这样的案例古已有之，有学者在研究清末"杨乃武与小白菜案"之后，发现该冤案之所以酿成，其根源上就在于对葛品连死因的错误鉴定意见，而该鉴定意见的错误又是由于该鉴定人受到了来自其所隶属的审判部门相当大的影响。从根源上可以说都是源于鉴定人缺乏独立性地位。[3]再例如，某鉴定机构对拆卸盗来的一台只有三成新的春兰牌3匹空调压缩机进行鉴定时，没有真正去市场调查，仅凭失主反映其价值3000余元，就鉴定被盗物价值为2300元。后来办案人员觉得有问题，实地去调查才发现该空调新品仅仅价值1300元。[4]如果对鉴定人一直有保持独立的行业道德要求，他们需要对自己的鉴定行为真正负责，那么这样的情况就会减少发生的概率。作为鉴定人自身也应当加强保持独立性的自我要求，排除各种因素干扰，以便客观完成鉴定工作。

在具体的内涵上要求：司法鉴定人应当处于独立地位。[5]也就是在鉴定工作中，一切以鉴定人自己为转移，一切围绕鉴定工作进行，这是独立的集中体现。所有这些最终的目的仍然是保证鉴定意见能够独立的做

---

[1]　王永杰："论司法鉴定的社会结构：以社会学的利益博弈为视角"，载《华东师范大学学报（哲学社会科学版）》2009年第2期。

[2]　常林："谁是司法鉴定的'守门人'"，载《证据科学》2010年第5期。

[3]　参见潘巍松："试论司法鉴定的独立性——以清末'杨乃武与小白菜案'为例"，载《法律与医学杂志》2005年第4期。

[4]　王永杰："论司法鉴定的社会结构：以社会学的利益博弈为视角"，载《华东师范大学学报（哲学社会科学版）》2009年第2期。

[5]　鲁跃晗、常林："论我国司法鉴定独立性偏位的管控"，载《中国司法鉴定》2011年第6期。

出。具体来说，鉴定意见的独立性表现在："（1）鉴定人是与案件无关的独立个人，受相关部门或当事人委托独立进行鉴定并做出独立的判断；（2）鉴定所运用的科学与技术原理来自独立的科学技术知识；（3）鉴定意见独立于其他证据，其来源、性质、证明形式均与其他证据不同。"[1]

特别值得强调的是，经济上的独立也是保证司法鉴定机构和司法鉴定人独立地位的重要保障。资金来源上的独立是保证鉴定机构和鉴定人得以真正排除干扰独立进行鉴定的重要保障。我国审判独立等法治理念一直停留于概念阶段，很大程度上都源于法院系统尚无法实现真正的经济独立。在这样的前车之鉴下，我国司法鉴定行业应当尽快规定明确适当的收费标准，逐步走入自负盈亏的经济独立轨道。这样不仅能够通过鉴定机构和鉴定人的优胜劣汰来实现资源的优势整合，同时也会保证生存下来的鉴定机构和鉴定人在经济上完全独立。这是实现鉴定机构和鉴定人的真正独立是最有力的保障之一。

（2）客观中立。实现鉴定人的制度上的独立是保证鉴定人有客观中立立场的基本保证。可以说中立是保证鉴定人在鉴定中能够按照科学原理进行鉴定，不受任何干扰的主要保证。我国司法鉴定的中立性就是指鉴定人或鉴定机构在鉴定过程中公平的对待双方当事人，提供客观真实的鉴定意见。[2]其核心就在于司法鉴定人应当同等对待各方当事人，超脱委托关系之外，以科学态度对待所鉴定事项，以便得出客观的意见。该立场的选择，与当事人主义诉讼结构中的选择有所不同。

美国等典型的当事人主义的诉讼结构中，鉴定人对当事人负责，尽管他们也形成自己的道德操守，但是从鉴定问题的选择等层面上，还是会有一定的倾向性。[3]所以，笔者认为为了真正对科学负责，从我国的实际出发，还是应当强调鉴定人保持客观中立更为适当一些。

有些国家对于客观中立的要求早已有了具体的内涵。日本鉴定中立的保障机制："一是鉴定机构的中立性，警察设立的鉴定机构与侦查机关相互分离，检察机构不设鉴定机构。二是鉴定人的中立性，鉴定人必须对做出的鉴定行为保持客观中立的态度。三是适用传闻证据规则，鉴定人必须出庭说明情况，接受询问，其鉴定意见经过法庭质证。四是法官的中立

---

〔1〕 张保生主编：《证据法学》，中国政法大学出版社 2014 年版，第 198 页。
〔2〕 参见董雪文："论司法鉴定的中立性"，华东政法大学 2011 年硕士学位论文。
〔3〕 吕易泽："中美鉴定制度比较研究"，浙江工商大学 2011 年硕士学位论文。

性，在选任鉴定人时，如果其认为鉴定人有失公正，可以更换鉴定人。"〔1〕应当说，这些措施对我们都是有借鉴意义的。我们也应当参考这样的制度，建立一个能够保证鉴定人真正得以中立的完整体系。

此外，为了保证这种客观性的实现，在欧洲的现存司法鉴定技术操作要求中也有所体现。《欧洲法庭科学指南》规定："鉴定人在鉴定前需要做出预评估：预评估有助于取得平衡，并确保鉴定人在鉴定前明确考虑潜在检验结果。预评估还有助于确定最为合适的鉴定策略。当结果已知（例如，DNA 数据库搜索结果），且最初预评估未开展时，应当尽全力避免被该检验结果引导。这可以包含，让另一位不知晓该检验结果的鉴定人进行评估。如果预评估的结果是科学鉴定不可能帮助区分的主张，委托机关或者委托方将会得到相应的劝告。建议将这种劝告和结果记录在案件文档内。如果相关物品的诉求被拒绝或者无法获得，那么，委托机关或者委托方将得到关于导致任何解释的限度的劝告。这个劝告将在报告中清晰阐述。"〔2〕

特别要强调的一点是，由于鉴定本身的科学本质，笔者认为各鉴定机构之间互不隶属，没有等级高低之分。尤其是不要用行政等级来人为划分鉴定意见的等级，这种做法在本质上是反科学的。因此科学性、专门性和独立性均体现"中立"的内涵。〔3〕

（3）诚实。诚实是对司法鉴定人道德要求的核心体现，也是恪尽职守要求得以实现的内在保证，同时它也是前面所述的独立和客观中立的价值操守得以实现的内在动力。"鉴定的过程是一个主客观统一的过程，最终形成的鉴定意见也体现了主客观两个层面的契合。客观层面体现为鉴定意见要借助一定的科学仪器设备，运用科学方法来做出，具有一定的客观性；主观层面则体现在鉴定过程中，鉴定人不可避免地受到其业务水平、专业经验、职业道德和认识能力等主观因素的影响，因而使结论具有一定程度的主观性。"〔4〕而从鉴定人执业道德主观层面上来看，要求鉴定人能

〔1〕 参见第 16 期中国预防犯罪和刑事司法研修考察团："日本的刑事司法鉴定制度考察"，载《中国司法》2011 年第 3 期。
〔2〕《欧洲法庭科学指南》，张保生、刘世权译，尚未出版，笔者在此对恩师和师兄的资料支持表示感谢。
〔3〕 裴小梅："司法鉴定的'中立性'特质"，载《中国司法鉴定》2008 年第 2 期。
〔4〕 张保生主编：《证据法学》，中国政法大学出版社 2014 年版，第 197 页。

够保持诚实是非常基础但是至关重要的环节。从与其它道德层面的联系来说，它也是保证鉴定人保持独立和客观中立立场的内在约束机制。

我国一些学者认为司法鉴定职业道德中要"探真求实"：尊重事实，实事求是，对法律负责，对科学负责，对案件事实负责，对执业行为负责。[1]当前美国众多法庭科学组织都在制定相应的道德守则或者从业守则，要求其成员能够以诚实、正直和客观的态度行事。[2]这些都是诚实要求的体现。

在英美法系传统中，由于其体制的设计，对司法鉴定人的诚实度要求比较高。大约在 14 世纪的英国司法鉴定人作为专家证人是以法官助手的身份出现的。[3]当时曾经采用法官启动鉴定的方式，但是由于与其当事人主义的诉讼模式不协调，这种模式最终被废除而采用了专家证人制度。[4]专家证人的身份大致上相当于我们的司法鉴定人。在美国，司法精神病鉴定领域中，由于采取"当事人鉴定人制度"，鉴定完全由当事人个人启动，鉴定人只能就被鉴定人精神状态做出推理性或者结论性意见，而不得做出终结结论。他们的地位与证人更类似，更为强调出庭进行质证，鉴定人只有经过了控辩双方的反复检验，其证言才可能被法院所采纳。[5]出庭是鉴定人的义务，如果只提供鉴定意见不出庭，其意见基本不会被法官所采纳。[6]这些决定了在英美法系体制下对待司法鉴定人更像是证人，而对于证人身份而言，诚实是首要的要求。在一定意义上，这也是司法鉴定客观中立的价值观念得以实现的重要保障。

而且具有启示意义的是，通过与德法等大陆法系国家的制度相对比，我们可以发现英美的鉴定人入行约束比较松散，只要具有相应知识的人都可以作为鉴定人出现。如《美国联邦证据规则》第 702 条规定，有资格的

〔1〕 霍宪丹主编：《司法鉴定学》，中国政法大学出版社 2010 年版，第 183 页。

〔2〕 美国国家科学院国家研究委员会：《美国法庭科学的加强之路》，王进喜等译，中国人民大学出版社 2012 年版，第 225~226 页。

〔3〕 郑昱："论英美法系专家证人制度对我国的借鉴"，载《海峡法学》2011 年第 2 期。

〔4〕 郭华："国外鉴定制度与我国司法鉴定制度改革的关系"，载《中国司法》2011 年第 1 期。

〔5〕 钱建平："从中美司法精神病鉴定相关制度比较看我国司法鉴定制度改革"，载《理论界》2005 年第 3 期。

〔6〕 王雪莉："两大法系司法鉴定制度对我国司法鉴定制度的设计思考"，载《知识经济》2010 年第 12 期。

专家证人能够以意见等形式作证。[1]但是对于鉴定人资格即使没有事前的认定要求，其也必须经历严格的质证过程，弥补前面的行业管理上松散的不足，从而在实质效果上达到鉴定的目的。这是一种事后审查的方式，也被称为证人诉讼资格的认定，[2]而这种对其资格的补充认定会直接影响法官最后是否会采纳他的证言。可以说，虽然在思路上有所不同，但是最终仍然可以殊途同归。而且从这样的制度设计上可以看到，英美法系对于司法鉴定人诚实要求的实现并没有完全寄望于其自我约束，从严格的质证层面的设计可以帮助这种诚实的实现。

　　笔者认为，在我国的体制下，诚实更是司法鉴定人必须具备的道德品质，否则其可能成为一些冤案的制造者，如前文中提到的"杜培武案"，再比如河北的"徐计彬案"，警方对强奸案的犯罪嫌疑人徐计彬进行血型鉴定，将徐计彬的血型鉴定为 B 型，与犯罪嫌疑人血型匹配。尽管徐计彬前后提出了多次重新鉴定的要求，但是该鉴定意见仍然一路绿灯，成为检控、审判的重要证据，最终酿成了这冤案。直到徐出狱之后，到多家医院鉴定血型都为 O 型，才使得该案件真相大白。[3]尽管在这些案件中，鉴定人员也许由于自身是侦查机关所属的鉴定机构中的工作人员，所以才做出这样迎合侦查机关的鉴定意见，但是笔者认为这也是他们缺乏基本的诚实观念所导致的。而且就我国司法实践而言，也缺乏如英美法系那样的严格的质证程序。对于司法鉴定人出庭的要求尽管已有所体现，但是还需要进一步将其落实到位，将质证作为司法鉴定认定的必经环节之一。而且要将质证的有效性切实落实到位，避免流于形式，[4]这样会从制度上"倒逼"司法鉴定人诚实品质的形成。

　　此外，从技术操作层面上，也有一些国家有较为成熟的制度设计，例如《欧洲法庭科学指南》中规定：鉴定人使用的数据，无论是已有的数

---

〔1〕　内容：如果科学、技术或其他专业知识有助于事实审判者理解证据或者裁决争议事实，则凭借知识、技能、经验、训练或者教育而够格为专家的证人，可以以意见或其他形式就此作证。参见李虹："两大法系有关司法鉴定的规定及对我国的启示"，载《北京化工大学学报（社会科学版）》2006 年第 4 期。

〔2〕　［美］乔恩·R. 华尔兹：《刑事证据大全》，何家弘译，中国人民公安大学出版社 2004 年版，第 346 页。

〔3〕　"徐计彬再审被判无罪"，载《中国青年报》2006 年 8 月 3 日。

〔4〕　常林主编：《司法鉴定案例研究——首届"鼎永杯"优秀司法鉴定文书精选》，中国人民公安大学出版社 2008 年版，第 118~119 页。

据资源（公开或者未公开），个人数据例如在相似案件中的经验及行业咨询都可以被使用，只要鉴定人能够提供使用这些数据的正当理由。例如，如果评估是基于经验，那么鉴定人将要证明之前相关的和记录在案的行业行为。[1]这样的主动披露要求鉴定人能够较为诚实的提供相应的信息。

我们当前努力构建的统一管理体制，赋予鉴定人制度上的保障之后，也要对他们进行道德层面的教育，这样才能保障鉴定的顺利进行。

2. 司法鉴定人行业道德约束的价值

道德约束在约束的种类上属于软约束，一般作用于行为人的内心，外化为行为人的一言一行，通过潜移默化的形式起作用。但是它一旦形成就具有坚挺的特性，会在很长时间中一直起作用。它与那些外在的制度约束、行为约束和法律责任约束比起来是最具有主动性的一种约束形式，其形成过程最为艰难，但是作用时间最为持久。

在那些鉴定制度比较完善成熟的国家和地区中，多数都是主要依赖行业道德自律来约束鉴定人的。例如，香港的司法鉴定管理主要体现在独立于司法部门以及其内部管理委员会的自律性管理，努力实现社会化、中立化。他们的诚信体系主要体现在鉴定人自我管理和内心约束。[2]因此，通过各种制度和理念建设帮助司法鉴定人树立行业道德观念是我国司法鉴定人行业约束中的关键环节。笔者将在下一节集中探讨我国司法鉴定人行业道德约束的实现手段。

（二）司法鉴定人行业道德约束的实现手段

不容否认，司法鉴定行业道德的树立是个多层面的复杂问题。限于篇幅笔者无法一一阐述，这里只就其中一些关键性的问题进行展开。

1. 通过教育和行业自豪感的培养来塑造行业道德

行业道德的塑造和形成是个较长的过程。有学者认为，通过社会舆论、社会赏罚和内心信念等内容有助于司法鉴定人行业道德的逐渐形成。[3]这是有一定见地的。社会舆论和社会赏罚主要是一种外在的约束，这些内容转化为司法鉴定人内在的信念才更为有效。而教育无疑是这个过

---

〔1〕《欧洲法庭科学指南》，张保生、刘世权译，尚未出版。

〔2〕李春晓、蒋玉琴："香港司法鉴定制度的启示与借鉴"，载《中国司法鉴定》2012年第2期。

〔3〕彭轩、李艳楼："略论司法鉴定人员职业道德规范"，载《湖北警官学院学报》2009年第11期。

程中首要的手段，其间需要鉴定人接受扎实的专业教育，具有进行鉴定的优良技能，还要进行执业独立、客观中立和诚实观的教育，使其在鉴定过程中始终有行业道德进行自我约束，这样才能真正保证鉴定的质量。

这种行业道德的树立在很大程度上还要求司法鉴定人的自我认同以及行业自豪感的树立，这是较为根本性的保证。而自我认同和行业自豪感的树立则需要经济上、社会地位上等各个层面的满足。如美国法医的社会地位高、收入高、学术权威高，美国法医基本的月收入达到 10 000 美元以上，首席法医月收入接近 20 000 美元。同时其做出的鉴定倍受信任，很少受到质疑。[1]这些是对这个行业从业人员最大的承认。相信这样的话，所有这个行业中的从业人员都会加倍珍惜自己的鉴定人身份和地位。这样对于鉴定行业道德的形成有着巨大的帮助。司法鉴定的行业道德约束要充分发挥作用，也要求鉴定人能够真正从内心认同这些道德要求，同时树立行业风范、行业自豪感，使得这些行业道德能够内化，融入鉴定人的一言一行之中。这样行业道德才能真正起到应有的作用。

2. 通过制度上的完善和保障来维护行业道德

统一的管理体制对于鉴定人行业道德的形成有重要的作用。前文提到的以司法行政部门和行业协会结合的全国统一的管理体制的构建是司法鉴定行业形成的重要因素。传统上侦查人员自设鉴定机构的做法，不经意间已经将司法鉴定行业一分为多，这样分散的体制下使得司法鉴定人员的地位、从业环境和技术标准等都存在巨大的差异，这样非常不利于鉴定行业的行业观念的形成，无行业观念谈何行业道德，而且这种多元化的体制会导致司法鉴定人因为处于不同的机构，拥有不同的身份而对于司法鉴定的目的和意义的理解都有所不同。这对于统一的行业性道德的形成是一种不利的因素。所以司法鉴定统一领导体制的真正形成是非常重要的。

3. 通过鉴定行为约束和法律责任威慑来强化行业道德

前文中提到了对鉴定行为的约束以及对于不当甚至违法的鉴定行为进行法律上的惩罚是强化行业道德的重要环节。对鉴定行为的约束是从正向规范鉴定行为，对违法鉴定行为要求其承担法律责任是从逆向对鉴定人进行威慑。对鉴定行为的约束会逐步使得鉴定人的鉴定行为走向规范，督促

---

[1] 马伟龙、王玉来："美国洛杉矶郡法医局介绍"，载《法医学杂志》2008 年第 5 期。

鉴定人认真、谨慎地按照要求完成鉴定工作；对鉴定人要求其承担鉴定责任则会使得鉴定人了解如果不能很好地完成鉴定工作所要承担的严重后果，轻则涉及民事赔偿、暂停执业，重则会承担刑事上的责任。这些行为约束和责任威慑共同发挥作用对于行业道德的强化无疑具有全面的帮助作用。这些约束最终会督促司法鉴定人将司法鉴定行业道德内化为一种自觉，这会极大地帮助其将这些道德内化为自身的行为准则，这才能帮助司法鉴定道德的最终形成。当这种道德已然成为鉴定人的自我约束之时，司法鉴定就会真正成为查明事实真相，实现公正审判的利器。

结　论

第一，司法鉴定行业制度约束中包括建立司法鉴定的行业协会、进行行业准入和评级制度，以及对鉴定意见的定位评价等内容。它是对司法鉴定行业进行有效约束的基础。唯有将行业约束捋顺之后才可能使得鉴定行业整体规范起来。

第二，对鉴定行为进行约束包括妥善保管送检材料；涉及自己和亲友的鉴定事项主动回避；无正当理由不得拒绝鉴定；客观地亲自进行鉴定；按照要求出具鉴定文书并签名；出庭说明情况；重新鉴定。从逻辑顺序上可以分为鉴定前约束、鉴定中约束和鉴定后约束。这是对于司法鉴定人做出鉴定行为的整个过程进行的制度性约束。它是对司法鉴定行业约束的核心环节。离开了鉴定行为的管束，规范鉴定制度就成了空谈。

第三，行业道德约束包括独立、客观中立和诚实等道德内容，它是对司法鉴定人进行约束的最有力保障。唯有内在约束的真正形成才能帮助约束机制有效发挥作用。

第四，司法鉴定行业制度约束、对鉴定行为的约束和行业道德约束是一个有机的整体，它们从不同的侧面和角度共同构成了鉴定人行业约束的各个层面的内容。行业制度是从宏观管理上对于鉴定人进行约束，对鉴定行为约束是从鉴定人鉴定工作的规范化的角度进行的微观约束，行业道德约束则是从司法鉴定人应具有的行业特色的道德的角度进行的心理约束；如果从内在和外在约束的角度进行区分，司法鉴定行业制度约束和对鉴定行为约束属于外在约束，而行业道德约束则属于内在约束。在具体作用的过程中，外在的行业制度约束和鉴定行为约束逐步促进鉴定人行业道德的形成。反之，坚定的行业道德观念又会大力促进鉴定行为的规范。但是无论是行业制度约束、对鉴定行为的约束还是行业道德约束，归根结底还是为了促进鉴定能够高效、优质地完成，最终使得司法鉴定在诉讼和法律工作中发挥其应有的作用，成为帮助司法工作人员查清案情、了解事实真相的利器。

民事诉讼中司法鉴定启动条件的成本—收益分析

张泽健 *

引　言

2013 年，北京市东城区法院受理的"天价鉴定费"案〔1〕曾轰动一时。一起普通的交通事故案件，居然引发热议，其焦点在于，鉴定费的数目竟然超出了被鉴定物品本身的价值，这不符合一般人的价值认知。按照理性人假设，既然一件事的回报还不如付出多，为什么还要做呢？这起案件引发了我们的思考，作为一名法官，在何种情况下应该启动司法鉴定程序，是本文所要探讨的司法鉴定启动条件问题。

一、绪论

（一）民事诉讼司法鉴定启动条件

民事诉讼司法鉴定启动条件即在民事诉讼中，司法鉴定的启动主体在什么情况下应当启动司法鉴定程序。司法鉴定启动条件是司法鉴定启动权的一个重要内容，是司法鉴定启动主体决定是否启动司法鉴定程序的

---

　* 作者单位：中国政法大学证据科学研究院法律硕士研究生。

〔1〕 本案原告霍先生的妻子于 2012 年 12 月 30 日骑车与一辆小型客车发生碰撞。事后经交警认定，责任事故全部由小型客车司机承担。谈及赔偿金额问题时，为评估碰撞中损坏的手镯价值，启动了司法鉴定程序。霍先生为此缴了 2 万元的鉴定费用。然而，鉴定结果最终认定，霍先生妻子手镯的价值在 1.5 万到 2 万元之间。鉴定费用居然等于甚至高于镯子自身的价值。

依据。

目前来看，国内外关于民事诉讼司法鉴定启动条件的法律规定几乎一片空白，具体启动与否全凭法官的自由心证。我国《民事诉讼法》关于司法鉴定的启动条件，按初次鉴定和重新鉴定分别规定。其中初次鉴定分两种情况，一种是当事人提出申请的，没有规定相应的启动条件，另一种是法官依职权启动司法鉴定程序的，以"人民法院对专门性问题认为需要鉴定的"作为条件限制。对于重新鉴定的启动，《民事诉讼法》规定了几种具体的情形，主要是鉴定程序方面出现了问题。[1]国外民事诉讼法也没有明确司法鉴定启动条件方面的具体规定，仅在刑事诉讼法中略微可见司法鉴定启动条件的影子[2]，但是考虑到刑事诉讼的强制性和民事诉讼的平等性，不适宜将刑事诉讼的司法鉴定启动条件引入到民事诉讼领域中来。

我国三大诉讼法规定司法鉴定启动决定权只能由侦查机关和司法机关行使，其中人民法院享有完全的司法鉴定启动权，侦查机关享有有限的司

---

〔1〕 我国《民事诉讼法》第76条规定，当事人可以就查明事实的专门性问题向人民法院申请鉴定。当事人申请鉴定的，由双方当事人协商确定具备资格的鉴定人；协商不成的，由人民法院指定。当事人未申请鉴定，人民法院对专门性问题认为需要鉴定的，应当委托具备资格的鉴定人进行鉴定。《最高人民法院关于民事诉讼证据的若干规定》第27条规定，当事人对人民法院委托的鉴定部门作出的鉴定结论有异议申请重新鉴定，提出证据证明存在下列情形之一的，人民法院应当准许：1. 鉴定机构或者鉴定人不具备相关的鉴定资格的；2. 鉴定程序严重违法的；3. 鉴定结论明显依据不足的；4. 经过质证认定不能作为证据使用的其他情形。对有缺陷的鉴定结论，可以通过补充鉴定、重新质证或者补充质证等方法解决的，不予重新鉴定。第28条规定，一方当事人自行委托有关部门作出的鉴定结论，另一方当事人有证据足以反驳并申请重新鉴定的，人民法院应予准许。

〔2〕《俄罗斯联邦刑事诉讼法典》第79条规定："必须实行鉴定的情况如下：（1）为了判明死亡的原因和身体伤害的性质；（2）对刑事被告人或犯罪嫌疑人在进行诉讼时是否具有责任能力或是否具有辨认自己行为和加以控制的能力而发生疑问时，为了判明他们的精神状态；（3）对证人或被害人是否具有正确理解对案件具有意义的情况和对这种情况做出正确陈述的能力发生疑问时，为了判明他们的精神状态或生理状态；（4）在年龄对于案件具有意义而缺乏关于年龄的文件时，为了判明刑事被告人、犯罪嫌疑人和被害人的年龄。"《俄罗斯刑事诉讼法》第196条规定了强制性的刑事鉴定情形：第一，必须查明死亡原因时；第二，必须确定健康损害的性质和程度时；第三，必须确定犯罪嫌疑人、被告人的心理或身体状况时；第四，必须确定被害人的心理或身体状况时；第五，当为了确定犯罪嫌疑人、被告人、被害人的年龄时。《德国刑事诉讼法》规定了强制启动鉴定的事项：第一，在发现被告人罹患精神病须送精神病院接受检查和治疗时；第二，在有必要把被告人送往疗养院和禁戒所等地方进行保护和管束时；第三，在须验尸或解剖尸体时；第四，在存在伪造货币或有价证券的案件中。对于这些事项，法官和检察官必须聘请鉴定人进行鉴定。

法鉴定启动权。[1]本文研究民事诉讼，一般没有侦查机关的参与，因此，司法鉴定启动决定权的主体是人民法院。本文将以法官作为重点研究的对象。

理论研究中，少有司法鉴定启动条件的研究，目前仅有樊崇义教授在研究司法鉴定启动权的过程中提到了司法鉴定启动条件。他认为，应当以鉴定的必要性、鉴定事项的专门性以及鉴定事项对案件事实的认定必不可少这三个条件作为启动司法鉴定程序与否的限制。[2]

综上，目前司法鉴定启动条件的立法几乎属于空白，而理论研究方面仅有樊崇义教授略有涉足。樊崇义教授提出的三条件在理论上固然没有问题，然而在实践中却太过抽象，缺乏可操作性。因此，笔者认为应当对司法鉴定启动条件进行研究。

(二) 司法鉴定启动条件的研究意义

首先，研究司法鉴定启动条件能够给法官以实务工作的参考。司法鉴定涉及一些专业方面的问题，有些情况下，法官依据自己的法学知识和工作经验较难以做出合适的决定。具体案件中，法官面对的情况非常复杂，仅仅依靠几句口号式的原则与标准是远远不够的，尚需要一种具备可行性、可操作性的方法来解决现实层面的问题。司法鉴定启动条件明确化，能够给法官一个参考，使其能够根据是否符合具体条件做出决定，也给法官的工作带来了便利，提高了工作效率。

其次，研究司法鉴定启动条件能够树立司法公正的形象，提高司法公信力。对于当事人来讲，信息不对等，本来就令其处于司法过程的弱势，面对法官作出的启动司法鉴定与否的决定，如果不能得到一个合理的解释，必然会对司法公正产生怀疑，从而有申诉无门的愤懑，才会引发上访、缠讼等一连串的不良反应。司法鉴定启动条件的明确化，增加了司法鉴定启动的透明性，使司法审判工作更为阳光化，这样能够提升民众对司法环境的信心，树立司法工作人员的公正形象。在过去的办案过程中，司法鉴定启动与否，全由法官根据自由心证做出决定，将如此严肃的问题，全部寄希望于法官的主观状态，显然是不可靠的。这里可能会存在法官个

---

〔1〕 陈光中、贾治辉、徐为霞：《司法鉴定学》，中国民主法制出版社 2006 年版，第 82 页。

〔2〕 樊崇义、郭华："论刑事鉴定启动权制度"，载《中国司法鉴定》2010 年第 1 期。

人偏见，先入为主，甚至是徇私舞弊的情况。即使是法官作出了合乎案件情况的决定，因为其判断过程无法详细地展现出来，仍然会受到当事人的怀疑，使其产生不信任感。将司法鉴定启动条件明确化，可以消除当事人对法官的疑虑，缓和现在较为紧张的司法关系，是对法官的一种保护，而当事人对法官的信赖也会使当事人更加配合法官的工作，有利于审判工作的进行。

而且，研究司法鉴定启动条件能够提高司法效率，节省司法资源。司法鉴定启动条件若是模糊不清，会有一些本不必须启动的司法鉴定得以启动，这样不仅浪费当事人的时间、精力和金钱，也造成司法资源的大量浪费。我国目前处在社会转型时期，社会纠纷的数量较大，以北京地区为例，各基层法院受理的案件数量非常之多，司法人员工作压力很大，司法资源严重紧缺。在这种情况下，限制不必要的司法鉴定启动，是非常有必要的。对于当事人来说，除司法鉴定外，还可借助其他途径解决争议，而司法鉴定耗时较长，降低了维权的效率。法谚云，迟来的正义即非正义。对司法鉴定启动条件明确化，可以利于提高司法效率。

二、成本—收益分析法在司法鉴定启动条件中的应用

（一）成本—收益分析法概述

成本—收益分析法是经济学中常用的分析工具，主要用来进行决策分析，它解决的是投入多少的问题。成本—收益分析法是分别利用成本函数和收益函数绘出边际成本曲线和边际收益曲线，寻找两曲线的交点即为投入—产出的均衡点。在这一点之前，边际收益大于边际成本，对应于现实生活中的情况，此时每增加一个单位的投入，收益均大于成本，因此总利润（总利润＝总收益－总成本）处于增长状态。到达这一点时，边际收益正好等于边际成本，那么此时增加一个单位的投入，收益正好等于成本，总利润不变，也就是说，此时增加投入对总利润的增长是没有意义的。超过这一点之后，边际收益小于边际成本，此时每增加一个单位的投入，收益小于成本，总利润减小。所以，均衡点是一个关键的位置，到达该点之前，每增加一个单位的投入，都能引起总利润的增长，而该点之后，投入越多，总利润反而越少。

所以在经济学中经常构建边际成本曲线和边际收益曲线，用以寻找投入—产出的均衡点，然后据此作出决策。一般的，应当使投入的量正好等于均衡点的投入量，此时总利润的增长值达到最大。因此，我们决策的过程就是寻找均衡点的过程。

经济学中，一般用成本—收益模型来决定投入多少要素到生产过程中，随着投入的增加，收益的增长一般是越来越缓慢的，直到到达一个零点，此处收益值等于产出值。也就是说投入的增加并不一定能够换来总利润的增长。因此，寻找边际成本和边际收益的均衡点非常重要，这能够帮助我们实现总利润的最大化。另外，考虑到资源的紧缺性，生产要素的量总是有限的，寻找到总利润的最大化点，有利于我们将多余的生产要素转移到其他生产领域，从而使利润最大化。

（二）成本—收益分析法在司法鉴定启动条件研究中的适用性

司法鉴定启动条件的问题，其实是一个投入多少的决策问题。对于每一个案件，是否启动司法鉴定程序，是否要将有限的时间和金钱投入到该案的鉴定程序中的决策判断。由于司法资源的短缺性，我们不能无限制地将资源投入到某一具体案件中，而要判断投入多少时能使这一案件的社会总利润最大化。

而成本—收益分析恰是解决决策问题的有力工具。通过引入成本—收益模型，我们可以得到在某一具体案件中，投入多少时间是最为合适的。然后法官根据与司法鉴定人的沟通，确定该案大约需要多少时间能够得出鉴定意见。两个时间进行对比，如果该司法鉴定需要的时间比成本—收益分析得出的均衡点的时间长，那么可以考虑不启动司法鉴定程序；如果该司法鉴定需要的时间比成本—收益分析得出的均衡点的时间短，那么可以启动司法鉴定程序。

司法鉴定启动与否一直以来都依赖于法官的自由心证，缺乏可控性。而借助于成本—收益分析，能够将定量化的判断过程引入到司法鉴定的启动决策中来，使整个决策过程更为科学。

正因为成本—收益这一先天性的优势，很多学科的专家试图从成本—收益模型中寻找灵感，一些问题已经在成本—收益的分析中得到了解决。虽然，司法工作人员由于其专业知识的限制，运用经济学的分析工具可能存在一定的困难，但是本文提出这样一个分析模型，希望能为司法工作人员的自由心证提供一个参考。可能不适合入法，但也是一个有益的尝试，为司法工作人员提供一种可选择的思路，使其判断过程更为科学化，有据可依。

将成本—收益分析引入到司法鉴定启动条件的研究中，首先是填补了司法鉴定启动条件的研究空白。从前述分析可知，我国目前关于司法鉴定启动条件方面没有明确具体的规定，学界相关研究也几乎为零。而司法鉴定启动条件在实务中又是非常重要的问题，可能影响到某一案件是否能够得到公正的审判，也涉及司法效率的问题，因此，应当对这一问题进行研究，以填补理论上的空白。其次，将成本—收益分析引入到司法鉴定启动条件的研究中，是学科交叉研究的又一次尝试。每一学科都有其优势和局限性，学科交叉研究能够将各个学科间的优势互补，以促进学科发展。同时，交叉性的研究能够突破本学科的局限性，开拓研究思路，为本学科的问题找到新的解决方案。另外，将成本—收益分析引入到司法鉴定启动条件的研究中来，能够将经济学定量化的优势引入到司法决策过程中，有利于改变主观决断的现状，定量化的分析工具能够给法官一个明确的行为指引，防止因模糊的判定条件而引起的法官实际工作中的困惑，提高了法官的工作效率。

（三）成本—收益分析法在司法鉴定启动条件研究中的适用范围

在经济学的分析视野下，民事诉讼中一般涉及的是经济利益，如合同纠纷、遗产继承等。即使有些涉及名誉侵权、人身致残等非经济利益纠纷，往往也可以转化为货币补偿。因此，民事诉讼基本上处理的都是经济利益的问题，相对没有刑事诉讼那么严格。相应的，民事诉讼的证据制度较为宽松，作为法定证据形式之一的鉴定意见没有那么重要。所以，在鉴定成本过高的情况下，可以考虑不启动司法鉴定程序，而采用其他证据形式，或者在现有证据材料的基础上做出判决。

其次，民事诉讼较刑事诉讼更为重视效率。民事诉讼处理的毕竟不是自由或生命之类的利益，如果为此花费太多的时间、精力或金钱，对当事人来讲可能得不偿失。同时，若是因为司法鉴定费用过高，增加了民事诉讼成本，可能会让当事人望而却步，降低了他们维权的积极性。一些经济困难的人可能因此不能保护自己的合法权益，这不利于司法资源的公平分配。所以，从鼓励维权的角度看，对民事诉讼中司法鉴定的条件进行限制是有必要的。

另外，从功利主义的角度分析，民事诉讼对证据的依赖程度较刑事诉讼低，因为民事诉讼若是因为某些证据问题出现误判，其纠错成本相对较低，造成的错误并非无法挽回。从这一角度来看，民事诉讼中司法鉴定的启动并非必要。所以，从节约司法资源方面来讲，应该对民事诉讼中司法鉴定启动的条件予以限制。

但是刑事案件与民事诉讼有着明显的不同之处，尽管部分刑事案件也会涉及人们的经济利益，例如刑事案件附带民事赔偿的诉讼。然而，由于刑事案件的判决主要涉及当事人的刑事责任，判决内容事关当事人的人身自由和生命，一旦刑事案件发生错判，其后果比民事诉讼的错判严重得多。因此，刑事诉讼对证据的要求非常之高，对司法鉴定的依赖度也相应更高。

此外，刑事案件错判，无论事后是否被纠正，其造成的后果几乎是不能挽回的，试图挽回的成本是巨大的，产生的社会影响也是巨大的，有较强的外部性，会造成社会福利的净损失。[1]因此，在大部分情况下，法官都会同意当事人所提出的司法鉴定申请，或者依职权启动司法鉴定程序。

基于以上分析，刑事案件因为牵涉的利益无法用货币衡量，且有很大的社会外部效应，所以，对于刑事诉讼的司法鉴定启动，不适用于成本收益分析。而民事诉讼案件，因其牵涉的利益偏向于经济利益，而且比起公正这一价值，效率价值更为重要，因此，对其鉴定程序启动与否，很有研究的必要。本文试图从民事诉讼中涉及的司法鉴定入手，尝试构建相应的经济学分析模型，用定量化的分析方法对司法鉴定启动条件进行探讨。

（四）成本—收益分析法在司法鉴定启动条件研究中的模型构建

1. 司法鉴定中的几个经济学概念

（1）司法鉴定的社会总成本。成本即为了获得某一结果所付出的支出。成本可以分为显性成本和隐性成本。就司法鉴定启动而言，显性成本就是当事人为此支付的鉴定费和为搜集鉴定需要的材料所耗费的时间。而隐性成本，以当事人为例，启动司法鉴定程序意味着延长了诉讼时间，而这些时间本可以用来工作以赚取收入，因此，如果因为启动司法鉴定程序，该鉴定程序如果需要耗费 3 天的时间，那么隐性成本就是这 3 天当事

---

〔1〕 史晋川、陈春良：《法经济学》，北京大学出版社 2014 年版，第 370~372 页。

人的工资。

对社会总体来讲，社会总成本就是双方当事人所付出的花费和法官耗费的司法资源。法官耗费的司法资源主要是法官所付出的机会成本。在这里法官将面临一个选择，同样的时间，是用来启动该案的司法鉴定程序，还是用来审理其他案件。法官如果不启动该案的司法鉴定程序，那么利用这几天的时间可以去审理其他的案件，所以显性成本是法官付出的劳动力，隐性成本是审理另一案件所能获得的社会总收益。

司法鉴定中涉及的主体主要是原被告双方当事人、法官。由于法官是一个中立的角色，权衡问题从全面的角度出发，因此在考虑成本的时候不能仅从某一方的角度考虑，应当从社会总体角度出发，那么关于司法鉴定启动条件的成本应当特指社会总成本。经济学的分析习惯是将各项成本折算成货币来考量。此处对双方当事人来讲，如果启动司法鉴定，所要付出的成本包括要缴纳的鉴定费、双方当事人的机会成本和搜集证据所花费的时间和金钱。对法官来讲，所要付出的成本就是这段时间本能够审理的另外一起案件中所能获得的社会总收益。

此处涉及鉴定费、当事人的机会成本、搜集证据的花费、法官成本等一系列概念的内涵。讲到鉴定费的内涵，不得不提及鉴定费的收费标准。目前三大类司法鉴定收费属于政府指导价和政府定价管理，[1]三大类外的司法鉴定收费，没有非常明确的规定。[2]学界有观点认为，鉴定费的收取应该考虑的因素包括开展司法鉴定的服务成本、合理利润、法定税金、司法鉴定机构和鉴定人可能承担的赔偿风险和责任、普通社会公众的承受能力。[3]还有观点认为，鉴定收费标准成本核算的依据主要包括直接成本和间接成本。[4]其中直接成本的核算依据主要有：鉴定的人工费

〔1〕《司法鉴定收费管理办法》第五条规定，法医、物证、声像资料类司法鉴定收费实行政府指导价或政府定价管理。第六条规定，国务院价格主管部门会同同级司法行政部门负责制定司法鉴定收费管理办法以及法医、物证、声像资料类司法鉴定收费项目和收费标准的基准价。

〔2〕《司法鉴定收费管理办法》第七条第三款规定，法医、物证、声像资料类以外的司法鉴定收费，由省级价格主管部门会同同级司法行政部门根据当地实际情况确定价格管理形式和管理权限。国务院价格主管部门另有规定的，从其规定。

〔3〕谌宏伟、肖羽飞："我国司法鉴定收费管理之完善"，载《新余学院学报》2011年第8期。

〔4〕吴何坚、何晓丹："对我国司法鉴定收费管理的思索"，载《中国司法鉴定》2008年第12期。

用、鉴定所需仪器设备折旧费、材料费、鉴定用房的租金或折旧费等，间接成本包括机构管理成本、机构发展基金、风险基金等。[1]另有观点认为，司法鉴定收费包括对鉴定人工作的补偿、材料性收费、实验费、印刷费以及会检费、档案保管费、复核费等。[2]综合来看，司法鉴定费的内容应当包括人工费、仪器费、场地费、材料费、风险责任承担补偿、机构管理成本等这几项内容。虽然目前法律对三大类规定了具体的收费标准，如涉及财产案件的司法鉴定收费，根据标的额比例分段累计收取[3]，医疗纠纷鉴定4000~6000元一例等[4]，但是这是我国司法收费"劫富济贫"的考虑，以及我国司法过程中诚信缺失的无奈之举，并非是司法鉴定收费的应然状态。在英美法系国家，以英国为例，鉴定收费标准是按小时来收费。[5]笔者认为这是合理的。我们可以从鉴定费包括的具体内容予以分析。仪器、场地和机构管理成本都是随时间的增加而递增的，从长期看，可以认为对于一个正常运营的司法鉴定机构来讲，分摊在每天的仪器折旧、场地折旧或租金、机构管理成本都是相同的。所以，启动一个司法鉴定程序所引起的仪器、场地和机构管理成本之和 $y = ax$，其中 a 为常数，代表分摊在每天的均等的仪器折旧、场地折旧或租金、机构管理成本，x 为耗费在该司法鉴定上的时间。材料费对于某一具体案件来讲，相对比较固定，以文件鉴定为例，所耗用的材料一般是指制作比对表和写作司法鉴定文书的纸张耗用，对一个具体的案子来说，这些材料的耗用量是基本固定的，不会因为鉴定时长的增加或减短而有大的变化。

这里人工费的衡量显得有些抽象。按照马克思的劳动二重性理论，既然不同具体劳动都可以用货币来衡量，说明它们背后隐藏着共同的东西，即人类劳动力的耗费，它们是无差别的，可以用劳动时间来衡量。[6]由此，鉴定的人工费用也是鉴定时间的函数。理想的情况下，可以认为针对

〔1〕 吴何坚、何晓丹："对我国司法鉴定收费管理的思索"，载《中国司法鉴定》2008年第12期。

〔2〕 拜荣静："涉讼司法鉴定收费制度的检视与重构"，载《证据科学》2012年第3期。

〔3〕 《司法鉴定收费管理办法》第8条。

〔4〕 《成都市部分司法鉴定收费标准》。

〔5〕 柏璐："司法鉴定收费若干问题分析"，载《法制博览》2013年第6期。

〔6〕 马丽娜:《马克思主义政治经济学原理》，中国长安出版社2003年版，第68~72页。

某一个具体的鉴定人而言，他每天完成的工作量是一定的，那么他所创造的价值，即他的人工费用可以认为满足 $y=bx$，其中 y 为人工费，x 为鉴定时间，b 为常数，表示该鉴定人每天完成的工作量，即他单位时间的人工耗费。

至于风险责任承担补偿与时间的关系，我们可以这样理解。当一个案件耗时越长，做得越详细，鉴定人出错的概率越小，则承担的风险责任越小，因此，鉴定所花费的时间和风险责任承担的补偿成反比关系。当然，不同的案件难度不同，对应的风险责任也不同，这里为了简化分析，我们以一般难度的案件作为分析对象，暂时不考虑案件难度对风险责任承担补偿的影响。基于以上分析，可以认为风险责任承担补偿 y 与时间 x 的关系为 $xy=c$，c 为常数。

当事人的机会成本按照一般情况可以认为是当事人的误工费，即当事人花费在司法鉴定上的时间如果用在工作上可以获得的收入，这也是当事人为了启动司法鉴定所付出的成本。因此，如果当事人一天的工资是 d，花费在司法鉴定程序中的时间为 x，则当事人的机会成本 $y=dx$，d 可以认为是常数。

搜集证据的花费也是一块很重要的内容。以文件鉴定为例，当事人需要提供大量的样本供鉴定人进行比对，而且对这些样本的形成时间、清晰度、法律效力等有非常严格的要求。整个搜集证据的过程是一项非常浩大的工程，需要花费大量的时间和精力。具体到某一个具体的案件，所需要搜集的证据资料是一定的，所以我们认为，搜集证据花费的代价可以简化为用一个常数来代替。

法官启动一个案件的司法鉴定程序，是以减少本可以花费在其他案件的审理时间为代价的，所以，在启动该案的司法鉴定程序的过程中，法官付出的成本是本可以花在他案的时间以及从他案中得到的社会影响。若将法官从他案中得到的社会影响认为是常数，那么，法官付出的成本 $y=ex+f$。

综合上述分析，启动一个司法鉴定程序的社会总成本 $y=ax+bx+c/x+dx+ex+f$。

（2）司法鉴定的社会总收益。司法鉴定的收益，应当包括司法鉴定的个人收益和社会收益。个人收益主要指原告方从诉讼中获得的收益，即赔偿标的，针对一个具体案件来讲，这个标的是固定的。可以认为个人收益只有 0 和赔偿标的这两种结果，排除其他复杂的情况。那么，个人收益曲线为：

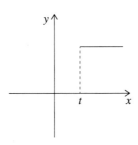

社会收益是指某一具体案件的判决结果所造成的社会影响，比如司法公信力的提升、双方当事人的满意度等。关于司法鉴定的社会收益，主要是该案的社会评价，正面的社会评价能够提升司法公信力，鼓励社会诚信度的增加，负面的社会评价将降低社会诚信度，也让民众对司法工作产生不信任。由于社会收益是一个主观性的指标，具体到每一个具体的案件中都不同，因此无法用函数来表示，只能根据法理来得出其变化规律。一般来说，公众对一个案件的评价指标主要是公正和效率两方面。在启动司法鉴定审理某一案件时，社会评价本身有一个基数值。在到达某一固定点之前，随着耗费在司法鉴定程序上的时间的增多，案件事实越来越清楚，法官做出公正裁判的概率增大，社会收益递增。在到达这一固定点时，法官依据司法鉴定意见做出的裁判最公正，并且司法效率最高，社会收益达到最大值。此后，随着司法鉴定耗时的增加，由于公众对司法效率的评价降低，将导致社会收益从最大值开始下降，并且耗时越多下降越快。根据以上分析，得出社会收益的变化特点，并据此得出社会收益的变化曲线：

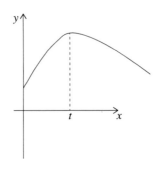

所以，综合上述分析，得出社会总收益的曲线是二者之和，即为：

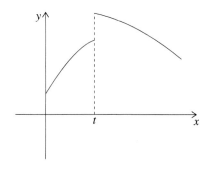

（3）司法鉴定的边际成本和边际收益。边际是经济学中一个非常重要的概念，它衡量当自变量变化一个单位时，因变量的变化程度。对应到以上分析的司法鉴定的成本内涵，边际成本就是当投入到司法鉴定的时间每增加一个单位，社会总成本需要增加多少。反映到经济学分析曲线中，边际成本就是成本-时间曲线的斜率，也即成本-时间函数的一阶导数。

y 的一阶导数 $y' = a + b - c/x2 + d + e$，$y'$ 即为启动一个司法鉴定程序的边际成本，其曲线形状如下：

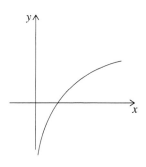

同样的，边际收益就是当投入到司法鉴定的时间每增加一个单位，社会总收益增加多少。反映到经济学分析曲线中，边际收益就是收益-时间曲线的斜率，也即收益-时间函数的一阶导数。根据以上对社会总收益变化规律的分析，在某一时间点以前，社会总收益保持增长，超过这一时间点后，社会总收益开始下降，并且下降速度越来越快，可知，在这一时间点之前，边际收益为正数，绝对值越来越小，超过这一时间点后，边际收益为负数，且绝对值越来越大。由此，可得出边际收益的曲线为：

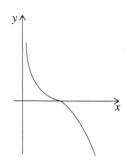

将边际收益曲线与边际成本曲线进行组合，可以得出二者的交点，此点为均衡点，即为应当投入到司法鉴定程序中的时间：

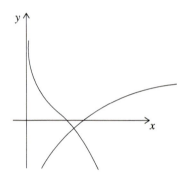

在实务工作过程中，法官需要结合案件实际情况，确定均衡点的位置，找出为得到最大效率，应当投入到司法鉴定程序中的时间，然后与鉴定人沟通，预估该案需要耗费的鉴定时间。如果预估的时间超过均衡点的时间，可以考虑不启动司法鉴定程序，而借助于其他证据予以裁判。如果预估的时间少于均衡点的时间，那么，在没有其他因素干扰的情况下应当启动司法鉴定程序。

三、重新鉴定中成本—收益分析的修正

上述分析主要是从最为简单的情况——初次鉴定的启动条件展开分析的，下面我们来分析一下重新鉴定的情况中，成本—收益模型应当做出哪些修正。在社会总成本函数中，$y=ax+bx+c/x+dx+ex+f$，其中 ax 表示某一案件司法鉴定过程中耗费的仪器折旧、场地折旧或租金、机构管理成本，bx 表示鉴定人的人工耗费，c/x 表示风险责任承担的赔偿，dx 表示当事人

的机会成本，$ex+f$ 表示法官的机会成本。对重复鉴定来讲，主要影响的是 c/x，即风险责任承担的赔偿。相比于初次鉴定，重复鉴定所承担的风险更大，$y=c/x$，x 不变的情况下，y 的数值增大，说明相对于初次鉴定来讲，重复鉴定的 c 值增大，此处为作区分，用 c' 表示，$c'>c$。那么对应到边际成本的曲线上，重复鉴定的边际曲线较初次鉴定的边际曲线更为下移。

在社会总收益函数中，社会总收益＝个人收益＋社会收益，显然，重复鉴定的社会收益变化很大。重复鉴定往往涉及一些重大争议案件，比较容易引起社会关注，产生的社会影响力比较大。法官如果能够处理好重复鉴定的案件，那么对社会诚信、司法公信力的作用将是非常大的，反之，一个小小的纰漏将会引起严重的后果。相对于初次鉴定，重复鉴定的案件对效率的要求降低，而对公正的要求升高。如此，在到达社会收益的最高点之后，曲线下降的速度较初次鉴定曲线下降的速度更为缓慢，对应到边际收益的曲线，其变化趋势相对没有初次鉴定的边际收益曲线那么陡。

所以，根据以上推导，可以得知，相比于初次鉴定的均衡点，重复鉴定的均衡点向右方有所移动，也就是说，实现利润最大化所耗用在司法鉴定上的时间增加，这同我们对于实务工作中的认识是一致的。在实际工作中，为了提高司法鉴定的准确率，我们往往在重复鉴定的案件中耗费更多的时间，由此来看，花费更多时间在重复鉴定上是利于提高总体利润的，符合对于经济价值的追求。

四、成本—收益分析外需要考虑的问题

这里需要考虑到的一个因素是，司法鉴定解决问题的有用性，也就是某一具体案件通过司法鉴定能够得出结果的概率。司法鉴定是帮助法官发现证据内涵的过程，但是由于技术水平的限制、样本检材的数量质量限制等，启动司法鉴定并不一定能够解决案件中的某一具体问题，可能会出现无结论等情况。这种情况下，法官应当先与司法鉴定人员进行沟通，确定针对某一具体案件，司法鉴定过程能够解决问题的概率，综合考虑这些因素，从而做出一个合理合法的决定。

此外，在做司法鉴定启动与否的决定时，还有一个不得不考虑的问题，即此案件对该鉴定意见的依赖程度。对于有些案件，当事人提供的证

据足够充分，鉴定意见能起的作用相对较小，也就是说，在没有鉴定意见的情况下也可以做出公正的司法裁判。而对于有些案件而言，鉴定意见就如"救命稻草"，在当事人能够提供的为数不多的证据中发挥着主要的作用，这种情况下，法官在考虑是否启动司法鉴定程序的过程中，就应该予以倾斜。所以，针对某一具体案件，司法鉴定是雪中送炭还是锦上添花，这是一个非常重要的问题。

结　论

司法鉴定启动条件是一个非常值得研究的问题。由于司法鉴定启动是一个决策性问题，因此本文引入经济学中的决策工具——成本—收益分析法来对司法鉴定启动条件进行研究。法官在与鉴定人初步沟通，确定该司法鉴定能够得出结论的前提下，可以根据具体案件情况得出该鉴定的边际成本曲线与边际收益曲线，二者相交点即为均衡点，在这一点鉴定总利润达到最大。然后法官应该进一步与鉴定人交流，大致估算一下该鉴定需要耗费的时间，如果预估的时间在均衡点之前，那么可以考虑启动司法鉴定程序，如果预估的时间在均衡点之后，可以不启动司法鉴定程序。整个决定过程中要综合考虑，注意鉴定意见在该案中所发挥的作用，如果该案对鉴定意见的依赖性较强，可以考虑予以倾斜，如果依赖性较弱，即使预估时间在均衡点之后，也可以不予启动。

本文仅仅是从定量化的角度对司法鉴定启动条件进行一个探索性的思考。文中引入的模型也仅仅是理想情况下的一个简化模型，没有引入一些现实办案中出现的实际因素，从目前的司法现状来看，本文所提供的方法也并不适合在诉讼领域大面积地推广，只是给法官提供一种思路，一种借鉴，使法官在实际办案过程中能够有一定的参考。

在后续的研究中，可以对司法鉴定启动条件进行一定的实证研究。第一，可以验证一下以上经济学分析的正确性，进行适当的修正；第二，可以结合实际确定一下上述模型中参数的具体值，这样有利于该模型在实务中的应用推广，使理论研究真正能够指导实践工作。

中美物证技术文化比较研究

——以物证鉴定为视角

王　璐 *

引　言

人类的司法证明活动在经历了神明裁判时代和言辞证据时代之后，伴随着科学技术的发展而进入了物证时代。与人证相比，物证在刑事诉讼中的作用和意义更为重要，这很大程度上是源于物证不会"说话"，因而不会"说谎"。可是，在各国司法实践中，却频频出现因为物证鉴定结论"说谎"而导致的错案，在社会上引起了广泛关注和讨论。物证技术是防止物证"说谎"、让物证"说实话"的关键。从鉴定角度来看，物证鉴定人是物证的解读者，是物证的代言人，因而说谎与说实话的关键在于鉴定人自身。事实上，一国的物证技术发展情况，不仅仅体现在设备、技术手段等具体技术层面，其实还涉及本国深层次的文化因素。

尽管鲜有学者提及"物证技术文化"这个词，但是其内涵早已为人们广泛思考并讨论。目前国内与物证相关的研究主要分为三类：①技术类研究，包括物证技术学和刑事技术学的研究，其侧重点在于将科学技术运用于刑事案件和民事案件。②制度类研究，包括诉讼类和非诉讼类研究，包括从侦查制度、司法鉴定制度以及证明制度方面进行的研究，以及司法鉴定管理制度和刑事技术的教育体制方面的研究。这类研究的侧重点在于

---

* 作者单位：中国政法大学证据科学研究院法律硕士研究生。

从各自学科的角度分析物证的调查、解读和运用。③基本原理类研究，包括物证技术基本原理、侦查基本原理、诉讼基本原理以及哲学原理等方面的研究等。然而，无论是何种物证技术领域的研究，皆致力于无限靠近绝对的客观真实，亦即力图探索一条最正当的发现客观事实、证明客观事实的科学方法。在这种穷尽一切资源以期挖掘客观真实的过程中，在这无数主体心理、社会行为和社会关系的交织中，已然形成了独有的物证技术文化。事实调查与认定的关键并没有停留在物证技术和物证制度的表面，其关键是存在于技术与制度背后、源源不断的给予其指引和推动力的精神与价值。而这些精神、价值、信仰在特定历史背景下的政治、经济、社会环境中，结合一个民族所特有的传统文化，在人类不断的研发、使用、评价物证技术的过程中，融合成为了具有本国特色的物证技术文化。

很多发达国家在物证技术、法庭科学领域走在我们前面，而物证技术发展之迅猛、法庭科学规范之完备尤以美国为典型，中国和美国分属两个截然不同的文化系统，其各自的历史发展、人文环境、社会价值观念等皆有很大的不同，具有很强的可比性和借鉴性。因此，本文以物证鉴定为视角，对中美两国的物证技术文化进行比较，从而获取对我国物证技术、鉴定领域的一些启发。

一、物证技术文化概述

（一）"物证技术文化"概念提出的必要性

在中美两国的司法实践中，两起著名的刑事案件——中国的"佘祥林杀妻案"和美国的"O. J. 辛普森杀妻案"形成了鲜明对比。

1994 年 1 月，佘祥林的妻子张在玉失踪，张的家人怀疑其被丈夫杀害。1998 年 9 月 22 日，佘祥林被判处 15 年有期徒刑。2005 年 3 月 28 日，佘妻张在玉突然出现在人们视野中，4 月 13 日，京山县人民法院对此案重新开庭审理，判决佘祥林无罪。在美国，1994 年的辛普森杀妻案件在控诉方已掌握众多"铁证"的情况下，最终因物证的取得和保管等刑事技术部分出现问题，辛普森被宣告无罪。在这两起案件中，物证技术的使用、分析、采纳及相关鉴定的证明力看似对两起案件的判决皆产生了最为关键的影响，实则不然。辛普森的辩护律师曾经在接受记者采访时提到，如果辛普森案发生在中国，法庭会做出截然相反的判决。

导致中国的无罪人被判有罪、美国的重大嫌疑人被判无罪的关键因素，在于两起案件中的物证技术在使用、分析、评价、法庭采纳等环节融入了太多的本国文化因素。我们不得不去思考物证技术本身及其背后更深更广的东西——物证技术文化。

　　导致这两起案件结果的最根本的文化因素是中美两国对权力的态度。中国自古以来，都不断在强调君主权力的正当性。而美国自建国之初就对权力保持着高度的不信任感和警惕感。这种权力观的极大差异，渗透到司法领域，最鲜明的体现便是法官在证据认定中的裁量权。在中国，法官是认定证据是否可采的主要角色，其对物证技术的理解程度、对具体鉴定意见的认可与否往往决定着整个案件的发展，进而影响判决。而在美国，除了联邦系统和部分州以外，绝大多数的州都禁止法官在向陪审团进行指示时进行证据总结和评论。而即使是拥有证据总结和评论权的联邦法院法官，也很少在实践中运用这种权力。

　　这种截然不同的权力观，一旦进入司法领域，与人权保护相融合，便呈现出一种此消彼长的相互关系。公权力强调打击犯罪，私权利强调保护人权，这种矛盾关系在两国的法律文化中，化作截然不同的刑事追诉观。

　　在中国的文化中，往往将个人的权益保障置于国家安全、社会秩序之下，"维稳""宁枉不纵"的思想在我国司法实践中已存在了数千年，并对我国当前物证技术的各项运用、评价皆产生重大影响。在佘祥林案中，侦控人员基于办案压力提出控诉，法官基于维稳的考虑，便在现有物证不充分、全案证据不能排除合理怀疑的情况下，做出"疑罪从轻"的判决。

　　同时，由于目前的科技发展水平限制，现有的物证技术并不能使法律事实与客观事实保持高度一致，各种鉴定意见的客观性、正确性饱受质疑，因此不会"说谎"的物证不仅在很多时候无法明确的"说"出客观事实，甚至会借由鉴定意见"说"出一些歪曲、错误的信息。当这种不确定性与"宁枉毋纵"相结合，便产生了一种"疑罪从轻"的折中观。"疑罪从轻"的广受青睐致使类似于佘祥林案的错案在中国司法实践中屡次出现。而在美国历史上，从其《权利法案》诞生之初到逐渐修正的过程中，便呈现出一条清晰的脉络——为被告人提供充分的权利保障、防止国家机关权力的滥用，甚至不惜以有罪人逃脱法律制裁为代价。这条脉络贯穿了美国的司法实践，并且在辛普森案中有了最鲜明的体现，最终使得具有极大嫌疑的辛普森无罪释放。

这两起案件的截然不同说明，物证技术本质上是人类基于对物证技术进行研发和应用的主观认识。尽管物证技术的作用对象是客观的物证，然而，一旦物证技术经由人的主观研发、选择后，就会成为人的主观认识活动。佘祥林案和辛普森案两案在物证技术的使用、分析、评价、法庭采纳等诉讼环节都融入了太多本国文化因素，并且这种技术与文化的结合极易导致案件结果的重大差异。因此，结合一个国家特定历史背景下的政治、经济、社会环境和民族文化来分析物证技术的发展情况、提出物证技术文化的概念并深化其内涵存在着必要性。因此，对物证技术文化探索，引出以下具体问题。

1. 文化环境是物证技术发展的基本环境

由佘祥林案和辛普森案的比较可以认为，文化环境是物证技术运行的基本环境。物证技术必须存在于一定的文化环境中，才能得以最适当的使用，才能发挥其最大效能。整个物证技术和制度的发展往往会与社会中的文化土壤形成紧密的渗透和融合。社会是物证技术的运行环境，一个国家的地理环境、社会结构、核心价值观念、法律文化观念等等都会对物证技术的发展、物证鉴定制度的设计产生巨大的影响力。同时，社会公众对刑事案件中物证技术环境的关注，也会从监督层面促进物证技术的研发和物证鉴定制度的改革和更新。

物证技术、物证鉴定制度方面的改革若只从制度自身去考虑，难以从根本上改变司法活动的运行方式、达到自身的进步，只有从社会的文化深层次中去思考、去改变，以一种中国式的改革思路去设计物证技术、鉴定制度，才有可能使本国的物证技术得到平稳、持续的进步。

2. 物证技术的应用在社会文化领域有重大的影响力

当前我国司法实践中，错误的鉴定结论是引起案件出错的重要原因，常常引发社会的广泛讨论，甚至会对社会秩序造成一定程度的负面影响。例如，2009 年湖北石首市曾发生一起命案，法医出具鉴定意见称其为"高坠自杀死亡"，同时文书鉴定专家对一份警方发现的遗书进行笔迹鉴定，认定该死者为自杀，其后引发了数万民众参与的群体性事件。该事件表明，一份鉴定意见不仅仅涉及当事人的权利义务分配，其影响力还可能会扩及更大范围的社会群众。一份错误的鉴定意见报告可能会对整个社会秩序、安定团结造成一定的冲击。一场诉讼的关键在于证据，而对证据的解读可能会受到一个国家全国范围的关注。例如，1995 年 10 月 3 日，美国西部时间上午 10 点，大约有 1.4 亿美国人收看或收听了辛普森杀妻案的最后裁决。当时整个美国一时陷入停顿，克林顿总统推开了军机国务、前国务卿贝克推迟了演讲、华尔街股市交易清淡、长途电话线路寂静无声、数千名警察全副武装、如临大敌，遍布洛杉矶市的街头巷尾[1]。由此可以看出，物证技术所产生的影响力在整个社会领域，都是重大而深远的。

3. 向发达国家学习兼采本土创新是我国目前物证技术领域的主要发展路径

深入地了解中美两国物证技术文化的差异是我国物证技术的发展路径中所蕴含的应有之义。美国物证技术文化具有鲜明的特点，其法庭科学领域的发展处于世界领先水准。与美国相比，我国目前的物证技术发展较为滞后。中美两国物证技术发展程度的差距，实质上是源于中美两国物证技术文化的巨大差异。

不同于美国在近代所经历的科技革命，我国的物证技术领域的研发和应用缺乏美国自建国以来便具有的科学精神。同时，我国的经济发展水平也与美国相较甚远，在历史背景和社会环境具有如此巨大的差异性的前提下，不能将美国物证技术的研发制度、法庭科学的制度和规范设计简单、机械地拿到中国采用，而是应当在充分了解两国文化背景、社会背景的前提下，有条件地借鉴、学习。因此，提出物证技术文化这个概念，将两国文化因素中与物证技术发展息息相关的内容提炼出来，加以分析比较，从而寻找一条中国式的物证技术发展的道路，是极为必要的。

（二）物证技术文化的概念

关于"物证技术文化"一词的概念，须得从"文化"的概念说起。"文化"一词的概念较为模糊，至今尚无统一的定论，各人有其各自的看法。本文对"文化"内涵的观察，采取的是与"客观"相对的视角：

从语源学上看：①汉字词源中，"文"与"质"相对，进一步说，"文化"与"物质"相对。"质"通质朴，指原始、没有任何加工的物质。而"文"通纹理，"错画也"（说文解字），是对一个质朴的东西进行人为修饰和加工，例如对人的身体进行文身。②英字词源中，"文化"为 culture，对应"自然"的 nature，其拉丁文原意为 cultus，即耕种，也是一种

---

〔1〕 高运生："辛普森涉嫌杀妻案中辩护律师团的七大法律策划谋略"，载 http://blog. sina. com. cn/s/blog_ 66308ffd0100zfzo. html。

人为的加工。因此，无论是在汉字词源还是英字词源上，文化都与物质、自然相对，实质上可以概括为"文化"与"客观"相对，词源上的含义都是"人为加工——人对客观存在的有目的的影响，以及人本身的培养和训练"，文化具有很强的主观性或精神性。

从文化学上看，本文参考19世纪英国人类学家爱德华·博内特·泰勒给文化所下的定义"文化是一个复合的整体，其中包括知识、信仰、艺术、道德、法律、风俗以及人作为社会成员而获得的任何其他的能力和习惯。[1]"也就是说，文化是人在一定社会环境下、经由历史发展，而逐渐形成的一种行为模式、思维方式和价值观念的复合整体，文化具有很强的历史性和复杂性。

本论题所思考的物证技术是对案件中的物证或可能成为物证的物质性客体予以发现、记录、提取及检验、鉴定时所运用的各种技术、方法的总称。物证技术在运用的过程中，具有人文性（主观）和科学性（客观）。人文性主要表现在，主体在选择物证技术时，总会带有自己的认识和判断。科学性主要表现在物证技术的对象上，物证技术的对象——物证是以"物质的基本属性"为其证明价值，若无"质"则无用，也正是因为物证的客观性，才使得物证技术具有有用性。

"文化"与"客观"是相对应的，当两者在物证技术领域结合，物证技术就不单指向物质和物证，同时，也会指向一系列的人为选择和评价，例如对物证技术本身的选择、对鉴定意见的准确性判断以及为此而人为设置的各种与物证相关的程序、制度等。因此，无论是物证技术的发明与创造，还是物证相关制度的改革与创新，都需要人作为主体所具有的无限接近绝对客观的愿景和纯粹为事实真相而证明的信仰。这种人的主观活动经由历史的积累，与一个国家的特殊文化相结合，就会形成一定的思维方式和价值观念，也就是本文所希望探讨的物证技术文化。

因此，本文中所指的物证技术文化，是指所有与物证技术有关的行为模式、思维方式和价值观念所赖以产生、存在和发展有关的所有文化因素的总和。物证技术文化，也具有很强的主观性、历史性和复杂性。

（三）物证技术文化的内在结构

物证技术文化在本源上，如同一条纽带，连接着人类主观世界和客观

---

〔1〕 杨善民、韩锋：《文化哲学》，山东大学出版社2002年版，第6页。

自然两端。人类通过自身的主观解读，去探寻客观自然中某物的信息和内涵，同时又形成了自身独特的物证技术文化去进一步影响人类自身的认识和行为。物证技术文化实质上，是人类在这种解读过程中所产生的文化。因此，其内涵包含两个方面，一是人文因素，二是科技因素。

1. 人文因素

人文因素具体包括：基本社会情况、法文化、思维方式等。物证技术领域的现实存在及发展，皆受到本国基本国情、经济发展状况、社会结构、人口组成等基本社会情况的制约，物证技术的发明、鉴定制度的建构都并非独立存在于社会中。从系统论的角度看，物证技术文化实质上是社会这个系统中的一个子系统，它与其他各类社会制度的相互影响，具体包括法律制度、信访制度、教育制度、媒体传播、就业制度等。

法文化是指一个民族或国家在长期的共同生活过程中所认同的、相对稳定的、与法和法律现象有关的制度、意识和传统学说的总体。它是物证技术文化所存在的母文化系统，物证技术文化存在于不同的法文化系统中，就会呈现出不同特点的表现。

一定社会人群范围内对物证技术的观念和认知方式对物证技术文化有重要的影响。在人们认为物证技术能够解决一切物证问题的观念下，常常背离科学技术运用的条件而追求希望的鉴定意见；同时人们在信任缺失的社会文化背景下，认为一切物证技术的鉴定意见都存在不良因素的影响，都不值得信任，并且采取非法律和非理性的方式企图推翻正确的鉴定意见。

思维方式也会对物证技术文化产生深远的影响。不同民族的思维方式，整体上存在着差异，这种差异会导致本民族在基础科学领域、具体应用领域产生不同程度的影响。这种科学领域的差异会折射到物证技术领域，使得不同思维方式的国家产生不同的科技发展脉络，进而呈现出截然不同的物证技术文化。

2. 科技因素

科技因素主要包括科学精神、科学政策和科学传播等，除此之外，具体还包括专业协会、实验方法、仪器发明、科学传播等科学制度方面的内容。

科学精神是物证技术文化的最根本核心，科学精神能够确保物证技术的严肃性和客观性，同时强调物证技术的独立性，能够协调物证技术共同体的行为方式和社会关系。唯有围绕着科学精神而展开的物证技术研究才有现实的价值。

科学政策是一个国家为物证技术的发展而人为设计、改变、革新的重要方式，它有利于为物证技术和制度领域化解矛盾、扫除障碍并产生重要的促进作用。可以说，一个国家每一步重大的物证技术、鉴定制度的革新都是由科学政策所引领、自上而下地进行的。

科学传播是一个国家自上而下将科学理念、具体知识普及到社会层面的过程。物证技术文化并不是空中楼阁，它是与社会公民的科学素养息息相关、密不可分的。不断地加强物证技术文化的科学传播，将直接有利于提高一个国家的社会群众对物证、物证技术、鉴定制度的了解程度，帮助促进物证技术领域的各项改革。

除此之外，从科学环境的视角来观察，现代化物证技术文化的开端，有三个重要的标志：一是物证技术方面的专业研究学会的产生；二是用于物证提取、固定、保存、分析等方面的科学仪器的发明、使用；三是针对具体物证的系统分析方法的发明、使用。当一个国家具备这三方面的条件时，其物证技术文化就已然基本成型。

人文和科技两方面因素，一柔一刚，共同构建了物证技术文化的整体，决定着一个国家的物证技术的发展程度。人文因素为物证技术文化的大环境、大背景，它会影响到对物证技术的理解、解读与采纳，会影响到一个国家物证鉴定制度的设计与运行。而科技因素则是物证技术文化的坚实支撑，有利于对物证的提取、保存、解读和表达。

二、中美物证技术文化的历史比较

哲学家和历史学家普遍认为，过去的一切并没有在过去中消失。中美物证技术文化的比较研究，在很大程度上，是对这两个国家各自的物证技术文化的历史比较。

纵观历史脉络，物证技术文化的发展，是在犯罪与打击犯罪的这一对矛盾中不断相互运动、冲击，从而使自身物证技术文化系统得到丰富和扩充的。无论是在中国还是在美国，物证技术文化的发展无不是遵循着这条规律发展起来的。拥有数千年历史的中国与发展仅两百余年的美国，在发展时间上存在着巨大的差异。然而，在物证技术的研发和应用方面，美国却具有更为厚重的历史文化基础以及更强劲的发展势头。

（一）中国物证技术文化的历史发展

1. 人文环境

古老的中国文明的发源地都是在大河流域的支流与大河的交汇处，有着深厚历史文化，存在着数千年封建君主专制制度。数千年来，中国都是一个农业大国，人与土地有着天然、紧密的联系。在社会中，宗法等级制度和礼法道德规制是维护秩序的基本法则。

自古以来，中国并没有"法治"至上的统治思想。虽然在春秋战国时代产生了法家以法治世的思想并在一些诸侯国实施，但终究未能形成主流的治国理念和制度。长期以来，我国是受到了深刻的儒家思想的影响，同时道家、法家、墨家等思想相融合。中国传统文化中，强调"贤人之治"，这种思想形成了中国数千年来的人治主义传统。同时，中国古代的主流——儒家思想力图创造一个合乎礼法的"和谐"社会，强调人与人之间，没有纠纷。基于这种无讼的价值追求，诉讼在古代中国被看作是一种负面的、与和谐相抵触的行为。

犯罪的历史久远，惩罚犯罪、维护社会秩序自有国家以来就成为其一种基本的需要。在我国历史上，第一个阶级社会国家夏王朝建立就出现了惩罚犯罪的相应机制。但此时的证明需要仅仅为神明裁判所满足，国家打击犯罪也只是维护其奴隶制统治，并未产生对客观事实的科学证明需要。

科学证明的需要，是伴随着西周的建立而产生的。西周统治者在认真总结夏商两代的历史教训后，主张君主应当"以德配天"，强调"皇天为亲，惟德是辅"。由此引申出"明德慎罚"，不是弱化刑罚，而是更加准确地适用刑罚，以此更利于阶级统治。由此便产生了证明的客观事实强烈需要。由于这种政治主张的推行，物证技术和物证制度由此建立。中国古代证据调查模式开始了由"问神"向"问人"的转变，尽管此时这种证明需要被"五辞""对质""刑讯逼供"等制度所缓解，但勘验检查制度已然由此产生了。郑玄说"创之浅者曰伤"。《月令》是中国勘验检察制度的最早记录。同时，当时百姓普遍按捺手印用以辅证签名，例如签署契约、供状、画押。中国传统物证技术由此产生。西周时期的物证制度主要包括犯罪工具、赃物和文书证据的使用。一是犯罪工具和赃物类。《周礼·秋官·司厉》中曾记载"司厉，掌盗贼之任器、货贿，辨其物，皆有数量，贾而揭之，入于司兵"。二是文书类。文书广泛运用于刑事诉讼和民事诉讼当中。文书主要包括当时的傅别（借贷合同）和约剂（买卖合同）。

中国传统物证技术文化的发端，正是和周王朝统治者"明德慎罚"的阶级统治思想紧密融合在一起，同时伴随着侦查机构、审判机构和行政机构三者不分家而逐渐产生，并成为早期中国传统物证文化的重要组成部分。

2. 科技环境

（1）古代传统物证技术文化。中国古代并无现代意义的物证技术文化，其主要构成是由实践中观察、总结而来的经验技术，并非现代意义的科学技术。中国的传统物证技术及其相关理论的发展主要经历了以下几个阶段：

第一个阶段，西周至秦朝，物证技术的发展达到第一个制高点。

东周时期，明德慎罚的政治思想随着王权争夺的混乱局面和形式镇压手段的严厉程度而淡化，由弱化刑罚发展至重用刑罚，直至秦朝"重刑"的刑事惩罚，促进了古代办案官员准确认定事实的强烈需求，《睡虎地秦墓竹简》有许多运用物证来认定犯罪人的案例，中国古代物证文化的发展自秦代起，便十分重视物证的证明效力。

秦朝统治者强调"严刑峻法"的刑罚之重，促进了准确认定事实的强烈需求，物证已经成为寻找犯罪人的重要线索。据《秦简·封诊式》中记载，秦朝已然有了一套固定的勘验方法。在程序上包括专人负责、勘验记录（名为封诊式）详细规范，刑事案件中需要检验鉴定的问题，已由具有相关经验或者知识的人进行。同时，秦朝的尸检报告（秦朝的检验报告书名为爰书，主要是尸检报告）中还运用到了模拟画像（模拟画像的首次出现是在春秋时期）；在内容上包括手印勘验、足迹勘验。对于人身伤害类案件，秦律中已有损伤鉴定的标准及处罚规定，且规定针对不同程度的损伤，应当处以不同程度的刑罚。同时，《秦简·封诊式》的"穴盗"篇记载了穴的位置判断、工具痕迹和作案工具的推断、手印足迹的勘验和被盗物品的调查与核实等。

值得注意的是，秦代对盗窃罪案件的仔细勘察和详细规范进行记录，并且针对盗窃案件发明了早期的物证技术，这其实是一种发现客观案件事实、对犯罪嫌疑人不枉不纵的现代法律思想，运用物证技术对盗窃案进行侦破，这种传统一直延续到后世历朝历代的侦查实践中。

第二个阶段，汉朝至宋朝。传统物证技术在秦朝已有的基础上，发展至宋朝达到顶峰。

汉朝在物证技术方面基本沿于秦代。其物证技术方面的成就，主要在法医学方面，《黄帝内经》中关于解剖学、死亡特征的论述可以用于法医学实践。但独尊儒术的推崇，对墨家研究的抑制，在某种程度上，抑制了物证技术的发展。

东汉末年，经由三国两晋南北朝、隋朝，直至唐朝，物证技术的发展得到了不断的革新。例如，我国最早的笔迹鉴定见于公元 210 年的三国时期，《三国志·魏书·国渊传》中记载，"时有投书诽谤者，太祖疾之，欲必知其主。渊清留其本书，而不宣露……吏因请使作笺，比方其书，与投书人同手。收摄案问，具得情理"；真正将手印作为司法证据使用的始见于唐朝。〔1〕德国指纹学家海因德尔在其书《世界指纹史》中谈及，唐朝贾公彦是中国第一位明确提到将"画指"（指纹）用作鉴定目的的作者。〔2〕在唐朝，笔迹检验、印章鉴定、尸体检验、侦查实验有所发展，对于作案工具、牲畜和赃物的辨认等方面，也有了更加完备的规定。此外，在牙痕鉴定方面，唐代的玄奘曾写到国王对其儿子的对话："你别急，检查一下我的诏命真伪，我的印鉴就是我牙齿的印痕，我的嘴就是我的图章，因为牙齿是不能伪造的。"〔3〕

唐朝的物证文化和其政治地位紧密联系，当时提倡"宽仁治狱"，认为施行不枉不纵的刑事裁判，政权才得以稳固。如同唐太宗指出："滥系无辜则政道缺，久濡有罪则怨气生。"由此延伸出唐太宗的三原则："不能滥系无辜、不可濡有罪、不要滥施器械。"由此，物证技术文化的内涵亦极大地丰富了，与前代相比，唐朝在刑讯逼供规范化方面，有了更为完备的规定。而其中客观调查案件事实、准确定位犯罪嫌疑人，皆类似于现代物证技术文化。

宋代是我国古代勘验鉴定制度发展的顶峰，这体现在勘验人员的专业性和针对性、尸体检验的范围、尸体检验的三步骤（报检、初检、复检）、检验官的责任及要求、检验笔录的全国统一规范格式等方面。宋朝

〔1〕 马洪根：《中国侦查史》，群众出版社 2007 年版，第 186 页。
〔2〕 ［德］罗伯特·海因德尔：《世界指纹史》，刘持平、何海龙、王京译，中国人民公安大学出版社 2008 年版，第 12 页。
〔3〕 ［德］罗伯特·海因德尔：《世界指纹史》，刘持平、何海龙、王京译，中国人民公安大学出版社 2008 年版，第 298 页。

的法律已明确规定对于杀伤和非正常死亡的案件要进行初检和复检,以确保检验无误。世界上现存的最早一部系统的法医学著作——《洗冤集录》即成书于宋代。同时还有《棠阴比事》《折狱龟鉴》等经典刑事案例集录问世,为后代所沿用,为周边国家广为流传。同时,宋慈在《洗冤集录》的序言中开宗明义:"狱事莫重于大辟,大辟莫重于初情,初情莫重于检验。"[1]高度重视物证检验的破案意义。

第三个阶段,元朝至清末,物证技术持续发展,其内容得到更新。

元朝是一个由少数民族建立起来的多民族统一的封建王朝,信奉藏传佛教,推行民族不平等政策。元、明、清各朝的勘验鉴定制度基本上沿袭宋制,但内容已超出了法医检验的范围。"刑必有赃、财必有契""命案必勘"等皆已渗透到侦查破案中。人们不仅重视对尸体的检验,而且开始重视对各种物证的检验,并且已经有了专门检验伪金银、伪印鉴、伪钞及凶器等各种物证的人员——"行人"。《元典章·儒史考试程式》中规定:"诸滥伪之物及伪造所用作杖,皆须行人辩验。穿窬、发冢、杀人之物亦同。"[2]

枪弹痕迹的记载始见于清代。1694 年,由清代律例馆校正、由朝廷正式颁发的《校正本洗冤录》中指出:"受鸟枪伤者,有枪眼可验,及于骨者,亦可复检,唯肛腹凹之处,日久腐烂,无迹可验,须将棺内腐烂之物一并淘洗,如系枪伤,必有枪子,又恐死亲仵作,以大吸铁石吸之,其子自出。"1796 年,李观澜在《检验杂说歌诀》中详细解说了对枪伤进行检验的要点。

(2)中国现代物证技术文化的发展。自五四运动以来,伴随着西方的科学理念、科学技术被引入到中国,中国开始了关于物证技术理念、原理、仪器等的引入、应用与创新。在民国时期,物证技术已经在立法、司法活动中得到运用,大专院校也已开设了物证技术课程,并编写教材、开展学术研究活动。这一时期,物证技术已经被社会接受和认同,其文化以西方影响为主,但也包含大量我国传统的文化因素。这改变了中国自古以来将技术发明与科学理论割裂的观念,大大地促进了科学精神在中国的孕育和产生。新中国成立以后,为了建立和发展我国的公安事业,在苏联物

---

〔1〕 杨奉捆校译:《洗冤集录校译》,群众出版社 1982 年版,第 4 页。
〔2〕 贾静涛:《中国古代法医学史》,群众出版社 1984 年版,第 95~102 页。

证技术专家的支持下，开展了物证技术的借鉴、研究以及教育工作，到"文化大革命"之前已经基本形成了具有一定特色的我国物证技术学科及鉴定的体系。

近十年，国家颁布了一系列物证技术相关科学政策。例如，2003年，公安部提出由公安部门建立法庭科学DNA数据库，并成立了DNA专家工作组，陆续颁布了"法庭科学DNA实验室规范"等文件；2004年，公安部下发了"2004~2008年公安机关DNA数据库建设规划"；2005年公安部金盾办下发"全国公安机关DNA数据库建设任务书"。

2005年，全国人大常务委员会颁布了《关于司法鉴定管理问题的决定》，使得我国司法鉴定管理制度的规范、构建和改革有了法律依据。国务院司法行政部门也在此后相继制定了一系列规范性文件，例如：在司法鉴定人的管理方面，制定了《司法鉴定人登记管理办法》《司法鉴定职业道德基本规范》《司法鉴定许可证和司法鉴定人执业证管理办法》《司法鉴定人和司法鉴定机构名册管理办法》《司法鉴定执业活动投诉处理办法》《全国法医临床司法鉴定人转岗培训工作方案》等规范性文件。在鉴定机构、实验室标准方面，制定了《司法鉴定机构登记管理办法》《司法鉴定机构仪器设备基本配置标准》《司法鉴定教育培训办法》等规范性文件；在鉴定程序方面，制定了《司法鉴定程序通则》《司法鉴定文书规范》《司法鉴定协议书（示范文本）》等规范性文件。此外，全国人大常委会还会同其他部委先后颁布了《司法鉴定收费管理办法》《司法鉴定机构资质认定评审准则》等文件。

新中国成立了一系列物证技术专业协会和学术组织。例如，1953年，中国人民大学法律系物证技术中心实验室成立；90年代初，北京物证技术学会成立，成为全国首个物证技术学术团体，并面向社会服务；2009年，全国审核登记的"三大类"司法鉴定机构共2150个，相比《决定》实施时的2005年，增长率为55.2%；2005年，全国鉴定机构获得认证认可的不到10家，至2009年统计结果显示，全国鉴定机构获得认证认可的达60家；2009年，在我国部、省、市、县四级公安机关系统内，建立了近3560个刑事技术侦查、检验和鉴定部门。

"七五"期间，我国国家科委、计委和公安部门以清华大学、北京大学为基地，实现了我国指纹自动识别系统的最初规模。1996年，公安部主持指纹自动识别系统专题专家鉴定会，"CAFIS"系统、"PU——AFIS"

系统、"微机指纹自动识别系统"通过国家测试。部分城市公安机关引入美国 EAST——SHORE、COGENT 公司开发的指纹自动识别系统[1]。

2003 年，公安部提出由公安部门建立法庭科学 DNA 数据库，并成立了 DNA 专家工作组，陆续颁布了"法庭科学 DNA 实验室规范"等文件；2004 年，公安部下发了"2004~2008 年公安机关 DNA 数据库建设规划"；2005 年，公安部金盾办下发"全国公安机关 DNA 数据库建设任务书"。至 2010 年 12 月，全国公安机关共建立了 312 个 DNA 实验室，其中 283 个与国家库联网，DNA 数据总量达 700 余万份，居世界第 2 位。

（二）美国物证技术文化的历史发展

1. 人文环境

美国是一个由 50 个州和一个联邦直辖特区组成的宪政联邦共和制国家，其位于北半球、西半球，领土位于大洋洲和北美洲上，东临大西洋、西邻太平洋。美国原为英属 13 州北美殖民地，自 1776 年美国独立后，成为独立的国家。于近代经历工业革命和两次世界大战，美国现今成为资本主义的超级强国。

美国是一个海运大国，自 20 世纪开始，欧洲对于物证技术学的各项研究成果开始陆续被引进到美国。19 世纪末，奥地利警官汉斯·格罗斯发表了《司法检验官手册》，标志着物证技术学成为一门独立学科，此后欧洲各国的物证方面的理论、技术、仪器都基本与美国的法庭科学发展保持了交流和同步。

2. 科学环境

美国无疑是当今世界的科技最强国，特别是在基础科学领域的研究成果，几乎无人能望其项背。二次世界大战结束后的半个多世纪里，90 位获诺贝尔奖的科学家分布在欧洲、美洲、亚洲三个大洲的 16 个国家，但其中来自美国的获奖者有 50 名之多，占此时期全部获奖者的 60%。

美国在两百余年内，从一个生产与科学技术落后、人口稀少、幅员不广的英属 13 州北美殖民地，发展成为至今 2.2 亿人口、900 万平方公里土地、经济发达的资本主义超级大国，其物证技术发展主要从 19 世纪开始崛起。

---

〔1〕 王宝星："我国指纹自动识别系统发展的回顾与展望"，载《铁道部郑州公安管理干部学院学报》2000 年第 2 期。

（1）科学精神。第二次世界大战是美国科学精神的转入点，它开始使美国人普遍意识到科学研究（即使是基础科学研究）也能给经济、社会、生活带来巨大的实用收益。当时的美国人致力于用科学去解决一切与生活相关的问题，这种对科学的重视不仅促进了科学理论的发展，同时也使得技术发明在短时期内的数量大幅提高，质量大幅上升。从那时起，科学精神融入了美国文化的血液中，极大程度地促进美国的科学理论的不断深化和技术发明的蓬勃发展。

这种对科学的崇尚与热爱，极为鲜明地体现在法庭科学领域。美国侦查学专家对侦查的研究实质上就是围绕着物证技术的应用研究而展开的。在美国，拥有大量刑事方面的先进仪器、装备，这些先进仪器、大型电子计算机、中子活化分析等高精密度元素分析技术不仅体现出的是美国物证技术研究的先进水平，更体现出美国物证技术文化的深厚的科学功底和精神。

（2）科学政策。1945年7月，受罗斯福总统委托，范内瓦·布什提交题为《科学——无止境的疆界》报告（又称《布什报告》），被誉为"美国制定科学政策的圣经"。这份报告为美国法庭科学领域的各项科学政策的颁布都奠定了基础。

这份报告的主要精神充分体现到法庭科学领域的政策，其规范的数量、完备程度都处于世界领先程度。例如，1990年，美国国会技术评估办公室在其报告中提出，在法庭科学领域，DNA是可靠的、有效的。同年，联邦调查局制定了DNA分析和能力验证指南，并于4年后，创设了DNA联合检索系统（CODIS）[1]。1992年，国家研究委员会发布了《法庭科学中的DNA技术》，对DNA应用与法庭科学领域中面临的问题进行阐释，并于1996年推荐了一套统计计算方法以提高DNA检验的有效性。1994年通过了《DNA鉴定法》。1996年，美国的国家标准与技术研究院开发出数据交换标准，使得联邦调查局的DRUGFIRE数据库（弹壳图像）和酒类、烟草、火器和爆炸物管理局的CEASEFIRE数据库得以整合。

美国曾颁布《Paul Coverdell全国法庭科学进步法》，由司法部运作

---

〔1〕 美国国家科学院国家研究委员会等：《美国法庭科学的加强之路》，王进喜等译，中国人民大学出版社2012年版，第41页。

COVERDELL 项目以帮助改进法庭科学和法医服务的质量和及时性。2004年又颁布《所有人正义法》以扩大该项目，从而减少案件积压。在2004财政年度，该项目资金为1000万美元，到2006年增长至1850万美元。

同时美国进行了大量的社会调查、评估分析，并且得出了大量的普查报告。例如《2009年度美国公立法庭科学犯罪实验室普查报告》等。2006年，美国国会指示国家科学院开展研究，对当前美国法庭科学领域的成绩、问题进行评析，并给出对策和意见，于2008年形成了《美国法庭科学的加强之路》报告。

（3）专业协会。1915年，美国的国际鉴定协会成立，出版有《法庭科学鉴定杂志》，其活动关注形态证据，例如指印、鞋印、轮胎痕、可疑文件、法庭科学照相和法庭科学艺术。1948年，美国法庭科学学会成立，在全世界有6000个会员，其开设了法庭科学教育项目认可委员会，支持了法庭科学专业认可委员会的成立，该委员会负责对人证组织的认可。同时，学会赞助年度法庭科学会议，出版《法庭科学杂志》，并促进研究、教育和培训。1981年，国际声纹鉴识协会在美国密歇根州成立，其宗旨是使声纹鉴识成为人身鉴定的重要科学方法，并使这种结论成为法庭认可的证据。

迄今为止，美国拥有着众多法庭科学学科的职业组织，包括美国法庭科学学会、美国犯罪实验室主任协会、美国刑事科学委员会、美国法医人类学委员会、美国法医齿科学委员会、美国法医毒物学委员会、美国质量协会、美国检测与材料协会、美国犯罪实验室主任协会、国际鉴定协会、全国法医协会、法庭科学质量服务组织等在内的三十余个职业协会。

据美国司法统计局（BJS）统计，2002年美国联邦、州以及地方法庭科学犯罪实验室雇佣的全职人员超过9300人。

（4）仪器发明。1883年，美国物理学家迈克尔逊和莫雷合作发明迈克尔逊干涉仪，利用该仪器的原理，各国研制出多种专用干涉仪，例如文件检验中经常使用的傅立叶光度仪。1964年，美国诞生了世界上第一台电子数字计算机ENIAC，自此之后，美国计算机产业蓬勃发展。同时，随着IBM360系统的诞生而引入模块化改革，由此带来了结构性创新，为美国创造了一个开放式创新环境，其技术发明呈现多层演进现象。

美国的法庭科学实验室建立已有近百年的历史。继瑞士、法国建立警察实验室之后，1923年，胡佛在美国联邦调查局成立了科学实验室，将美国物证技术不断拓展，科学仪器不断革新，规模也在不断扩大。当时美国工业革命和科学发展为侦查学的理论和实践发展提供了充足的资金保障。同时，洛杉矶市的警察局长奥古斯特·沃尔默也建立了美国第一个隶属于警方的犯罪侦查实验室。在1923年，韦特还创建了私人武器鉴定实验室。1932年，成立了联邦调查局犯罪实验室（FBI Crime Laboratory）。截至2002年底，美国公立犯罪实验室共计351个，其中包括203个州或者地区实验室、65个郡实验室以及50个城市实验室、33个联邦实验室[1]，每个实验室的运行预算的中位数为130万。

直至20世纪末，美国联邦调查局科学实验室已拥有静电检测仪、中子活化分析仪、原子吸收分光光度仪、X射线感应荧光分析仪、配有X射线分析仪的扫描电子显微镜、傅里叶变换红外光光度仪、X射线衍射仪、高校液相色谱分析仪、离子色谱分析仪、显微分光镜、质谱分析仪等大批世界范围内顶级精良的物证技术仪器设备。联邦警察局的个人识别中心采用电脑储存管理罪犯指纹、相片和重要惯犯、恐怖分子的相貌体态特征资料档案[2]。

（5）自动识别系统和数据库的构建。20世纪70年代末和80年代初，美国的执法机构开始采用自动指印识别系统来提高效率，减少识别或者排除特定人员所需要的时间。1988年5月，建立了"西部鉴定网络"，目的是为了促进多个州的自动指纹识别系统的创建。最初，该指纹数据库包括900 000份指印记录，和阿拉斯加、加利福尼亚和华盛顿连接以后，可查询的指印记录数量增至超过1400万份，现如今，该网会员可访问来自西部的超过2200万份指印记录。[3]

1994年，美国颁布了《DNA鉴定行为规范》，此后便开始了本国DNA数据库的筹划和构建，该数据库由173个实验室（包括国家、州、军队及波多黎各的实验室）组成[4]。由联邦调查局（FBI）负责其质量控制标准和实验要求的设计和管理。美国每年有超过175个公立法庭科学实验室和大约30个私立实验室负责处理成千上万的DNA案件。美国的

〔1〕 常林："关于司法鉴定管理问题的决定"，载《证据科学》2010年第10期。
〔2〕 王永双："简析刑事技术发展趋势"，载《公安大学学报》1986年第5期。
〔3〕 美国国家科学院国家研究委员会等：《美国法庭科学的加强之路》，王进喜等译，中国人民大学出版社2012年版，第284页。
〔4〕 章少青："欧美国家DNA数据库的应用现状及前景"，载《中国司法鉴定》2006年第6期。

DNA 数据库中所包含的个人数据已突破 190 万份，并且该数据按照每月 1 万至 4 万份的速度进行增加[1]。

三、中美物证技术文化的差异性比较

文化是不同国家的国人的思维模式和行为方式形成的社会基础，它是一个国家物证技术文化的社会背景。中美两国的物证技术文化具有鲜明的差异性。物证技术文化的内在结构包括人文和科技两方面内容。从人文和科技两方面去了解一个国家的物证技术文化的内部状态，才能更加深刻、全面地了解一个国家物证技术和鉴定制度的整体情况。

（一）人文方面

1. 社会基本情况

第一，从国家实力看，美国是世界上的经济大国，中国的经济实力与之相比仍有相当大的差距。这种差距在美国与中国对物证技术领域的经费投入上可见一斑。例如，2002 年，美国联邦调查犯罪实验室的预算为 1.72 亿美元，其中的 18%，即 3150 万美元，用于法庭科学所需的研究与发明。同时美国拥有众多世界一流的大学和研究机构，而中国相较而言，研究能力较弱、研究经费相对不足。

第二，从地理环境看，中国的文明发源地具有较封闭的特点。中国位于欧亚大陆东部、太平洋西岸，水系发达、土壤肥沃。向东是太平洋，向西、西南边是青藏高原、云贵高原，向北是大漠、蒙古戈壁。古代时期，这些周边地势因极难逾越，虽然只有少数人可以通过，却也产生了极大的代价。而美国的地理条件具有很大的开放性，它两面靠大洋，海岸线长且比较曲折，大西洋沿岸有很多优良港口，海陆交通方便。因此在早期，美国借由海陆交通优势，与欧洲各发达国家保持着紧密的联系。欧洲国家的物证技术专著、技术、重大理论突破，往往更快、更直接地传入美国，极大地促进美国的物证技术发展。

第三，从社会变革看，美国先后经历了工业革命、两次世界大战，民主、自由的观念深入人心。自 18 世纪开始，美国政府高度重视科技的作用，颁布了科学政策，同时，与欧洲各国保持着紧密的交流与沟通。欧洲

---

〔1〕 章少青："欧美国家 DNA 数据库的应用现状及前景"，载《中国司法鉴定》2006 年第 6 期。

各国对于物证技术领域的重大理论、技术、仪器的发现与发明都能够及时引入美国，在很大程度上促进了美国物证技术的发展。而中国于 1840 年鸦片战争才被迫打开国门，后经历了辛亥革命、新民主主义革命、新中国成立等重大变革，直到十一届三中全会开始实施"对外开放"政策，才开始全面建设国内的物证技术学科，而此时的美国已然在科技政策、技术发明领域对其本国的法庭科学领域开展了制度性构建和创新。

除此之外，美国是一个移民大国，大量的移民人口也会增加美国主流文化的开放性，使其以更开放的态度去接受世界各国的物证技术研究成果。而中国物证技术文化的开放性与美国比较相对较弱。从古代的物证技术文化历史中可以发现，中国古代物证技术发明绝大多数为经验性技术的发明，且伴随着朝代的更替，稳定而缓慢地发展。直到鸦片战争开始，中国被迫打开国门、接受西方的科技理念，再经由主动打开国门、改革开放，才主动接受先进的科学理念、科学技术，这种滞后的开放性使我国的物证技术发展程度较美国而言更为缓慢。

2. 法文化传统

中国传统法律文化是建立在人本主义哲学、农耕经济、君主专制政治基础之上的，其以宗法等级秩序为制度保障，对公权力有着天然的依附和信任。美国的法律文化是建立在商品经济的急剧发展过程中的，市场催生了美国的民主与法制。在这种崇尚平等主体之间的商业和竞争的发展模式中，使得"权利本位"理所当然地成为美国物证技术文化的内核。权利本位的理念中，其逻辑起点是个人本位。当个人价值与社会价值同时存在时，以个人本位为优先，当两者发生冲突时，优先保障个人价值。伴随着个人本位而产生的权利本位尤其注重维护个人权利。中美两国的法律文化差异渗透进两国的物证技术领域，使得其有着许多不同之处。

（1）从诉讼目的看。中国自古以来，百姓追求"无讼"的社会秩序，而美国民众则秉持"正义"观念。这种崇尚"正义"和"无讼"的法律观念上的差异，促使美国法院受理的案件数量远超过中国的立案数量。从而使得全美法庭科学实验室长期、普遍地存在着严重的"案件积压"的情况，并且积压案件的百分比还在逐年扩大。例如，在美国 2002 年年底，积压案为 287 000 件，至 2005 年底，预计案件的积压量达到 359 000 件，案件积压增长了 24%。而为了应对这种案件积压的情况，美国数年来不断地致力于寻找新的方法，例如工作程序流程图、ADDIE 项目管理系统、BMF 案件管理工具等。而中国的物证技术领域，则少有针对案件积压所做出的努力和研究成果。

（2）从实体与程序的侧重点看。中国的法文化观念中更为重视实体正义，而美国则更重视程序正义。任何一起刑事案件中，国家和被告人之间都会形成一种强烈的对冲关系，而在于在美国法律理念中，最关键的并不在于发现事实真相，而在于解决国家和个人之间的纠纷的过程中是否采用了公正的程序。程序公正甚至优先于事实[1]。基于这种理念，美国的证据在质证过程中，为了充分保障双方当事人的诉讼权利，采纳了当事人主义的鉴定制度。因此，尽管专家证人与当事人之间有着极为紧密的联系，但这种专家意见的倾向性在一定程度上是被认可的，因为它是当事人诉讼权利的衍生物，只要遵从正当程序，诉讼本身便已然具备了正当性，而其法庭科学机构所出具的鉴定报告的倾向性则让位于这种程序性权利，被相对容忍。

而中国则截然不同地秉持着"以事实为依据"的法律理念，强调实体正义。实体正义常常是被"铁证"来证明的，人们对物证、对鉴定意见有着过度的信任，往往认为"对物证的科技解读"等同于"铁证"，由这种铁证所证明的案件事实，必然可以成为法庭审判的依据。当前物证技术尚不足以充分保障物证被准确解读，这种"以事实为依据"的观念，往往伴随着以"不真实的鉴定意见"为依据，从而导致与客观事实不同的事实认定。同时，由于我国侧重保护实体正义，因此在实践过程中，许多法庭调查程序并没有获得严格的遵守。例如，证人的出庭率极低，实践中往往以证人证言作为证人出庭作证的替代形式。这种对立法程序的变相执行，往往都会因其不违背"实体正义"而在实践中广泛运用。

中美两国法律文化中的这两种权衡方式，使得两国的物证技术领域具有各自的优缺点。然而，由于其文化观念的侧重点不同，这两种鉴定体制依然具有其各自的正当性和存在价值。

（3）"先权后限"与"先限后权"的差别。中美两国秉承着继而不同的权力观。如前所诉，中国对权力有着天然的依附，而美国对权力则有着天然的警惕。延伸到法庭审判中，中国的制度设计上，先赋予法官极大的裁判权，然后通过各项制度来规制其自由裁量，防止权力滥用。而在美

---

[1] 李昌盛："论对抗式刑事审判"，西南政法大学 2008 年博士学位论文。

国，是先通过各项制度设计来规制权力的运行范围，再使权力在这种框架之内运作。

一方面，中国的法官的事实裁判权远高于美国的法官。中国的法官具有事实裁判者和法律裁判者的双重身份，在司法制度中，法官拥有极大的裁量权来进行鉴定意见的评价。在中国，法官可以事先对鉴定意见进行了解，可以和鉴定人进行沟通[1]。另一方面，法官在审理案件时非常依赖鉴定意见。鉴定意见自身的客观性并不受到太多的重视。只要是合乎法律标准的鉴定意见，在实践中，鉴定意见往往就会成为法官断案的重要依据。一方面，法官缺乏对鉴定意见的准确理解，因而无法判断具体案件中所选择的物质技术的优劣和鉴定意见的科学程度；另一方面，我国的诉讼制度中，法庭中缺乏对物证技术的准确描述、科学评断，因此鉴定意见的科学性问题无法为法官所了解。同时，由于法官的办案压力和工作考核要求，法官往往会依赖于鉴定机构所出具的鉴定意见，而作出相应的审理结果。

美国的前身是英属领地，美国独立后，其在设计本国的司法制度时，其参考的样本是斯图亚特王朝时期的英国法官，他们武断无知、趋炎附势、讨好国王、玩弄臣民于股掌之间。正是由于对这种类型法官的恐惧和不信任，使美国法官控制审判权被严格限制，而赋予了陪审团极为强大的权力。最生动的体现，莫过于美国司法实践中，法庭指定专家的实践情况。根据美国《联邦证据规则》规定，指定专家是法庭的固有职权，法庭可以根据自己的判断，依据法律赋予的自由裁量权去排除当事人所聘请的专家证人，同时有权使用法庭自己所指定的专家。但在美国的法律文化中，法庭指定专家被认为会导致一种非对抗性的、无视当事人权利的司法制度[2]。因此，司法实际案例中，法庭指定的专家的做法极少出现。例如，1988年美国联邦司法中心的一项调查表明：在美国的联邦地区法官之中，有81%的法官从未自行指定过专家证人，有8%的法官曾多次指定专家证人。

另一方面，中国鉴定人的诉讼地位远高于美国的专家证人的诉讼地位。在中国现行的司法鉴定体制中，鉴定人几乎具有法官辅助人的性质。

---

〔1〕 吕易泽：“中美鉴定制度比较研究”，浙江工商大学2011年硕士学位论文。
〔2〕 汪文青：“论我国刑事鉴定启动权的反思与重构”，湖南师范大学2012年硕士学位论文。

2005 年以前，鉴定机构在我国公检法三个系统都普遍存在。因为在中国的物证技术文化观念中，对法院的权力有着极强的信任和依赖性，法院的鉴定机构所出具的鉴定意见被认为具有客观公正和科学独立性。尽管在《关于司法鉴定管理问题的决定》出台后，法院不得再设立鉴定机构，但鉴定人的准法官辅助人身份却依然深入人心、不可动摇。

而在美国，鉴定人常常以专家证人的身份出庭。鉴定人参与到诉讼中的主要原因基于当事人的聘请，极少数的法官会委托鉴定人参与到诉讼中。在美国，鉴定人积极地为所聘请的当事人服务，其身份并不比普通证人更高。专家证人同普通证人之间的唯一区别在于，专家证人应当具备足够的技能和知识，以此来帮助案件审理者认定待证事实。除此之外，无论是诉讼地位还是法律层面，专家证人同普通的证人之间并未本质上的区别。美国的鉴定人充当起一方当事人的科技辩护人角色，通过科技来说服陪审团，充分发扬着美国平等、竞争、警惕法官审判权的物证技术文化理念。

一旦事实裁判权与备受信任的鉴定意见两者直接结合，缺乏中间过程的衔接、制约主体，其导致的恶果就是鉴定成为法庭审判的最大漏洞，这也是我国佘祥林案及类似案件层出不穷的关键原因。而在美国，事实裁判权与备受审查的专家证言相结合，并且事实裁判者与法律裁判者分离，则会导致专家证言不会被轻易采纳，这也是拥有众多"铁证"指控的辛普森案，最终宣告无罪的关键原因。

3. 思维方式

人存在于社会之中，不同的社会会产生不同的文化系统，因而不同社会群体的思维方式也会产生区别。中美两国分属不同的文化系统，中国人和美国人自古以来，就各自具有不同的思维方式。中国人自古以来就将"天人合一""太极"的思想传承下来，几千年的文化和历史积淀使得中国人更偏向于一种综合性的思维方式，非常重视将事物看成一个整体，注重整体优先，在分析、对待事物的过程中，常常采取的是先整体后部分再到整体的思维方式。而美国人则秉持着"天人相分""离散"的理念，偏好于分析性思维，注重区别对待，在分析、对待事物的过程中，常常先将事情剖析为离散的部分，再逐个分析、各个击破。

（1）哲学观念的差异。中国古代普遍所持的是"精致化的原逻辑思维"。"原逻辑思维"是指，人把自己和这个作为思考对象、实践对象的世界看成一体，因此思考者无法成功地思考"世界是什么"，主体一思考就说明他自己发生了变化，主体会转而思考"我该怎样做才合正当"。古代中国在原逻辑思维的基础上，发展进步产生了精致化的原逻辑思维。所谓"精致化的原逻辑思维"，即是在原始逻辑思维的基础上，产生了"概念"和"哲学思考"。这种思维并未将作为主体的人与作为客体的对象完全分开，而是将客观的自然现象、事物形态等都反之于人内部来思考和理解。对中国古代这种思维方式最典型的概括就是"天人合一""反求诸己"。

由原逻辑思维和逻辑思维的分歧，使得中美物证技术的发展方向，呈现了相反的轨迹。中国古代哲学讲求"内化"，因此主流学术著作皆致力于探讨"我该如何正当"，逐渐演变成为传袭中国数千年的"人本思想"，这种思想使得中国人的目光过分关注自我修养、人伦关系，而忽略了自然世界的客观规律。而美国则专注于追求自然世界的客观规律，通过哲学的变革、研究方法的变革、思维方式的变革等一次次地推倒重来，试图不断靠近"科学"，才使得科学得以在西方生根发芽，开花结果。

中国传统文化所具有的"人本思想"，是中国近代科学落后于西方的重要原因。内化的人文思想使得古代中国对科技的重视程度很低，其把知识指向政治、伦理、道德。凡是与"修身、齐家、治国、平天下"的这种政治、人文理论相左的理念，都被视为"旁门左道""奇技淫巧"，认为那些研究对治国、修身没有帮助，因而许多具有朴素的科学思想的著作被文人、政客、君主所轻视和排斥，最终消失在历史的长河中，成为璀璨中华文化的一个"边角料"[1]。这种对科学的消极态度使得中国古代物证技术的研究无数次与深层次的科学内涵失之交臂。

美国的前身是英属十三州，其思维方式是秉承着西方的思维方式即古希腊模式而逐渐发展的。美国自成立之时起，就从"原逻辑思维"逐渐变革过渡到"逻辑思维"。逻辑思维以概念为基础，其前提是：世界是一个离散集合体，亦即"天人相分"。他们认为世界分为三层：自然、人、本原（形而上的世界的本原）。在很大意义上，科学研究者不断致力于科学研究、实验探索的最终目的，就是试图发现"形而上的世界本原"，西方学者将科学看作是一种无限靠近上帝的崇高使命。这种逻辑思维是美国

---

〔1〕　孙宏安："中国古代科学的特点"，载《大连教育学院学报》2003年第3期。

人进行科学分析的强大促进力，科学研究这个过程本身，其实是人了解自然的过程，这种过程被视为靠近世界的本源的方式。这种思维促使美国的科技进行了突飞猛进的进步，促成了美国经历了科技革命，发展了大量的基础科学和应用科学，使得大量先进的科学仪器、实验方法能够进入到其法庭实验室，由科技进步带动其国物证技术领域进行突破和创新。

与之相对的是，中国的科学研究的目的并未深入到哲学观的本源层面，中国的科学研究无论是基础科学，或是应用科学，皆出于一种实用理性的考虑，这与视科学为探求世界本源的西方哲学、科学有着重大的落差。古代中国的物证技术往往在发展到一定程度时，停滞不前，无法深入到科学理性层面，一些物证技术极具针对性，无法应用到更广泛的领域。尽管中国古代物证技术有着辉煌的成就，却始终没有步入真正"科学"意义的范畴。

（2）统一性与对立性。第一，中国人偏好整体思维，美国人偏好分散思维。这种差异在中美两国物证技术的鉴定制度和机构设置上体现得淋漓尽致。在美国，任何一个具有专业知识的人都有可能成为专家证人，只要他在某一个具体的领域有足够的经验、知识或者技能，足够帮助陪审团了解待证事实，就可以在法庭上作证。美国的专家证人资格并不来自于事前授权，美国对专家的标准也没有统一进行规制，而是来源于法庭上的审查。尽管美国的国际鉴定协会等组织会向一些特定人颁发专家证人资格证书，但这种资格证书对司法机关和案件当事人并没有强制约束力，与中国的统一司法鉴定人管理体制有着极大差异。这种由当事人自行选任鉴定人的制度，会扩大不同鉴定机构和鉴定人之间的竞争关系，促使美国专家证人在市场经济的环境下提高自身的科技水平和法庭作证能力，一只"看不见的手"会潜在地审查专家证人的能力，优胜劣汰。

整体思维促使中国在设计鉴定人管理制度时，倾向于统一、层级式管理。中国在构建鉴定体制时，以构建集中统一型鉴定体制为目标，强调统一管理。中国的鉴定人资格认证体系中，只有从事法医类鉴定、物证类鉴定、声像资料鉴定和其他根据诉讼需要、由国务院司法行政部门登记或备案的鉴定人员才是司法鉴定人，同时建立了鉴定人名册制度，对鉴定人和鉴定机构实行登记管理。

第二，中国人更倾向于一种中庸之道，而美国人则崇尚一种对立性思维。中庸式的思维模式在中国已然深入人心。这种中庸式的思维方式，并非是儒家所说的君子修行、待人接物需不偏不倚、调和折中，而是指在分析问题的过程中，不偏颇、多视角地思考，过犹不及，应当折中取各方优势，融合为自身的最佳状态。而在美国人的思维中，往往倾向于把正确和错误、是与非、美和丑划分开，而在中国，是与非、黑与白之间永远都存在着融合或者中间地带。中国人的这种中庸的观念，在美国人看来是模棱两可、缺乏明确性，而中国人自己开来则是一种恰如其分、顾全大局。

在中国的物证鉴定中，对鉴定意见的综合评价往往表述为同一、倾向性认定同一、否定同一、倾向性否定同一。四种鉴定意见中，法官更希望见到同一和否定同一这两种确定性结论的意见，对倾向性的鉴定意见保持着一定的排斥心理，然而这种不确定的鉴定意见，依然没有因其自身的不确定性而影响鉴定意见的采纳。而在美国则截然相反，一个法庭科学实验室的分析的准确性水平，可能是其最终证明价值的大小的决定性因素。不准确、模糊不清的专家证言会遭到法庭的极大质疑，陪审团很有可能因为一个实验室的分析结论模棱两可而最终不采纳其专家证言。其至美国的专家证人不仅要尽可能地减少物质技术使用过程中的误差，并且还有一项重要的任务——分析并估算仍有的差错的量度，以便于研究其结论的有效性，其报告的书证据包括的不仅仅是一个单一的价值，而是一系列似真价值，例如置信区间或者不确定度区间。

第三，公立性与竞争性的侧重点不同。我国物证技术文化中，宁愿放弃竞争所带来的各种优点，选择从制度上让鉴定人成为公立立场的主体。我国文化中更倾向于相信一个立场公正的人，更容易说公正的话。如果任由当事人自行选择专家作证，那么基于专家立场的倾向性，其专家证言必然也带有倾向性，这种倾向性意见必然不能成为证据，否则将会危害审判结果的公正性。

而在美国的物证技术文化中，宁愿接受专家证人的倾向性意见，也要保留对抗式、竞争式的专家证言所带来的全面性和可质疑性。美国立法者高度认可"竞争"的价值，若只有一份专家证言，其意见的正确性永远无法得到质疑和辩驳，这种无法被批判的专家证言是不能满足司法裁判的公正性和科学性要求的。美国物证技术文化中，强调让不同的专家证言在法庭上进行相互驳斥和相互碰撞，从而将关于物证的各方面问题都揭示给事实裁判者看，使其能够形成全面的判断[1]。

（3）直觉与演绎、类比方法与实验方法的差异。从中美两国的思维方式的历史发展过程中不难发现，中国人倾向于直觉和类比式的思维，美国人则注重演绎和实验的思维。

中国古代的科学研究方法呈现出重直觉、重类比的特点，因而古代物证技术绝大多数皆为经验性技术，并非科学性技术。从现代科学方法论的角度看，直觉和类比都是创造性的思维方法，因此我国古代在物证技术方面获得了许多创新，在当时世界范围内，处于领先地位。然而，直觉方法和类比方法又必须与逻辑方法相结合，才能充分发挥作用，否则直觉方法难以形成科学的理论，类比方法易于流为比附，成为非科学的方法[2]。同时，我国古代的物证技术研究极少用到系统的实验方法。因此，尽管中国古代拥有着大量的技术，尽管中国的灿烂文化延续了数千年，我国的物证技术研究却一直无法真正触及科学的内核。因此中国古代的物证技术也流于表层，即使有着极大的创新和发展，却始终在科学的外围环绕，无法深入并扎根。而美国在思维方式上以亚里士多德的演绎推理为特征。演绎推理是由前提必然得出结论的一种推理方式，这种必然性促使科学研究得以顺利的推进。

另一方面，中国古代的文化中过分强调"思"，弱化"做"，强调"先思后行""三思而行"。凡是无法与实践结合的理论，都只会使得理论逐渐发展至空大甚至荒诞的程度。缺少实践，缺少大量的实验和反复测试，只注重思想和人文，这种二元分裂使得科学无法被孕育产生。古代中国文化中，更多的是将知识伦理化去探讨和理解，"观物比德"，把外在的世界转化为道德说教，把知识和"人事"联系起来。而在西方，这种理性的演绎逻辑催生了实验方法的产生，这种方法可以说是科学研究领域的最重要发现之一。唯有通过实验方法，才能真正完成并检验一项科学研究。正是在反复实验及理性思考中，西方学者得出物证交换原理。甚至有学者能在长达二十年的研究之后，只为得出"指纹终身不变"这寥寥数字。科学家在反复批判和研究中，不断革新科学方法和科学哲学，逐渐将科学研究的视角深入到血液、DNA领域。

---

〔1〕 吕易泽："中美鉴定制度比较研究"，浙江工商大学2011年硕士学位论文。
〔2〕 孙宏安："中国古代的科学特点"，载《大连教育学院学报》2003年第3期。

正是由于美国在其独立之初，就与西方的思维方式有着天然、紧密的承接关系，很好地延续了古希腊先哲的演绎思维方式和在西方造成重大突破的实验方法，加之其对科学精神的推崇、对科学政策的推行，因而可以通过短短 200 年时间，发展成为科研强国，在其法庭科学领域取得世界领先的成果。

（二）科技方面

1. 科学精神

中美两国的物证技术文化最大的差异在科学精神层面。这里的科学精神，是指人们在物证技术的具体应用、研发和制度设计方面应当具有的意识和态度。事实上，不论是美国还是中国，物证技术学科都是在科学研究的基础上产生的。研究主体必须具备足够的科学精神，才能完成其自身的研究和任务。诚如美国国家科学院国家研究委员会等所著的《美国法庭科学的加强之路》中所提及，坚持科学原则非常重要，它能够根据不确定的信息进行可靠的知识推论，而这种对不确定信息的处理恰恰是法庭科学工作者所面对的挑战。唯有在遵守科学原则的情况下，法庭科学的方法和分析报告的可靠性才会提高。

与美国相比，中国的物证技术文化内涵中，缺乏了一定的科学精神。当前中国的社会环境中有着极为普遍的浮躁心理，这种浮躁在物证技术领域也有体现。

第一，缺乏严谨性。科学精神要求全面把握客观事物，形成严密、谨慎的逻辑系统。在物证采集和保存的过程、物证技术的研发和应用过程、物证的送检、鉴定过程中常常缺乏足够的严谨性。物证技术并不是简单的知识堆砌和操作手册，它是一种客观的经验总结、提炼，在物证技术的各个部门内，都要求系统、严谨地选择适当的鉴定方法、鉴定仪器，并且科学地推算、评估，得出最终的鉴定意见。这些主观的鉴定活动唯有经由严谨的推断，才能得出具备较高科学价值的鉴定结论。而美国则对法庭科学的分析报告、研究活动、机构设置、人员操作程序方面设置了详尽的严谨规定。例如，法庭科学工作者所进行的实验室分析必须测量误差。这种误差被认为是反映了科学方法的内在优点和局限性。同时，分析其他可能影响实验室分析精确性的因素，例如，分析中使用的参考物存在不足、设备差错、环境条件在方法有效的范围之外、样本混杂和污染、转录差错等。

第二，缺乏对物证技术运用过程的监督机制。科学精神的内在要求是科学的产物应当受到质疑和批评，而我国侦查人员在采集物证、保存物证等的过程中，缺乏法律监督，我国鉴定机构所出具的鉴定意见也缺乏事后监督的专门性长效机制。而在美国，则致力于不断地推荐对法庭科学方法、研究的持续性再检验，以此来增加其对相关方法的信心。例如，美国不断地推荐同行评审，要求新研发的鉴定方法发表在同行评审的杂志中，以便于领域内的专家能够审查、质疑并查核结果的可重复性。其要求出版物必须包括清晰的对所要研究的假设的说明、关于实验的足够细节、形成数据及数据分析，尽可能多地说明细节，以此有利于其他专家进行检查核实。

第三，缺乏由政府部门对物证技术领域相关制度展开的实证研究。实证精神是一种追求客观、实在的态度，其在研究过程中尽可能地排除主观因素的影响，对国家物证技术领域的各项实践指标进行定性和定量的分析，并且得出一定的实证结论，为国家设计和改革物证技术相关制度作出建议和预测。一个国家的物证鉴定文化应当具备这种实证性的价值观，这是一种科学精神的内在要求。目前我国已有学者在物证鉴定领域进行了一些实证研究，公安部的刑事侦查局也曾编制《2004 年全国公安刑事科学技术统计情况摘要》《2005 年全国公安刑事科学技术统计情况摘要》，然而这种实证研究的科学性程度相对较低、调查的领域相对狭窄，同时尚未形成官方定期、长效实施的实证调查系统。而在美国，针对法庭科学领域的具体问题，既有官方定期开展的实证调查、又有专家学者、协会组织提供全面的、科学的实证报告，这些实证研究为美国法庭科学发展提供了一种健康的"体温计"，帮助美国了解自身法庭科学领域亟待解决的问题，同时获得解决问题的方法、建议。例如，《2009 年度美国公立法庭科学犯罪实验室普查报告》《2002 年度美国公立法庭科学犯罪实验室普查报告》《2004 年度法医和验尸官办公室调查报告》《2002 年度美国最大的 50 所法庭科学犯罪实验室普查报告》等。

2. 科学政策

（1）规范方面。1945 年的《布什报告》被誉为美国制定科学政策的圣经，它详尽阐述了科学研究的重要性。唯有科技发展，美国的经济、公共福利、国家安全等才会大步前进。而科技的发展，要求扎实的基础科学研究。《布什报告》还明确地指出，科学是政府应当关心的事情。政府对科学所应承担的责任主要包括三个方面：制定政策以明确总方向和目标、提供支持基础研究的经费、协调各研究主体之间的关系〔1〕。同时，该报告还论证了成立美国国家基金会的必要性和可行性，明确国家应当尽最大的力量支持科学研究，同时保证科学研究的独立性。这份报告的主要精神在后来的数十年内充分体现在法庭科学领域的政策方面。这种传递科学精神和文化、规定具体法庭科学细节标准、协调法庭科学共同体的政策传统一直延续至今。

与 1945 年美国开始认可并推行《布什报告》相比，1996 年起，中国将"科教兴国"定为国策。中国在《国家中长期科学和技术发展规划纲要》中确定了"自主创新，重点跨越，支撑发展，引领未来"的发展方略，国家已认识到一些关键技术的引进只能依靠自主创新。然而，这种国策并未将科学精神进行深刻解剖，并未明确到基础科学的重要性、科学以及科学家的独立性。当这些科学理念引进中国，成为中国的具体政策的时候，与美国相比已然晚了近半个世纪。目前我国国家法律规范体系中，缺乏统一的司法鉴定技术的立法规范和统一标准，使得民事、刑事、行政诉讼中标准不一致，这对鉴定意见的采信和监督带来很多负面影响。

鉴定机构独立性方面。美国制定了大量的规范来保障法庭科学共同体的独立性，使之有助于保障专家证言的客观性。美国的各类实验室，无论是官方鉴定机构还是私人实验室，都不依附于任何警察机关或司法机关，即便这些机关对某些鉴定机构提供主要财政支持。〔2〕

经费支持方面，美国在法庭科学领域的科研经费支持，远高于中国的物证技术领域的经费支持。美国总统曾于 2003 年宣布了一个 5 年期的耗资 10 亿美元的行动计划，来改进刑事司法系统中的 DNA 应用。与美国相比，我国用于物证技术、物证鉴定领域的研究经费相对不足。

（2）标准方面。2009 年，美国法庭科学学会曾提出 7 条原则以指导美国法庭科学界〔3〕。这些原则分别强调了政府监管，鉴定人员的科学学科背景、认证、道德准则，实验室认可、名词术语的标准化，律师和法官

〔1〕 王大明："二十世纪美国科学大厦的建筑工程师"，载《自然辩证法通讯》2002年 12 月。

〔2〕 周湘雄：《英美专家证人制度研究》，中国检察出版社 2006 年版，第 235 页。

〔3〕 刘烁、刘冰等："国外法庭科学 DNA 实验室的质量保证和质量控制现状"，载《刑事技术》2013 年第 6 期。

应在一定程度上了解科学方法论和法庭科学领域〔1〕。同时在机构的质量保证项目上，美国政府也做了充分的研究和推广。早期，美国犯罪实验室主任协会/实验室认可委员会（ASCLD/LAB）成立。美国的医疗保险与医疗补助中心和疾病控制与预防中心曾经制定了《1988年改进临床实验室修正案》，其所覆盖的实验机构总计约189000家，要求实验室每两年必须通过现场检查监督，监督包括对实验室运营环境、人员及能力验证、质量控制和质量保证程序的综合评估。一旦实验室不通过该许可标准，将会对其进行惩罚。2004年美国推出了《检验与校准实验室能力认可准则17025ISO/IEC（2005）》，来进行实验室的能力认可项目。

（3）反馈方面。一个国家的制度在社会运行中，可能会出现各种问题，而对该制度的实践运行情况进行系统的调研与评价，对制度改进和创新有着极为重要的价值。美国在法庭科学领域的调查研究和反馈极有价值，目前我国尚缺乏这种国家级的物证技术领域的调查和评析项目，这种做法非常值得我国借鉴。2006年，美国国会指示国家科学院开展研究，对当前美国法庭科学领域的成绩、问题进行评析，并针对所发现的问题给出相应的对策和意见，从而对法庭科学进行重大改进。美国国家科学院组织了国家科学院国家研究委员会、识别法庭科学共同体之需委员会、科学技术和法律政策与全球事务委员会以及应用和理论统计委员会工程与物理科学部，于2008年联合提出了《美国法庭科学的加强之路》报告。

这份报告在序言中提出：法庭科学制度包括研究和实践，都存在严重问题。同时，整个报告在科学证据的审查、具体法庭科学学科评价、实验室管理、法庭科学监督、教育、法医和验尸官制度以及自动指印识别系统等方面，深刻地描述了美国当前实践中存在的问题和困难。这种对本国实践情况的客观质疑，不仅显示出美国欲将法庭科学进行重大修改的决心，更加显示出美国政府所具备的客观、批判的科学精神。这种表达司法领域的真实实践情况、对本国制度进行客观、深刻的批判的科学精神非常值得我国政府借鉴与学习。

3. 科学传播

当前中国已然通过政策、制度和技术等各方面的改进和努力，试图增

---

〔1〕 刘烁、刘冰等："国外法庭科学DNA实验室的质量保证和质量控制现状"，载《刑事技术》2013年第6期。

强科学技术的高效能传播。然而对于科学精神方面的传播尚需完善，这种科学精神至今尚未完全扎根于社会文化观念中。例如第八次中国公民科学素养调查结果中显示，2010 年我国具备基本科学素养的公民比例达到了 3.27%，比 2005 年的 1.60% 提高了 1.67 个百分点，比 2007 年的 2.25% 提高了 1.02 个百分点[1]。目前我国公民科学素养水平相当于加拿大和欧盟等主要发达国家和地区 20 世纪 80 年代末、90 年代初的水平。

美国国民的科学素养在许多方面都高于甚至远高于中国国民。有 70% 的美国国民表示对了解科学新发现感兴趣，并有近 20% 的人自认为对科学新发现非常理解，而仅有近 40% 的中国国民表示对科学新发现感兴趣，自认为非常理解的还不到 5%。中国国民对科学研究的方式很了解的人只有 1%，有一些了解的只有约 3%，而美国国民有约 27% 的人对科学研究的方式有最起码的了解。[2] 两国公民不同的科学素养，使得两国对法庭上物证、物证技术、鉴定意见的理解产生了很大的不同。

（1）主流传播方式。古代中国物证技术方面的研究呈现"学术官守现象"。"学术官守"意即在中国古代，物证技术的研发、推行、采用都是官府组织的，科学工作是官府工作的一部分，其施行是由官员进行的，科学家是官府的官员。这种主体是由统治者决定的。这种成因使得传统物证技术的发展轨迹直线上升，并未伴随着历朝代的更替而出现剧烈波动，物证制度也相应发展。

这种推行主体有其积极意义。它很好地维护其统治秩序和君主权威。物证技术的推行与政治统治有了共同的目标，这就使得无论是西周式的德治还是秦朝时的"法治"，抑或是自汉朝起的"儒制"，物证都随着认定案件事实的需要、解决纠纷争议的需要和维护皇权统治的需要呈上升发展趋势，鲜有倒退的迹象。统治者注重在国内推广物证技术的具体操作规范。自秦始皇将勘验检查笔录统一规范化起，历朝代都将物证技术的全国推行视为其自身政权维护的应有之义。例如，宋朝制定了"勘验检查笔录统一格式、勘验检查流程、尸体检验三步骤"；明朝规定对于盗窃、杀人案件，必须获取赃物、杀人工具等物证，才能下判决；清朝时期规定"勘验命案必须要取验凶器"等。

---

[1] "第八次中国公民科学素养调查结果发布"，载《科技传播》2010 年第 12 期。

[2] "美国国民的科学素养远高于中国国民"，载 http://news.sina.com.cn/china/1999-12-22/44501.html。

同时，其消极作用也是非常明显的。这种官守主体在推行、使用物证技术时，缺乏及时的、足够的"可检验性"。物证技术在运用的过程中，是否出错，方法本身是否有纰漏，物证技术所研发的基础是否被质疑，都无从下手。唯有碰巧出现了反例，或者权威产生了修改的愿望，这些问题才会被思及。同时，没有其他研发主体对于研发的方法、操作流程等进行学术探讨和质疑，使得古代物证技术的错处难以得到探讨和纠正。伪科学大量产生。

同时，百工相传和家传技艺是中国古代科学技术传播的原始形式。统治者为了维护自然经济，不愿意扩大技术传播范围。同时，人们对于科学技术所持的非理性观点，使得科学技术在民间无法被传授，只能"各承家传，始终循旧"。因此，古代的经验性技术鲜少传播。

而美国的法庭科学研究者，往往是通过各种学会、论坛以及权威杂志进行沟通和交流。同时，美国政府通过政策、经费支持等多方位的协调，促进法庭科学成果进行交流和传播。早在1915年，美国的国际鉴定协会成立的时候，就出版有《法庭科学鉴定杂志》，以期促进学术交流。同时，美国的证据规则中还规定了同行评审对专家证言的审查制度，这种同行评审在一定程度上也促进了美国法庭科学的传播。

当前中国的物证技术学科的交流与研究，也与之类似，通过各种学会、论文库以及期刊进行。同时，我国的各大高校、公安政法机关会定期组织学术研讨会，并将收集的优秀研究成果予以整理和归纳，促使物证技术学科的理论创新持续推进。同时，中国知网、万方数据库、独秀数据库等网络平台，对物证技术学的期刊、论文、书籍进行网络化管理，以便于读者检索。我国物证技术学领域的主要杂志包括《中国司法鉴定》《刑事技术》《法医学杂志》《证据科学》以及各公安、政法院校学报等。

（2）媒体影响。在美国，诸如《犯罪现场调查》《犯罪档案》《识骨寻踪》《嗜血法医》等一系列电视剧的热播，激发了美国青少年从事法庭科学工作的兴趣和热情。媒体对于物证技术手段在侦查中应用的广泛、生动宣传，使社会民众对该职业共同体产生极大的兴趣，并且青少年在意识里容易对该职业人员产生一种崇拜心理，对该学科产生浓厚学习兴趣，进而影响自身的大学专业选择、今后的职业规划，使得美国从事法庭科学相关工作的人员人数极大地增加。而在中国，则少有拍摄类似的电视节目，尽管香港播出了诸如《法证先锋》《鉴证实录》等电视剧，却无法在国内引起民众对鉴定行业的热议和崇拜。在中国，从事鉴定相关行业的人员的社会地位和评价依然有待提高。

另一方面，美国媒体对于"辛普森案""拉姆齐案"等案件的详细描述和评论，在很大程度上帮助人们认识到发现、提取、保存物证的重要性，使执法系统、法院系统对于物证保存制度增加了重视程度和革新力度。在这一点上，中国媒体也同样起到了促进物证相关制度改革的作用，例如佘祥林案、赵作海案等的报道，促使非法证据排除规则的出台。侦查人员的取证方式遭到了前所未有的质疑，中国的公检法各机关工作人员以及民众对物证的重视程度极大提高，推动了证据制度的一系列改革，使得中国的物证时代提前到来。

（3）教育模式。教育是美国人试图改变自身命运的关键。美国人喜欢选择讲求实效的实用主义学习方式，而中国则强调一种通才教育。中美两国在物证技术教育方面也体现出了通才性与实用性的差异，并且美国法庭科学教育中数学、物理、化学、生物等学科所占比例更大，其学生的自然科学功底也更为扎实。

美国的法庭科学教育中包括大量的实验室方面的理论和技术教程。从美国法庭科学的典型课程上看，"实验室操作规范""显微镜学""仪器分析实验课"都体现出其法科教育的实用性，注重培养学生的实验操作能力。而中国的物证技术学教学的实用性则相对较弱，上述三门课程在中国的政法、公安院校中，没有以专门的课程形式出现，而是融合在刑事技术的课程中进行讲学。同时，与美国法庭科学课程不同的是，中国的刑事技术专业的学生还有"毛泽东思想和中国特色社会主义理论体系""大学语文""大学英语"等必修课。

除了具有高度的实用性之外，美国法庭科学教育理念中极为强调自然科学的讲授。以美国弗吉尼亚联邦大学（VCU）为例，该校提供司法生物学和司法化学两个方向，本科生课程使学生几乎完成了所有生物学或化学的课程。并且，本科课程中，注重将科学传统以及生物、化学、物理、数学等学科的基本原理展现到侦查、实验室以及法庭具体应用中。

在教学对象方面。尽管我国公安、政法类院校考虑到物证技术专业的学科属性，通常该专业面向高中为理科的学生进行招录公正。但这种做法未能从根本上改善我国物证技术专业大学生的文科化趋向。因为学生在高中所学的数学、物理、化学、生物课程方面的科学知识无法满足刑事技术的教学需要，而我国刑事技术学术在本科阶段所接受的自然科学的课程课时少、门类简单、教学内容不够深入，使得刑事技术专业学生科学基础薄弱。对公安、政法院校而言，配置实验室的费用也较难负担。有学者研究显示，我国目前任何一所公安、政法院校都不可能就物证技术的众多学科部门，分别提供专门、足够的硬件配备。目前公安、政法类院校最终培养出的仅仅是大文科的单一型法律方面的人才，满足不了物证技术的实践领域对综合性法律人才的需求[1]。中国的鉴定机构在聘用工作人员时，往往倾向于聘请那些化学、物理、生物专业领域的人才。

美国的联邦、各州和地方的执法机构、大学、协会和组织开设的物证技术培训班以社会大众为对象，具体包括警官、侦探、律师、司法人员、急诊医师、护士、社会工作者、受害者、记者、作家、对法庭科学感兴趣的公众。同时，美国许多高中都开设了法庭科学方面的选修课。在中国，物证技术课程主要针对政法公安院校的本科、硕士生、司法公安机关人员和鉴定机构人员的职业培训。甚至连许多公安院校的物证技术课本中，都标注有"公安机关内部发行"的字样。

美国法庭科学的教学对象范围极为广泛，这无疑与目前广泛热议的专家辅助人制度殊途同归，皆致力于扩大公众对于法庭科学的了解程度，帮助法官、律师、民众更深刻地了解物证技术及证据制度，使鉴定结论趋于科学和客观公正。而中国物证技术课的教学范围更体现职业性特点，民众难以从正规渠道购买到物证技术学的专业书籍。

四、几点建议

如今，随着经济发展、社会变革的加剧，中美两国在物证技术文化方面，呈现出了一定程度的趋同性。中国与美国都致力于研发物证技术、改革司法制度，以期最大限度地解读物证，最大程度地还原客观事实，最终保证司法判决的正当性。

本文通过比较中美两国的物证技术文化，认为中国在发展本国的物证技术、完善本国司法鉴定体制的过程，应当借鉴美国的物证技术文化中诸多先进因素，走一条曲线发展的道路，将视野放在物证鉴定体制之外，将

---

[1] 王丽婷、杨瑞琴："美国'法庭科学'课程体系及对我国'刑事科学技术'教育之启示"，载《福建警察学院学报》2013年第1期。

改革深入到社会观念之中。一方面，将科学精神融入物证鉴定体制的改革中，使物证技术的发展有坚实的科学政策、科学制度的支撑；另一方面，将科学的理念普及到社会中，使得社会公众对物证、物证技术有客观的认识，提高公民的科学素养。由科学精神带动人文观念的变革，共同促进物证技术的发展和物证鉴定制度的改革。

（一）社会文化方面

在社会领域倡导科学精神，提高科学素养。我国的物证技术研究领域，尚缺乏一定的科学精神，这种缺乏应当深入到社会文化领域去寻找解决的办法。当前我国传统文化价值的惯性很大，科学精神的扩散会使得传统文化产生破坏断裂，目前，这种断裂凸显的矛盾已经愈发剧烈。因此，有必要在社会领域，对传统文化进行诱导重建，依靠科学精神的力量，在传统文化中重建出一种科学的文化价值观：应当鼓励社会成员提高科学素养；应当鼓励科学的目的之纯粹性，即不把从事科学研究视为带来荣誉、地位、声望或金钱的敲门砖，而是将其视为一种探寻客观规律、无限接近真理的方式；应当倡导有条理的怀疑精神，借助于经验积累和逻辑分析，有条理地向涉及自然和社会的每一个方面的事实提出怀疑；应当强调科学的独立性，将一切违反科学独立、客观的行为视为不正当的现象，树立正确的评价科学的价值观念。唯有整个社会民众的科学素养提高，学者具备纯粹的科学精神，才能从根本上为物证技术文化注入新的活力，才有可能使我国物证技术发展走向前进的方向。

（二）科学规范方面

首先应当明确，政府对物证技术领域的科学规范、科学政策的指定负有最大的职责。我国司法行政部门应当与物证技术学的前沿理论成果保持高度的同步性。一方面，将物证技术学的研究成果进行归纳梳理，并及时地对目前鉴定领域出现的紧急问题进行及时的调整；另一方面，应当指定短期和中长期的政策走向，以引导理论研究的侧重方向。

在物证技术领域制定以科学精神为内涵，进一步细化具体程序规范和标准。我国当前物证技术领域之所以存在众多的薄弱环节，我国大量存在物证不符合鉴定条件、鉴定意见的错误率较高、冤假错案频发，其关键原因在于我国物证技术领域缺乏以科学精神为内涵的具体程序规范和标准。具体而言，我国应当从以下角度进行改革。第一，通过制定具体的科学政策、标准和内部文件，强调侦查主体、鉴定主体在物证技术的选用过程中应当保持科学严谨性。第二，增强对物证技术选用的监督制度，对物证技术的运作之正当性进行质疑和批判。第三，由国家司法行政部门组织全国范围内的实证调查，并对实证调查结果进行科学、客观的分析，得出对我国当前物证技术领域的客观评价以及改革的建议。

着重完善具体的技术标准、许可标准和规范。许多物证技术的可靠性和证明力没有科学的评定标准，同时，缺少对物证技术选用全过程的质量保证和质量控制，这些缺乏程序规定的物证技术操作流程容易产生各种人为或客观的负面因素，从而影响物证的证明力和科学性。一方面，制定严密的规范政策，将物证的采集、保存、送检活动加以细致的规范。提高物证采集过程中的规范化程度，尽可能大地提高物证的客观性和可解读性，提高鉴定条件；另一方面，将鉴定活动进一步规范化，进一步倡导实验室认可制度，对实验室的仪器配备、鉴定环境等硬件指标进行考核，对鉴定机构按照其所从事的鉴定项目的各项指标进行更为精确的检测、评定，将这种评价结果作为该鉴定机构所出具的鉴定意见的考量指标之一。将科学政策融入司法鉴定质量控制体系的构建当中，以加强司法鉴定机构的管理，保障鉴定意见的科学性。

（三）程序设计方面

我国目前的物证鉴定实践中，程序意识依然淡薄，如何将程序意识融汇到本国司法制度和社会文化中，是一个极为艰巨的难题。在物证技术文化的土壤中埋下程序正义的种子是极为必要的。我们国家在物证鉴定制度的设计和改革中，应当在物证技术的选用环节引入一系列具体的、符合我国国情的程序设计。用程序的正义性价值来弥补科学证据所存在的客观局限性，用程序的公平性价值来协调不同当事人在诉讼中的利益和诉求，用程序的兼容性来包容不同社会层次的社会主体的诉讼权利。

外在的程序性规范和形式若想要渗透物证技术运行的细枝末节，内化为制度文化、诉讼文化会遇到诸多的波折和困难。然而，这种波折和困难却是物证技术文化的必经之路，唯有将程序正义种植于本国的物证技术文化土壤中，才能催生出高质量的物证采集程序、高标准的物证鉴定意见和严密的证据链。

（四）教育制度方面

教育是一个国家的未来。提高我国物证技术专业学生的专业知识储备、实践操作能力对我国将来的物证技术改革和发展都有极大的好处。具体而言，我国可以借鉴美国法庭科学教育模式，进行以下改进。第一，扩大年龄范围。将自然科学基础理论、物证技术基础知识的课程面向中学生开设。第二，增加自然科学课程的比重。将生物学、化学、物理学等自然科学课程列入物证技术专业本科生、硕士生课表，并进行相应考核，颁发物证技术学和生物学、化学或物理学结合的双学位证书。第三，增加物证技术学科的实际操作、动手能力的相关考核。第四，增设面向生物学、化学、物理学等自然科学专业学生的物证技术专业培训机构，经过专业的物证技术学的相关考核后，将自然科学人才引入物证技术学领域。

除了以上社会宣传、规范标准、制度改革等方面，在媒体宣传方面，我国依然可以采取一些行动，来增加物证技术领域的社会关注度，同时提高公众对物证技术、司法鉴定的了解程度，并且鼓励、吸引人才进入物证技术领域。例如，增设物证鉴定、物证技术、科学证据等方面的新闻、科普节目，提高社会公众对物证技术和案件审理的感性认识。鼓励拍摄一些关于刑事审判、刑事技术侦查、物证鉴定等方面的影视作品，使侦查人员、鉴定人员能够获得更多的社会关注和更高的社会地位，甚至产生一些社会崇拜，为物证技术的人才领域注入新鲜的血液。

在图书出版方面，组织一些物证技术、司法鉴定方面的专家，面向普通民众编写一些关于物证技术的小常识读物、关于司法鉴定程序的普及手册等；面向法官、检察官、侦查人员以及律师，出版一些更具有专业性的物证鉴定、物证技术、科学证据等方面的书籍；面向物证技术领域各个学科的专业人员，出版一些实用操作手册。同时，大量翻译国外先进的学术成果、科研项目和实证研究报告，以促进本国物证技术学科的进一步发展。

（五）处理物证技术鉴定争议方面

在诉讼活动中，物证技术鉴定争议是客观存在的，对物证技术鉴定意见提出质疑是当事人应有的诉讼权利。从立法和司法的层面来说，解决物证技术鉴定争议应当依法进行，通过诉讼程序来化解。即通过对鉴定意见的质证、重新鉴定和补充鉴定来解决。在美国关于物证技术鉴定的争议都是通过法庭审理来解决，虽然在法庭上形成专家证人的论辩，甚至长期的论辩，但总在法庭的控制之下。我国由于有信访制度，使得当事人对司法鉴定的争议解决往往不是通过法庭，而是通过不断的上访、闹鉴来解决。这不仅严重影响物证鉴定活动的正常进行，而且严重践踏了法律的威严。

为什么会出现这种状况，究其原因之一是我国的物证技术文化存在观念的缺陷，即对法律和科学技术的信仰。对此，笔者认为，应从立法、鉴定制度、鉴定争议解决机制等方面加以完善，尤其是对无理闹鉴者应以藐视法庭罪或者妨碍司法活动罪予以惩罚，从而维护物证技术鉴定的秩序。当然，在物证鉴定领域也应该克服我国传统"人情文化"和"关系文化"对司法鉴定科学可靠性的影响，确保鉴定的质量。对于"徇私鉴定"应严格依法予以惩处，以建立物证技术鉴定的诚信机制及制度，从而维护物证技术鉴定的规范发展。

五、结语

物证技术的发展，必须扎根于物证技术文化的土壤。中美两国物证技术发展程度的差距，实质上是源于中美两国物证技术文化的巨大不同。物证技术、物证鉴定制度方面的改革若只从制度自身去考虑，则难以改变社会的生活方式、达到自身的进步，只有从社会文化的深层次中去思考、去改变，以一种中国式的改革思路去设计物证技术、鉴定制度的改革方式，才能缩短中国与美国在物证技术、法庭科学方面的差距，缓解本国社会中产生的冲突，从而达到司法公正。

而中国物证技术文化中最需要融入的，是一种严谨、批判、实证的科学精神，从而消除我国当前物证技术领域的浮躁心理。同时，为物证技术领域营造科学氛围，制定科学标准和规范。并且，将正当程序立法化，融入物证技术运用的每一个环节。唯有在物证技术文化的内涵中，植入科学精神和程序正义的种子，中国的物证技术才能大步发展，中国的鉴定制度才能最大限度地实现司法公正。

说话人鉴定证据的形式、局限和作用 *

弗朗西斯·诺兰　著

曹洪林　丁铁珍　康锦涛　译

李敬阳 ** 审

　　* 中国政法大学校级人文社会科学研究项目资助。本文的翻译得到了作者弗朗西斯·
诺兰教授的授权。原文引用信息：Nolan, F. , "Speaker identification evidence: its forms, lim-
itations and roles", in T. Salmi-Tolonen, R. Foley and I. Tukiainen (eds.), *Proceedings of the
Conference "Law and Language: Prospect and Retrospect"*, 12~15 December 2001, Department of
Linguistics, University of Lapland, Levi, Finnish Lapland.

　　** 弗朗西斯·诺兰，英国剑桥大学语言学系教授；曹洪林，司法文明协同创新中心，
证据科学教育部重点实验室（中国政法大学）讲师；丁铁珍，中国政法大学证据科学研
究院硕士研究生；康锦涛，公安部物证鉴定中心助理研究员；李敬阳，公安部物证鉴定中
心处长、研究员。

一、引言

正如一件工艺品上会携带其生产过程中的很多痕迹一样——雕刻品会携带凿子的凿痕，绘画会带有笔触的痕迹，二者都会反映出艺术家的个人风格——语音样本也会反映出发音人的个人印记（imprint）。这一点在我们的日常生活中不言而喻。对于熟人来说，即使不见其人，我们也常常能够通过声音判断其身份。比如，当有人在敲门之前，在门外说话时，我们根据其声音就能断定其身份。我们还能通过电话识别之前听到过的声音，即使我们可能并不知道说话人是谁。如果问大家是否能够通过声音来辨别说话人，大多数人都会迅速地回答"能"。这已经成为一种常识。

在案件庭审中，说话人的身份问题经常成为争论的焦点。案件受害人可能没看到犯罪分子，只是听到了犯罪分子的声音，但据此声称该声音是其某个熟人的声音，或者恰属于嫌疑人的声音；或者可能有犯罪分子（身份未知或有争议）的录音，据此可以与犯罪嫌疑人的声音进行比对分析。常识告诉我们，上述两种情况都是可行的。此外，在第二种情况下，由"语音专家"对犯罪分子和犯罪嫌疑人的录音进行对比，能够得出非常可靠的"科学"结论。

在本文中，我将从语音学家的角度［并不包含太多技术性较强的语音学知识——更加专业性的介绍请参见 Nolan（1997）一文］对说话人鉴定证据在刑事和民事案件中的应用方式进行综述性介绍，并对如何更好地看待其局限性提出建议。在科学和法律领域，常识不能成为我们唯一的行动指南。

二、个体及其声音

我们常认为每个人都有自己独特的"声音"，但其实这是把问题过度简化了。原因在于：首先，人的声音并不是一成不变的；其次，人声音的这种变化性会导致一个人的声音与言语群体中其他成员的声音之间产生重叠，然而，我们对这种现象的影响程度并不十分清楚。下面我将参考指纹来说明上述两个方面的问题。

我们将指纹视为个体鉴定的"基准"。任何对指纹鉴定可靠性的质疑往往都与检验程序存在缺陷有关；没有人对指纹类型的稳定性产生怀疑

（除非指尖皮肤花纹受到损坏或永久性破坏）。相比之下，为什么说声音与其"所有者"之间的关系并不是恒定不变的呢，原因在于，指纹是几乎不变的身体特征的直接反映，而声音则是由两种灵活性（flexibility）非常高的机制共同作用的产物。有时候，我把语音背后这种机制的多变性（variability）称之为"可塑性（plasticity）"（Nolan 1983）。这里所说的两种机制分别是指发音器官和语言。

各种发音器官的首要功能是进食和呼气，次要功能才是发音。为了实现这些功能，众多发音器官都会展现出灵活性。发音器官数量多、灵活性高决定了发音过程会有很大的"自由度"。当说话人"改变正常的发音方式"时，这些"自由度"可以被随意操控；同时，这些"自由度"还可能会受到紧张、疲劳、健康等外界因素的影响。发音器官存在可塑性的最终结果是，严格说来，同一人说的任何两句话在物理学意义上都不是完全一样的。

除此之外，驱动发音机制（vocal mechanism）的语言学机制——语言，其本身也不是永恒不变的。在不同环境中说话时，我们都会有意识地改变说话方式，包括调整音量、音调、重读、语速等因素；或许还会有意识地改变说话风格、发音方式甚至方言等。如果一个说话人只掌握一种音域（register），那么他/她在语言社团的交流中将非常受限。在交流过程中，我们多数人会改变自己的语言，比如我们常常会根据对话者的不同调整地域或社会方言，或根据环境的不同调整讲话的语气。

因此，说话人鉴定涉及的情况是，个体发音的物质基础（发音器官）和驱动"软件"（语言）都不是恒定不变的。在对成对录音样本进行比较检验时，如果只比较两个可观测的参数特征，如声音的平均音高，以及（英语）说话人在说"better"这个单词时，其中间的音是发成喉塞音还是辅音/t/的情况，言语产生的固有可塑性意味着，此时我们只有非常有限的基础来鉴别说话人。有非常多的人在随意说时会说"be'er"，但在仔细说时会变成"better"，还有一部分人始终说"be'er"，一部分人经常说"better"。平均音高也不是一成不变的，它会随心理压力、时间、话语类型、说话音量等因素的变化而变化。在观察一个说话人的言语行为时，如果只分析两个参数，它们既可能截然不同，也可能存在重合。如果分析10个参数的话，情况就会好很多；但仍然存在一个说话人与其他说话人在每个分析参数上都表现一致的风险。分析观察的参数越多，将某说话人与人群中其他说话人准确区分开的可靠性就越强；然而，直到今天，仍没有大范围的人口研究结果能够告诉我们到底需要分析多少个不同参数才能准确区分人群中的每个说话人——如同让我们相信指纹能够区分每个个体一样。的确，鉴于语音的固有变异性，即使在理论上，我们也不知道"绝对区分"是否能够实现。在不同可观测参数的多维理论空间中，每个说话人并不是占据一个点，而是分布在一个可变的区域中。即使有大量的参数，我们仍不确信每个个体的分布区域与其他所有个体的分布区域之间是否是离散分开的。基于此根本原因，在处理任何形式的说话人鉴定证据时，我们都要保持谨慎！

三、说话人鉴定证据的类型

说话人鉴定证据可分为两大类："非专业的（naïve）"和"技术的（technical）"（Nolan 1983：7）。非专业的说话人鉴定（naïve speaker identification）主要利用人类语言使用者的本能/自然能力来鉴别说话人。鉴于这些能力的复杂性，"非专业的"这个术语或许不太合适。然而，该术语强调的是，鉴别人在说话人鉴定方面没有受过特定的训练。这种类型的证据主要包括以下五种情况：①犯罪案件的证人声称可以确认听到的声音是谁说的（"威胁说有炸弹的人的声音是 X 的声音"）；②证人可能无法确认声音是谁的，但可以对其进行辨别（"昨天的两个匿名电话是一个人打的"）；③证人可能受邀进行"语音辨认"（"voice parade/voice line-up"），待辨认的语音中同时包含了嫌疑人和许多陪衬人员的声音，证人需要从中挑选出一个人的声音作为犯罪分子的声音；④再者，刑事案件侦查人员听到涉案录音后，可能辨别出录音中的说话人是他/她认识的某个人 X；⑤在司法程序中，还有一种情况，即给陪审团或其他司法机关播放录音，也涉及非专业性说话人鉴定。

技术性说话人鉴定（technical speaker identification）是指，在鉴定过程中鉴定人使用训练技巧或技术性支持程序进行的说话人鉴定。这种鉴定主要适用于对涉案检材录音（如炸弹恐吓、银行诈骗交易、窃听等）与嫌疑人的样本录音进行比对的情况。在接受委托后，鉴定专家（通常是语音学家）会对检材语音是由嫌疑人所说的可能性进行评估。理想状态下，鉴定专家既会使用语音学中的听觉分析技巧进行检验，也会使用声学上的视谱和测量技术进行分析。

下面，我将对这两种主要的说话人鉴定证据作更详细的讨论。

四、非专业的说话人鉴定[1]

非专业说话人鉴定的可靠性会受两个固有限制因素和多个偶然限制因素的影响。一个固有限制因素是上文提到的不同说话人的声音之间存在潜在的重合性，另一个因素则是人类感知、存储和检索机制的表现性能。并非所有的语音声学特征都可以被我们感知区分；在一定程度上，从提取信息的角度看，感知系统对那些只是噪音的特征进行"模糊"处理的做法是有益的，但这些特征却可能构成了说话人的部分"印记"（参见 Nolan 1994：336-344）。人类的记忆，特别是长时记忆（与短时或"回声"记忆相反），并不像录音机那样，而是有选择性的，通过处理和编码的方式存储信息。并非所有的存储信息都能够被随意准确地检索找回，就像我们虽然认识一个单词但就是想不起来一样。

偶然性因素会影响鉴定效果。研究发现，在"亲听证人（earwitness）"的重复性实验中，被试的表现会受到很多因素的影响，比如以下几种情况都会提高说话人鉴定的效果：让亲听证人事先熟悉一个或多个声音；增加语音样本时长，缩短首次听音与鉴定的间隔时间；目标声音的"可辨认性（recognisability）"（这种可辨认性或许存在于许多有更多极值的参数之中）；同时，或许还有出人意料的情况，即被试在有诱导压力的情况下熟悉声音，或曾直接与说话人产生互动而不只是偶然听到说话人的声音［详见 Hollien、Huntley 和 Künzel（1995）、Nolan 和 Grabe（1996：75-77）］。研究显示，说话风格的转换也会导致鉴定错误（Bahr 和 Pass1996）。所有实验的准确率都低于100%，而且常常都非常低，其中包括已确定目标声音肯定在声音样本中的"闭集"鉴定的情况（与很多实际鉴定情况不同）。（与现实生活一样）在"开集"鉴定中，实验被试（或亲听证人）要在众多辨认对象的声音中判断是否有目标声音出现，这种情况会导致另一种类别性错误，鉴别效果也相应降低。

迄今为止，从众多针对亲听证人相关的实验证据中，我们应该吸取教

---

〔1〕　译者注：作者在此处使用了另外一个术语，即"naïve speaker recognition"，而不是"naïve speaker identification"，由于两者没有本质差别，本译文未做区分。

训：听觉辨认与视觉辨认一样，辨认错误的风险同样真实存在。部分实验（如 Rose 和 Ducan 1995）表明，即使是对密友和亲戚的辨认也会出错，因此，即使有亲听证人声称他/她成功辨认了之前熟悉的人的声音，也可能是不准确的。在我看来，决不能主要依据亲听证人对先前已知声音或随后对嫌疑人声音的辨认结果就提起诉讼。

随后辨认结果的证据价值取决于辨认任务实施的用心程度。如果只是给证人播放嫌疑人的录音，然后询问证人"这是你听过的那个人的声音吗？"（只有一个辨认对象的情况），这种做法没有为避免错误辨认提供任何防护措施。正如在视觉辨认中，恰当的做法是将嫌疑人放到一组人中，让他/她们"列队"或"站成一排"展示给证人，此时证人就不能只是附和性地回答"是"了。而且，在最坏的情况下，即使证人坚持做出认定意见，也只能靠猜测，这样至少为保护无辜的嫌疑人提供了可能——如果合理安排被辨认对象，该无辜嫌疑人被选中的可能性只有 1/8（左右）。

然而，无论是视觉辨认还是听觉辨认，其理论都远远没有建立起来。即使在选择陪衬人这种基本问题上都有待讨论（如 Wells 1993：563-4）。陪衬人应该和嫌疑人很相像吗？这种策略可以被归谬为，理想的被辨认对象应该包括嫌疑人和 9 个与其完全一致的克隆人，显然这是不可能完成的任务。替代性的做法是，只要求陪衬人能够满足证人对犯罪分子描述的特点即可。这种做法在逻辑上可能更加合理，但缺点是证人的描述越差，被辨认对象包含的可变性就越多，由无辜的嫌疑人与罪犯之间偶然的相似性导致辨认错误的可能性也更大。

就听觉辨认而言，该技术仍处于初级阶段。尽管如此，与视觉辨认相比，该技术的优点是，警察更愿意在组织听觉辨认的过程寻求帮助。由于声音存在多维性，这就意味着对声音"相似"的定义绝非毫无意义，而且还需要专家的建议。Nolan 和 Grabe（1996）在一个案例中曾做过详细描述，为了确保嫌疑人的声音既不能与陪衬人的声音相比过于突出，又不能带有可被识别为性侵犯人（相关的犯罪）的典型特点，实验人员特别让听音人对被辨认对象做了两次预实验。在辨认过程中，证人高度自信地辨认出了嫌疑人，尽管辩护方基于部分理由对辨认结果提出了质疑，但我相信，该辨认过程对于测试证人将嫌疑人的声音识别为袭击她的人的声音的能力来说是基本公平的，最后法庭对嫌疑人做出了有罪判决。最近，警方还就两个听觉辨认案件一起咨询过我，在组织过程中，尽管他们反复思考，但却缺少语音专家的指导意见。他们将那两个案件中的声音都放给我听，让他们惊讶的是，每一个案子，我都能轻而易举地说出谁是嫌疑人。这是因为除了嫌疑人的声音样本之外，其他样本都是清晰的朗读语音。我建议他们通过模拟警察审讯的方式（嫌疑人的声音样本选自英国法律体系中标准的警察审讯录音）来收集陪衬人的样本。对于希望由自己实施辨认任务的警察来说，这是一个相对简单易行的方法，同时我也相信，这也是通向公平实施此类辨认任务的唯一的、最有效的方法。

在建立严格缜密的辨认程序方面，现在有非常广泛的发展空间，或许包括为声音辨认建立一个陪衬人的样本语音库。Broeders（1965）以及 Broeders 和 Rietveld（1995）两篇文章对很多问题都进行了讨论，后文中还给出了声音辨认应该遵守的一系列推荐性程序。

对于案件侦查人员进行声音辨认的情况，除了受到非专业说话人鉴定中所有疑义的制约以外，另外还会受到人们的高度关切：或许他/她们会更倾向于辨认出他/她们已知的犯罪分子。最近，在我参与的一个上诉阶段的案件里，其中有一部分证据是证明被告有罪的录音带，通过辨认的形式，两名警察认定该录音带中的声音就是被告的声音，然而这两名警察本来就认识被告。在上诉和复审阶段，很可能的情况是，在这两名警察审听有罪录音带并做出辨认结果之前，他们已经知道还有其他证据证明被告实施了犯罪。在我看来，这使得他们本来已经非常可疑的所谓鉴定变得毫无意义。

非专业说话人鉴定的最后一种情况是，由陪审团自己亲自比较罪犯的检材录音和被告的样本录音（或被告人在庭审现场所说的声音证据）。这种做法是极不可取的。陪审团不能公正地完成这项工作，同时由于只有一个辨认对象，也无法检验陪审团是否有能力完成这项工作。在许多基本问题，如在陪审团成员的听觉灵敏度等都无法控制的情况下，更不用说更多复杂的因素了，如陪审团对案件涉及的语言变体的熟悉程度（有一种严重危险确实存在：同等条件下，不熟悉的方言比熟悉的方言听起来更相似）。在我看来，即使在语音专家证人之间的意见存在分歧的情况下，陪审团也不应该"越俎代庖成为自己的专家"。如果专家之间的意见不合，陪审团在陪审室（jury room）时应该意识到这样的说话人鉴定是有问题的。

五、技术性说话人鉴定[1]

在既有未知说话人实施犯罪（威胁恐吓、绑架索要财物等）的检材语音，或有未知说话人谈论实施犯罪（秘密录制的讨论即将实施的毒品交易等）的检材语音，又有一个或多个嫌疑人的样本语音时，就可以应用技术性说话人鉴定了。鉴定过程中，常常会对嫌疑人进行录音取样。在部分司法管辖区，如英格兰和威尔士，警方依法获取的讯问录音或许可以作为嫌疑人的比对样本使用，但是这种做法并不是在所有的管辖区域都是被允许的。录音比对样本要专门录制（得到嫌疑人的同意），只有这样才能控制其语言内容，使其与检材录音的内容保持一致。即使如此，由于不可能精确复制检材录音的语境，因此也就不可能得到在语言学上（与检材录音）完全一致的录音样本——排除人为故意改变声音的风险。更常见的做法是，需要基于不同的材料才能进行对比鉴定。这就使得在鉴定中应用全自动说话人对比技术的可能性大大受限，如说话人自动确认（Automatic Speaker Verification）技术（比如，通过比较某人的声音与身份确认的说话人的声音来进行入口控制）。说话人鉴定中常用的方法有两种：听觉感知法和声学分析法。

毫无疑问，听觉分析技术以上述识别说话人的非专业自然能力为基础，但是除此之外，还会使用传统语音学中更明确的检验方法分析声音。传统语音学的基本框架主要体现在国际音标及其背后的理论中（参见 International Phonetic Association 1999）[2]，该框架为记录声音中的可闻细节提供了一套方法。语音学家需要进行大量的发音和辨音练习，练习对象既包含发音人的母语语音也包括其母语之外的语音，经过这样适当的训练之后，语音学家就可以区分发音过程中的很多细微差别了。这些差别主要体现在元音、辅音、韵律特征（如语调）的发音上。在我看来，语音学家不仅在言语感知方面具有非常大的优势，而且在对发音中微小区别特征的整理、评估和交流方面同样有很强的能力和优势。

然而，我曾在很多出版作品中指出，传统的语音学训练一般不包括对

---

〔1〕 译者注：原文此处使用的术语是"technical speaker recognition"，与前文"technical speaker identification"不同，由于两者没有本质差别，本译文未做区分。

〔2〕 译者注：该书已有中文翻译版本。国际语音学会编著：《国际语音学会手册》，江荻译，上海教育出版社2008年版。

个人嗓音音质（voice quality）的系统分析。这一点是可以理解的，因为大多数语音训练都是以分析语言为背景的。对于嗓音音质分析来说，Laver（1980）一书的确给出了一个综合性的分析框架，它获取的是说话人语音中的长时习惯特点，如耳语或重鼻音性。该方法已经在言语病理和语言学描述领域中得到应用，然而，并没有广泛应用于声纹鉴定领域。也许这是需要鉴定人受过此类专业训练之后，才能可靠使用该方法的缘故。目前，在声纹鉴定领域中，我看到的有关个体嗓音音质的多数论述都是颇为随意和主观的。

听觉语音学对声纹鉴定的作用体现在对元音和辅音的精细分析上。然而，对于该方法所能达到的程度，现在还有不同的观点（参见 Nolan 1991，并参考 Baldwin 和 French 1990）。部分从业人员认为，由于我们每个人都有自己的口音，因此对口音进行精细分析的结果可以将人群区分开来，并达到将每个个体都一一区分的程度。在我看来，这种做法基本上是不可能的，在实践中也从未被科学地证明过。因此，听觉语音学的作用应该是，判断两个语音样本的口音是否一样，检验口音是否出现前后矛盾的迹象，从而揭示说话人可能存在口音伪装或采用其他口音的情况。

如果两个语音样本在口音上完全不同，那就意味着它们极有可能是由不同说话人说的。然而，依然存在说话人会说两种方言的可能性。由于一个人掌握两种不相关的方言的情况非常罕见，因此在这种情况下，我们一般会默认为两个样本是由不同说话人说的，除非有足够强的理由才能推翻这种结论。当然，更常见的情况是，说话人都会掌握连续的方言变体：城市方言中的社会方言，或从地域性方言的角度看与标准话的接近程度，常常还与风格变体有关。因此，语音学家需要借助丰富的社会语言学知识，才能做出深入细致的分析。两个样本的发音存在差异意味着它们是由不同说话人说的，除非这些差异能够被语言变异的连续模型（coherent model）加以解释，而且这些模型主要是社会语言学方面的模型。

如果发现不同语音样本的口音之间没有明显差异，那么从语言学的角度，我们有理由得出结论：它们由同一个说话人所说的可能性是存在的。当然，这与做出"认定同一"结论的情况并不相同。现在，单纯进行听觉分析的语音学专家应该承认该方法的局限性了，该方法主要阐明了语言系统的"印记"。

在这一点上，声学语音学家可以做得更加深入。当然，对于在听觉上描述为"低沉""响亮"等特点的声音，我们可以听到它们发音机制的印记，但可能只有通过声学分析的方法，才能对这些印记进行详细描述。

借助声学分析的方法，我们可以对反映个体发音器官特点的大量参数进行观察和测量，这些参数包括基频（音调）和共振峰（共鸣）频率等。鉴于发音机制存在可塑性，这些参数的数值并非完全取决于发音机制——发音人可以选择用高音调说话，或者通过撮唇的方式降低共振峰——但是，一般来讲，这些参数的数值会保持在一个特定范围内。

在发特定声音时，共振峰会随声道的变化而变化，表现出一定的动态特性。这些动态特性，特别是其细节，尤其能够说明发音机制的印记，同时还能反映声道大小及其运动模式。理所当然的是，一致性的（参数）数值和模式越多，两个样本就越匹配，二者源自同一说话人假设成立的可能性就越大。不同的（参数）数值和模式意味着样本来自不同的语音信号源，除非参照已有模型能够解释这些差异（如上文的口音差异）。

比如说，两个样本中元音/e/的共振峰均值不同，但如果在样本 A 中测量的是出现了 10 次的单词"deménted"，而在样本 B 中测量的是出现了 10 次的单词"tórment［名词］"，在重音对这两个单词中元音的影响程度已知的情况下，那么我们需要考虑这种差异与重音的已知影响效果之间是否存在一致性。如果差异是一致的，那么根据现有模型，我们就不能将其作为否定依据。这个简单的例子说明，在说话人鉴定中，如果没有语音学家深入复杂的解释过程，那么单纯的机器和测量几乎毫无价值。

上文中，我按顺序介绍了听觉分析和声学分析两种方法，这样做的原因只是便于对每一个过程进行分别讲述。实践办案中，语音学家一般先听音，但很快就会进入听觉和声学循环交互的分析过程。对于听觉分析发现的可疑差异点，可以通过声学分析的方法进行研究、确认或排除，同时声学观察可以发现之前听觉分析错过的某些发音特征。听觉分析和声学分析这两种方法是相辅相成的。有时由于录音质量太差，不能进行有效的声学分析，在这种情况下，或许可以对口音特点进行一定程度的听觉分析，但是我们必须认识到，语音信号的衰减，不仅妨碍声学分析，同样会损害听觉分析，这一点非常重要。人耳并不能神奇地恢复已经丢失的信息——至少是不能可靠地恢复。我一直强烈主张（Nolan 1994：336~344）听觉分析和声学分析所得到的信息是互补的，如果两种方法都行得通的话，那么就没有理由只采用其中一种而放弃另一种方法。我认为，这种看法在业内已经达成广泛共识，尽管并没有得到普遍认可。

六、意见表述

说话人鉴定在多个方面仍存在争议，围绕这些争议的论述已有很多，如鉴定方法，可达到的可靠程度，以及在鉴定可靠性缺乏权威科学评估的前提下，语音学家到底该不该做出鉴定意见等。然而，我越来越倾向地认为，尽管这些问题真实存在，但问题的关键是语音学家如何表达他/她们的意见。意见表述既是语音学家将其所参与的工作概念化的外在表现形式，又是科学与律师需求的接口。在英国的法律制度中，鉴定意见通常是以"犯罪录音中的说话人很可能/可能是被告人"的形式来表述[1]。

20世纪90年代中期，我曾担任国际声纹鉴定协会（International Association for Forensic Phonetics）的主席，并接受委托对说话人鉴定从业人员使用的"鉴定意见的等级形式"进行调查研究，探索设计一种能够被协会成员都接受的等级形式的可能性。这些鉴定意见的等级形式通常用一些术语来表述，比如"非常可能同一""很可能同一""可能同一""可能不同""很可能不同"或"不可能同一"。

我还曾因此发出过一份调查问卷，设法对结果进行列表分析，并试图进行"所罗门的审判"（Judgment of Solomon），比如说，一个专家最高等级的表述方式是"我坚信……同一"，而另一个专家最高等级和第二等级的表述方式分别是"没有任何合理怀疑……同一""极有可能……同一"，那么第一个专家的内心确认程度是否介于第二个专家前两个等级的确认程度之间呢，甚至在我开始调查之前，我就意识到在推行统一的"意见等级表述方式"的任务上，我并非合适人选，而且对该做法持怀疑态度。对调查结果的分析情况使我更加确信，与意见一致的等级表述方式相比，这种占主导地位的、真实的混乱状态能够更好地反映当前的技术水平。统一等级表述形式的做法可能存在一定的风险：披着虚假一致的外衣，掩盖了行为存在分歧的事实，并将问题概念化。最后，我把为鉴定意见建立"统一

---

〔1〕 译者注：这里说的意见表述形式是指原文发表时（2001年）的情况，现在情况已发生变化，目前英国说话人鉴定意见表述主要采用特殊的"英国立场声明"形式。具体请见文章：French, P. and P. Harrison, "Position Statement concerning use of impressionistic likelihood terms in forensic speaker comparison cases", *International Journal of Speech Language and the Law*, 14（2007），137~144.

等级表述形式"的任务留给了那些仍然对其深信不疑的人——据我所知，该问题一直处于搁置状态。

当时，我之所以持怀疑态度，部分源于这样一种看法：除特殊情况之外，通常我想给出的最高等级的意见是"两个样本中完全有可能包含同一说话人"。通过将鉴定任务与包含虚无假设（null hypothesis）的科学测试进行对比，我才产生了上述想法。首先假设两个样本源自同一个说话人（虚无假设），然后必须对样本进行大量测试，每次测试都可能会产生差异。除非能够得到已有（社会语言学、韵律学等）变异模型的解释，否则每个差异点都能拒绝虚无假设［选择备择假设（alternative hypothesis）：样本源自两个说话人］。如果在进行了大量合适的测试后，没有发现其他不可解释的差异，就可以得出结论：我们没有否定虚无假设，而且，的确在现有方法的范围内，两个样本完全有可能源自同一个说话人。

事实上，这并不是一个空洞无物的意见，而是一个非常有力的证据——尽管理所应当，但不足以单独作为证据证明被告有罪。如果采用"极有可能……同一"的意见表述形式，那就暗示着：并不是说没有其他人有可能，或基于合理的理由，打过那个电话。内心确认程度从"完全可能"到任意程度的"可能"的跳跃，同样是从对两个样本不一致性检验到对两个样本与整个参考人群进行评估的跳跃。针对从"可能"到"很可能"连续接近的问题，Broeders（1999：232）也从稍微不同的角度指出：

> 从语义上讲，"很可能（probability）"和"可能（possibility）"分别属于不同的模式，地位也不对等。两者都用来表示人对行为、状态或事件真实性的看法，但是很明显，"很可能"是从属于"可能"的：对于不可能的事物或事件，说它很可能发生是毫无意义的；即使为了让事物变得"稍微"很可能一些，前提也是它必须具有可能性。

如果内部证据显示两个样本"完全有可能（fully possible）"是同一人所说，那么我们只能走得更远；也就是说，如果在相关人群的其他任何个体上，都不可能发现有上述两个样本中共有的众多语音特征组合的话，我们只能跳向"很可能"。

事后看来，特别是通过 Robertson 和 Vignaux's（1995）的著作——一本关于证据和概率（probability）的非常通俗易懂的书——《解释证据》

中提供的深刻见解，我发现，在不知不觉中，针对技术性说话人鉴定，当时我正朝着贝叶斯概念化的方向进行探索研究了。一段时间以来，部分评论人，如 Robertson 和 Vignaux 以及 Evett（1995），一直通过案例证明：众多领域的法庭科学证据都应该采用与贝叶斯统计理论相一致的方式进行展示，该理论的核心概念是似然比：

$$\frac{P\ (E\ |\ H1)}{P\ (E\ |\ H2)}$$

似然比指的是，假设（H1）待测证据（E）是嫌疑人所留的概率与假设（H2）该证据（E）是其他人所留的概率的比值。后者既可泛指人群中其他任何人留下的情况，也可具体指其他某一个个体实施了犯罪的情况（当确信只有一个人实施犯罪时）。

举例说明，假设将一块血迹与嫌疑人的血液进行比对分析，发现两者的血型相同，那么（E | H1）的概率是 1；也就是说，如果是该嫌疑人遗留了血迹，其血型必然是上述血型。假设 H2 只是人群中其他人留下的血迹，那么在此假设下，证据 E 的概率值取决于人群中有多少人的血型与遗留血迹的血型相同。如果在 6000 万人中，有 3000 万人有这种血型，那么 H2 假设遇到这种血型的概率就是 3000/6000 = 0.5，似然比为 1/0.5 = 2。另一方面，如果该血型并不常见，只有 100 万人有，那么 H2 的概率就变为 100/6000 = 0.017，这时候的似然比就等于 1.0/0.017 = 60。

如何将这些结果应用到案件的法庭审判中呢，基于其他所有证据，无论证明被告在犯罪现场的概率有多大，如果上述血型常见的话，血型证据就使该概率提高 2 倍，如果血型不常见的话，就会使概率提高 60 倍。如果基于其他证据的概率只有 2 比 1，同时血型又是常见的类型时，那么组合后的概率就是 4 比 1（这意味着，被告不在现场的概率是 1/4，此时定罪是非常危险的）。另一方面，如果基于其他证据的概率是 100 比 1，同时血型又是比较罕见的，那么组合后的概率就是 6000 比 1。

当然，将这种方法应用于说话人鉴定时，问题就变复杂了。与上述简单的（且是虚构的）血型案例不同，语音学家要处理大量独立的和相互依存的参数。更糟的是，我们几乎没有这些参数的人口统计数据，然而这些数据却是应用贝叶斯方法进行量化统计所必需的。或许基于这些原因，在实践中，甚至在理论上，语音学家一直回避这个问题。正如 Sjerps 和 Biesheuvel（1999）文中提到的，从几个实习律师那儿收集到的反馈信息看，可能法律界人士也不愿意放弃他们熟悉的表达方式，这种情况使得语音学家更不愿意使用贝叶斯方法了。Rose（即将出版）明显是个例外，对于量化的贝叶斯方法如何应用于声学语音学数据的问题，Rose 在其著作中给出了一些范例。尽管如此，贝叶斯方法的理念（与贝叶斯公式的量化应用相反）与技术性说话人鉴定是绝对相关的。一旦我们冒险进入概率这个领域，即使仅凭直觉，我们也会含蓄地声称知道似然比公式中分母 P（E ∣ H2）的价值，同时我们应该采用合适的方式来表述结论。

　　如果错误理解贝叶斯方法的话，将导致破坏性的后果。正如我多次在为辩护律师做报告时提到的，鉴定专家可以随心所欲地将两个样本中相符的语音特征数据加起来，但是这样的列表并不能告诉我们两个样本源自相同说话人的概率是多少，除非那些特征具有区分相关人群成员的能力。这似乎是不言而喻的事情，但是部分从业人员总是不明白这一点，重复性犯错。在相关"完全确信……同一"的鉴定意见形式受到挑战时，一位语音学专家曾回应道：

　　　　我并没有受邀对一个声音和所有人的声音进行比对，只是受邀对［检材录音］和［嫌疑人的样本录音］进行比对，并给出鉴定意见。因此，整个人群中不同人的声音之间是否具有相似性的问题与本案没有关系。

　　这种说法完全不得要领。对于在两个样本中发现的相符性的参数值，它们在整个（相关）人群中是极为罕见的，还是偶尔出现的，还是近乎普遍的，这个问题与案件绝对有关系！

　　我们应该怎么办呢，在我看来，声纹鉴定专家应该继续前进，而不应满足于像"我完全确信检材语音是被告说的"这样的表述形式，不管检察机构觉得这样的表述方式有多么方便。相反，我们应该实事求是。如果这些事实表明两个样本之间没有显著差异，同时恰恰存在一些非常罕见的特征组合，如结巴、/s/为咬舌发音[1]、极低的音调等，那么陪审团能够据此得出推论：检材语音是被告所说的可能性是非常高的。另一方面，

────────────

　　〔1〕 译者注：指一种语言缺陷，用齿间擦音［θ］和［ð］代替［s］和［z］。

如果两个样本之间符合性的特征都是非常普通常见的特征，那么陪审团就不会据此给被告定罪，除非先验概率（基于案件的其他事实）已经在很大程度上证实被告有罪。事实本应如此；只有在极少数情况下，将声音证据作为主要证据才是安全的。

作为语音学家，我们无法使用 DNA 证据中可以使用的量化的贝叶斯方法进行鉴定；由于语音信号太过多元化，以致我们可能永远无法直截了当地使用贝叶斯方法。Broeders（1999：240）建议：

> 对于诸如笔迹、语音和语言分析之类的学科，贝叶斯方法的价值也许不在于直接应用，而在于它提供了一个概念框架，在此框架内我们可以对鉴定过程进行思考。

我们在思考该框架原则时，应当在侧重考虑到备择假设的前提下，分析观测证据的可能性，而且必须将这种思考方式融入声纹鉴定中去。到那个时候，那些认为语音学家对庭审几乎没有任何帮助、应该靠边儿站的怀疑者，以及那些心甘情愿（有时是鲁莽的）参与司法过程的支持者，他们之间的争论就会大大降温了。

七、结语

在那场争论中，我认为自己是一名支持者；我坚定地认为，在说话人鉴定领域的司法进程中，语音学家做出了重要贡献。无论是在协助组建听觉辨认对象方面，还是在评估检材录音和嫌疑人样本录音之间的相似性方面，情况都是如此。判断特定人是否在特定场合说了话，这种需求不会消失。如果语音学家采取纯粹主义的观点，拒绝提供专业知识的话，律师就会求助于那些专业知识并不合适的自诩的专家——录音师、方言爱好者、矿物学家（！）（Braun 和 Künzel 1998：19），等等。Braun 和 Künzel（1998）在文中对支持语音学家"参与"鉴定的争论做了很好的说明，作者还正确地指出，我在专著 Nolan（1983）中曾表达了明显的怀疑立场，在此之后，我逐渐开始支持语音学家参与鉴定了，其中部分原因就是由于存在上述风险因素。语言和语音系统极为复杂、可塑性极强，要理解说话人在语音样本中的留痕方式的话，至少需要在语言学、方言学、社会语言学、语音学和声学方面有坚实的基础才行。通常情况下，语音学家〔或语音科学家（speech scientist）] 是该领域的最合适人选。

然而，必须承认，在语音学的学科中，技术性说话人鉴定的发展历史并不令人振奋。技术性说话人鉴定人员过于频繁地让其热情——或者受其他司法代表的指导——占据上风，给出的鉴定意见已经远远超出了能够被科学证实的范畴。我们需要理解鉴定中涉及的两个方面问题：检材录音的语音特点是嫌疑人所说的可能性有多大，以及检材录音的语音特点在相关备择假设中出现的可能性又有多大。有朝一日，我们可能会有声学数值、语音学数值和社会语言学数值等人口统计数据，这些数据能够为使用量化的贝叶斯方法来表述语音证据，继而影响整个定罪的可能性提供条件。但是现在，我们还是不得不在很大程度上依赖专家的判断。如果能够将上述两种可能性令人信服地向法庭展示，并恰当地用来评估，那么陪审团在权衡证据时将能够给予语音证据应有的地位。

参考文献

1. Baldwin, J. and J. P. French, *Forensic Phonetics*, London: Pinter, 1990.

2. Braun, A. and H. Künzel, "Is forensic speaker identification unethical-or can it be unethical*not* to do it", *Forensic Linguistics* 5 (1998), 10~21.

3. Broeders, A., "Earwitness identification: common ground, disputed territory and uncharted areas", *Forensic Linguistics* 3 (1996), 3~13.

4. Broeders, A., "Some observations on the use of probability scales in forensic identification", *Forensic Linguistics* 6 (1999), 228~241.

5. Broeders, A. and A. Rietveld, "Speaker identification by earwitnesses", In J-P. Köster & A. Braun (eds.), *Studies in Forensic Phonetics*, Trier: Trier University Press, 1995.

6. Huntley Bahr, R. and K. J. Pass, *Forensic Linguistics* 1996, 3 (1), 24~38.

7. Evett, I. W., "Avoiding the transposed conditional", *Science and Justice* 35 (1995), 127~131.

8. Hollien, H., Huntley, R., Künzel, H. and Hollien, P. A., "Criteria for earwitness lineups", *Forensic Linguistics* 2 (1995), 143~153.

9. International Phonetic Association, *Handbook of the International Phonetic Association*, Cambridge: Cambridge University Press.

10. Laver, J., *The Phonetic Description of Voice Quality*, Cambridge: Cambridge

University Press, 1980.

11. Nolan, F., *The Phonetic Bases of Speaker Recognition*, Cambridge: Cambridge University Press, 1983.

12. Nolan, F., "Forensic phonetics", *Journal of Linguistics* 27 (1991), 483~493.

13. Nolan, F., "Auditory and acoustic analysis in speaker recognition", In J. Gibbons (ed.), *Language and the Law*, London: Longman, 1994.

14. Nolan, F., "Speaker recognition and forensic phonetics", In W. J. Hardcastle and J. Laver (eds.), *A Handbook of Phonetic Sciences*, Oxford: Blackwell, 1997.

15. Nolan, F. & E. Grabe, "Preparing a voice line-up", *Forensic Linguistics* 3 (1996), 74~94.

16. Robertson, B. and G. A. Vignaux, *Interpreting Evidence*, London: Wiley, 1995.

17. Rose, P. (forthcoming) Forensic speaker identification. To appear in H. Selby et al. (eds), *Expert Evidence*.

18. Rose, P. and S. Duncan, "Naive Auditory Identification and Discrimination of Similar Voices by Familiar Listeners", *Forensic Linguistics* 2 (1995), 1~17.

19. Sjerps, M. and D. B. Biesheuvel, "The interpretation of conventional and 'Bayesian' verbal scales for expressing expert opinion: a small experiment among jurists", *Forensic Linguistics* 6 (1999), 214~227.

20. Wells, G. L., "What do we know about eyewitness identification", *American Psychologist* 48 (1993), 553~571.

加拿大法庭科学现状研究报告（节选）

刘志成　郝红霞　译

　　《加拿大法庭科学现状调研报告》是 2013 年加拿大多伦多大学联合诸多法庭科学专家对法庭科学多个学科进行调研后起草的报告，这篇报告在加拿大引起了强烈的反响。报告涵盖了法医病理学、法医毒物学、法医生物学、法医精神病学、法庭物证技术学、法医人类学、法医口腔学、法医护理学、法医昆虫学等，我们节选了前 5 个学科的研究报告。为了深入了解加拿大法庭科学的现状，更加深刻体悟加拿大法庭科学专家的调研成果和对学科发展寄予的厚望，我们采取直译的方法，让读者体会专家们开诚布公、坦言相谏的为学风格。

　　加拿大法庭科学的发展正处在一个紧要关头。由于我们工作的无力和失误，使案件侦查陷入歧途，公众和司法部门对于我们的信心消失殆尽。我们必须明确认识到在任何高效的司法系统之中，可靠的法庭科学证据都是司法之基石。在过去的数年之中，我们取得了很大的进步，这种进步得益于社会公众需求的推动。这篇研究报告，由来自加拿大各地的法庭科学专家撰写而成，他们就当前加拿大法庭科学的现状进行了探讨并且提出了一系列建设性意见。全体同仁一致认为加拿大法庭科学的进步和发展必须致力于提高公众健康、公共安全和司法公正三个方面。法庭科学各个领域持续稳定的发展离不开高校、政府、司法部门以及法庭科学专家的共同努力。

前　言

可靠的法庭科学证据，包括准确的报告、法庭上诚实清晰的阐述以及对证据自身局限性的如实说明，这样的证据才是正确解决许多刑事和民事案件的基础。

上世纪 90 年代以来的数起案件影响了法庭科学专家证据的使用。1994 年 R. v. Mohan，[1994] 2 S. C. R. 9 判决之中，加拿大最高法院就法庭科学专家证据风险进行了解释："专家证据如果出现了滥用以及扭曲案件调查过程的情况，这将会是极度危险的。由于专家意见专业性较强，陪审团难以理解其表述，往往会因为专家自身的权威身份而默认采纳该证据。因此，证据之所以被陪审团接受是由于专家证据的权威性在作祟，在陪审团心中证据带有权威性神秘色彩，远远超过其本身的价值。"

在类似的审判之中，法院被置于更加重要的位置，它被视为审查专家证据的"守门人"。律师和法官开始重视法庭科学证据，并且开始深入审查，法律人努力去理解专家证人提供的解释，并确保案件审理过程中不会被"伪"科学、法庭科学专家经验不足以及不准确的法庭科学证据所误导。

与此同时，公众开始意识到法庭科学证据在提取过程中存在局限性，以及作为呈堂证供时其展现形式亦存在局限性。初步调查或是公开的解释，使得人们理所当然地以为建议比科学结果更加公正。相似的质疑同样出现在其他欧美法系国家，尤其是美国，在 2009 年《加强美国法庭科学之路》报告中，作者描绘了美国法庭科学荒凉惨淡的局面，对于长期以来美国建立的法庭科学系统中专家证据的可靠性加以质疑。

我们认为这场关于法庭科学多学科进展研究以及由此生成的这篇研究报告正是重建加拿大法庭科学自信和权威性的重要一步。正如 Dr. Pollanen 提到的一样，法庭科学正处于一个紧要关头。整篇报告的内容描绘了一幅远比美国法庭科学美好的画面，这主要是因为，加拿大的法庭科学与美国不同，在许多领域做出了卓越的贡献。

当然，这篇报告在肯定加拿大法庭科学工作进步的同时，也提出了一系列急需解决的问题，例如法庭科学的相关研究、鉴定人培训和研究生教育领域急需要得到重视和加强。法医昆虫学领域的 Dr. VanLaerhoven 认为，法庭科学鉴定人忙于提供鉴定报告和证据，无暇顾及科研和继续教育。

（这几乎也是全体法庭科学同仁的心声：长期缺乏资金支持是限制法庭科学各专业发展和年轻专家团队出现的主要障碍。）

这篇报告还阐述了法庭科学领域存在的其他一些问题。一些重要的学科，例如法医口腔学依然没有相关国家标准，长期以来一直依赖其他国家的培训和专业认证。法医护理学缺乏统一的立法和管理框架，同时在学科研究上也缺乏突破。

因此，尽管整篇报道充满了正能量，但是也强调了许多不得不面临的问题和担忧。正如 Driskell、Morin 和 Goudge 所描述的一样，我们一直没有意识到法庭科学正处于危险境地之中。

卷首语

主编 Michael Pollanen 是法医病理学专家，是多伦多大学病理学系教授，多伦多大学法医学中心主任。

多伦多大学的法庭科学和医学中心（CFSM）非常荣幸也很愿意带头协调法庭科学各学科开展此次关于法庭科学的研究，这样的多学科学术交流讨论在加拿大实属首次。这次研究讨论囊括了加拿大法庭科学各个领域的专家，大家在这样一个合作论坛上就加拿大法庭科学的现状展开了交流。这次会议最重要的是，对于改善和提高法庭科学各部门的现状达成了一致的看法，并形成结论和建议。

加拿大的法庭科学正处于一个紧要关头。由于法庭科学证据中存在的诸多问题使得案件的调查出现偏差，公众和司法部门对于我们的信心也消失殆尽，但我们必须重建信心。此外，法庭科学相关从业人员对于科学研究的巨大需求和资金短缺而产生的矛盾与日俱增。所有的这些问题都需要通过法庭科学工作人员和学术人员的共同努力才能得到解决。

我们希望这篇报告将成为 CFSM 和其他组织包括大学、社区学校发起后续活动的催化剂。我们认为现今推动一个加拿大国家级战略计划刻不容缓。

撰稿人：

1. 法医病理学

Matthew J. Bowes

新斯科舍省首席验尸官

Christopher M. Milroy

渥太华医院法医病理学专家，法医病理专业创始人

Michael S. Pollanen

多伦多大学法医中心主任，安省法医病理局首席病理学家。

2. 法医毒物学

Matthew J. Bowes

新斯科舍省首席验尸官

Christopher J. House

法庭科学中心质量控制与技术总监

3. 法医生物学

Ron M Fourney

加拿大皇家骑警法庭科学鉴定中心科学与战略伙伴关系部主任

Jonathan C. Newman

安省法庭科学中心副主任

Shawn Porter

安省冤法律事务处顾问

Greg Yost

加拿大司法部刑法政策部顾问

4. 法医精神病学

Phil Klassen

加拿大安大略湖心理健康部医务中心副主席

5. 法庭物证学

Dean Dahlstrom

枪弹组技术总监

加拿大皇家骑警国家法庭科学中心

Patrick Laturnus

安省渥太华法庭科学顾问

Della Wilkinson

加拿大皇家骑警研究科学家

Brian Yamashita

加拿大皇家骑警研究科学家

法庭科学，从最基本的层面上解释，就是自然科学方法在法律领域的

应用。法庭科学的各个领域都来源于某一门核心的自然科学，但是又同时包含了其他学科的知识与技术。例如，法医病理学是在医院（和外科手术方向）进行大量的人体解剖工作从而来回答病理学问题的一门学科，比如"一个尸体多久会腐败"或是"对于被扼死的人而言会有什么典型的解剖学特征"。（学科发展一个重要的因素就是不断探索法庭科学的运行模式。简而言之，例如当代的法庭科学专家可以在了解整个案件的相关背景下去推断法庭科学检测的结果。）

不仅仅是我们的检测方法在不断发生变化，科学也在不断发展变化，每天新的理论、方法和技术都在不断发展，这对于法庭科学专家而言既是机遇也是挑战。我们也清醒地认识到这些新的发展对于律师和法官而言也同样是挑战。

最近大量的案例，包括一些错误的判决，引起了人们对于科学和法律团体关于法庭科学证据可靠性浓烈的兴趣。为了应对这样的挑战，我们深信这次关于加拿大法庭科学地位的分析调查是有必要的。我们已经意识到有三个现象推动加拿大法庭科学进行转变：

①与医学相类似，法庭科学转向到以证据为主的调查模式。

②法庭科学专家达成了一种共识，那就是在提供专家意见过程中逐渐缩小公众期望与现实之间存在的差距。

③美国国家科学院的下属出版物也公开发文强调需要其他司法管辖区对于这些趋势的审查和反馈。

这篇报告和研讨会涉及九个核心领域：法医病理学 、法庭物证学、法医人类学、法医毒物学、法医口腔学、法医生物学、法医护理学、法医精神病学、法医昆虫学。在这篇报告中我们的目标和追求是：

①加拿大法庭科学各个学科现状及其研究的描述；

②加拿大法庭科学面对的主要机遇和挑战的概况；

③加拿大法庭科学事业发展的相关建议。

我们将法庭科学划分为五个重要的学科领域。我们知道除此之外还有一些学科，但是我们认为这五门学科可以提供最合适的题材来讨论当前我们面临的一系列问题。我们邀请来自加拿大各个地区的学院和安全部门的法庭科学专家来阐述他们各自领域的学科现状。我们同时也要求他们围绕三个主题进行阐述，这三部分分别是：服务、教育和研究领域。我们把这些领域视为加拿大法庭科学平稳发展的基石所在。我们并没有认为一次会议可以对各个学科领域作出详尽的评估，我们只是单纯地希望这样的活动可以推动今后更多类似活动的产生。整个会议的结论和建议将会在 2012 年 5 月多伦多大学的碰头研讨会中公之于众。

我们寄希望于这些结论和建议可以用于学术领域和公共部门，以此来吸引资金投入到这些领域之中，这对于加拿大法庭科学的发展大有裨益。我们并不建议增设相关的新机构，也不拥护专业化的系统改革（就像美国国家科学院做的那样），至于验尸官、法医、执法机构和法院（作为法庭科学的守门人和主要客户）具体如何利用这些结论和建议，则不是我们的专业知识可以解决的。我们希望吸引投资者，鼓励学科合作对话。

一、法医病理学

多年以来，法医病理学在医学领域一直是发展最为缓慢的学科之一，存在着认识不到位、缺乏研究生培训课程、没有成文的标准规范、基础设施贫乏和科学研究落后等问题。这门学科的重新发展追溯到社会对于整个法庭科学的专业化建设，包括法医病理资格认证和加拿大部分大学开设法医病理硕士研究生课程。法医病理的持续稳定发展为整个国家的高水准死亡调查提供必要的保证。法医病理学实际上就是一门利用病理学的知识来解决法律问题的应用学科。这类问题通常是指人类的死亡，因为对于死亡，社会往往希望了解死者的健康状况。死亡通常包括意外死亡或突发性死亡、非正常原因死亡和已经被剥夺自由的人的死亡。法医病理学运用临床医学、解剖学、死后检验（验尸）、组织学及其他相关知识和方法来回答死者的死因及死亡过程。这是一门综合性的学科，给出的鉴定意见和结论都要基于已经发现的证据来完成。因此，最终的鉴定意见是基于医学数据、案件现场调查以及相关背景资料共同作出的。

（一）概述

法医出示的专家意见会递送到众多客户手中，他们对死者（如何死亡和死因）充满好奇。法医病理学的客户队伍庞大得惊人，除了死者的亲属、验尸官和法医，还需要面对保险公司、公众健康监察机构、研究人员、汽车工程师和医院死亡委员会等部门。因此，尽管法医病理学最为人熟知的是向刑事案件提供专家意见，但是法医病理学家在更广阔的医学领域也扮演了多重角色，并为死亡的预防和公众的健康做出了巨大的贡献。

加拿大法医病理学家的主要工作就是处理意外和非正常死亡的尸体解剖，并给出关于死者死因、死亡机理、死亡及伤口出现时间、死亡方式及其他问题的解剖报告。法医病理学家还需要交付大量的工作成果，包括专家意见，提供给警方、原被告方律师的咨询意见，刑民事法庭的专家证据。同时许多法医病理学家还在政府部门和学校兼职。

（二）服务

法医病理学家在四类死亡调查部门工作，这些部门的名称和职责根据当地法律而规定（见表1）：

表1　加拿大各省法医病理学家的称谓和工作范围

部门类别	省份	法医病理学家的工作范围
法医 （Medical examiner）	阿尔伯塔省、马尼托巴省、新斯科舍省、纽芬兰省	死亡检查，验尸，行政领导权
验尸官 （Lay corner）	不列颠哥伦比亚省、萨斯喀彻温省、新不伦瑞克省、努勒维特省、西北地区、育空省	仅负责验尸官的验尸工作（除了不列颠哥伦比亚省和萨斯喀彻温省外，都没有法医病理学家）
医疗验尸官 （Medical Corner）	安大略省、爱德华王子岛省	安大略省：仅负责验尸官的验尸工作；管理法医病理学的服务 爱德华王子岛省：没有法医病理学家
医学-法律验尸官 （Medical-legal Corner）	魁北克省	仅负责验尸官的验尸工作

法律规定法医病理学家有两类工作方式：一类是法医病理学家根据法律规定主动去执行和完成验尸工作，另一类是根据法律规定来监管别人的解剖工作。总之，加拿大关于尸体检验提供了多种法医病理学的工作方式，我们并不认为当前死亡调查的模式需要发生多大的改变。通过鼓励有意义的同行审查、工作监督、更加合理的管理模式，例如考虑将验尸官和法医病理学家的工作合二为一等方式，法医病理学将获得更大的进步。简而言之，我们希望法医病理学家可以和验尸官联合起来共同努力以促进法医病理学的发展。

在加拿大，法医病理学家工作的验尸房、实验室、尸体存放处以及尸检场所多种多样，仅在阿尔伯特省、安大略省、新斯科舍省和魁北克省拥有专门的政府办公场所，其余省通常会租用医院来作为尸体检验、实验和存放场所，许多验尸官和法医都在政府或者商业大厦内开展工作。

在加拿大，并没有普遍接受的法医病理学工作标准或指导方针。可能在许多国家都有着这样的标准，但这绝对不可能出现在加拿大。加拿大病理协会的法医病理学部曾经出台了验尸指导手册，但从来没有证据表明实际工作中人们会遵循这样的指导。法医病理学协会中对于专业标准的看法存在分歧。此外，除非对法医病理学工作有着更好的发展，否则即使真的出台了统一的标准或者指导方针，也很难被加拿大各个地区所遵循。

高质量的法医病理学服务要求全日制的工作模式，需要限制法医病理学家与社会组织的合作。然而在加拿大众多省份，大部分甚至是全部的医学解剖仍然被医院网络所控制，病理学家往往需要付费才能进行解剖。这些病理学家通常在没有完善设备的地方工作，可能是不合适的大学病理学实验室，甚至独自一个人进行工作。

长期以来，太多的病理学家因为缺乏实习经验以至于无法从事实际工作，这种状况在许多省份缺乏政府性或者组织性机构的大背景下仍然不断加重。加拿大的法医病理学存在一个严重缺陷，法医病理学家的工作分布并不合理，他们当中许多人忙于应付沉重的案件压力。除此之外，法医病理学家也不得不应付越来越多的积压案件，个人独自解剖工作量增加，鉴定意见撰写日渐复杂化，同行审查以及专家证人出庭作证的负担等等诸如此类的压力也越来越大。

加拿大一部分谋杀案件的解剖并不是交由法医病理学家完成的，这些解剖一般是由研究人类疾病的普通病理学医师或者解剖病理师来完成，但问题是这些人都缺乏长期的法医学经历，因此可能与法医病理学家在实际操作中存在很多细微差别。尽管这样的状况有所好转，但是问题依然层出不穷。在许多省份，大量案件积压和法医病理学家不足的矛盾使分配派送案件难上加难。这样的状况也使得部分案件不得不在初次解剖后进行复审和二次解剖。我们必须正视这样的情况，因为这给我们的司法系统带来了难以接受的经费压力、工作压力和更大的风险。

（三）教育

1. 医学教育

在加拿大，拥有理工科学士学位才可以进入医学院校学习硕士课程，而要取得医学博士学位则要考取加拿大 17 所设置博士学位的大学。大多数医学学生在他们的学校几乎很难接触到法医病理学及其相关领域的知识。可以毫不夸张地说，如果一位医学学生接触到了法医病理学的知识，那一定是个意外而不是校方的教学安排。例如很多医学院校都安排了一系列关于法医病理学的讲座，但是几乎没有正规的课程去介绍它。只有那些对此有兴趣的同学在一些社团组织中才能学到某些法医病理学的知识和经验。无论怎样，大多数省并不主动招收今后从事法医病理学工作的医学学生。

2. 医师培训和认证

加拿大皇家内外科医师协会（RCPSC）规定解剖和普通病理学医师的法医病理学实习是循环完成的。因此，解剖和普通病理学家在加拿大也可以从事常规的法医解剖。然而这样的一种实习方式，并没有一个统一的教育目的，同时还缺乏关于实习期间解剖数量的硬性要求，以及对于解剖完成情况的评价。

2003 年，RCPSC 将法医病理学正式作为医学的分支学科之一。相比较而言，美国和英国的法医病理学认证体系已经存在数十年之久。RCPSC现在的法医病理师认证制度首先是进行关于解剖或者普通病理学家的初级认证，通过之后要求一年的法医病理学实习。通过这些，你就是一名合格的法医病理师。现在唯一一个活跃的实习机构就设在多伦多大学。自2008 年以来，已经有 6 位法医病理师在这里完成了实习并且在安大略省工作了。其余的一些实习机构，例如雅伯达省和汉密尔顿市的麦克马斯特大学，也被 RCPSC 授予了认证资格。

过去，许多加拿大的病理学家是在美国拿到的法医病理师资格，因为成为美国大学研究生医学教育认证的机构成员就可以取得资格。在美国，当你成功地成为一名会员后，你需要通过美国病理学委员会的考试来获得法医病理师的资格。其余的加拿大病理学家的法医病理资格认证是在英国完成的。

20 世纪 90 年代以前就从事法医病理工作的人并没有接受过研究生阶段的实习和有关法医病理学的资格认证，他们是因为自己的经验、名望、学术成就和专业贡献等原因成了法医病理学家。但是 20 世纪 90 年代以后，实习和资格认证就变得越来越重要了。

3. 继续教育

2008 年在多伦多大学建成的法庭科学和医学中心（CFSM），设立的宗旨是致力于发展法庭科学与医学、法律和社会科学多学科交叉领域的教育和科研。CFSM 的科目包括法律、法庭科学、法医病理学、法医生理和精神病学、法医人类学、法医口腔学和法医儿科学。目前，CFSM 是加拿大仅有的一个为刑事司法系统相关工作人员提供继续教育的组织。

（四）科研

最活跃的法医病理科研机构也在多伦多大学的 CFSM。除了多伦多大学研究中心以外的法医病理学的研究成果屈指可数，这些成果都来自于那些真正对法医病理学具有浓厚兴趣的专家学者，但是他们缺乏研究时间，缺乏专业的实验室，也没有机会可以获取研究的基金来帮助他们研究相关课题。学术研究的阻碍主要体现在以下四个方面：

1. 很大部分法医病理学专家每天从事非学术的鉴定工作，面对着成堆的未处理案件。他们都难以接触到学校提供的相关研究的仪器设备。长此以往，这些人无暇顾及科研。

2. 加拿大的法医病理学家并不从事法医病理学教育工作，因此错失了鼓励和引导学生从事学术研究的良机。

3. 出差经费有着严重的压力，这使得参加国家和国际会议的可能性越来越小。

4. 大多数的法医病理学工作组规模很小，并且独立经营，这使得彼此之间的共同合作存在很多的困难。

（五）专业的组织和机构

加拿大病理协会（CAP）法医病理学部致力于发展加拿大的法医病理学事业，促进省际法医病理学家的对话，推进继续教育和专业建设的发展。当然并不是所有的法医病理学家都加入了这个协会，但是它是唯一一个这样的组织，我们相信它今后会有更好的发展。加拿大首席验尸官和首席法医协会拥有 4 名法医病理学方向的专家，其中一位任职该协会的主席。

（六）结论

法医病理学作为医学的一个特殊分支在过去 10 年经历了大跨度的发展。"什么是法医病理学"？这样的问题对于接受过训练的法医病理学学者而言有了简单明了的答案。新一代的法医病理学家接受由 RCPSC 提供的培训课程。培训结束以后，只要通过了本学科领导人员的测试和监察，就可以正式开始工作了。

法医病理学至今仍然面临诸多挑战。法医病理学工作的国家标准，尤其是对于同行评审的标准，仍然没有一个定论。同时，相对较少的法医病理学工作者从事着过多的工作，这种现象使得加拿大学术领域内的成就不断下滑。过多的案件并不是学术研究的唯一障碍，在法医尸体检验之中法医病理学家所扮演的角色一般都是法律明文规定的，但缺乏专门的工作标准，使得角色多变，难以鉴别。

这篇报告的作者对于该领域如今取得的成就表示乐观，并且深信随着法医病理学工作者人数的不断增加、不断深入以及与客户和司法部门的共同合作，目前存在的这些阻碍都会被一一克服。

二、法医毒物学

法医毒物学部分主要回顾了加拿大法医毒物学在犯罪和死亡鉴定的应用现状。一个世纪以前，法医毒物学已经从分析化学之中分离出来。它将药理学和生理学融入自己的领域中，研究药物或毒物对人体的影响，以及这类物质所产生的毒性和损害。法医毒物学没有专门的联邦标准，然而，在加拿大，主要的法医毒物学服务受到 ISO／IEC 17025：2005 标准的认证监督。尽管加拿大没有专门的法医毒物学认证，但这个国家拥有着一大批高素质并具有丰富经验的毒物学家。如今的加拿大法院愈加重视政策和实践领域的国际合作，同时财政对于科研、培训和行业标准建设的支持力度不断加大，这种全新的司法审查模式将会促进法医毒物学的发展。

（一）概述

毒物学主要是研究服用药物后的临床特征，属于药理学的专业化方向。法医毒物学是这一领域在司法上的应用。因此，法医毒物学家使用药理学、生理学、医学、化学的知识，再结合辅助证据（如个案背景，现场证据），来解释摄入药物对人体的影响。

法医鉴定可能既需要生物检材，也需要非生物检材，来分析毒品、酒精和其它药物的含量。然后法医病理学家、验尸官或是医学检查人员利用这类鉴定结果来确定死因。

鉴定结果曾被执法机构用于犯罪侦查，如今早已被作为庭上证据之一，甚至可以决定刑事判决的结果。这一结果通常会以报告或者鉴定意见的方式出示，口头证据（证言）的方式有时也被采纳。

目前有三个主要的法医毒物学实验室在支撑加拿大的司法工作。它们是：

·加拿大魁北克省蒙特利尔司法实验室

·法医科学中心（CFS），主要业务在多伦多和苏圣玛丽的卫星实验室（NRL）

·加拿大皇家骑警（RCMP）法庭科学实验室，位于温哥华、温尼伯和哈利法克斯。

（二）服务

1. 法律制度

从事刑事领域工作的毒物学医师通常需要向刑事法庭提供相应的证据。一般来说，毒物学的证据可能包括对于交通事故中当事人是否吸食毒品或酒精的报告，或者鉴别犯罪嫌疑人是否服用药物导致了性侵犯和杀人行为。

法医毒物学家提供的证据一直被司法系统高度认可；但是这样的证据受到极高的关注，经常会引起专家和司法人员的质证挑战。法医毒物学家受到司法部门越来越多的监督，比如对其资格进行审查，甚至对其相关专业知识进行考察。

毒物学家还向刑事法庭提供另外一些援助工作，例如协助加拿大警方进行药物排查和酒精呼吸测试。来自实验室的毒物学家们还会协助测试生物样品、提供证据意见、评估新设备和测试方法，甚至提供培训教学等方式的技术支持。

在死因调查方面，法医毒物学家会与法医、验尸官和病理学家合作进行尸体检验。法医一般都会聘请法医毒物学家在私人或政府实验室进行检测。在上述两类情况下，毒物学检测结果作为辅助信息来协助判定死者的死亡原因和方式（例如嫌疑人是否存在嫌疑）。

无论是在联邦政府还是在地方，都没有关于法医毒物学工作隶属于某一专业组织的规定，也没有任何关于实验室工作的规定。尽管目前仍然缺乏一系列的监管措施，但大多数法医毒物学实验室都有着自身专门的认证保护体系（例如 ISO／IEC 17025 标准）。

2. 设备

不同地区的毒物学检验设施差异显著。政府实验室配备了超过100名以上的技术人员和法医专家，这些人员拥有加拿大标准委员会（SCC）或是美国犯罪实验室董事协会实验室认证委员会（ASCLD／实验室）的认证资格，这两个组织均遵循ISO／IEC 17025：2005标准。而那些独立于政府的组织也为国家的法庭科学事业做出了巨大贡献。

毒物学检测需要采用诸多技术支撑，从简单的比色检测到飞行质谱等。目前法医毒物学还没有省级以上通用的关于毒物学检测的标准规范或使用的示例技术，也没有实验室间合作测试的规定。

3. 工作环境

加拿大司法系统的法医毒物学专家的文化水平和专业知识水平参差不齐，这导致了法医毒物学专家的法庭"信任"危机。因为毒物学专家出具的书面鉴定报告或意见，以及专家提供的证言缺乏统一的培训，形式多样，受到诸多质疑，导致司法有失公正，甚至威胁到公众安全。在法院对毒物学工作人员资格审查和个人专业知识审察的巨大压力下，毒物学检测人员对于法医毒物学专业知识的需求不断提升。

（三）科研

多数加拿大法医毒物学研究主要在联邦或省实验室进行。这样的研究往往集中于新方法的开发、新技术的测试以及实验室数据的收集分析。毒物学家们缺乏机会和资金去从事独立的学术研究，也无法共享大学的实验室资源进行科研活动。

在加拿大没有专门的法医毒物学杂志，国际上在这一领域也鲜有专门的期刊。这一领域的文章一般只能发表在 *Canadian Society of Forensic Science Journal* 杂志上，有的文章也发表在 *Journal of Forensic Science* 或者 *Forensic Science International* 杂志上。

限制科研发展的原因包括：

1. 法医毒物学医师负担过重，他们必须专注于繁杂的公务之中，例如监管大量的案件和准备提供出庭证词。

2. 知名大学法医毒物学专业教师匮乏。

3. 缺乏预算支持培训和教育，学者们往往只能自费前往国内外的交流研讨会。

4. 政府限制学者从外部机构争取的研究经费，同时也限制学者前往国内外参加交流研讨会。

（四）专业组织和机构

在加拿大只有三个国家级的委员会致力于法医毒物学研究交流：

1. 毒物学科学工作会议（SWGT）

SWGT 汇集了加拿大最具代表性的毒物学机构，以此来探索毒物学的研究目标，并加深彼此间的合作交流。这个会议一年两次，为检测方法、科研进展、项目日程以及员工培训等信息的分享交流提供了平台。目前SWGT 关于资源共享的想法，即包括实验室管理、研究和新技术测试等信息的共享，是一次前所未有的机遇。因为缺乏各级政府提供的资金支持，一些成员参加会议甚至需要自费。在国家的大力支持和授权之下，SWGT可能会成为皇家骑警、加拿大法庭科学中心等国家实验室的一种全新尝试，通过此可以逐步将毒物检验方法及相关建议普及到全国各级实验室检测工作中。

2. 酒精测试委员会（ATC）

ATC 是一个致力于研究血液酒精呼吸测试项目的国家级组织，自1967 年创设以来一直延续至今。ATC 对于研究高质量的酒精呼吸测试项目提出了许多建设性的意见，并发布了正式的检测标准，要求呼吸检测仪器必须在经过测试之后才能用以执法。尽管 ATC 不断提出新的建议，但是它从不直接对加拿大酒精呼吸检测程序进行监督。目前，各级政府授权并管理其下属的酒精呼吸检测系统，同时各级系统还会得到国家法医毒物学实验室的技术支持。

3. 毒后驾驶委员会（DDC）

毒后驾驶委员会（DDC）是另一个由法庭科学中心创设的组织。类似于 ATC，DDC 主要致力于解决加拿大毒后驾驶的相关问题。目前，DDC主要为司法机关重视的领域提供理论支持，同时向公众宣传毒后驾驶的危害，并掌控着全国的毒后驾驶信息数据库。DDC 下一步将对毒品危害与驾驶的关系向政府提出相关的建议，并对药物评价和分类（DEC）的综合评价程序进行研究，对警察部门提取何种检材以及使用什么标准的路边检测设备和装置进行研究并形成建议和报告。

（五）结论

法医毒物学实验室都是由政府资助，并提供公开的服务。目前存在的主要问题就是这门学科的发展受到资金缺乏的限制，因此不得不放慢发展的脚步，科研能力得不到很好的提高，培训也相对落后。在发展中只能适当降低要求，对于新形势新变化的应变能力显得无力，例如新毒品泛滥和吸毒后驾驶等问题迟迟得不到很好的整治。该行业还面临人员短缺的问题，这同样是因为资金问题引起的。持续的资金缺乏还会导致同类型毒物学测试的质量控制能力不平衡，而检验部门又不得不向国家提供这样的检测结果。

每当我们努力跟上快速变化的技术之时，客户和认证机构就会提出更高的要求。分析测试和鉴定证据的更高透明度和追溯性是必需的，这同时也需要更为严格的资格认证和更为严密的审查资格。此外，目前加拿大法医毒物学国家实验室与学术界之间缺乏合作交流。如果两者之间有广泛合作将有助于弥补新员工缺乏经验的问题，并为资金不充足的公共实验室提供更多的科研机会。

我们希望国家机构，例如毒物学科学工作组，可以就法医毒物学检测提供更多的国家级建议，这样才能得到更多的资金支持。组织相关部门进行呼吁，推动国家出台统一的政策，以此来推动毒物学科研、培训、教育以及标准化进程的提高和完善。

三、法医生物学

加拿大的法医生物学在有条不紊地建设着，大到公共部门，小到小型的学术机构都有自己的法医生物实验室。如今主要的鉴定机构包括安大略省和魁北克省的政府实验室、加拿大皇家骑警实验部和一些小型的私人实验室。法医生物学发展至今，在 20 世纪 80 年代末迎来了 DNA 技术应用于法医学的一个高峰。在过去 20 年不断的开发和探索下，对于该领域实施标准以及司法系统中 DNA 证据制度的建设都取得了巨大的进步。虽然没有关于实验室和研究人员的专门法律法规，但是我们相信整个加拿大的法医生物学将会不断取得新的突破。

（一）服务

DNA 分析方法有助于警方侦查案件，因此被引入刑事审判中作为证据使用。作为一种新颖的科学证据，DNA 证据理应受到法律的监督，经此证据提出的起诉，通常都会受到法庭的审查和评估。因此，DNA 证据成为普遍接受的证据之一。首次使用 DNA 证据是在 R. v. Parent（1989），

46 C. C. C (3d) 414（Alta, Q. B.）案件之中，在这起案件之中专家利用修改后的 DQα 测试，在审判中得到了认可。这项证据最终排除了被告的嫌疑。

加拿大首个使用 DNA 证据的性侵犯指控发生于 1989 年 4 月 10 日的渥太华：R. v. NcNally,［1989］O. J. No. 2630（Ont. Ct. Gen Div.）。当时的审判法官麦克纳利裁定，DNA 证据与其他专家证据拥有同等重要的地位。被告认罪后，DNA 证据被广泛认可，皇家骑警成为第一个在北美拥有自己 DNA 实验室的警察组织，自此，DNA 证据走进审判中。被业界认为的第一个真正意义上的 DNA 案件是加拿大最高法院的 R. v. Terciera,［1999］3. S. C. R. 866［aff'ing（1998），123 C. C. C.（3d）1（Ont. C. A.）］。在这个案件以后，DNA 证据被视为法庭科学的核心。政府的重视更是为 DNA 证据写入刑法之中铺平了道路。

1995 年，议会颁布了刑法修正案。在这些修正案中法院法官有权发布拘捕证，授权警察获得犯罪嫌疑人的生物样品（头发、血液或者唾液）。法医通过 DNA 分析来调查某些特定的刑事犯罪。1995 年 7 月 15 日，这项法案生效。2003 年，加拿大最高法院一致支持 R. v. S. A. B.,［2003］2 S. C. R. 678 的合宪性。1998 年，议会颁布 DNA 鉴定规则。该法案创建了一个全新的国家 DNA 数据库，皇家骑警成为建立和管理这个数据库的负责机构。同时还修改了刑法，开始允许法官根据数据库中的 DNA 物质来针对犯罪嫌疑人进行裁判。这个修正案允许将罪犯的 DNA 样本纳入到国家 DNA 数据库之中。同时授权法庭：对于被判处严重刑罚的嫌疑人，在判决生效之前，必须提供该名嫌疑人的生物样品进行分析（追溯取样）。

2000 年 6 月，国家 DNA 数据库（NDDB）开始建立。该数据库主要包含两个 DNA 样本库：

CSI（犯罪现场指数），含有的 DNA 样本来自于犯罪现场：

COI（被定罪的罪犯指数），含有的 DNA 样本来自被宣判有罪的罪犯。

经过上述法院多次对于 DNA 数据库规定合宪性的一致支持，DNA 数据库的隐私保护方案一直由法庭评议。Charron J. 在 R. v. Rodgers 上的评论恰当地总结了当前司法实践中法医 DNA 的地位："DNA 证据已彻底改变了许多犯罪的调查和起诉程序。这种新技术的使用不仅成功地侦破了许多危险的犯罪,而且为许多保守怀疑的定罪问题提供了最合理的解释。法庭科学技术的发展对于司法公正的重要性几乎不言而喻。"

1. 实验室

(1) LSJML (蒙特利尔威尔弗雷德博士在北美的第一个法医实验室) 为魁北克省提供专门的法医生物学服务,并在蒙特利尔市开设了一家专门的鉴定所。

(2) 法庭科学中心 (CFS) 同样为安大略省提供相应的服务,并在全省拥有两家实验室,中心实验室位于多伦多,新建实验室位于苏圣玛丽市。

(3) 其他省份和地区的法医生物学服务由加拿大皇家骑警 (RCMP) 承担。RCMP 在温哥华、埃德蒙顿、雷吉娜、渥太华和哈利法克斯都有专门的 DNA 分析实验室。位于渥太华的 RCMP 国家 DNA 数据库实验室拥有来自全国各地的实验样品。

一些小型私人实验室也从事法医生物学服务,不过通常工作能力有限。Maxxam Analytics and Wyndham Forensics 实验室位于安大略省圭尔夫市,Gamma-DynaCare / WarnexProDNA 实验室位于安大略省桑德贝市。后者一般提供一些公共实验室并不涉及的 DNA 测试服务 (例如线粒体 DNA 和 SNP-Phenotype)。

2. 专业标准

加拿大的法医生物学实验室目前虽然没有关于实验标准的强制性规定,但是有明确一致的指导方针和实施细则。标准的实验室设置,需要经历不断地测试和评估,对于新技术的测试必须优先于其他测试,例如法医生物学样本检测、人员评估中的学历测试、人员培训以及能力监控检测等等。此外,认证实验室必须遵循指南来进行数据分析。上述的公共及私营实验室所进行的法医生物学鉴定和测试都必须严格符合 ISO17025 认证标准。实验室的认证及审计的工作一般至少每两年一次,法医生物学需要一直坚持这样的标准和指导方针,以确保统一的检测方法。

3. 工作人员

从事法医生物学工作的人员一般主要分为以下两类:

(1) DNA 鉴定人:这类人需要成功地通过实验室培训所要求的个案分析和能力测试,这样就有机会通过更进一步的程序测试。分析人员主要的工作是分析样本、解读数据,并得出最终结论。

（2）DNA技术助理：技术人员一般在专业的鉴定人监管下从事样本技术分析。DNA技术人员无须解释数据、分析结果或是准备鉴定报告。

除此之外，每个实验室都必须拥有一位经验丰富和能力出众的主管人员。他负责管理整个实验室的质量体系和新技术实施。鉴定人一般需要解释数据、撰写报告并出庭作证，因此需要至少拥有生物学或相关专业学士学位，并在本科期间完成了生物化学、分子生物学、遗传学和种群遗传/统计学等课程。实验室的主管则必须拥有相关专业硕士学位并完成了研究生课题。除了学历要求外，所有的科学人员都被强制要求参与一年两次的熟练程度测试及如何出庭作证的审核。从事DNA分析的科研人员还必须完成每年8天的继续教育课程。加拿大政府充分认可法医生物学家在司法系统中的重要地位。政府实验室招募受过良好教育和研究理论的人员从事应用科学领域的法医生物学和DNA分析工作。正因如此，法医生物学和DNA分析技术在过去20年取得了令人瞩目的成就。

（二）教育

自20世纪90年代初以来，对于法医生物学及DNA分析等法庭科学技术的重要性，公众有了更深层次的认识。电视节目如"CSI"使得许多年轻人将法庭科学视为自己的职业目标。加拿大的三所法医生物实验室欢迎接纳分子生物学、遗传学、生物化学和统计学方向的本科毕业生。

在法医生物学领域工作的科学家们几乎都拥有生物学或相关领域的学士学位。一些科学家还利用业余时间进行深造，包括生物学及相关领域的硕士、博士和博士后学位。加拿大、美国和其他国家的大学提供相关的本科及研究生课程，这些课程主要涉及法医生物学领域的理论知识。

虽然生物化学和遗传学等传统本科专业有较深层次的理论研究，但这样的教育模式难以吸引学生从事到法医学工作。因此一些大学已经开始提供专门的"法庭科学"专业。这类专业的本科课程，涵盖了众多学科，化学、生物学、人类学和心理学都有所涉及。它们当前所面临的挑战是如何培养本科生对于法医生物学课程的兴趣，即如何才能使学生们乐于学习生物化学、遗传学和种群遗传/统计学。由于对这些科目的不重视，导致不少学生在毕业求职时发现他们早已"遗忘"本科学习过的核心课程，这种现象正凸显了建立学科兴趣的重要性。刚毕业的学生们意识到这些核心课程是他们工作的最低知识要求，他们一般会在毕业后补习一些额外的课程。加拿大没有专门的"法庭科学"研究生学位，因此也解释了加拿大为什么没有法医生物学研究生教育和这个层次的学术研究。

而加拿大以外的其他国家很重视法庭科学的培训和教育，设有法庭科学本科、硕士和博士的教育课程。这其中就有70余所美国大学和众多受人尊敬的欧洲大学，如伦敦国王学院和格拉斯哥的斯特拉斯克莱德大学。可以预见在不久的将来，加拿大法庭科学学生将会更多地选择其他国家的学校进行深造学习。

（三）科研

尽管加拿大联邦项目（NSERC 和 MRC，加拿大基因组）鼓励相关的科学研究，但是法庭科学的研究经费相当有限。与之对比，美国 NIJ 为法庭科学、法律以及法律实践的研究提供了足够的资金支持。大多数在加拿大的研究都是小规模的，而且主要都来源于三个公共部门的实验室，或者由学生在本科法医学课程中完成的。

加拿大法医生物学的进步在很大程度上依赖于在其他国家的科研结果。美国政府有专门的法医生物学资金支持。其很多大学、各个州立法医实验室都参与新技术的研究和开发，例如单核苷酸多态性应用研究和微设备等仪器研发。此外，美国国家标准技术研究所的一个研究小组专门从事法医 DNA 技术研究。这一小组致力于发展新的 DNA 标记手段，由生命技术公司（应用生物系统公司）和 Promega 公司负责开发和商业化运作。法医生物学的众多研究结果一般发表在《法庭科学杂志》《国际法庭科学——遗传学》上。这也就是说，加拿大缺少专门的法医生物学期刊。

（四）专业组织

加拿大法庭科学协会（CSFS）是一个非营利性的专业机构，它们一直致力于维持该学科的专业标准，促进科研发展并提高法庭科学的学科地位。该协会的成员自愿履行协会规则并遵守职业道德规范。该协会组织的会议，通常包括讲习班和研讨会，每年都会在不同的省或地区举行。然而，由于该协会的成员并不总是从事具体的法医生物学和 DNA 分析，所以有些加拿大法医生物学家申请加入国外的机构组织，如美国法庭科学协会和英国法庭科学学会。

（五）结论

加拿大法医生物学的发展得益于很多年前打牢的科学理论基础。业务出色的科学家和法院的科学审查使得法医生物学的科学技术不断发展。如今，法医 DNA 部门有十足的信心应对最具挑战的样品，加之实验室严格的质量控制措施，法医生物学有能力出具精确可靠、具有极高证明力的分析报告。然而，我们不能一味认为理所应当，要想这样的态势一直发展下去，需要加拿大政府为法医生物学的持续发展不断投入。我们必须建立一个健全并值得科学家们信赖的基础设施体系，同时努力培养出高水平的科学家，产生优秀的科研成果。只有这样，才能实现我们的理想和目标。

四、法医精神病学

法医精神病学可以被广泛地定义为精神病学在法律应用中的实践，包含刑事和民事法律。该学科近年取得了大幅进步，如今加拿大有足够数量的高水平法医精神病学家，这是 30 年间加拿大对于这一专业的重视和施行培训的结果。尽管在这一领域取得了一些成绩，法医精神病学在临床实践指导和专业标准等领域仍然面临着诸多挑战。令人可喜的是，已经有越来越多的机构与法医精神病学协会共同合作来解决这些问题。

（一）概述

法医精神病学一般应用在两个不同的领域，这两个领域都需要专门的精神病学知识和法律知识。首先，法医精神病学家呼吁在法庭上可以采用精神病学的知识（精神分裂症、心境障碍、治疗、预后等）。法医精神病学家的工作可以进一步分为评估和治疗。评估包括使用各种技术手段来分析当事人的行为。这些分析包括诊断、调查病人病情可能的根源或病人一定周期内的思想和行为活动（或"服务用户"）。治疗（或恢复）可以在各种不同的环境下进行。法医精神病学家通过评估结果，以及符合标准化的心理和生理干预措施，以帮助病人康复。

显而易见的是，法医精神病学家的工作非常多样化，从技术评估到更深层次的法律知识了解。实际上，熟练的法医精神病学家必须掌握相关的专业知识，比如犯罪行为的个人心理活动、相关立法和判例法、临床性学、测试评估和管理。加拿大的大多数法医精神病学家会花大量的时间处理刑事法庭中的评估和康复工作。在这种情况下，法医精神病学家将会就精神障碍存在与否提出意见，并准备个人出庭作证的证据。在出庭过程中，法医精神病学家将呈给法庭一份详细的报告。这份报告主要来解答个人或机构提出的问题、分析问题的原因、明确个人观点、给出评估意见和结论、给出评估风险和置信区间。

（二）服务

1. 法律框架

整个加拿大的法医精神病学法律框架是相对统一的。通常来说，法医精神病学家在刑法或审查委员会规制下工作。当然，刑法属于国家法律，而各个省份的审查委员会的管理则存在细微的差别，某些省份可能比其他地区要更加周全细致一些。尽管如此，全国范围内的审查委员会大体相同。当然，考虑到关于各个地区之间判例法适用的特殊和差异，因此这种差异是可以接受的。这可能包括处理劳动仲裁的态度、儿童福利问题、心理健康行为等等判例的差异。

法医精神病学起源于英国的判例法，尤其以 M'Naughton 和 Hadfield 案例最为典型。这些案例催生了精神失常"无罪"的概念（即"精神障碍不负刑事责任"）。他们创建了专门的精神病罪犯社区，并努力帮助他们康复。

20 世纪，法医精神病学的进步是缓慢的，并没有特别突出的成果和经验支持，属于典型的学徒制度。所有的这些因为科技的发展发生了巨大的变化。随着标准化工作和记录能力的不断增强和新型实践标准的产生，美国和加拿大形成了诸多专门精神病学科组织和专业协会。专业协会不断的发展和支持使得各省间法医精神病学学术和业务能力的差异越来越小，不过差距仍然是存在的，特别是不同城市的工作质量差别很大，想把其他领域的医学知识应用到这个专业之中仍然是难上加难。

2. 专业标准

很多常见的临床经验被法医精神病学家所接受，如精神分裂症和双相情感障碍。然而，包括出庭作证评估、刑事责任评估以及风险评估与管理等许多专门的法医工作仍然缺乏关键性的标准规范。风险管理特别容易被道德因素所干扰，因此进行随机对照试验减少风险干预的措施几乎是不可能的。过去 20 年来，该领域内学科定义的变化从临床判断范畴演变到了统计或结构化风险评估的范畴。这种变化减少了 1 型和 2 型之间的误差，并使得新的风险评估过程更加透明。一般来说，法医精神病学家一直希望将结构化的风险评价技术应用到他们的实践之中。令人高兴的是，在长期的实践中法医病理学家基本达成共识，那就是颁布法医精神病社区实践指南。我们的同行将安大略省医疗机构、行政董事的法医董事集团联合起来，开始着手法医病理社区实践指南的研究和编写工作。当然，我们深知这是一个雄心勃勃的计划，我们需要从这样两个普通的心理健康状况研究机构，抽出精华融入法医病理学知识和实践标准；还需要这些集团和机构投入人力、物力和财力，因此整个计划实行缓慢。

3. 工作环境

与其他国家不同，加拿大的法医精神病学家需要在住院部、门诊部或矫正机构进行工作。在住院部环境设置上，精神病学工作通常会以团队的形式组合，不仅包括法医精神病学家，还包括法医心理学家、娱乐人员、职业治疗师、社会工作者、护士、制药专家和其他人员。加拿大有很多这样的团队支持"康复"计划，不但为客户量身设定目标并加以实现，还要承担后果和责任。在门诊部，法医精神病学家更有可能单独或在小组内工作。康复矫正这一领域一直处于滞后状态，这是因为医院门诊的设施、应用程序的标准远远落后于联邦机构。

训练有素的法医精神病学家会使司法程序进展顺畅，因而传统法医病理学领域更加需要法医精神病学家的参与。由于人的精力有限，法医精神病学专家不可能在诸多的领域都取得成绩。为了最好地发挥每个团队中每位成员的特长，加拿大的这种服务模式可能会逐步改变。如果能改变的话，法医病理学家就能更加专心地做好本职工作，提高工作效率，降低服务成本。未来的服务模式可能需要精简法医精神病学家的队伍，尝试与更多的其他从业者一起合作，使得法医精神病学家在风险评估和更为重要的风险管理过程中发挥更重要的作用。

事实上，一般的精神病学家经常被要求向普通病人提供测试评估，但是这群人可能只接受了短期的风险评估培训课程，这将会导致当前风险管理系统即精神紊乱的犯罪者不受刑法制裁这一程序的不稳定，这可能在一定程度上也有助于解决司法实践中最重要的问题之一。各个省的审查委员会长期把控精神病人的资格认证，这使得精神病人的比例一直稳固增长，这样的增加进而导致整个评估进程的滞后和昂贵的资源配比成本。

（三）教育

加拿大皇家内外科医师协会（RCPSC）有着明确的精神病学专家认证标准，并在最近批准了一项关于法医精神病学的候补培训计划。法医精神病学是精神病学学生的核心课程之一，遗憾的是课程中所展示的法医精神病学知识有限，且缺乏专门的法医精神病学实践培训。

2012年7月，第一个6年制（PGY-6）法医精神病学研究生培养计划开始实行。目前多伦多大学是唯一一所由加拿大皇家内外科医师协会提供培训的高校。因为多伦多大学是首个这样的培训中心，这似乎表明只有有限数量的学术项目才能得到这样的认可。反过来这将会推进许多加拿大医师选择少量的认证课程进行培训，这可能有助于解决法庭科学专业知识不均匀分布的问题。也就是说，由于区域、语言和政策原因，不列颠哥伦比亚和魁北克省都将可能在未来建立培训机构。渥太华大学也将可能成立这样一个培训中心。

法医精神病医师实习达到 20 小时以上将被允许参加下一年度的资格考试。除此之外，法医精神病专科医师可以在 PGY-6 期间完成为期一年的实习。长期以来，专科医师都希望通过进一步的培训可以获得两年的奖学金，减少专科医师培训期间的压力，鼓励其取得更好的研究成果。

PGY-6 培训内容如下：

· 门诊和住院病人的精神健康和刑事责任评估
· 客户的纵向保健、康复和风险缓释
· 儿童和青少年法医精神病学
· 矫正精神病学
· 评估民事案件（通常包括残疾或创伤后遗症）
· 评估性行为（包括临床和生理的心理分析）
· 长期暴力风险评估（如危险犯或长期侵害的诉讼）
· 法医研究方法
· 法医报告
· 专家证言
· 法医护理的复苏框架
· 主管法医评估的文化水平
· 法医临床诊断
· 管理法医设施

（四）科研

在加拿大法医精神病学的研究通常采取合作方式，涉及法医精神病学和法医心理学。活跃的研究领域包括风险评估（特别是风险管理/缓释）和临床性学。我们的大多数法医研究在安大略省（特别是通过加拿大惩教署批准的多伦多大学、渥太华大学以及加拿大皇后大学）和不列颠哥伦比亚省（通过隶属于英属哥伦比亚大学的法律委员会）开展。

目前存在的研究障碍主要包括：

1. 由于法医实践的多样性，意味着这种应用研究不仅需要各种期刊的传播，还需要一系列专业机构的引导来扩大影响力。

2. 法医实践往往与其他实践相隔离，经常独自工作。只有多方合作才能有更多更好的成果输出。

3. 许多法医精神病学家在学术研究和临床实践中存在水平不均的情况，导致法医精神病学专家队伍科研产出低的结果。

4. 临床工作要求相对较高。

5. 伦理问题影响许多研究方法，使得风险缓释的研究不得不妥协放缓。

6. 许多机构忽视法医精神病学的研究，认为这个部分不是他们的"主流"使命。

（五）国家组织和机构

代表加拿大的法医精神病学利益的协会如下：

1. 加拿大精神病学与法律协会（CAPL）。

2. 国际法医精神卫生服务协会（IAFMHS）。

3. 国家工作组（NWG），管理代表加拿大的三大法医机构。

近年来，越来越多的人加入到CAPL之中，这可能是由于即将到来的2013年专科医师检查和PGY-6计划。这将会不断提高各省之间的标准化实践和交流。

加拿大心理健康委员会还下设一个心理学法律部，这个部门将会承担起全国范围内的数据采集、歧视问题（目前面临的一个重大挑战），以及各领域合作问题，它也会助力加拿大的法庭科学系统以不可阻挡的态势发展，并努力调和法庭科学系统和服务之间的高度差异（住院时间、正常实施和判例法测试、风险评估和系统管理等等）。

（六）结论

法医精神病学作为医学的分支学科为司法中的法医学部门做出了巨大贡献。RCPSC实习医师培训的出现将会是法医精神病学历史上重要的里程碑。虽然法医病理学科学研究工作一直处于发展中，但是仍然还有很大的提升空间。

五、法庭物证学

（一）概述

这一部分主要是对于痕迹检验（FI）、枪弹痕迹鉴定和血溅形态分析（BPA）的介绍。尽管这三门学科拥有一些相似之处，但是通过以下的讨论我们有理由相信它们是彼此独立的各个学科。痕迹检验主要包括对于如指纹、足印、车辆痕迹等在内的痕迹证据的勘验和鉴定，这些结果为一线的侦查人员破案提供帮助。大家熟知的指纹鉴定从刑事犯罪鉴定之初一直作为主要证据之一沿用至今。痕迹检验还包括相关的法庭物证的收集、保护、记录等长期监测工作。

1914 年，枪弹痕迹鉴定的第一个法庭科学实验室（如今的 LSJML）在 Wilfred Derome 博士指导下诞生。枪弹痕迹鉴定如今在加拿大皇家骑警、安大略省政府、温哥华市警察局和卡尔加里市警察局都有专门的实验室。枪弹痕迹检验主要是对于坚硬或者较软客体上的痕迹或者沟壑的分析和鉴定。这些痕迹一般与枪械子弹或是器械工作相关。

血溅形态分析（BPA）作为鉴定技术在犯罪侦查中的历史要远远短于前两者。尽管如此，这一技术在众多血迹鉴定的案例中发挥了重要作用，通过此可以推断出一系列现场可能发生过的情节，帮助进行现场重建。

（二）工作

1. 法律制度

加拿大物证领域的专家都在不同的行政执法部门工作。在警察局内部工作的这些专家除了需要遵守省或联邦法规外，还要遵守警察局本身的规定和制度，比如警察自身的职责。枪械痕迹鉴定人员一般受雇于政府法医实验室和市政警察机构，这些人需要严格根据标准操作程序（SOP）进行实验室工作。政府实验室雇佣这些人员需要得到 ISO 认证以及自身所属机构的认可。ISO 认证通过例如加拿大标准委员会等机构（SCC）和犯罪实验室协会董事（ASCLD）确保其自身的可靠性，这些认证用以保证法庭科学实验室以及科学实验的可靠性。BPA 鉴定人是典型协助警察的办案人员。然而，除开隶属不同的行政区划外，这些专家都受联邦立法，诸如加拿大刑法和加拿大证据规定的约束。

2. 设施状况

物证鉴定的设备主要取决于雇佣鉴定人的雇佣单位，所以加拿大各个地区检测设备设施水平差别很大。加拿大有三个联邦级、两个省级、两个市级的枪弹痕迹检验实验室。常用的实验设施和配备主要包括：

·子弹捕获罐（捕获试射炮弹）

·子弹阱（枪支安全试射测试）

·专用通风系统（捕捉弹道空气中的铅）

·生物危害检查室（检查目标表面，保护鉴定人远离血样中的危险物质及其他危险生化材料）

·比对显微镜（识别和比较的主要器械发射弹药）

·通常，FI 实验室包含一个进行化学分析的区域，一个用以测试和拍摄法庭科学实验的区域，以及一个存储样本的安全区域。

出于职业健康和安全问题的考量，过去 10 年对这些设施进行更换和翻新。虽然没有明确的法律标准，但是各个警察机构内部自行对标准进行着不断的改革和创新。FI 的设施需要政府经费的支持，否则实验设备的更新换代将受到影响。安大略湖省警察局（OPP）刚刚完成了全省 13 个新 FI 实验室的更新建设。FI 成员中的 BPA 鉴定人，他们通常会建立专门的实验区域用以犯罪现场模型重建。在魁北克省和加拿大皇家骑警局，这些痕迹和血迹形态鉴定人一般都在法庭科学实验室工作。

3. 专业标准

加拿大目前为止并没有通用的或者国家标准用以管理所有物证科学专家，相反，它们要受到警察局的政策和规定的约束。以下外部组织制定了不具约束力的建议和指导方针，但切实考虑了行业最佳实践标准：

·加拿大掌纹工作组（CanFRWG）

·血迹模式分析科学工作组（SWGSTAIN）

·鞋印和车轮踏面证据科学工作组（SWGTREAD）

·掌纹分析、研究和技术科学工作组（SWGFAST）

·成像技术科学工作组（SWGIT）

·枪械痕迹科学工作组（SWGGUN）

·加拿大枪械痕迹科学工作组（CanSWGGUN）

·加拿大物证鉴定协会（CIS）

·国际物证鉴定协会（IAI）

·枪械痕迹鉴定协会（AFTE）

·国际血迹形态分析协会（IABPA）

不同专业的鉴定人通常会遵循与其职业密切相关的组织和协会制定的指导方针。FI 部门并没有专业的资格认证，但是大多数 FI 人员持有某种特定形式的认证。例如皇家骑警要求其成员参加一个两年一次的高级法医鉴定培训课程（AFITC），其中包括某些类型的认证测试。在安大略省，省政府强制鉴定人员每 3 年进行一次测试。

ISO 认证实验室的枪械痕迹鉴定专家受标准化和质量控制认证机构约束——通常涉及加拿大标准委员会（SCC）。最近，这些部门联合组建了加拿大枪械痕迹科学工作组（CanSWGGUN），由枪械痕迹审查员负责建立和传播枪械痕迹鉴定的规定和指导方针。我们希望藉此活动将使得规则不断接近国家标准。

BPA 鉴定人的行业标准依赖于自身特定的机构。然而，大多数人遵循的是相关认证组织制定的指导方针，例如 SWGSTAIN 和 IABPA。多数鉴定人只需要进行最初的一次测试后就获得了资格，这样的制度缺乏定期的复核审查程序，因而不尽合理。

4. 工作环境

FI 人员通常都是由拥有数年执法经历的警务人员接受额外法庭科学培训后来担任。所有的 FI 人员至少需要精通掌纹的比对。FI 人员同时还需要接受足迹和轮胎痕迹等领域鉴定的培训，但这种类型的证据出现的频率相对较低。实际上只有大约 15 名 FI 成员被授予足迹类审查员资格，但 FI 所有成员都应该对这方面的知识有一定的了解。

加拿大不同地区 FI 人员所占警察人口的比率有很大变化（参见下表 E）。过去十年中，警务工作蓬勃发展时几乎看不到 FI 工作的增长。在此过程中，我们见证了技术、科学方法、法庭科学以及法律诉求等戏剧性的猛增，其结果就是 FI 鉴定人跟不上不断增长的社会需求。举个例子来看，在 1996 年和 2006 年之间，皇家骑警的数量增加了 25%，但这其中的 FI 人员仅增加 10%。犯罪现场调查科（SOCO）项目对于缓解 FI 鉴定人不足做出了很大贡献。这一机构通常依靠仅接受几周基本训练的普通警察来处理情节较轻的财产犯罪。许多拥有 SOCO 项目的警察队伍工作规模从 400 个成员（安大略湖省警察局 OPP）缩小到 24 个（渥太华警方服务）成员，用来填补 FI 工作人员的不足。针对犯罪现场分析工作中文职雇员占据了大量 FI 名额的问题，安大略湖省警察局和皇家骑警经常派遣训练有素的普通民众支援案发现场的鉴定机构，这种平民化趋势未来将可能不断上升。

整个加拿大从事枪械痕迹检验的鉴定人一般被聘为普通科学专家。这 35 位专家目前仅仅受雇于五家机构，而政府雇佣的技术人员则使用设施协助他们进行特定类型的分析工作。BPA 鉴定人大多是经过该领域专门培训的警察。全国大约有 35 位 BPA 鉴定人，他们分别来自皇家骑警，安大略湖省警察局及各级市政机构。魁北克省则聘用两位科学家在蒙特利尔的 LSJML 工作。尽管一部分鉴定人以血迹分析作为主要工作，但是这些鉴定人都要遵守 FI 的相关制度。培训法庭物证分析人员面临许多挑战，因为在警察机构内部，警务人员会因为工作的需要不断被调动。因此，刚刚获取专业知识的警务人员很有可能就会被重新分配到新的岗位。这样的政策无疑增加了落实 FI 制度的难度。随着司法系统的不断完善、社会期望的不断增加和物证科学的不断发展，FI 鉴定人的职责也愈加复杂。

（三）教育

1. 大学教育

目前在加拿大并没有相关的物证技术学本科专业。尽管如此，还是有几所大学（如多伦多大学、温莎大学）开设了一些基础的法庭科学课程，有些课程可能覆盖物证技术检验的某些方面，最终的论文研究也可以在法庭物证学领域得到应用。此专业的毕业生未来将会进入警署工作，甚至可能成为 FI 专家，专门从事物证技术实验室工作。

2. 内部培训

筛选 FI 鉴定人通常会通过一个固定模式的评估和筛选程序来确定。如果候选人对于任何挑战或犯罪现场不能胜任，或是在司法鉴定中存在厌恶物理实验或者化学物质过敏现象，均可以在这个评估中被发现。

如果成为 FI 候选人，这些警务人员将会在加拿大警察学院（CPC）接受为期 8 周的基本 FI 课程，或在安大略省警察学院（OPC）参加为期 9 周的课程。大多数机构都有固定的实习或导师计划（3 年），候选人必须成功完成这些培训和考核才能继续从事这项工作，成为正式的 FI 鉴定人。

如加拿大皇家骑警 FI 董事会成员就必须在完成培训之后的 12~18 个月内通过资格认证测试。

在足迹或轮胎跟踪分析提高培训中，FI 人员需要在 OPC 或 CPC 继续接受培训。皇家骑警内部也有一个专门包括足迹课程在内的法庭科学教学课程。2011 年，OPP 开设了为期 1 年的足迹和轮胎踪迹证据的实习课程。这个课程包括各个方向的痕迹证据研究，候选人必须完成一篇研究论文，同时通过一次模拟法庭审判。在被正式授予法庭认证的枪械痕迹鉴定专家之前，一般需要经历两年的实习培训。皇家骑警引进了外部的培训课程，这门课程由原先枪械痕迹鉴定协会（AFTE）制定的课程改良而成。通过这种方式，不同程度的标准化要求被应用到训练过程之中。加拿大 BPA 鉴定人均在 CPC 或 OPC 接受培训。一名合格的鉴定人需要在导师的辅导下接受大约为期一年的标准培训计划，这些导师通常都是具有丰富经验的 BPA 鉴定人。整个计划通常需要研究特定的 BPA 理论，通过原则分析、文章评论、案例分析、实习实验、实际现场工作以及盲测等课程的学习，在培训的最后还需要通过认证测试才能成为鉴定人。

3. 研究生教育

加拿大的大学没有专门的物证技术学硕士学位，但是有些学科设置了相关的研究生学位，比如在化学或微生物系有相关的学位课程。

4. 专业认证

2009 年开始，安省第一个提出对所有 FI 鉴定人进行强制性认证。政府要求法庭科学鉴定办公室（FIO）要熟悉法庭科学和法医病理学服务中心，熟悉当地法律、证据的提取、收集和保存程序。社会安全部授予认证办公室每 3 年对 FI 鉴定人进行笔试和业务测试，并颁发证书以证明其继续做鉴定的能力。对于特殊的法庭物理学相关专业的认证，加拿大鉴定委员会从 2003 年开始已经对足迹鉴定进行认证，而且对指纹鉴定也进行了集中认证。枪弹专家一般会在其从业机构进行认证，枪弹和工具痕迹鉴定委员会作为外围机构也提供相关的认证服务。BPA 鉴定人目前可以从其聘用机构如加拿大皇家骑警局或者安省警察学院进行相关的考试认证。

（四）科研

实验室的科学家们通过长期实践和研究来不断改善其技术和方法。这些研究要求各个方向的枪械痕迹专家共同合作，还需要院校和内部培训项目的后续支持。一些研究课题，例如枪弹表面痕迹测量研究，甚至是一些学位研究课题，都集结了法庭科学、工业以及学术研究领域相关知识的研究。

FI 和 BPA 学科内的很多研究都是由 4 年制的本科学生来参与完成的。此外，FI 和 BPA 人员可以自行进行相关课程或设备使用的相关研究，以及对疑难问题的考察。在加拿大，FI 领域研究的主要障碍是可研究的客体受限，只有发生案件时才可以开展真正的研究工作。他们没有固定的研究任务，即使有很多经验也无法独立展开研究。只有皇家骑警例外，他们拥有两位专职的科学家从事鉴定科研工作。在有些场合，执法机构成员自己就能够完成本科学位所需的研究，但是可能需要牺牲休息时间，占用鉴定人更多的非工作时间（无薪假）。显然，这些都不是进行物证科学研究的理想方法。

有些硕士生出于兴趣可以继续从事物证学的研究工作。但加拿大目前并没有专门的物证技术学研究生项目，因此学生需要在相关领域找到一位富有激情的导师指导他们的研究。这样的研究是很少甚至没有资助的，需要执法机构给予帮助。但是，一些大学的研究人员最近对这门学科产生了浓厚的兴趣，但因为他们的研究缺乏专门从业人员的协作和建议，这使得研究本身充满着各种风险。

（五）专业期刊

法庭物证学相关的期刊有：

- *Identification Canada*
- *Association of Firearm and Tool Mark Examiners Journal*
- *American Journal of Forensic Medicine and Pathology*
- *Journal of Forensic Sciences*
- *Forensic Science International*
- *Canadian Society of Forensic Science Journal*
- *Journal of Forensic Identification*
- *Journal of Bloodstain Pattern Analysis*

（六）组织机构

加拿大物证鉴定协会（CIS）成立于 1978 年，是由年度教育会议、季刊杂志社（《加拿大鉴定杂志》）和加拿大 FI 协会指纹鉴定部共同创立，同时还有许多其他专业组织和协会可以加入。这其中就包括国际鉴定协会（IAI）和指纹鉴定协会。枪械痕迹鉴定人员也有资格加入上述组织，他们还可以加入枪械痕迹鉴定协会（AFTE）。对于 BPA 鉴定人而言，除了 CIS 外，他们还可以加入国际血迹形态分析协会（IAPBA）和 IAI。

（七）结论

法庭物证学和这份报告中描述的许多其他学科有着诸多不同，他们主要以全职的执法机构身份进行工作和研究。他们也不同于普通大学的"硬科学"科目（如法医生物学和毒理学），而是被描述为"应用科学"。这是一门使用自然、物理科学原理与方法协助侦查的学科。正因为如此，其在法庭上就面临着独特的挑战，获取这类证据本身就需要更多的收集和研究工作。

六、回顾

（一）原则

整篇报告的目的就是汇聚加拿大法庭科学各个方向的专家，彼此突破学科的界线来进行交流和讨论。我们将首要的原则性问题置入我们的讨论之中：

1. 法庭科学是一门综合性交叉学科，情况复杂，需要专家跨越不同领域进行分析验证。阐明案件的"真相"就意味着发现可证明的事实，然后提供一个证据为基础观点。这种综合研究方法实际上是一个多学科信息传递和信息整合的过程，充分说明现在单个学科孤立是无援助的，只有多学科共同合作才可以解决更多问题。

2. "专家必然是正确的"的模式已经过时。如今专家们负责向公众解释为什么他们持有那样观点，并努力去维护这样的观点所参考的科学证据。

3. 法庭科学专业源自于其它一级核心学科，但这些核心学科的基本原则在这里仍然适用。也就是说，一个良好的学科氛围必须达到服务、教学和科研三者的统一。虽然加拿大的法庭科学服务并没有明显的缺陷，但是还有许多未知的科学领域等着一代又一代人去探索。正如我们重视法庭科学服务一样，我们同样应当努力去关注教学和科研，三者是同等重要的。

（二）结论

上述各章阐述诸多共同的主题，其宗旨就是希望各个分支共同为国家和公民提供最优质的服务。我们据此提出以下看法：

1. 法庭科学至今仍没有一个专门的国家认证机构。法庭科学所产生的新型问题和考验与传统的主流科学问题存在较大的差异，这意味着它不适合现有的授权机构，如 CIHR、NSERC、SSHRC、CPRC。我们深知这些机构的资金有限，承受的压力也与日俱增，但是我们不能忽视法庭科学在各个授权机构的缝隙之中苦苦挣扎。

2. 加拿大法庭科学协会缺乏学科历史文化的研究。这一问题可能是因为工作量较大和缺乏资金所导致的。一旦缺乏学科文化的研究将直接影响到下一代法庭科学家的培养。

3. 加拿大广阔的地貌使得原本就不多的科研人员广为分散，因此在任何一个地区拥有大量的科学家和医师都是困难的。对于建立一个完备的法庭科学协会更是如此，尤其是当协会人员与公共部门的法庭科学工作人员不能满足社会需求时，矛盾就更加凸显。

4. 法庭科学培训主办单位多是大学，或者外围组织和机构，并没有明确的立法规定。大多数学科在国家层面上没有专门的标准和培训规则，仅有一些成功的个例（如法医病理学和法医精神病学）。毫不夸张地说，加拿大没有真正意义上的法庭科学国家人才培养计划。

（三）建议

1. 科研

（1）应该在加拿大逐步培养起法庭科学文化的研究和传承意识。

（2）国家应该认识到，作为一项独特领域，包括法医病理学和法医精神病学在内的法庭科学应该有专门资金支持。

（3）大学应当致力于培养战略性的、可持续的法庭科学研究项目。

（4）大学和社会科研机构的科学家们应该联合起来进行科学研究。

（5）加拿大大学应当设立包括法庭科学、法医病理学和法医精神病学在内的各个学科联合会。

（6）应该鼓励研究人员在同行评审的期刊上发表科研结果。

（7）法庭科学的统计、概率学方法应当加强。

（8）法庭科学研究方法应当客观、公正。

（9）研究解决法庭科学实践中的文化问题应当大力支持。

2. 教育和培训

（1）应当鼓励科学家、警察、律师和法官进行多学科之间的交叉培训。

（2）科学家撰写书面报告和专家证言是最佳的实践和培训方式。

（3）应当开设有关鉴定人员和科学家的网络培训课堂。

（4）应当在大学内设立各法庭科学专业的硕士和博士学位。

（5）有关法医病理学、法医精神病学和法医护理学的研究生培训项目应当得到继续支持。

（6）法庭科学工作人员借调程序建设应当得到鼓励和经济上的支持。

（7）法官应当接受包括"科学素养"基本训练在内的法庭科学、法医病理学和法医精神病学等专业的继续教育培训。

3. 科学实践

（1）国际指导方针和标准（例如，科学工作组的出版物-SWGs）可以在加拿大采用。加拿大的法庭科学家和相关组织应当尽可能地参与制定。

（2）应当参照已经制定并经认证的部门标准，例如使用加拿大法庭科学协会酒精测试委员会作为一个模板。

（3）从业者应当参与到专业认证考试之中。

（4）学科组织应当大力发展法医学服务认证标准并参与认证程序。

（5）从业人员应当遵守专业管理办法和道德约束。

（6）偏见会产生不利后果，科学的中立性核心思想是，从业者必须坚持这样的观念。这同样适用于所有专家成员，即使是出纳人员也不例外。

（7）一旦发生错误时，系统性的补救措施是必要的。每当错误发生之后，我们应当制订一份分析和建议报告用以确保今后面对同类问题时的措施与办法。不过遗憾的是，当前如果检测到错误发生，公开调查仍然还是主要的补救机制。

4. 管理和规制

（1）法庭科学服务费用和服务终端用户之间的谅解备忘录（MOU）或者类似的协议应该更加完善。

（2）融资模式决定了全职工作人员在进行收费服务时，应当在现有的预算框架内完成，尤其是对于法医护理学和法医病理学而言。

（3）法庭科学的死亡调查系统政策和步骤应当符合当前的主流思维，从而应用于法医病理学的实践工作。

（4）为了应对工作量的不断增加，各个部门的行业标准也应当进行相应的发展。

（5）同行评审和其他质量管理系统应当在各个学科得到开展。跨省间的合作应当得到鼓励和支持。

（6）法庭科学鉴定人员的职业道路应该不断完善，他们应当长期致力于这一专业的工作。这将有助于经验化和专业化的发展。

（四）结语

作为支撑加拿大法庭审判的科学需要仔细审查。单纯地依靠法庭科学家的志愿精神、良好愿望和一些专设机构的努力远远不够，不如建立详细缜密和完善的法庭科学服务系统更为可靠。包括美国在内的其他司法管辖地区，已经开始批判性地评估这些系统，加拿大不能在这方面落后于人。这为什么如此重要？这是因为在加拿大人心中，和平、有序和良好的政府是我们最基本的价值观。维护和平正义是政府的核心使命，和平与正义绝不能建立在"糟科学"的基础之上。

聚焦法庭科学的社会科学研究

——美国国家司法研究院实践背后的故事

李　冰 *

近几十年来，在法庭科学领域，有许多令人振奋的技术进步。与电视上呈现的相关影视作品的剧情相比，在现实中使用这些新的法庭科学技术对犯罪者进行逮捕和定罪以及还无辜者清白要复杂得多，这是因为现实的鲜活案件中蕴含了大量社会科学的知识。

只有通过社会科学研究——研究人类该如何应用这些新技术，才可以确保我们国家的刑事司法从业人员能最大限度地应用不断发展变化的法庭科学技术。十多年前，美国国家司法研究院开始研究近年来新出现的法庭科学技术该如何更有效地应用在刑事调查和追诉犯罪的活动中。

本文以美国国家司法研究院聚焦法庭科学的社会科学研究领域的发展为主线，并同时提供一些研究资助项目的实例。笔者希望，对这短短 10 年间两个学科交叉研究进行回顾，将激发出更多创新的思想，并致力于刑事司法领域新的技术进步。

一、法庭科学与社会科学领域交叉的萌芽期

2004 年，美国国家司法研究院的研究与评价办公室（ORE）和目前

　＊ 作者单位：证据科学教育部重点实验室（中国政法大学），2011 计划司法文明协同创新中心。

众所周知的刑事调查和法庭科学办公室（OIFS）开始一起办公，共同探讨 DNA 如何被应用于刑事调查这一话题。同时，这两个部门有各自相对独立的研究议程，每个部门都有自己感兴趣的话题和研究主题。研究与评价办公室（ORE）致力于多方向的社会科学研究。刑事调查和法庭科学办公室（OIFS）管理资金来自两个主要来源：DNA 促进基金和 Coverdell 基金，旨在提高犯罪实验室应对日益增多的法庭科学证据的分析、检验能力。

虽然 DNA 促进基金中的一小部分被用于基础应用研究和开发，主要集中在法医物证学领域。然而几乎没有社会科学研究调研过上述这些资金的实际作用，以及在一些新的法庭科学技术突然出现的情况下，会对刑事司法系统有怎样的影响。

为什么理解这一有关"人"的作用如此重要？有两点原因：首先，它从"消费者"角度提供了重要的反馈信息，例如，犯罪实验室和警察局、法官和受害者、检察官和辩护律师、懂法庭科学知识的职业批评家以及那些需要权衡如何最好地分配宝贵的财政资源的政府决策者之间的信息互动。其次，新技术和新方法的引入并不能简单地证明他们是否有效地改善了刑事司法的结果。然而，社会科学研究恰恰能揭示这些结果的变化。

考虑到美国投入了大量的资金，以期改进法庭科学的设备和程序，因此这对刑事司法系统的投资影响的审查是合理必要的。国家司法研究所的社会科学家们开始质疑以下问题：

1. 在法庭科学的技术进步中，我们是否得到了更多的"公正"？

2. 在刑事调查和公诉过程中，法庭科学证据是否被尽可能有效地使用？

3. 法医科学的不断发展对警察局和犯罪实验室的刑事司法政策和程序、对法院和监狱等到底有什么样的影响呢？

二、为不同学科间达成共识的努力

首先，要明白，虽然他们对共同的科学原理及科学的重要性的理解有共识，但是社会科学家和自然科学家们的知识背景不同。10 年前，NIJ 的社会科学家们对法庭科学的认识（如弹道学、DNA、毛发、纤维或指纹）以及全国的犯罪实验室的法庭科学专家所面临的日常问题的理解很有限。

他们往往把法庭科学和犯罪实验室的问题看成是庞大的司法系统的一个组成部分。同样，美国国家司法研究院法庭科学家们不习惯于通过社会科学的镜头思考他们的学科。相反，他们的思考主要集中在如何提高科学方法和提高实验室的检测和操作能力。

社会学和法庭科学在运用科学的方法来提高公共安全的观点上是一致的——旨在帮助刑事司法从业人员更好地完成工作。美国国家司法研究院关于法庭科学中的社会科学研究背后的项目开发过程中蕴含了多年的社会学家和自然科学家之间的跨领域讨论，并从讨论中发现了重要的研究问题。然而，当我们看到美国国家司法研究院之外的研究议题，很容易发现同时具备社会科学和法庭科学知识的专业研究人员十分匮乏。

由于社会科学家对犯罪实验室和司法鉴定人面临的挑战并不十分了解，他们往往通过对外开放课题项目招标计划来吸引这一领域的研究申请，虽然从方法的角度来看，与相关实践人员或者由法庭科学的滥用导致错误的内容不是特别相关。同样，我们遭遇了类似的问题，即提交有关社会科学研究议题的法庭科学家，因为他们的社会科学研究方法基础往往非常薄弱。

更严重的问题是，在高校中，法庭科学学者和他们的社会科学同行，犯罪学、社会学和心理学经常被设置在各自独立的院、系中。从传统意义上讲，他们并没有在这些完全不同的领域进行合作的经验，这使得他们很难组成统一的研究团队来申请国家司法研究院资助的课题项目。

由于这些挑战，在最初几年，美国国家司法研究院对围绕法庭科学主题的社会科学研究课题招标结果往往只有一个或两个符合可资助的项目；美国国家司法研究院实际上在直接指定的研究议题上产生相关的研究成果中取得了比预期更大的成就。广大科研界往往是新的和创新的研究思路的来源，但我们发现，特别是在学术界，新的研究问题的产生并被关注需要一段较长时间。造成这种情况的原因尚不清楚，但也许是学术界自身的性质，因此对于研究人员来说很难确认自己着手的研究议题对自己的研究部门是否是一个切实可行的新研究领域。

美国国家司法研究院通过研讨会和工作组的形式组建了这种交叉领域的专业知识（结合法庭科学和社会科学）。该研究院在 2008 年为社会科学家们举办了第一次法庭科学研讨会，这种讨论有助于激励一批社会科学家聚集在一起更深刻地思考法庭科学实践者的问题。截至 2011 年，国家司法研究院开始征集关于法庭科学的社会科学研究项目，并形成了几个稳定的课题申请指南；同期有 5 个项目被资助。这一趋势持续到 2013 年，共有 7 个项目被资助。

三、三波"浪潮"对研究资助的建立和趋势的影响

美国国家司法研究院对社会科学应用在法庭科学的研究的资助发端于三波"浪潮"的助力。该领域之前的研究成果和专业知识都会对当前领域发展的低潮期产生一个推波助澜的动力。

第一波"浪潮"的研究中（2005~2007）提出基本问题，比如"刑事案件中法庭科学证据被采用的频率是多少"；第二波"浪潮"（2007~2009 年）开始关注新出现的问题和"热点话题"，例如，围绕 DNA 数据库，完善痕迹类证据的检验程序，以及警察局中的扣押证据的积存问题；第三波"浪潮"，始于 2010 年，美国国家科学院在其开创性报告中建议要大力加强美国的法庭科学之路；在 2015 年，我们正在步入第四波"浪潮"，正如我们预测的建立在利用我们已知的知识去探索法庭科学的新领域，如数字取证、弹道学和犯罪现场扫描技术。

（一）第一波"浪潮"（2005~2007）：利用 DNA 技术解决财产犯罪

受英国广泛使用法医 DNA 技术来解决非暴力犯罪部分的启发，美国国家司法研究院推出了多方面的试验，例如，在财产犯罪中收集 DNA 证据是否可以有效解决更多的入室盗窃案，同时考察检测样品低清除率的问题。美国 5 个司法管辖区（丹佛、洛杉矶、加州橙县、凤凰城和托皮卡）实施了随机的比对试验。评估发现，相对于使用传统的调查方法，在财产犯罪这一类犯罪中收集 DNA 证据导致了两倍多的犯罪嫌疑人被辨认、逮捕和起诉。

1. 联邦政府基金对犯罪实验室的 DNA 样本积压问题的作用

有关 DNA 检测中的一个关键问题是，什么类型的国家基金能对减少犯罪实验室的 DNA 样本的积存现象产生实际作用。据已生成的基准数据评估显示，尽管受联邦政府的援助，在国家和地方的某些实验室中出现 DNA 样品检测后的积存问题在 2002 年到 2005 年间迅速增长，进一步分析表明，这种增长的原因受多种因素影响，包括财产犯罪中现场证据的大量涌入，同时，美国国家司法研究院自这项初步研究进入视野后即进行了广

泛的报道。[1]

2. 刑事司法程序中法庭科学证据的角色

研究人员调查了 5 个辖区内法庭科学证据在解决 5 重罪的罪行（严重袭击、盗窃、杀人、强奸和抢劫）中的作用。总体而言，研究结果表明，现场调查员需要确定哪些法庭科学证据有必要从犯罪现场被送往实验室进行分析；这意味着，现场调查人员在证据审查的优先性和实践方面有明显的自由裁量权。研究人员提出十项重要的建议，这就形成了 2011 年的法庭科学课题项目招标的基础指南。[2]

3. 执法过程中法庭科学证据的作用

在这个项目中，研究人员在两个司法管辖区内跟踪了 5 类案件（杀人、性侵犯、严重袭击、抢劫和入室盗窃）中使用法庭科学证据的情况。一个重要的发现是，在几乎所有的杀人和大多数的性侵犯案件中，法庭科学证据被大量收集，但法庭科学证据的搜集在抢劫和入室盗窃案件中却大幅下降。另一个重要的发现是，在有法庭科学证据的案件中的嫌疑人被定罪的时间往往比缺少法庭科学证据案件长。

（二）第二波"浪潮"（2007～2009）

科学——与构建证据和知识——往往是一个缓慢的、深思熟虑的过程。NIJ 的科学家出席法庭科学会议，并与犯罪实验室人员讨论了有关议题。我们的社会学家和法庭科学家定期会面讨论，以确定新出现的问题，这些年来，我们陆续资助了一系列有趣的项目。

1. 关于未经实验室进行检验的法庭科学证据

研究人员对全国范围内 2000 所警察局进行调查评估，调查涉及那些尚未被提交到犯罪实验室进行分析的法庭科学证据的未决刑事案件。他们发现的证据并没有在 14% 的已公开的凶杀案、18% 的已公开的强奸案件以及 23% 的已公开的财产案件中，且相关证据未被进行法庭科学检验。国家司法研究所已经对这些发现进行了广泛报道，包括警察的原因——当时，他们并没有将相关证据送往法庭科学实验室进行检验。

2. DNA 数据库的威慑影响

自 1996 年到 2004 年之间，看着大量的从佛罗里达州监狱获释的罪

---

〔1〕 See NIJ. gov, keyword: 225803.

〔2〕 See NIJ. gov, keyword: 231977.

犯，研究人员试图确定嫌疑人 DNA 图谱被录入 DNA 数据库能否预防更多的犯罪。结果表明，在数据库中已经被录入 DNA 数据的嫌疑人很可能会比那些没有被录入过 DNA 数据的嫌疑人更迅速地被重新逮捕和定罪。

3. 毒品案件中的证据处理

研究人员观察了 10 个司法管辖区来确定受控药物案件中的证据是如何被处理的，特别是，在检察官决定起诉及审判定罪过程中法庭科学证据起到了什么作用。研究人员发现，辖区之间存在相当大的变化。例如，管辖区往往没有使用（或要求）药物分析的检验结果作为指控程序的一部分；而在其他许多司法管辖区，指控的决定与现场检验有关，而不是一个简单的验证分析。

4. 未成年人 DNA 采样问题

在法律、政策审查和实践后，研究人员报告说，在 2010 年，有 30 个州收集到了未成年人的 DNA 样品。尽管所有的州都有对 DNA 图谱和样品清除的规定，但是实际清除的情况却不占多数，通常是在嫌疑人主动要求清除的前提下才能有效地执行。

5. 定罪后的 DNA 检验及误判问题

在 2008 年，研究人员开始从 1973 年到 1987 年在弗吉尼亚州发生的性侵案和杀人案中可能存在误判的错判率进行评估——并确定可以预测错判的因素。来自 634 件案例中的实物证据被送到一个私人实验室进行 DNA 分析。结果表明，被裁定犯罪的人与 7.8% 的案件中的 DNA 图谱不一致，其结果支持了在 5.3% 的案件中存在免除指控的情况。

6. DNA 数据库中的逮捕情况

该项目审查的政策以及实践包括基于州和联邦 DNA 数据库的逮捕暗示。在研究期间，有 28 个州的法律授权可以对个人逮捕行为或为指控某些罪行进行 DNA 采集。这些法律在各州之间也存在变化，特别是对于符合条件的罪行进行收集和分析的程序以及样品用后的清除程序。

（三）第三波"浪潮"（2010~2015）

截止到 2010 年，社会科学基金资助法庭科学的第一个 5 年里，已经取得显著的进步。全国各地的研究人员在新兴领域中探索专门知识，从而促使产生了更好的研究议题，同时，研究人员在满足项目指南的前提下，拓展了基金申请的研究范围。第一波浪潮和第二波浪潮的结果已经产生。此外，美国国家科学院发布了开创性的报告："强化美国的法庭科学之路。”

这三个因素结合日益增长的共识——全国各地的许多警察局都存在性侵案件中未将证据送交法庭科学检验的情形。自 2010 年以来，国家司法研究所已经资助了一些社会科学研究项目，以提高解决性侵犯案中对法庭科学的利用。

1. 法庭科学证据和刑事司法结果

研究人员对发生在 2008 年和 2010 年期间的马萨诸塞州的性侵犯案件进行随机抽查研究，他们主要针对物理损伤与法庭科学证据之间的关系以及两者与刑事司法结果的关系，特别是这些证据在儿童受侵害案件的作用。

除了使用 DNA 技术来解决性侵案这项研究外，在第三次浪潮中，美国国家司法研究院运用了社会科学的方法来研究其他法庭科学技术。例如，有项目评估国家的弹道数据库（子弹和弹壳）如何能很好地解决枪支犯罪案件和试图提高对 DNA "冷案" 中的枪击调查。许多类似的项目仍在进行中。[1]

2. 利用 DNA 技术处理 "冷案"

该项目正在研究的结合 DNA 索引系统（CODIS，国家刑事司法 DNA 图谱库）的有关 DNA "冷案" ——一个 DNA 样本与之前未被列入嫌疑的人匹配一致——在两个司法管辖区（堪萨斯城和凤凰城），以确定刑事现场调查员与检控方如何使用这些匹配生成的信息。这项研究结果预计将在 2016 年发布。[2]

3. 法庭科学证据对逮捕和指控的作用

研究人员正在从康涅狄格州的 2500 例案件中随机抽取样本来评估从犯罪现场搜集的证据中法庭科学有关证据所占的百分比，包括有哪类法庭科学证据、所搜集的证据类型、这些证据是如何在整个程序系统中被使用的以及哪些类型的证据能够最为有效地解决特定类型的罪行。这项研究结果预计将在 2016 年发布。[3]

4. 完善法庭科学证据的使用

本项研究调查了全国 8 个司法管辖区内运用法庭科学证据的情况。研

---

〔1〕 See NIJ. gov, keyword：248254.

〔2〕 See NIJ. gov, keyword：2010-DN-BX-0002.

〔3〕 See NIJ. gov, keyword：2011-DN-BX-0003.

究人员通过采访执法人员、法庭科学检验人员和律师，并通过查阅研究裁判中来跟踪最新的案例样本。他们还对美国犯罪实验室的司法统计人口普查局的数据进行分析，以确定什么样的影响，一个实验室的收费系统和组织结构类型对其可持续发展和公共安全会有什么样的影响。最后，研究人员正在进行一项有关检察官和辩护律师的全国性调查，以便更好地了解法庭科学证据如何影响案件的辩诉交易和审判过程中的认知强弱程度。这项研究结果预计将在 2016 年发布。[1]

5. 杀人案件的处理

该项目着眼于调查人员如何在杀人案件调查中兼顾使用已经过法庭科学检验的证据以及未经检验的证据。研究人员通过与克利夫兰（俄亥俄州）的警察局合作，调查了在 2009 年和 2011 年之间发生的约 300 个凶杀案中寻找收集到的证据类型（DNA、潜在指纹、枪支、微量痕迹等）。同时，研究人员通过采访刑事现场调查人员以探求为什么他们选择特定的物证送到法庭科学实验室进行分析检验，以及他们如何在刑事调查中使用该检验结果。这项研究结果预计将在 2016 年发布。[2]

四、未来展望

无论在实验室还是法庭上，综合社会科学的发现和利用这些研究成果来创新未来的研究都是帮助刑事司法从业人员尽可能有效和高效地使用不断更新、进步的法庭科学技术的关键。

NIJ 是确保其所资助项目相关性、前沿性的一种方式，能够直接参与到该领域中。例如，在 2013 年，我们邀请了 25 位国内最顶尖的法庭科学和社会科学专家到华盛顿特区，帮我们删选资助项目：我们从哪里理解了刑事案件起诉中法庭科学证据的重要性日益增加，未来 10 年我们需要朝哪个方向努力，大量的问题和迫在眉睫的议题已经陆续出现。例如，科学如何帮助权衡 DNA 领域中 CODIS 应用在刑事调查及裁判结果的价值，使其朝着更有意义的方式前行。

由于 NIJ 在不断向前发展，我们的重点将是评估和综合我们所了解、掌握的，据此开发新的研究议题，并不断填充我们知识的空白。在社会科

---

〔1〕 See NIJ.gov, keyword：2011-DN-BX-0004.
〔2〕 See NIJ.gov, keyword：2011-DN-BX-0007.

学应用在法庭科学的研究中，2015 年的招标项目指南显示，新领域如数字取证、弹道学和犯罪现场调查技术等受到了格外的关注。

对于州和地方司法部门尽可能多地收集证据的需求——同时对于法庭科学实验室进行分析检验的需求 ——在持续增长。同时，财政投资却在持续减少。我们必须不断学习如何更有效地使用不断发展变化的法庭科学技术及审查法庭科学证据作用于司法的真实结果，以使有限的资源用在刀刃上。

美国文件检验发展史简介

王　晶[1]

　　文件检验一直以来是美国法庭科学的重要组成部分，其诞生于美国成立之后，至今已经发展了 200 多年。Hilton O. 先生在《美国可疑文件检验发展史》中把美国文件检验的发展大致分为三个阶段：第一个阶段是从美国成立到 19 世纪末，这个时期的人们对文件检验知之甚少；第二个阶段是 20 世纪的前三分之一，以 Albert S. Osborn 博士和一些私人鉴定专家的发展壮大为代表，并且开始以"现代可疑文件检验"这个名称被法庭所接受；第三个阶段是从 1930 年代中期到现在，政府部门的鉴定人和实验室开始迅速发展和壮大，以致今天他们或多或少地在这个领域起着主导的作用[2]。

第一阶段：美国成立——19 世纪末

　　这个时期是美国文件检验的萌芽时期，绝大多数美国人对"文件检验"这个词还比较陌生，还没有专门从事文件检验职业的人。当时比较活跃的是一些书法老师和书法大家，他们为人们写出精美的名片，同时也教授美国人如何写出漂亮的字。从 18 世纪末到 19 世纪初，书法家们创建了书法杂志和写作学校，出版了多本关于写作方法的书籍，虽然这些书籍中

---

　　[1]　作者单位：2011 计划司法文明协同创新中心，证据科学教育部重点实验室（中国政法大学）。

　　[2]　Hilton O. , "History of Questioneddocument Examination in the United States", *Journal of Forensicences*, 24（1979），890~897.

较少地涉及了一些笔迹检验的原理和方法，却成为早期美国文件检验技术的理论基础。

19世纪后期，美国法院放开了他们的证据规则，允许笔迹分析、图像证据和打字分析技术作为证据在法庭上使用，一些关于文件检验的技术手册也开始出版了。

关于专家证人的出庭质询问题，美国法律有着非常完善的运行体系，专家质证在美国的发展也是由来已久。根据 Hilton O. 先生在法庭科学期刊上所记载的，在殖民时期的美国，笔迹专家就已经开始在法庭上进行质证了，但由于早期关于这方面内容的书面记录非常少，所以没有留下这些专家的名字。最早的专家质询记录出现在1812年，一张写在本票上的签名被证实是真实的[1]。

发生在美国的第一起重大的伪造案件于1867年在马萨诸塞州开庭审判，这是一起签名案件，但最重要的证词却来自 Benjamin Piece 博士——哈佛大学的数学家，他用数学概率和似然率的理论解释了签名的真伪问题，因为当时只有银行家、出纳员、书法老师、摄影师和雕刻师能够作为专家进行质证，但 Piece 博士的方法后来被证实是不准确的[2]。

1887年，俄亥俄州最高法庭认识到笔迹作为个体识别的重要性，认同了利用比对的标准方法、专业的比对分析和专家出庭质证能够建立可疑字迹与特定书写者之间的关系，自此，笔迹专家在法庭上进行质证被正式地接受了。早期参与质证的专家主要是银行出纳员和书法老师，本文之后提及的 Daniel T. Ames、Albert S. Osborn 等人都是这个领域的知名专家。

第二阶段：20世纪的前三分之一（1900~1934）

进入20世纪以来，随着商务文件的大量使用，文件检验技术得到了迅速发展，一些优秀的文检鉴定人也相继涌现出来，其中绝大多数是从书法老师或书法家转行而来的，因此早期的文件检验从业者多是从笔迹检验开始发展起来的。

---

〔1〕 Baker J. N. , *Law of Disputed and Forged Documents*, The Mitchie Company, 1955, p. 11.

〔2〕 Katherine M. Koppenhaver, *Forensic Document Examination Principles and Practice*, HUMANA Press, 2006, p. 49.

1901 年罗斯福当选美国总统时，女士们还没有投票的权利，作为《纽约书法艺术杂志》的创始人和《埃姆斯关于实用和艺术书法的纲要》的作者，Daniel T. Ames 出版了《埃姆斯关于伪造》（Ames on Forgery）一书，这是美国最早的几本关于法庭科学文件检验的著作之一[1]。

图 1 《埃姆斯关于伪造》
2010 年版

他在书中给出了包括插图和证据在内超过 50 起有争议的笔迹案例，并用 70 余页的案例论述支撑自己的观点，准确地阐述了笔迹的个体性。书中的内容也被当时和之后的多起轰动案件所使用，包括 Molineux 投毒谋杀案和法国的 Dreyfus[2]案。

Daniel T. Ames，美国 19 世纪著名的书法家、书法艺术期刊创始人以及可疑笔迹鉴定人。他在书法方面有着较高的成就，投身笔迹鉴定研究之后，同样是成绩斐然。到 1901 年，Ames 作为可疑笔迹鉴定人已经工作了 30 年，检验过的案件量也高达 1200 余起，Ames 也因此被认为是笔迹分析领域的专家。

Ames 提出的"笔迹具有个体性"理论，成为现代笔迹鉴定的基础理论。但同时，Ames 在对笔迹学的研究上也存在一定的误区，他对笔迹决定性格的准确性深信不疑。在《埃姆斯关于伪造》的第一章——"笔迹

〔1〕 Jane. A. Lewis，"Chapter 2-The History of Forensic Document Examination"，in *Forensic Document Examination*：*Fundamentals and Current Trends*，Academic Press，2014，pp. 21~33.

〔2〕 19 世纪末，法国见习军官阿尔夫勒德·德雷福斯少校被怀疑是德国的间谍，虽然当时笔迹鉴定的结果并不一致，但仍将德雷福斯判为有罪，两年后，笔迹鉴定的结果证实了另一个名叫埃斯特拉齐的人才是真正的间谍。但直到 1906 年，法国最高法院才宣判德雷福斯无罪，而军方则一直到 1995 年才承认德雷福斯是清白的。

的个性"中，他展示了两位美国历史人物约翰·汉考克和约翰亚当斯在《独立宣言》签署者处的签名，并写道：这些人勇敢、坚强的性格可以从他们的签名中显露出来。Ames 还提到他可以通过检验笔迹来判断书写者的性别，他甚至依据笔迹决定性别的刻板观点提出：生命中更重大和更英雄的事情会吸引男人的注意力，而女人则被她们的天性和直觉引导至更为受限制的社会和家庭生活领域[1]。由此可以看出，Ames 提出的笔迹学可以探查人的性格和性别，并不是基于任何科学实验和研究，而是依赖他对于笔迹学的强大信念和直觉。

尽管存在着一些认识上的误区，但是在早期的笔迹检验领域中，无论是鉴定实践还是著作水平，作为书法家出身的 Ames 都是非常杰出的代表人物之一。像 Ames 一样的很多书法老师成为了最早的法庭科学文检鉴定人，他们对成千上万份笔迹的检验成为理解如何区分不同人笔迹的基础，他们也是最早的专家证人，在一些伪造票据、恐吓信、有争议的遗嘱以及一般的签名纠纷案中，在法庭上进行质证[2]。

研究美国文件检验的历史，Albert S. Osborn 必定是无法逾越的。他被认为是美国的文件检验之父，他撰写的《可疑文件》（Questioned Documents）成为美国文件检验专业的标准教材，他创建的美国可疑文件鉴定人协会（American Society of Questioned Document Examiners）至今在美国乃至世界文件检验领域仍占有着极其重要的地位，也正是通过他孜孜不倦的努力，美国法庭才开始把文件检验作为科学证据来使用。

图 2　Albert S. Osborn 先生

---

〔1〕 Jane. A. Lewis, "Chapter 2–The History of Forensic Document Examination", in *Forensic Document Examination*: *Fundamentals and Current Trends*, Academic Press, 2014, pp. 21~33.

〔2〕 Jane. A. Lewis, "Chapter 2–The History of Forensic Document Examination", in *Forensic Document Examination*: *Fundamentals and Current Trends*, Academic Press, 2014, pp. 21~33.

Albert S. Osborn（1858～1946），生于美国密歇根州，1882 年开始在罗切斯特市商业研究所供职，职位是一名书法老师。他在教授书法的同时，对笔迹、打字机、纸张、墨水以及其他文件的检验识别产生了浓厚的兴趣。Osborn 先生于 1920 年开始在纽约全职从事法庭科学文件检验工作，他在自己的家里多次非正式地与同行们探讨文件检验的理论和方法。

1929 年，经过不懈的努力，Osborn 成为美国文件检验领域的杰出先驱，他撰写的《可疑文件》（Questioned Documents）第二版于同年出版。他在这本书中全面地阐述了笔迹检验的所有方面，包括初级检验、可疑文件的分类、比对检验的标准、可疑文件的拍照、显微镜和可疑文件、书写运动、笔迹的变化、比对过程、摹仿伪造、匿名信、笔迹学、墨水、书写顺序、擦除文件、文件事件、打字文件、法庭上的可疑文件以及有争议文件案件中的法律和司法程序问题。当时美国证据法学方面的权威人士——John Wigmore 校长为此书写的序言。这本书被认为是美国文件检验领域的一个开创性的研究成果，同时也奠定了 Osborn 在美国文件检验领域的地位。

除此之外，Osborn 还撰写《证据问题》（The Problem of Proof，1922）、《审判员的头脑》（The Mind of the Juror，1937）以及《可疑文件问题》（Questioned Document Problems，1944），均在法律界以及政府和私人的鉴定机构获得了关注和好评，也促进了涉及文件检验问题的公正解决。他强调对文检鉴定人进行适当培训的价值，也阐述了一个设备齐全的实验室所需要配备的仪器设备。1942 年，他与几个志同道合的同行一起组建了美国可疑文件鉴定人协会（ASQDE），成为美国第一个专门的文件检验行业协会。

与 Ames 不同，Osborn 认为笔迹学是不科学的。他学习并且研究了 Ames 提出的笔迹学，认为笔迹学确实能够通过检验笔迹特征来判断书写人的性格，但是只能得出有限的结论，他认为对于任何一份可疑文件的检验，在发现和证实事实时作为一种帮助的情况下，任何价值都是很有限的。

Osborn 在法庭科学文件检验领域的宝贵遗产也被家族的三代人坚守了下来。1982 年，他的曾孙 John Paul Osborn 加入了 Albert S. Osbern 和其儿子的事业中，并一直在新泽西从事文件检验实践工作。

在 20 世纪的前三分之一时间里，除了涌现出两位杰出的文件检验先驱外，文检专家们在法庭上的质证活动也十分活跃。

1900 年，轰动一时的化学家 Roland Molineaux 意图毒杀 Katherine Adams 一案中，就曾有至少 17 位笔迹鉴定专家参与法庭质证，其中包括 6 名出纳员和银行职员。法庭共审理了 3 个月，Molineaux 最终被判有罪。

1903 年，在 Rice 遗嘱案的法庭质证过程中，Osborn 先生作为笔迹专家出庭接受质询，他认为支票和遗嘱都是伪造的，他还被允许在法庭上用照片和透明纸来显示 4 份可疑文件的签名是相同的[1]。

1935 年，Osborn 先生会同包括其儿子在内的其他 7 名文件检验专家，共同对 Lindbergh 婴儿绑架案出庭质证，此案被许多美国人认为是文件检验历史上最重要的案件。

1932 年 3 月 1 日晚，美国飞行英雄 Charles Augustus Lindbergh 的 20 个月大的孩子在熟睡中被绑架了，一张索要 5 万美元的勒索信被放置在窗台上，字迹潦草，还有一些拼写错误和计算错误。经过 12 封信和 1 次电话联系，林德伯格一家交纳了赎金，而孩子的尸体却于 12 日之后在距离案发地不远的树林里被发现。此后，警方虽努力侦破，却苦于没有线索。直到案发两年多以后，一个偶然的机会警方抓捕了嫌疑人 Hauptmann，并在他的住宅查获了大量证据，包括藏在车库的一个罐头盒中的约 14 000 美元现金。

1935 年，Hauptmann 在弗莱明顿正式出庭受审，在审理到敲诈信证据时，8 名笔迹专家[2]被检方单独传唤到证人席，他们将勒索信与 Hauptmann 的笔迹样本进行了比对检验，所使用的样本包括他在被捕前的材料，如机动车注册申请表等，8 名笔迹专家在法庭上都指出了索要赎金的字条和 Hauptmann 的笔迹样本在字词之间存在较多的相似之处，同时还指出，勒索信中的一些语法错误，也与他平时的书写习惯相同，例如将 "later" 写成 "latter"，"out" 写成 "ouer" 等，考虑到 Hauptmann 的母语并非英语，极有可能就是他书写了勒索信[3]。

此案虽然没有直接证据证明 Hauptmann 是绑架婴儿的凶手，但笔迹专

---

〔1〕 Katherine M. Koppenhaver, *Forensic Document Examination Principles and Practice*, HUMANA Press, 2006, p. 49.

〔2〕 8 名笔迹专家分别是 Albert S. Osborn、奥斯本的儿子 Albert D. Osborn、Elbridge W. Stein、Clark Sellers、John H. Tyrrell、H. J. Walter、Harry Cassidy 和 Wilmer Souder。其中 Wilmer Souder 是唯一一个公共机构鉴定人。

〔3〕 www. fbi. org

家在法庭上的科学分析和专业论述与检方举出的其它证据组成了一张密不透风的法网，牢牢地罩住了 Hauptmann。1935 年 2 月 14 日，Hauptmann 最终被裁定有罪，并判处死刑。

第三阶段：1930 中期到现在

经过以 Osborn 先生为代表的早期美国文件检验专家们的积极探索和不懈努力，"法庭科学文件检验"被作为一门学科和职业稳定地发展起来了。同时，文检专家们还运用自己的科研成果和智慧结晶，使文件检验获得了法庭的认可，真正发挥了其应有的作用。

在 19 世纪官方的法庭科学机构未成立之前，一些私立的法庭科学实验室就已经存在了。John Tyrrel，生于 1861 年，是文件图像方面的专家。他在一家保险公司工作了 45 年，并于 1896 年至 1955 年开办了私人的文件检验工作室。

20 世纪 30 年代中期以后，政府部门的法庭科学实验室陆续组建并迅速发展壮大起来，由于资金和场地的保障，他们逐渐占据了主导地位，也为犯罪侦查和法庭证据提供了保障。

来自美国国家标准局商务部的 William Souder 博士和财务部的 Bert C. Farrar 先生是最早的两位政府部门的文件检验人员。

位于芝加哥的科学犯罪侦查实验室是第一个法庭科学实验室机构，始建于 1929 年，开始由私人捐助，一两年之后，被并入到西北大学法学院。这个实验室是仿照欧洲多学科实验室建立的，其中包括一个可疑文件检验部门。

1932 年，美国联邦调查局（FBI）犯罪实验室成立，这是美国最大的法庭科学实验室，但在成立之初只有一名文件检验人员。1940 年美国邮政局实验室成立。

1942 年 9 月 2 日，美国可疑文件鉴定人协会（ASQDE）正式成立，Albert S. Osborn 就任第一届主席。这是世界上历史最悠久、规模最大的致力于文件检验的专门组织，其目标是培养教育、赞助科学研究、建立标准、交流经验、为文件检验提供教学指导以及促进涉及文件检验问题的公平正义解决[1]。

---

[1] www.asqde.org.

事实上，自 1913 年开始，ASQDE 就已经以非官方的形式存在了。当时的 Osborn 发起了一个交流思想和科学研究的项目，并通过邀请会员的方式不断扩大协会的规模。1942 年，Osborn 和另外 14 位杰出的文检鉴定人正式组建了美国可疑文件鉴定人协会。ASQDE 被许多人认为是美国主要的传播研究成果的国家机构，它还设置了 Albert S. Osborn 卓越奖，专门授予那些贡献了超出预期成果的文件检验从业人员。

1977 年，另一个重要的美国文件检验组织——美国法庭科学文检鉴定人董事会（ABFDE）成立了。董事会旨在维护公共利益，确保法庭科学文检鉴定人的能力。ABFDE 是一个由多个协会组织资助的非营利性组织，是文件检验鉴定人的资质认定机构，也是全美唯一一个具有这个资质的组织。它成立的目标一是为文件检验的实践者们建立、保持和加强质量标准，二是确保申请者们符合 ABFDE 的专业要求[1]。因此，在美国，想要加入 ASQDE 等协会的申请人，必须通过 ABFDE 的资格考试。

20 世纪的 Weinberger 绑架杀人案是美国文件检验史上不得不提的一个案例。该案当时轰动全美，被称为"世纪犯罪"，此案直接导致美国当时的总统艾森豪威尔修改了立法——FBI 介入绑架案的等待时间从 7 天缩短为 24 小时。而在此案中，笔迹鉴定发挥了极其关键的作用，不仅直接找到了作案人，又作为有力的科学证据让罪犯对自己的罪行供认不讳。

1956 年 7 月 4 日，年仅 1 个月大的 Peter 在自己家里被绑架，绑匪只留下一张勒索信。在最开始的几天，警方试图通过包围交纳赎金的地方抓捕作案人，但都没有成功，因为作案人自始至终没有出现。7 月 11 日，在经过了 7 天的等待期后，FBI 介入到了案件侦查中。当时唯一的证据是一张索要赎金的纸条和一张告诉父母在哪找孩子的字条。FBI 实验室的笔迹专家从华盛顿赶来纽约，给调查人员进行笔记检验技术的快速培训。之后，这些新被培训的调查人员开始检验大量的笔迹样本，包括来自纽约州机动车维护局、联邦和州缓刑办公室、学校、飞机工厂以及市政府等地方。

在检验和排除了近 200 万份样本之后，笔迹检验工作在 8 月 22 日结束，调查人员在来自布鲁克林美国缓刑办公室的缓刑文件中，发现 Angelo La Marca 的笔迹与作案字条的笔迹十分相似。Angelo 曾因为非法制造被财

---

[1] www. Abfde. org.

政部逮捕过。调查人员很快发现 Angelo 是一名出租车调度员，他和妻子以及两个孩子住在纽约一栋他根本买不起的房子里，还有许多未付的账单，并受到了高利贷的威胁。8 月 23 日，警方在他的家中抓捕了他，一开始他否认犯罪事实，但当看到笔迹鉴定的结果后，便对绑架作案的过程供认不讳。

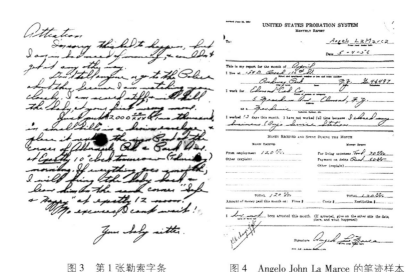

图 3　第 1 张勒索字条　　　　图 4　Angelo John La Marce 的笔迹样本

　　进入 20 世纪下半叶以来，文件检验理论有了突飞猛进的发展，一些杰出的文检鉴定人和优秀的著作层出不穷。

　　Ordway Hilton（1913～1998），是芝加哥警察局新犯罪实验室的第一位文件检验人员。他出生于伊利诺伊州的埃文斯顿，毕业于美国西北大学，并获得了数据统计的硕士学位。1959 年至 1960 年，Hilton 当选为 AAFS 的第 10 任主席。他被认为是 AAFS 中为数不多的杰出人才，也是接受过这个荣誉的 4 名文件检验专家之一。1980 年，他成为第一个获得 AAFS 可疑文件部门奖项之人，也就是以他的名字命名的奖项。同时他也是美国西北大学法学院、南部警察机构、路易斯维尔大学等高校的讲师，以及第 6 任美国可疑文件鉴定人协会（ASQDE）的主席。

1956 年出版的《可疑文件的科学检验》（Scientific Examination of Questioned Document）是 Hilton 先生的经典代表作，也是文件检验领域最优秀的著作之一。书中，Hilton 先生延续了 Osborn 先生用科学方法解决文件检验问题的理念，不仅系统地阐述了笔迹鉴定的具体内容，同时介绍了打印文件、复印文件、伪造文件、变造文件、损毁文件等文件检验领域的技术和方法，也对文检人员出庭质证的程序和技巧进行了详细的论述。这本书于 1982 年出版了修订版，并成为美国法庭科学文件检验的主要教材之一。Hilton 先生也是期刊文献和专业论文的多产作家，他发表过的文章还包括《发现和辨认擦除的铅笔字迹》（Detecting and Deciphering Erased Pencil Writing）等。

1958 年出版的《可疑文件》（Suspect Documents）的作者 Wilson R. Harrison 博士，不仅是一名杰出的文件检验专家，也是位于威尔士卡迪夫大学的法庭科学实验室主席，他始终坚持 Osborn 用科学原则解决可疑文件的理念。

1959 年出版的《证据文件》（Evidential Documents）是由 James V. P. Conway 撰写的一本名著，被认为是一本完整的指导书。Conway 先生是一名文件检验专家，也是美国邮政检查服务中心圣弗朗西斯鉴识实验室的邮政检查员。

Donald Doud 先生的《目击伪造》（Witness to Forgery）记载了他在漫长的职业生涯中处理案件的故事。Doud（1916~2005）先生是在威斯康星密尔沃基工作的一名杰出的文检工作者，他还与 Ordway Hilton 共同撰写了《文检鉴定人对纵火案侦查员的帮助》（Document Examiner Aids Arson Investigator）。

1989 年出版的《文件的科学检验：方法和技术》（The Scientific Examination of Documents：Methods and Techniques）是 David Ellen 的作品。David Ellen 是前伦敦都市警察法庭科学实验室可疑文件检验部门的负责人，他在书中提出要运用规范的程序、适当的方法去证实或排除笔迹材料的真实性。该书的修订版和扩展版反映了近期文件检验领域的一些技术革新；第三版于 2006 年出版，是文件检验领域的重要参考指南，不仅从技术方面介绍了现代文件检验的最新方法、笔迹的偶然或故意修饰、搜集样本的技巧等内容，还回顾了传统和现代的打字技术，包括对喷墨打印文件和激光打印文件之间的区分，以及对 VSC 的改进措施等。

现在，美国有近百所高校开设了法庭科学方向的本科和研究生课程，但只有俄克拉荷马州立大学设有"可疑文件检验"专业的研究生课程，并授予硕士学位[1]。因此在美国，大多数从事文件检验工作的人员都来自刑事司法专业或其他法庭科学专业，岗位培训和在职培训是获得文件检验资质的主要渠道。

美国政府的各级机构都雇有文件检验人员。联邦政府的文件检验部门设在秘密服务部门、移民局、酒精管理局、烟草枪支局、毒品管制局、联邦调查局和邮政局等。州警察通常在每个州都有一名文件检验人员处理多个县警察部门的案件，大城市的警察局通常会有一名全职的文检鉴定人。

大多数的美国文件检验鉴定人还是在私人的鉴定部门从事文件检验工作，并且大多都是兼职的，一些已经从政府部门退休的人员、私家侦探和检验墨水的化学家们也是私人文件检验部门的组成人员。

---

〔1〕 王晶、赵东、杨天潼：《外国法庭科学规范文件汇编》，中国政法大学出版社 2015 年版，第 25 页。

宋慈《洗冤集录》与洗冤文化

黄瑞亭 *

从"洗冤文化"角度阅读宋慈的《洗冤集录》，对研究我国古代法医学检验和对还原历史和真实的宋慈，都有重要的历史和现实价值。

一、《洗冤集录》中的洗冤文化

（一）何为洗冤

宋慈在《洗冤集录》记载了一起原认为"两人相拼"后改为被人"挟仇并杀两人"的案件。宋慈介绍说，如果没有正确检验，被杀的两个人就"二冤永无归矣"。这里，宋慈对"冤"有解释：一是"冤"不仅包括冤狱，也包括冤死，二者都要"洗冤"；二是"冤"包括没有抓到真凶，让凶手逍遥法外；三是"洗冤"对生者有交代，对死者也要有交代，否则"二冤永无归矣。"由此，宋慈《洗冤集录》的书名就有其特殊的含义。"洗"，不是"改"或"无"，也不是"平"或"洗除"，而是"洗雪"。这与宋朝的"理雪制度"有关，即被告不服而申诉，由官府"理雪"。"冤"，不是简单指"错误"，而是指"冤枉"。这一点宋慈讲得很清楚："盖死生出入之权舆，幽枉屈伸之机括，于是乎决。"人一旦有"冤"，生前不能"洗"，死后也要"洗"。宋慈认为，从"洗冤文化"角度出发，应该还"冤"者一个公道说法。那么，"冤"由谁来"洗"呢，

---

* 作者单位：福建省高级人民法院。

宋慈认为，古代检验以"洗冤"命名，行使"洗冤"责任的是官府。宋慈的"洗冤文化"思想，值得研究。

（二）还冤与洗冤

北齐颜之推的《还冤志》记载了三则案例。一是吕庆祖案："无期早旦以告父母，潜视奴所住壁，果有一把发以竹钉之，又看其指，并见破伤，录奴诘验具伏。"二是抚军案："抚军昔枉杀我师，我道人自无执仇之理，然何宜来此，亡师屡有灵验，云天帝当收抚军于寺杀之。"三是刺史案："今欲发汝尸骸，以为何验，女子曰妾上下皆着白衣，青丝履，犹未朽也，掘之果然。"需要说明的是，《还冤志》记载的这三则案例，都提到检验的"验"，但是这三则案例的"验"，都是透过"冤魂"的告知才证实真凶是"谁"。就"验"的意义来说，其证明不是来自于前后相符的官员检验的"验"，或者现实中的检验，"洗冤"必须要靠"神迹"和来自"冥界"的力量。"检验"在秦汉就有，到《唐律疏义》《宋刑统》才具备完整的检验体系和法律意义。宋慈深谙有关"冤魂""神迹""冥界""还冤断狱"等民间文化，但他已把其化作检验文化，如宋慈曾办过一个死者被杀死抛尸路旁的案子，开始疑盗者杀之，及点检沿身衣物俱在，遍身镰刀砍伤十余处。宋慈就说"盗只欲人死取财，今物在伤多，非冤雠而何？"这里，"冤雠"就是指前世的仇人或"夙世冤家"。关于"秽"，宋慈所指"辟秽方"的"秽"不是"冤魂秽气"之类，而是腐败气体。用中草药"三神汤辟死气、苏合香丸辟恶气。"又如，宋慈说："多有人家女使、人力或外人，于家中自缢；其人不晓法，避见臭秽及避检验，遂移尸出外吊挂。""若避臭秽，不亲临，往往误事。"所以，宋慈"洗冤文化"强调的是"亲临验"，而不是"神验"，应还原历史和真实的宋慈。

（三）何为幽枉

幽枉从字面上指冤狱，但"洗冤文化"有深层次的含义。据《续资治通鉴长编》记载，宋仁宗大中祥符六年（1013年）四月下诏："诸州死罪情理可悯及刑名可疑者，报提点刑狱司详察以闻，当付大理寺详覆，无得顾避举驳，致有幽枉"。另据《宋会要辑稿·刑法》记载，嘉泰三年（1203年）五月二十一日，李景和指出："大辟之狱，在县则先以结解，在郡则申以审勘。罪状明白，刑法相当，郡申宪司，以听论决，是谓详覆。"由此，宋朝对死罪定谳从司法程序上必须"报提点刑狱司详察以闻"，不管是"罪状明白、刑罚相当"，还是"情理可悯及刑名可疑者"。所以，"洗冤"要求提点刑狱司审查所有死刑案件，起到死刑案件的复核作用和纠正"幽枉"的监督作用。宋慈认定，"幽枉"的根源来自于"证据不足"，"洗冤"首先要把好检验证据关。宋慈从"洗冤文化"角度对"幽枉"提出具体解决办法，他说："狱事莫重于大辟，大辟莫重于初情，初情莫重于检验。"

（四）何为断狱

历史学最基本的学科规范、学术要求是"无徵不立"。这里"徵"，指的是文献。没有文献，就没有证据。就这一点来说，宋慈《洗冤集录》记载了我国古代检验史，是重要的历史文献。宋慈说："诸验尸，州差司理参军，县差尉"，"诸尸应覆验者，在州申州；在县，于受牒时，牒尸所最近县"，"凡检验承牒之后，不可接见在近官员、秀才、术人、僧道"，"所有尸帐，初、覆官不可漏露。仍须是躬亲诣尸首地头"，"凡检覆后，体访得行凶事因，不可见之公文者，面白长官，使知曲折，庶易勘鞫。"以上表述，把我国古代官验文化和权利义务都说清楚了，包括申请检验（申官）、委托检验（受牒）、决定检验（差官）、检验人员（验官）、实施检验（验尸）以及保密、汇报等。

表1　宋代检验官员与现代鉴定人权利义务的比较

	宋代（检验官员）	现代（鉴定人）
权利	①有权提起检验 ②有权决定检验 ③有权勘验、尸表检验 ④有权接受复检 ⑤有权独立作出鉴定	①有权受托查阅有关资料 ②有权勘验现场、解剖尸体 ③材料不齐有权提出补充 ④出庭有权不回答无关问题 ⑤有权独立作出鉴定意见
义务	①规定时间躬亲验尸 ②规定时间完成检验 ③遵守案件保密规定 ④重大案件汇报义务 ⑤不守法负法律责任	①在规定时间完成鉴定 ②按照委托要求出具鉴定 ③根据法律规定申请回避 ④根据有关规定出庭作证 ⑤不遵守法律负法律责任

从上表比较可以看出，现代鉴定侧重技术方面，较之古代检验单纯得多。古代检验官员行使调查、侦查、审判职能，责任重得多。这就是"断狱文化"，从立案开始，到断案结束，承办官员负责到底，并有规范检验

制度加以管理，这是我国古代"洗冤文化"的又一特点。

（五）何为疑狱

如果把"断狱"作为一个检验和审判的过程的话，那么，"疑狱"就是一种检验思想。关于"疑狱"的文化，《梁尝有疑狱》是这样记载的："梁尝有疑狱，群臣半以为当罪，半以为无罪，虽梁王亦疑。……梁王曰：善。故狱疑则从去，赏疑则从与。"这段话，讲的是何为"疑狱"，如何处理"疑狱"。"狱疑则从去"历史上有两种理解：一是案件难断就从轻发落，即"疑罪从轻"；二是有疑虑的案件就依从不判罪，即"疑罪从无"。但宋慈的观点倾向于后者。宋慈说："疑信未决，必反覆深思，惟恐率然而行，死者虚被淹滥。"

（六）何为冤狱

这里指录囚或冤狱检验。据《汉书·隽不疑传》记载："每行县录囚徒还，其母辄问隽不疑：有所平反，活几何人？"这里录囚就是验囚，指向囚犯讯察决狱情况、平反冤狱或督办久系未决案，检验是录囚的重点，亦称虑囚。宋慈于嘉熙三年（1241年）提点广东刑狱，发现累讼积案。于是，制订办案规约，亲自督案，仅 8 个月，就处理了 200 多个案件。我国古代法医书籍中有不少以"疑狱""洗冤"等为代表的字眼出现，而大量记载的案例就是对已判囚犯是否"有冤"的检验，成为古代法医文化的一大特点。作为文化传承，对狱中死亡的案件进行复检的做法迄今存在，法律规定检察机关中的法医对囚犯的死亡尸体进行复检，这是检察机关的监督职责之一。这对查明囚犯是否有"冤情"、是否被刑讯逼供致死起决定性作用。

（七）法医文化人

宋慈说："年来州县，悉以委之初官，付之右选，更历未深，骤然尝试，重以仵作之欺伪，吏胥之奸巧，虚幻变化，茫不可诘"，"不可姑息诡随，全在检验官自立定见"，"若被人打杀，却作病死，后如获贼，不免深遭"。可见，宋慈认为，初任官员许多是进士出身，学历不能说不高；武官、副手经常参与检验，阅历不能说不深；某些官员、仵作经历也不能说不多。要达到"洗冤"的目的，不仅要重视学历、阅历、经历，更应躬亲检验、审查无误、问心无愧，这就是法医文化。换句话说，要成为法医文化人，要满足以下五个方面：一是自身修养，二是内心自觉，三是约束自律，四是专业主见，五是良心办案。

（八）甘棠之惠

同"甘棠之爱"。甘棠系木名，即棠梨。汉·杨雄《甘泉赋》："函甘棠之惠，挟东征之意。"周武王时期，大臣召伯奉武王之命巡行南方地区，广施仁政，减轻了百姓的负担，但遭到其他大臣的反对，纷纷诬陷召伯。召伯为表忠心与清白，死在甘棠树下。召伯死后，民众怀念他，从此不再砍伐甘棠树。我国古代法医学书籍就命名为《棠阴比事》，把法医学检验为民洗冤比作"甘棠之爱"。宋慈说："洗冤泽物，当与起死回生同一功用矣。"这里"洗冤"是一种"起死回生"的博大人文关怀。所以，宋慈认为，检验是为案件寻找证据，为蒙受牢狱之灾的人"洗脱冤枉"，如果不能做到这一点，就不能达到"洗冤泽物"的目的。这是宋慈从哲学层面对"洗冤文化"的深刻理解。

（九）鉴定如镜

宋慈说："理有万端，并为疑难，临时审察，切勿轻易，差之毫厘，失之千里。"这里，宋慈提出一个问题，法医学是一个什么样的学科，法医学关键是"鉴定如镜"，事实与检验要反映一致，否则"差之毫厘，失之千里"。古人"鉴"同"镜"。《玉篇》云："镜，鉴也。"郑克《折狱龟鉴》就是我国古代法医著作。这里还有另一层意思，就是鉴定人不能夹杂私念，要"内心如镜"，才会"鉴定如镜"。鉴定人只有内心安静才能办事公正，否则就会造成冤案。我国古代法医文化都围绕洗冤这一主线展开。从先秦的惟刑之恤、在泮献囚到《折狱龟鉴》《洗冤集录》，其中不乏智慧、精华，更给后人以教诲。

（十）"参验互考"与文化现象

宋慈说："洗冤集录刊于湖南宪治；示我同寅，使得参验互考。"意思是，宋慈写《洗冤集录》，是总结前人和自己的成败得失，"参验互考"，今后有经验及教训，不断加以完善。宋慈撰写《洗冤集录》有他的初衷：①为法律需要而作；②为官吏断案而作；③为弥补官吏检验知识缺憾而作；④为案件复检而作；⑤起"断例"和"比"的作用。"断例"类似现在的"判例汇编"，"比"即"比附"，是指"律无正条"时选择已判案例作依据，又称"决事比"，《洗冤集录》正起到上述作用。事实上，《洗冤集录》一经刊出，即大受欢迎，宋之后，元、明、清历朝的检验官吏无不将其作为办案必备之书，甚至编为考试内容，并收入四库全书目录。《洗冤集录》出版后的700多年里，可以查证历代重刊再版的就达39

种之多。在国外，《洗冤集录》传至邻邦及欧、美，各种译本达9国21种之多。《洗冤集录》传至国外有各种途径。例如，1873年英国剑桥大学东方文化教授嘉尔斯（H. A. Giles）在宁波时，见官府升堂时案桌上摆着一本书，官员被派到现场验尸时也带着一本书，随时翻阅参考。他一问，这本书叫《洗冤集录》。于是，他以极大的兴趣着手翻译，译文名为《洗冤录或验尸官教程》，译后分期刊于英国皇家医学杂志，并有单行本。又如，有的译本是通过外国之间文化交流而流传的。1862年，荷兰人葛利斯（De Grys）译有荷本，布莱坦斯坦因（H. Breitenstein）转译为德译本，名为《中国法医学》（*Gerichtliche Medizin des Chinesen*）。1882年，法国法医马丁（Ernest Martin）著有《洗冤录介绍》发表于远东评论（Rev. Ext. Orient）。马丁介绍后，霍夫曼（Hofmann）将其译为德文。1910年，法国人李道尔夫（Litolff）由越南本《洗冤录》译为法文，取名《改错误的书》。宋慈《洗冤集录》以及后人以《洗冤集录》为蓝本的各种版本"洗冤"书籍成为我国特有的法医检验的文化现象。宋慈的理性感悟和哲学思考，给我国法医文化留下宝贵遗产。这一点，中西文化还是相通的，我国古人云："以人为鉴"，就是指将别人的成败得失作为自己的鉴戒。而《圣经·传道书》说："已有的事，后必再有。已行的事，后必再行。"也指出借鉴前人经验教训的哲学思考。宋慈成为世界法医学奠基人，也与他的哲学思辨有关。

（十一）做自己最擅长的事

古语云："鹤善舞而不能耕，牛善耕而不能舞，物性然也。"意思是，做自己擅长的事，让自己的能力得到充分的发挥。如果问宋慈为什么能成功，回答是"性格"。宋慈一生的成功奋斗史，根本上是源于他倔强、坚强的性格。成功者心中都有一把丈量自己的尺子，知道自己该干什么。宋慈说："慈四叨臬寄，他无寸长，独于狱案。"意思是，宋慈只做自己最擅长的事，那就是检验。是的，宋慈最大的长处就是检验。在从业以后的20多年里，他一直不改初衷，坚持在检验领域耕耘，最后成功。宋慈还说，检验"贵在精专"，这道出了法医职业的特点，法医工作不是七八年就会成为专家的，需要几十年积累；法医门类多，要选择自己最擅长的专业，才会成功。这也成为法医文化的一部分。

（十二）"覆盆必照"与检验自信

《抱朴子·辨问》："日月有所不照，圣人有所不知，是责三光不照覆盆之内也。"覆盆之冤指无处申诉的冤枉，有时日月、圣人都无法解决。但宋慈认为："（检验）如医师讨论古法，脉络表里先已洞澈，一旦按此以施针砭，发无不中。"意思是，"日月有所不照，圣人有所不知"，但检验能洗脱覆盆之冤！宋慈这种"覆盆必照"的思想是一种检验自信的法医文化。但要如何做到呢，宋慈说："告状切不可信，须是详细检验，务要从实""不亲临，往往误事。"我国古代法庭上有"明镜高悬""日出东海"的图案，是一种古代衙门文化。但在宋慈看来，如果没有亲历亲为的检验文化，很难做到办案公正。

（十三）"挖穴埋炭"民俗与检验

宋慈《洗冤集录·自缢》记载："若真自缢，开掘所缢脚下穴三尺以来，究得火炭，即是。"这句话的意思是，如果真的是上吊自杀的话，在死者脚底下开挖三尺来深可发现坑穴，而坑穴里预埋有木炭，有坑穴和木炭应该是自己上吊。明·李时珍《本草纲目·人魄》有载："此是缢死人，其下有物如麸炭。盖人受阴阳二气，合成形体。魂魄聚则生，散则死。"按李时珍的观点，木炭是可以"聚魂"的，魂魄聚则生，但久了，木炭化了，魂魄散则死。因此，宋慈认为，民间这样说法就会使自缢者自己先"挖穴埋炭"，以聚魂魄。但是，既往不少近现代研究者对宋慈这一观点有四种看法：一是附会说，认为"挖掘尸体脚下泥土约三尺深，可以寻到火炭的就是真自缢，这是一种附会。因生活、生产、火灾等原因，地下遗留木炭，可久埋不坏，与自缢没有关系。"二是不科学说。"若真自缢，开掘所缢脚下穴三尺以来，究得火炭即是等，是没有科学根据，甚至是荒诞不稽的。"三是糟粕说。"若真自缢，开掘所缢脚下穴三尺以来，究得火炭，即是。属糟粕，是必须加以扬弃的。"四是无据说。"若真自缢，开掘所缢脚下穴三尺以来，究得火炭，方是。完全是一种无稽之谈。地下有无火炭同自缢之间，没有任何联系，不可能成为判断真假自缢的根据。"从社会民俗文化和民间传说角度可以解释"自缢者脚下有穴有炭"的现象。土葬是中国古代汉民族最主要的埋葬方式，土葬民俗中，有在墓坑或墓窖中垫木炭甚至在棺椁中放置木炭的习俗，存在"有土则生，无土则死"及木炭"聚魂魄"的说法。这样一来，再读宋慈《洗冤集录》"若真自缢开掘所缢脚下穴三尺以来究得火炭即是"这段话，我们就不难理解："假如要说真的自缢的话，在死者脚下泥土挖三尺来深，就会看到自缢者事先挖好的穴和放入的木炭，推究这是自己埋下的。那么，自己上吊无疑。"宋慈说的"究得火炭"就是推究木炭来源，推测是自杀者徘徊很久，最后，挖穴并埋下木炭，上吊自杀。宋慈这样判断，是在对尸体排除他人所为的情况下所作出的结论，不无道理。不要理解为自缢者脚下必有木炭，要结合上下文加以分析，并要根据民俗习惯、尸体检验、现场勘验及自杀心理等进行研究。因此，阅读《洗冤集录》要从历史、文化、民俗、法律、心理及科技等各个角度加以分析，不要单纯从字面分析，那样就会有失偏颇，无法理解到宋慈《洗冤集录》的真谛。

（十四）古代发冢的文化现象

宋慈《洗冤集录·发冢》说："验是甚向，坟围长阔多少。被贼人开锄，坟土野狼藉，锹锄开深尺寸见板，或开棺见尸。勒所报人具出：死人原装着衣服物色，有甚不见被贼人偷去。"为什么对墓冢如此重视？因为官府保护墓冢并有规定。为什么发冢检验对象包括尸体和附属物品？因为墓冢尸体、物品受法律保护。

1. 发冢认识与尸体

关于发冢，要明确尸体是什么，尸体出现时意味着什么。据《礼记·曲礼》记载："尸，人死未葬曰尸。在床曰尸，在棺曰柩。"据《国语·晋语》记载："陈尸以示众曰尸。"宋慈明白在什么场合才可以看到尸体，人正常死亡都有其特定安置的空间和祭献的仪式，而安葬地叫墓冢。在葬礼中或墓冢中不认为是尸体，而是死者。只有非正常情况下才会出现官府检验尸体，而尸体只在有"冤"时才是检验对象。尸体被检验属"示众"，才是尸体，而墓冢被挖后尸体暴露也属有"冤"，也是检验的对象。确切地说，古人同样处理尸体，前者是安葬，后者是检验。这对于理解中国古代如何看待民间丧家和官府检验，有重要价值。纵观我国自秦代至清代的刑法类文献，共提及三种检验尸体：发冢、诬告、检验。换句话说，古代官府为案件需要才由官员处理"发冢、诬告、检验"的尸体。

2. 发冢法律与检验

古人保护祖坟，法律禁止发冢。汉代严禁盗墓的法律，也见诸史籍。《淮南子·氾论》写道："发墓者诛，窃盗者刑。此执政之所司也。""发冢"案例涉及犯罪行为包括：毁损尸体行为、不当丧葬行为、破坏风水行为、破坏棺椁行为和从死者身上不义获利行为，绝非"盗墓"这一种犯罪行为所能涵盖。因此，"发冢"并不等同于"盗墓"。我国古代刑律对不同类型的"发冢"均科以重刑，反映出中国古人"慎终追远"的文化观念。"发冢"分类属《刑律贼盗》,"发冢"惩罚"与斗杀罪减一等。"宋慈记载"发冢"的案例,显见在当时"发冢"并不罕见。"发冢"是我国古代法医检验的重点对象之一。宋慈专列一章介绍"发冢",足见其对"发冢"检验的重视。

3. 发冢检验与考古

宋慈说:"勒所报人具出,死人原装着衣服物色,有甚不见被贼人偷去。"这句话表明,宋慈对墓冢被盗挖的案件,要报案人开列清单,包括死人原装衣物及其所有陪葬物品。对清单中死人原装衣物及其所有陪葬物品被盗墓人偷去要注明清楚,以便调查、核对、评估。所以,发冢检验除尸体外,重点在陪葬物品。也就是说,当时宋慈要清点陪葬物品的丢失,而陪葬物品除随身装束外,还有金银首饰及死者生前喜爱的物品、金银等,并加以评估,一旦抓到盗墓者就可以定罪量刑。而后者工作,类似于今天的考古工作。也就是说,考古工作在宋代也归官府管。为什么宋代政府要把墓葬品进行管理,为什么墓葬有如此多的物品、为什么清点时强调"死人原装着衣服物色"呢,原来,汉民族有"视死者如生人"、"事死如事生"的哲学理念,故入土时后人会给死者以金器、以马匹、以狩猎、以奴仆等。所以,宋慈明确要求,要检验"有甚不见被贼人偷去。"宋慈的记载,使我们了解了我国古代检验史,其中,发冢中"陪葬品"等清点、评估等类似"考古"的工作也是法医的检验内容。事实上,我国法医发展史与国外极为相似,比如英国的验尸官制度。英国的验尸官(Coroner)制度早期也有类似宋代发冢的检验职能。Coroner(验尸官)一词的原文来源于Crown(皇冠),意思是皇家的人与财产。验尸官制度产生于1194年的英格兰,验尸官的首要责任是调查非正常死亡事件或者存在疑点的死者身份、死因、死亡时间、财产没收等,调查、检验结束,将财产评估后充公,归还皇家。担任验尸官的人,必须是律师或者从业至少5年的医生。以前,验尸官可以通过问讯、调查决定犯罪嫌疑人的身份,移交正式的法庭接受审讯。但是,目前验尸官的职责只有"死因裁判"一项了。

(十五) 诬告检验

宋慈记载了各种诬告检验,包括仵作验尸受财妄验、桦木皮罨成痕假作他物痕、服毒诬人、贼草染骨、假作烧死、他勒假作缢死、假作溺死等。从《洗冤集录》记载可知,宋代法律规定检验与政绩挂钩,于是便形成诬告、检验、政绩三者关系。检验人员为提高绩效、避免受处罚或被罢黜，必须认识诬告和检验诬告，这就形成法律上的倒逼机制。这样一来，诬告、检验、政绩的内在压力，为提升检验水平凝聚动力。所以，我国古代为防止诬告导致检验水平的提高，促进了法医学的领先发展。换句话说，我国古代法医学领先西方是法律逼出来的。宋慈做了总结，因此被世人公认为世界法医学的奠基人。西方与我国不同，鉴定人不是官员而是由技术人员承担，形成了西方法医学发展。我们要从比较法医学角度出发，对中外法医发展史进行深层次研究，从而探讨不同路径、各具特色的中外法医发展史，挖掘对历史和现实的研究价值。

（十六）看验文化

《洗冤集录》中多次提到的"看验"，指让相关人员共同参与的检验文化。一是看验公开。如验妇人："若是处女，札四至讫，异出光明平稳处。先勒死人母亲及血属并邻妇二三人同看，验是与不是处女。"二是流程公开。宋慈说："凡到检所，唤死人骨属或地主，竞主，审问事因了，点数干系人及邻保，应是合于检状着字人齐足。先令札下硬四至，始同人吏向前看验。"从宋慈记载可知，案发后，检验官员、出发时限、检验地点、尸伤喝报、证人对质、尸亲签名等都公开进行。宋以后的元、明、清三朝，还按案件难易程度分为大事、中事、小事，规定办案时限。这些要求，即使当今也未必都能做到。三是报告公开。宋慈说："候检验讫，从实填写，一申州县，一付被害之家，一具日时字号入急递径申本司点检。"宋慈的做法，尽显公开特点，值得借鉴。四是医生参验。宋慈说："勾医人看验是与不是穴道。"说明"别医鉴定"在宋代已公开进行，而这里"看验"指针灸领域能有"看验"水平的医生。五是观看验尸。宋慈还说："顽囚多不伏于格目内凶身下填写姓名押字。其确然是实者，须勒令佥押于正行凶字下。"宋慈把嫌犯带到现场，与受害家属、官员、地保等一起参与观看，实际上类同现代开示证据的做法，表明宋慈在"呈堂供证"之前将证据让嫌犯先予知悉，同时起到知情和监督作用，迄今仍有价值。

（十七）底线思维

宋慈给检验工作划了底线，要求检验人员严格遵守。

1. 违制

宋代检验是官员的职责，也称"验官"。官员必须遵守"官员职制"，相当现在公务员条例。宋慈认为，报案过两个时辰不出发的、受案两个时辰不请官的、请官违法或受请违法而不言的、请官验尸的公文到来应当接受而不接受的、初验和覆验的官员相见及透露所检验的情况的，都要受到职制处罚。

2. 违法

一是检验不为。宋慈说："不定要害致死之因和定而不当"各以违制论。法律规定，所有参与具体办案的人员错判均负有连带责任。"诸同职犯公坐者，长官为一等，通判官为一等，判官为一等，主典为一等，各以所由为首。"二是检验受财枉法。宋慈说："诸监临主司受财枉法二十匹，无禄者二十五匹，绞。"宋慈认为，"诸行人因验尸受财，根据公人法。"三是检验受财不枉法。指官吏收受贿赂，没有为行贿人但作歪曲法律的处断。宋慈说："不如是，则私请行矣。假使验得甚实，吏或受赂，其事亦变。"检验不真实属"私下交易行为"，就算正确，官员接受了贿赂也属枉法裁判。四是错鉴致错案。宋慈说："诸尸虽经验，而系妄指他尸告论，致官司信凭推鞠，根据诬告法"宋慈认为，错误检验使人"出""入"，就是"捏造讼因"，制造新案件，官员要遭"反坐"。

3. 派官底线

宋慈说："诸验尸，州差司理参军、县差尉。县尉阙，以次差簿、丞。监当官皆阙者，县令前去。初官、右选、历未深，不适合检验，诸检覆之类应差官者，差无亲嫌干碍之人。""差无亲嫌干碍之人"有三层含义：检验之官和案件没有利害关系；检验之官对任何一方都不能有偏见；检验之官不能对案件存在先入为主的预断。

4. 免检规定

宋慈强调有法律规定才免检，即"制度免检"，禁止"私和免检"。宋慈说："同居缌麻以上亲，或异居大功以上亲至死所，而愿免者，听。若僧道有法眷，童行有本师，未死前在死所，而寺观主首保明各无他故者，亦免。其僧道虽无法眷，但有主首或徒众保明者，准此。"免除检验，可以节约司法资源，同时加快案件进展与结案。但免检是有底线的，只有"病死者"人证属实，才"听免检"。这一做法，对今天仍有价值。

二、小结

（一）历史视野

宋慈《洗冤集录》写于南宋，其"洗冤文化"主要体现的是当时的历史、法律和人文，因此，我们要用历史视野研究《洗冤集录》，正确评价宋慈。值得一提的是，提刑官不是单纯验尸。提刑官职责除了复核、审理州县的案件外，还包括剿匪、捕盗等，有时还监督征税和地方仓管。但宋慈毕生以法医检验为己任，并有《洗冤集录》问世。从这一点出发，我们为出现世界法医学奠基人宋慈及《洗冤集录》而感到庆幸！

（二）洗冤思想

宋慈"洗冤文化"的内核是"亲临验"以避免冤案，这就可以解释宋慈对洗冤、断狱、疑狱、冤狱的理解，对发冢、诬告、看验的重视和底线思维，这也是我们了解并研究宋慈的切入点。

（三）客观评价

宋慈的检验方法体现了13世纪的检验能力，但后人把宋慈神化了，变成"无所不能"的"神验"，或者相反，用现代新出现的技术去否定古代法医学，这些都是不对的。宋慈其实有两个，一个是人们心目中的宋慈，一个是真正的宋慈。前者，一如电视剧、小说里无所不能的宋慈，是神探、神验。后者，是我们今天学术界要研究的宋慈，是一个脚踏实地、认真办案的宋慈。古云："治史如断狱"，我们要像法官断案一样来研究历史，要用严谨、科学的态度来研究宋慈，还原一个"洗冤文化"背景下真实的宋慈。

（四）借鉴价值

宋慈的"洗冤文化"是包容、开放的。宋慈说："或有得于见闻及亲所历涉出于此集之外者，切望片纸录赐，以广未备，慈拜禀。"宋代检验制度以及宋慈对制度的理解和应用，对当今司法鉴定发展和制度设计都有借鉴价值。宋慈"洗冤泽物"的检验思想、"审之又审"证据思维和"独于狱案"的责任精神，都是后人学习的榜样。

DNA 实验室认证认可

袁　丽*

DNA 证据的客观准确离不开 DNA 鉴定实验室的质量管理和质量保证，相比于其它类别的鉴定，DNA 鉴定对实验室有更高的质量要求。为了保证实验室具备进行 DNA 鉴定所必需的质量管理和技术条件，国际社会普遍实行实验室认可制度。在我国，从事司法鉴定的实验室必须通过实验室的认证认可，这是《全国人大常委会关于司法鉴定管理问题的决定》(以下称 2.28 决定)和《中华人民共和国认证认可条例》对司法鉴定实验室的要求。我国司法鉴定机构认证认可制度包括资质认定和认可制度。距今，2.28 决定实施已有 11 年，我国司法鉴定实验室的认证认可工作正在逐步落实，但离 2.28 决定的要求仍有一定距离。近期资质认定的评审准则发生较大变化，实验室认可也颁布了系列新文件，本章对这些变化进行梳理，同时着重介绍法医 DNA 实验室认可及能力验证。

一、实验室认证认可工作概述

认证认可是实验室质量管理和质量保证的重要手段。从 2.28 决定的法律层面看，开展司法鉴定业务的实验室需要通过资质认定或实验实认可，前者是由政府主管部门针对检验检测机构开展的资质认定活动，而后

---

　*　作者单位：2011 计划司法文明协同创新中心，证据科学教育部重点实验室（中国政法大学）。

者是由政府授权中国合格评定国家认可委员会开展的实验室认可工作。司法鉴定机构要根据认证认可的要求，建立质量管理体系，对影响鉴定质量的所有因素进行全过程、全方位的有效控制和管理，确保司法鉴定"行为公正、程序规范、方法科学、数据准确、结论可靠"，为司法活动的顺利进行提供技术保障和专业化服务[1]。

二、资质认定

（一）资质认定的溯源

实验室的资质认定工作最早可以追溯到 1986 年 9 月 6 日发布的《中华人民共和国计量法》及 1987 年 2 月 1 日发布的《中华人民共和国计量法实施细则》，计量法实施细则的第 32 条要求："为社会提供公证数据的产品质量检验机构，必须经省级以上人民政府计量行政部门计量认证。" 2003 年 8 月 20 日国务院第 18 次常务会议通过《中华人民共和国认证认可条例》，其第 16 条规定，"向社会出具具有证明作用的数据和结果的检查机构、实验室，应当具备有关法律、行政法规规定的基本条件和能力，并依法经认定后，方可从事相应活动，认定结果由国务院认证认可监督管理部门公布"。该条例并对认证认可进行了定义："所称认证，是指由认证机构证明产品、服务、管理体系符合相关技术规范、相关技术规范的强制性要求或者标准的合格评定活动。所称认可，是指由认可机构对认证机构、检查机构、实验室以及从事评审、审核等认证活动人员的能力和执业资格，予以承认的合格评定活动。"

国家质量监督检验检疫总局 2005 年 12 月 31 日审议通过《实验室和检查机构资质认定管理办法》（质检总局令第 86 号），指出资质认定的形式包括计量认证和审查认可，并对计量认证定义为："是指国家认监委和地方质检部门依据有关法律、行政法规的规定，对为社会提供公证数据的产品质量检验机构的计量检定、测试设备的工作性能、工作环境和人员的操作技能和保证量值统一、准确的措施及检测数据公正可靠的质量体系能力进行的考核"。该管理办法第 7 条中规定应当通过资质认定的机构包括为司法机关作出的裁决提供具有证明作用的数据和结果的机构，首次明确

---

[1] 肖良等："中国实验室和检查机构认证认可概述"，载《中国司法鉴定》2008 年第 5 期。

要求司法鉴定机构应当通过实验室的资质认定。司法鉴定机构在 2015 年 8 月 1 日之前进行资质认定的，其评审依据为《实验室和检查机构资质认定管理办法》（质检总局令第 86 号）《实验室资质认定评审准则》和《司法鉴定机构资质认定评审准则》。

（二）资质认定工作现行依据

2015 年 3 月，国家质量监督检验检疫总局发布了《检验检测机构资质认定管理办法》（质检总局令第 163 号），替代了质检总局令第 86 号，成为 2015 年 8 月 1 日之后新的资质认定管理办法。新管理办法将第 86 号令中的实验室和检查机构统称为检验检测机构，并指出后者是依法成立，依据相关标准或者技术规范，利用仪器设备、环境设施等技术条件和专业技能，对产品或者法律法规规定的特定对象进行检验检测的专业技术组织。

资质认定是国家认证认可监督管理委员会和省级质量技术监督部门依据有关法律法规和标准、技术规范的规定，对检验检测机构的基本条件和技术能力是否符合法定要求实施的评价许可。检验检测机构的资质认定被列为行政许可项目。资质认定包括检验检测机构计量认证，为司法机关作出的裁决出具具有证明作用的数据、结果的检验检测机构，应当取得资质认定。

资质认定的实施主体分两级：一是国务院有关部门以及相关行业主管部门依法成立的检验检测机构，其资质认定由国家认监委负责组织实施；二是其他检验检测机构的资质认定，由其所在行政区域的省级资质认定部门负责组织实施。

资质认定只针对国内实验室，检测报告只在国内有效。

检验检测机构资质认定标志，由 China Inspection Body and Laboratory Mandatory Approval 的英文缩写 CMA 形成的图案和资质认定证书编号组成。式样如下：

XXXXXXXXXXXX

图 1　资质认定 CMA 标志

新管理办法修改资质认定证书有效期为 6 年。为实施第 163 号令的相关要求开展检验检测机构资质认定评审，国家认监委制定了《检验检测机构资质认定评审准则》，并在此基础上，针对不同行业和领域检验检测机构的特殊性，制定和发布评审补充要求，补充要求和评审准则一并作为评审依据，见表1。需注意的是，资质认定将从事鉴定的机构区分为司法鉴定机构和刑事技术机构，根据不同部门的鉴定管理要求和特点，分别制定了评审补充要求，成为各自领域鉴定机构资质认定的评审依据。对二者进行比较，发现其在关键技术方面差异不大，区别主要集中于不同的鉴定管理要求上，见表2。

表1 鉴定机构资质认定文件

文件名称	作用	发布及实施日期
《检验检测机构资质认定管理办法》	规范检验检测机构资质认定工作，加强对检验检测机构的监督管理	2015年8月1日施行，同时2006年2月21日发布的《实验室和检查机构资质认定管理办法》废止
《检验检测机构资质认定评审准则》	检验检测机构开展资质认定的评审准则	2016年1月1日实施
《检验检测机构资质认定 司法鉴定机构评审补充要求》	是在评审准则的基础上，针对司法鉴定机构的评审补充要求。对司法鉴定机构资质认定的评审应予以执行	2016年1月1日实施
《检验检测机构资质认定 刑事技术机构评审补充要求》	是在评审准则的基础上，针对刑事技术机构的评审补充要求。对刑事技术机构的资质认定评审应予以执行	2016年1月1日实施

表2 资质认定评审补充要求的区别

文件名称	《检验检测机构资质认定司法鉴定机构评审补充要求》	《检验检测机构资质认定刑事技术机构评审补充要求》
对鉴定机构基本要求	应满足《全国人大常委会关于司法鉴定管理问题的决定》、《司法鉴定程序通则》、《司法鉴定机构登记管理办法》、《司法鉴定人登记管理办法》、《司法鉴定文书规范》、《司法鉴定教育培训规定》和《司法鉴定机构仪器设备配置标准》等要求	应遵守《全国人民代表大会常务委员会关于司法鉴定管理问题的决定》、《公安机关鉴定机构登记管理办法》、《公安机关鉴定人登记管理办法》等相关规定

文件名称	《检验检测机构资质认定司法鉴定机构评审补充要求》	《检验检测机构资质认定刑事技术机构评审补充要求》
鉴定机构执业条件	经过省级司法行政机关审核登记并取得《司法鉴定许可证》	应当持有设立机构的批件和省级以上公安行政机关颁发的《鉴定机构资格证书》
鉴定保险	应有保险或风险储备金，保证能承担鉴定活动产生的责任风险	无
独立性要求	应当独立对外开展业务活动	应当具有保证依法、客观、公正和独立地从事鉴定业务的法律地位。非独立设立的刑事技术机构需要经所属法人授权，能独立承担第三方公正鉴定，独立对外行文和开展鉴定活动
鉴定人执业条件	应持有《司法鉴定人执业证书》，司法鉴定人只能在一个机构执业	依法经公安机关鉴定人登记管理机构审核登记，并取得《鉴定人资格证书》
回避制度	司法鉴定机构和鉴定人应依法回避	无
教育培训	按照司法鉴定教育的培训的规定	适宜培训的要求，依据不同类别人员进行针对性培训
授权签字人与鉴定人的关系	未提及	鉴定文书应当经授权签字人签发，签发的授权签字人可以是鉴定人之一
能力验证及内部质量控制	在补充要求中未见单独条文	刑事技术机构应当制订外部和内部质量控制计划。应当按要求参加公安行政管理机关组织的能力验证活动。对于无法参加能力验证的鉴定对象，一个资质认定周期内至少进行一次实验室间比对。内部质量控制活动应当根据专业特点、规范要求、技术风险、人员能力以及所进行工作的类型和数量，确定质量控制的具体方式、实施频次（常规或定期）和控制要求，并文件化

文件名称	《检验检测机构资质认定司法鉴定机构评审补充要求》	《检验检测机构资质认定刑事技术机构评审补充要求》
仪器配置要求	应当按照司法行政机关规定的仪器配置要求，配备鉴定所需仪器设备和标准物质	应当按照公安行政机关规定的仪器配备要求，配备满足于鉴定工作需要的仪器设备和标准物质
鉴定结果形式	应当按照司法行政机关规定的要求和程序，按时出具司法鉴定文书，并保证其准确、客观、真实	应当按照公安行政机关规定的要求和程序，及时出具鉴定文书。刑事技术文书的格式应当遵守公安行政管理机关的相关规范

三、实验室认可

实验室认可是由权威机构对检测/校准实验室及其人员有能力进行指定类型的检测/校准作出一种正式承认的程序。此处，实验室不再是指传统意义上的进行实验的场所，而是指从事检测、校准和/或鉴定活动的机构，它既包括完成检测/校准工作的实验场所及人员，也包括维护实验室正常运行的组织、管理结构和机制。[1]实验室认可的作用和意义在于：表明具备开展检测和校准服务的技术能力，保证实验室校准/检测的科学公正、客观准确，赢得政府部门和社会各界的信任，获得国际承认，提高实验室的知名度。实验室认可必须建立完善的实验室质量管理体系，规范各项管理程序和技术程序。

（一）实验室认可的溯源和发展

1. 国际实验室认可溯源

实验室认可最早可追溯到 20 世纪 40 年代，澳大利亚建立了世界上第一个国家实验室认可体系，并成立了认可机构——澳大利亚国家检测机构协会（NATA）。60 年代，英国也建立了实验室认可机构，从而带动了欧洲各国实验室建立认可机构。70 年代，美国、新西兰和法国等国家也开展了实验室认可活动。80 年代，实验室认可发展到东南亚，新加坡等国家建立了实验室认可机构。90 年代，我国也加入了实验室认可行列。

随着各国实验室认可机构的建立，出现了区域性的实验室认可合作组

---

[1] 花锋、冯小兵："实验室认可概述"，载《刑事技术》2002 年第 5 期。

织。最早的区域组织是 70 年代初在欧洲成立的，经过不断发展，目前国际上已成立了四大与实验室认可有关的区域组织：亚太实验室认可合作组织（APLAC）、欧洲认可合作组织（EA）、中美洲认可合作组织（IAAC）和南部非洲认可发展合作组织（SADCA）。为了推进国际范围内实验室认可活动的合作与互认，各组织于 1977 年在丹麦哥本哈根召开了国际实验室认可大会（International Laboratory Ac‑creditation Conference，简称 ILAC），以会议的方式进行运作。1996 年，ILAC 运作转变成一个实体，即国际实验室认可合作组织（International Laboratory Accreditation Coopera-tion，亦简称 ILAC）。

2000 年，为了提高对实验室出具的检测和校准结果的接受程度，ILAC 共有来自于全球 28 个经济体的 36 个实验室认可机构的正式会员在华盛顿特区签署了一份多边互认协议，即 ILAC 协议，该协议于 2001 年 1 月 31 日正式生效，并于 2012 年 10 月扩大范围，将检查机构的认可也纳入其中。ILAC 多边互认协议签约方根据 ISO/IEC 17011 现行有效版本规定的准则运作，并遵守 ILAC 应用文件的相关补充要求。之后，越来越多的实验室认可机构加入，截至 2016 年 2 月 23 日，已有来自于全球 86 个经济体的 89 个实验室认可机构签署协议。[1]ILAC 多边承认协议（MRA）作用就是通过建立相互同行评审制度，形成国际多边互认机制，并通过多边协议促进对认可的实验室结果的利用，从而减少技术壁垒，从而最终实现产品"一次检测、全球承认"的目标[2]。

为了实验室认可的实施，世界上的许多国家、区域和国际实验室认可机构一直在不断地建立、修改和完善各自的实验室认可规则，其中包括国际标准化组织（ISO）和国际电工委员会（IEC）于 1999 年 12 月 15 日正式发布的关于实验室认可的国际标准《检测和校准实验室能力的通用要求》（ISO/IEC 17025）。随着国际化趋势的加强，各实验室认可机构逐步停止受理依据自制标准进行认可，转而采用国际标准。目前，对校准和检测实验室普遍采用或等同采用《检测和校准实验室能力通用要求》（ISO/IEC 17025），对检查机构采用《检查机构认可准则》（ISO/IEC 17020），

---

〔1〕 参见 http://ilac. org/about-ilac/facts-and-figures/，最后访问时间：2016 年 3 月 19 日。

〔2〕 参见 https://www.cnas. org. cn/gjhr/gjzz/ilac/11/703597. shtml，最后访问时间：2016 年 3 月 19 日。

这两个标准已经成为指导各国实验室和检查机构认可工作和评估各类实验室工作质量的最基本文件。

由于《检测和校准实验室能力通用要求》（ISO/IEC 17025）是针对各类实验室能力的通用要求，而法庭科学的司法鉴定主要是提供司法鉴定意见，通过实验室检测获得的产品是为侦查、起诉和审判服务，显而具有法律的严肃性。因此，为了实现司法公正，提升鉴定意见的证明力，提供优质的法庭科学服务，在开展法庭科学实验室认可活动中必然要提出一系列不同于一般实验室认可的要求。国际实验室认可合作组织（ILAC）和部分发达国家的认可组织先后制定了针对法庭科学实验室认可活动的工作指南或标准，从组织、人员、方法确认、记录控制、设备控制、实验室设施与环境条件、证据流转和质量保证等认可要素方面提出了新的或更加严格的标准。比如：ILAC 于 2002 年发布实施了《法庭科学实验室认可工作指南》（ILAC-G19）；加拿大标准理事会（SCC）于 2005 年发布实施了《法庭科学检测实验室认可指南》（CAN-P-1578）；NATA 于 2002 年发布实施了《法庭科学领域认可补充要求》；美国犯罪实验室主任协会/实验室认可委员会（ASCLD/LAB）于 2011 年发布实施《法庭科学检测实验室认可补充要求》；荷兰认可组织（RVA）于 1993 年发布实施《法庭科学分析实验室认可特殊标准》。这些特殊补充要求/标准发布实施后经过了补充、完善，部分又有了新的版本。[1][2]

由于法庭科学实验室的学科跨度较大，通用标准和补充要求/标准不能满足质量控制的差异化要求，因此，一些国家和国际上的认可组织在具体的法庭科学领域对质量控制的要求作出了更加细致的要求。如：SCC 以 CAN-P-1578 附录的形式颁布了生物学检测和加拿大国家 DNA 数据库、NATA 制定了 DNA 检验分析应用说明等。[3]

2. 我国实验室认可的发展

1994 年 10 月，原国家质量技术监督局批准成立了中国实验室国家认可委员会（CNACL），先后发布了《实验室认可管理办法》《实验室认可准则》《实验室认可程序》等一系列规范性文件，开始建立与国际接轨的

〔1〕 花锋、冯小兵："实验室认可概述"，载《刑事技术》2002 年第 5 期。
〔2〕 花锋："论法庭科学实验室认可的特殊要求"，载《刑事技术》2007 年第 5 期。
〔3〕 刘烁等："法庭科学实验室质量控制研究综述"，载《刑事技术》2013 年第 2 期。

实验室认可体系。

1996 年 9 月，包括 CNACL 和原中国国家进出口商品检验实验室认可委员会（CCIBLAC）在内的 44 个实验室认可机构签署了正式成立国际实验室认可合作组织（ILAC）的谅解备忘录（MOU），成为 ILAC 的第一批正式全权成员。

1999 年 12 月 3 日，CNACL 与亚太实验室认可合作组织（APLAC）签署了多边互认协议（APLAC-MRA）。

2000 年 11 月和 2001 年 11 月，原 CNACL 和 CCIBLAC 分别签署了 ILAC 多边互认协议（MRA）。

2002 年 7 月 4 日，中国国家出入境检验检疫实验室认可委员会（CCI-BLAC）和 CNACL 经改革、合并为中国实验室国家认可委员会（CNAL）。

2003 年 2 月，CNAL 续签了 ILAC 多边互认协议（MRA），并于 2005 年 1 月获得了 ILAC 批准使用 ILAC-MRA 国际互认标志的许可，这表明经过 CNAL 认可的检测实验室出具检测报告使用 CNAL 标志的同时也可使用 ILAC-MRA 标志。

2006 年 3 月 31 日，CNAL 和中国认证机构国家认可委员会（英文缩写：CNAB）合并成立中国合格评定国家认可委员会（China National Accreditation Service for Conformity Assessment，简称 CNAS）。CNAS 是我国目前唯一的实验室认可机构，是根据《中华人民共和国认证认可条例》的规定，由国家认证认可监督管理委员会（CNCA）批准设立并授权的国家认可机构，统一负责对认证机构、实验室和检验机构等相关机构的认可工作。在国际方面，CNAS 现已取代 CNAL，代表我国参加了 ILAC 以及 APLAC，并与其成员签订了检测结果互认协议。获得 CNAS 认可的实验室出具的检验报告可以获得签署互认协议方国家和地区认可机构的承认。

（二）法医物证 DNA 实验室认可流程

申请实验室认可的机构应在遵守国家的法律法规、诚实守信的前提下，自愿地申请认可。CNAS 将对申请人申请的认可范围，依据有关认可准则等要求，实施评审并作出认可决定。申请人必须满足下列条件方可获得认可：①具有明确的法律地位，具备承担法律责任的能力；②符合 CNAS 颁布的认可准则和相关要求；③遵守 CNAS 认可规范文件的有关规定，履行相关义务。实验室认可大致流程见下图 2。

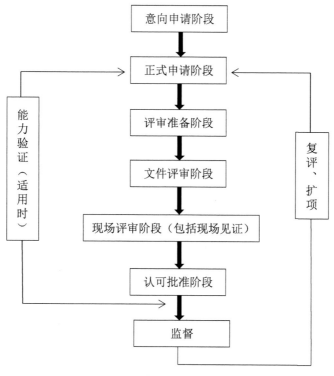

图 2　实验室认可流程

结合 2015 年 6 月 1 日实施的 CNAS-GL01《实验室认可指南》，归纳法医物证 DNA 实验室申请和进行实验室认可的基本步骤有：

第一步，建立管理体系并运行。DNA 实验室适用于 CNAS-CL08《司法鉴定/法庭科学机构能力认可准则》，并且同时满足其在 DNA 领域应用说明 CNAS-CL28《司法鉴定/法庭科学机构能力认可准则在法医物证 DNA 鉴定领域的应用说明》以及其他的相关要求（如：CNAS-R01、CNAS-GL36、CNAS-AL14 等）。建立管理体系，并正式、有效运行 6 个月后，进行覆盖管理体系全范围和全部要素的内审和管理评审。

第二步，提交申请。按要求提交认可申请书及相关资料，并交纳申请费 500 元。

第三步，受理决定。CNAS 秘书处收到申请资料并确认交纳申请费后，首先确认申请资料的齐全性和完整性，然后审核申请资料，确认是否满足申请受理要求，做出是否受理的决定，必要时安排初访。

第四步，文件评审。CNAS 秘书处安排评审组长对实验室的申请资料进行全面审查，确定是否安排现场评审。在文件评审中，评审组长发现文件不符合要求时，CNAS 秘书处或评审组长会以书面方式通知实验室进行纠正，必要时采取纠正措施。评审组长进行资料审查后，向 CNAS 秘书处提出建议：实施预评审、实施现场评审、暂缓实施现场评审、不实施现场评审或者直接对申请事项予以认可。

第五步，现场评审。基本经过有：组建评审组，告知实验室评审员信息及现场评审时间，实验室书面确认，CNAS 秘书处发出评审通知，评审组负责制订现场评审日程，首次会议，评审组针对实验室申请认可的技术能力进行逐项确认，根据申请范围安排现场试验，方法验证，考核授权签字人，评审组在现场评审结束时开出不符合项，末次会议结束现场评审。现场评审时需注意：①对于多场所实验室，现场评审必须覆盖到所有场所；②如果使用租用设备进行检测或校准活动并申请认可，CNAS 要求实验室要租用设备的管理纳入实验室的管理体系，并且在本次认可周期内有完全支配使用权；③现场评审结论仅是评审组向 CNAS 的推荐意见，由评定委员会"做出有关是否批准、扩大、缩小、暂停、撤销认可资格的决定意见"。

第六步，整改验收。对于评审中发现的不符合，实验室要及时采取纠正措施，一般情况下，CNAS 要求实验室实施整改的期限是：①初次评审、扩大认可范围（不包括监督+扩项、复评+扩项）评审：3 个月完成；②监督评审（含监督+扩项评审）、复评审（含复评+扩项评审）：2 个月完成，但对涉及技术能力的不符合，要求在 1 个月内完成。评审组对实验室提交的书面整改材料不满意的，也会再进行现场核查。

第七步，批准发证。由评定委员会做出批准认可的决定。CNAS 秘书处向获准认可实验室颁发认可证书以及认可决定通知书，并在 CNAS 网站公布相关认可信息。实验室可在 CNAS 网站"获认可机构名录"中查询。

第八步，后续工作。①监督评审。为了证实获准认可实验室在认可有效期内能够持续地符合认可要求，CNAS 会对获准认可实验室安排定期监督评审。一般情况下，一个认可周期内会安排 1 次定期监督评审（在实验室获得认可后的 12 个月内），并根据实验室的具体情况，安排不定期监督评审。②实验室如果要持续获得 CNAS 认可，就需要在认可证书到期前（境内实验室提前 6 个月，境外实验室提前 9 个月）提交复评申请，申请程序和受理要求与初次申请相同。③扩大认可范围。实验室获得认可后，可根据自身业务的需要，随时提出扩大认可申请，申请的程序和受理要求与初次申请相同，但在填写认可申请书时，可仅填写扩大认可范围的内容。④认可变更。实验室获得认可后，有可能会发生实验室名称、地址、组织机构、技术能力（如主要人员、认可方法、设备、环境等）等变化的情况，这些变化需要实验室提交变更申请，CNAS安排的变更确认也可与定期监督评审或复评审合并进行。实验室如要缩小认可范围或不再保留认可资格，要向CNAS秘书处提交书面申请，并明确缩小认可的范围。在认可有效期内，实验室如不能持续符合认可要求，CNAS将对实验室采取暂停或撤销认可的处理。

（三）法医DNA实验室认可相关CNAS文件

法医DNA实验室认可相关CNAS文件见表3。

表3　法医物证鉴定领域主要的CNAS文件

名称	作用	发布及实施日期
CNAS-CL01《检测和校准实验室能力认可准则（ISO/IEC17025：2005）》	规定了实验室进行检测和/或校准的能力（包括抽样能力）的通用要求	2006年6月1日发布，2015年6月1日修订并实施
CNAS-CL08《司法鉴定/法庭科学机构能力认可准则》	适用于司法鉴定/法庭科学领域的鉴定机构为证明其按管理体系运行、具有技术能力并能提供正确的鉴定结果所必须满足的要求	2013年8月26日发布，2015年6月1日修订并实施
CNAS-CL28《司法鉴定/法庭科学机构能力认可准则在法医物证DNA鉴定领域的应用说明》	是CNAS根据该领域特性而对CNAS-CL08：2013《司法鉴定/法庭科学机构能力认可准则》在法医物证DNA鉴定领域所做的进一步说明	2014年4月1日发布，2015年6月1日修订并实施
CNAS-GL36《司法鉴定/法庭科学鉴定过程的质量控制》	规定了司法鉴定/法庭科学鉴定过程的质量控制要求，旨在指导司法鉴定/法庭科学鉴定过程的质量控制活动。但不包括司法鉴定/法庭科学各个领域的特殊要求	2014年11月20日发布，2015年6月1日修订并实施

名称	作用	发布及实施日期
CNAS-AL13《司法鉴定/法庭科学机构认可领域分类》	明确了司法鉴定/法庭科学机构认可领域分类	2015 年 6 月 1 日发布和实施
CNAS-AL14《司法鉴定/法庭科学机构认可仪器配置要求》	明确了司法鉴定/法庭科学机构认可仪器配置要求	2015 年 6 月 1 日发布和实施

CNAS-CL01《检测和校准实验室能力认可准则（ISO/IEC17025：2005）》等同采用国际标准 ISO/IEC 17025：2005《检测和校准实验室能力的通用要求》，并包含了 ISO 9001 中与实验室管理体系所覆盖的检测和校准服务有关的所有要求。CNAS-CL08《司法鉴定/法庭科学机构能力认可准则》覆盖了 ISO/IEC 17025：2005 所有的管理要求和技术要求，同时采用了 ISO/IEC 17020：2012 "检查机构能力认可准则" 和 ILAC-G19 "法庭科学机构认可指南" 的部分内容，是作为对司法鉴定/法庭科学领域的鉴定机构能力进行认可的基础。CNAS-CL28《司法鉴定/法庭科学机构能力认可准则在法医物证 DNA 鉴定领域的应用说明》是 CNAS 根据法医物证 DNA 鉴定领域特性而对 CNAS-CL08 所做的进一步说明，需与后者同时使用。

CNAS-AL13《司法鉴定/法庭科学机构认可领域分类》明确了法医物证 DNA 鉴定可以申请认可的生物物证种类，包括血液（斑）、精液（斑）、唾液（斑）、组织/器官（含毛囊、牙髓）、毛干、牙齿和骨骼。申请认可的具体项目包括人类血（斑）种属试验、人类精液（斑）种属试验、常染色体 STR 及性别检测、Y 染色体 STR 检测、X 染色体 STR 检测和线粒体 DNA 检测。CNAS-AL13 对 DNA 鉴定申请认可的范围做了限定，限于个人识别、三联体或二联体的亲子鉴定，超出这些检验目的则不在允许申请认可的范畴。

CNAS-AL14《司法鉴定/法庭科学机构认可仪器配置要求》对法医物证 DNA 鉴定实验室的功能分布和仪器配置提出了要求，见表4。

表4 法医物证 DNA 实验室功能分布和仪器配置要求

项目	仪器配置	单位	配置	备注
基本要求	功能实验室：			法医物证鉴定的各功能实验室必须分区设置，且满足单向流程要求。 ＊从事个体识别的实验室必须配备预检室。
	采样室	间	必备	
	样品储存室（柜）	间（柜）	必备	
	预检室	间	必备	
	DNA 提取室（常规）	间	必备	
	DNA 提取室（微量）	间	选配＊	
	PCR 扩增室	间	必备	
	PCR 产物分析室	间	必备	
	基本设备：			＊不同区域必须分别配备移液器。 ＊＊从事个体识别的实验室所必备。
	移液器	套	必备＊	
	离心机（1000~10000rpm）	台	必备	
	离心机（10000rpm 以上）	台	必备	
	纯水仪	台	必备	
	振荡器	台	必备	
	恒温器	台	必备	
	灭菌设备	台	必备	
	冰箱	台	必备	
	紫外灯	台	必备	
	超净工作台	台	必备	
	分析天平（1mg）	台	必备	
	PCR 扩增仪	台	必备	
	遗传分析仪	台	必备	
	生物安全柜	台	选配＊＊	
	骨、牙 DNA 提取工具	套	选配	
	冷冻研磨机	台	选配	
	生物显微镜	台	选配	
	烘箱	台	选配	
	实时定量 PCR 仪	台	选配	
	核酸蛋白测定仪	台	选配	
人类血（斑）种属试验	人类血（斑）种属检验试剂	套	必备	
人类精液（斑）种属试验	人类精液（斑）种属检验试剂	套	必备	
常染色体 STR 及性别检测	常染色体 STR 检测试剂盒	套	必备	个体识别：累积个体识别能力应大于 0.999999999。

项目	仪器配置	单位	配置	备注
				亲权鉴定：累积非父排除率应大于 0.9999。必须配置 2 家公司的常染色体 STR 检测试剂盒（出现可疑结果，排除试剂原因）。
Y 染色体 STR 检测	Y 染色体 STR 检测试剂盒	套	选配	亲权鉴定（二联体）为必备
X 染色体 STR 检测	X 染色体 STR 检测试剂盒	套	选配	亲权鉴定（二联体）为必备
线粒体 DNA 检测	线粒体 DNA 测序试剂盒	套	选配	毛干、牙齿、骨骼检测项目为必备

根据 CNAS-R01《认可标识使用和认可状态声明规则》，CNAS 是国际实验室认可合作组织（ILAC）多边承认协议（MRA）成员，并与 ILAC 签署了《ILAC-MRA 国际互认标识许可协议》，CNAS 拥有 ILAC-MRA 联合徽标使用权，可以在规定的范围内使用 ILAC-MRA 标识。ILAC-MRA/CNAS 标识由 ILAC-MRA 国际互认标志和 CNAS 认可标识并列组成，检测实验室旧版和新版认可标识分别见图 3 和图 4。

图 3　ILAC-MRA/CNAS 2006 版检测机构联合标识

图 4　ILAC-MRA/CNAS 2015 版检测机构联合标识

实验室认可证书有效期一般为 3 年。

四、我国法医物证实验室认证认可现状

根据 2.28 决定，法人或其他组织申请从事司法鉴定业务的，应当有在业务范围内进行司法鉴定所必需的、依法通过计量认证或者实验室认可的检测实验室。当前，我国各地实验室认证认可情况不容乐观，经济发达地区、试点地区通过率高，但经济落后地区认证认可工作进展缓慢，甚至推动不下去，至 2015 年底通过认证认可的实验室不到三分之一。

司法鉴定机构可选择资质认定或实验室认可（即二选一），或二者都参加评审（二合一）。很多从业人员根据《检验检测机构资质认定管理办法》中的第 3 条，认为资质认定是我国的行政许可项目，是强制性的。但也有一部分从业人员认为 2.28 决定是由全国人民代表大会常务委员会通过的，它的效力要高于部门的行政规定，遵循 2.28 决定的要求，我国司法鉴定机构的实验室可以进行资质认定或者实验室认可，法律上没有强制要求必须通过资质认定。故而，现阶段有的司法鉴定机构参加实验室认可，有的参加资质认定，也有两者都通过，但有一种趋势，公安机关内部实验室为侦查服务，除部级、省厅级外，大多数地市级实验室只通过省级资质认定，而在司法局登记注册的司法鉴定机构，为了使鉴定文书能够国际互认，较多的是通过实验室认可。

资质认定和实验室认可之间虽然评审依据不同，但在本质上没有太大差异，评审流程也基本相同，都是参考或等同采用国际标准 ISO/IEC 17025、ISO/IEC17020，只是相比较而言，前者更容易通过，总体费用要较后者少，并且证书有效期长。对于法医物证鉴定机构而言，资质认定评审依据的是规范司法鉴定执业活动的通用要求，而实验室认可在法医物证 DNA 鉴定领域出台了进一步的说明，对管理要素和"人、机、料、法、环、测"有更为细致的条款。"法无禁止即可为"，如无明确条款限制、禁止或要求，在实验室评审或日后的证据质证中则不能判断鉴定行为在该环节存在不符合或违规之处。此外，资质认定分为国家级和省级评审，通过省级和国家级司法鉴定机构虽然在法律面前的地位没有高低之分，但在实际操作中，省级评审员在评审中掌握的严格尺度是否能和国家级评审一样，以及评审过程中是否受到省内同行的人情干扰，这些都是影响资质认定质量的潜在因素。

表5 资质认定和实验室认可的主要区别

项目	资质认定	实验室认可
受理部门	国家级——国家认监委 省级——各省资质认定部门	CNAS
依据标准	《检验检测机构资质认定评审准则》《检验检测机构资质认定 司法鉴定机构评审补充要求》或《检验检测机构资质认定 刑事技术机构评审补充要求》	CNAS-CL01：2006，CNAS-CL08：2015，CNAS-CL28：2015
原则	法定	自愿
证书使用范围	限国内	国际互认，通用标准
周期	6 年	3 年
费用	行政许可，免费	申请费 500，现场评审费按照评审人×日数×单人日费用收取

五、法医物证鉴定机构认证认可工作的发展及展望

证据是实现司法公正的基石，鉴定意见的准确可靠有赖于司法鉴定标准化体系向着规范化、科学化的方向发展，法医物证鉴定标准化文件也必将会得到不断充实、完善和推广。针对当前法医物证领域标准化工作中存在的问题，本文提出一些思路以供探讨。

（一）稳步推进实验室认证认可工作

面对我国各地实验室认证认可处于缓慢进展的情况，公安部和国家认证认可监督管理委员会于 2015 年联合下发《关于开展全国公安机关刑事技术机构资质认定工作的通知》，并且国家认监委授权公安部刑侦局成立"国家资质认定公安机关刑事技术评审组"，承担国家级资质认定技术评审工作，具体负责省级以上及省会、计划单列市公安机关刑事技术机构评审，并要求于 2015 年年底前完成。各省级质量技术监督部门负责行政区域内其他刑事技术机构资质认定工作，将于 2018 年底完成。随着公安机关大力推进刑事技术机构的认证评审，各地司法局也应顺势加强本区域的社会司法鉴定机构的认证认可工作。开展实验室认证认可，是司法鉴定的一项重要基础性工作，是达到 2.28 决定的基本要求，也是加强司法鉴定管理、提升鉴定公信力的重要措施。在 2018 年之后，我国可以真正实施

司法鉴定意见的严格采纳制度，没有通过认证或认可的法医物证实验室出具的 DNA 鉴定意见将不被法庭采纳。

（二）逐步统一对实验室的质量要求

加强国家级和省级资质认定评审员继续教育，掌握好司法鉴定机构和刑事技术机构、省级和国家级的资质评定依据，做到省级资质评定不降低门槛和条件。由于资质认定没有针对法医物证鉴定提出评审细则，评审员应认真学习，深刻领会资质评定评审准则总则和补充要求条款，与法医物证鉴定实际相结合，掌握好法医物证 DNA 实验室认证的具体管理和技术要求。

（三）鼓励从事法医物证鉴定实验室通过实验室认可

法医物证鉴定主要解决个人识别和亲子鉴定，此鉴定意见在涉外刑事案件侦破、涉外遗产继承、留学和移民中非常重要。在受理法医物证案件时并不能完全预知该鉴定意见今后的用途，如果鉴定机构未通过实验室认可，鉴定意见不能被国外接受，会给当事人带来一定的损失。而重新鉴定会受多种因素影响，如法医物证鉴定对检材的要求较高，如果检材模板量不足或保存不当，或者当事人死亡、失踪，则丧失了重新鉴定的条件，损失无法弥补，故而鼓励从事法医物证鉴定的实验室通过实验室认可，以获得签署互认协议方国家和地区认可机构的承认。

但是，对于法医物证 DNA 实验室来说，进行实验室认可负担较重。实验室认可证书有效期一般为 3 年，获准认可实验室在认可批准后的 12 个月内还要接受 CNAS 安排的定期监督评审，并在认可有效期到期前 6 个月向 CNAS 秘书处提出复评审申请，进行复评审。为了与检验检测机构行政许可有效期协调一致，切实减轻合格评定实验室的负担，把更多的时间、精力和经费放在案件中，建议延长实验室认可证书的有效期，从而延长监督评审、复评审的周期。对取得 CNAS 认可的实验室，在申请资质认定时，应简化相应的资质认定程序，避免不必要的重复评审。

（四）加大技术能力审查力度

首先，重视能力验证[1]，向社会公开能力验证结果。司法部司法鉴

---

〔1〕 能力验证（ProficiencyTesting）是利用实验室间比对来判定实验室和检查机构能力的活动，也是认可机构加入和维持国际相互承认协议（MRA）的必要条件之一。能力验证有多种组织方式，最主要的方式是多个实验室参加并根据各实验室检测结果比对来判定实验室能力。

定科学技术研究所是 CNAS 认可的能力验证提供者，司法鉴定机构均可以申请参加能力验证，每年公布满意率、通过率、不通过率。公安机关司法鉴定机构数量和办案量在我国司法鉴定系统中占主导地位，这些实验室一般参加公安部组织的盲测，2015 年底公安部也成为 CNAS 的能力验证提供者，今后公安司法鉴定机构的能力验证将更加规范。重视能力验证，防止和打击实验室之间私下串通结果，适当面向社会公开能力验证结果，做好这些工作，可以大幅提升实验室的管理水平和鉴定能力。[1]其次，在现场评审中，评审员看的案件是由实验室事先准备好的，是其中具有代表性的，实验室已对该案件各环节进行了完善，能一定程度反映实验室的最强实力，但对整体性反映不够，建议部分案件由评审员随机抽查，两者结合将更接近实验室的真实鉴定水平。

（五）加大行业协会的监管及司法行政部门的处罚力度

由于司法行政部门所行使的职能较多，难以包揽一切，需要司法鉴定行业协会承担一部分行业管理职能，比如对司法鉴定机构和鉴定人的职业道德和执业纪律进行监督检查以及奖惩，组织会员进行继续教育和培训，充分给予司法鉴定行业协会自主权，实时组织行业内部自查自纠等自律行为。司法鉴定行业协会自律行为是指由司法鉴定行业协会发起或组织的，以规则、标准、协议或决议等形式对本行业鉴定机构和鉴定人的执业行为和市场结构进行规范和约束的自我管制行为，它是在法律框架的空隙中建立起来的行为规范和运行规则，这种自我约束和限制，终目的是维护本行业的整体利益。[2]司法鉴定行业协会可以组织专家协助司法行政机关实施监督管理，定期组织实验室质量抽查，如果发现鉴定机构有严重违反实验室管理规定的，建议司法行政部门对其进行处罚，必要时可关门停业整顿，形成司法行政机关统一管理与行业协会自律管理相结合的模式。[3]

〔1〕 陶锖松：“司法鉴定中实验室认可研究——以公安机关司法鉴定机构为视角”，2013 年安徽大学硕士论文。

〔2〕 徐为霞：“关于我国司法鉴定行业协会运行的研究”，载《辽宁警专学报》2009 年第 1 期。

〔3〕 卞建林、郭志媛：“健全统一规范公正的司法鉴定制度”，载《中国司法鉴定》2015 年第 3 期。

法庭科学文化是司法鉴定的生命之魂

——中国法庭科学博物馆开馆

赵　东 *

　　法庭科学文化是一个国家司法鉴定制度运行中的文化积淀，它的不断完善与历久弥新取决于司法鉴定制度与司法制度的协调发展。文化具有历史连续性，新的文化是在批判地继承人类历史优秀文化遗产中而创造发展起来的。

　　2016 年 5 月 20 日，暨证据科学研究院成立 10 周年之际，我国首家全面展示法庭科学发展历程和成就的专门博物馆——中国法庭科学博物馆（China Forensic Science Museum，CFSM）在中国政法大学证据科学研究院（法大法庭科学技术鉴定研究所）正式开馆，该馆是集法庭科学文物文献收藏、宣传教育、科学研究等为一体的综合性学术研究机构，以中国历代法庭科学文物文献收藏与研究为重点，兼顾世界其他国家法庭科学文物得文献收藏与研究。作为中国政法大学法庭科学文化研究中心的科研平台，该博物馆自 2011 年开始筹建，属"2011 计划"司法文明协同创新中心重点研究任务之一，是弘扬司法文明的一项基础工程，具有宣传司法文明演进、普及法庭科学技术知识的重要教育功能，主要任务是作为向国内外相关学术研究机构和社会大众推介宣传中国法庭科学发展历史的窗口，传承

---

　　* 作者单位：证据科学教育部重点实验室（中国政法大学），"2011 计划"司法文明协同创新中心。

中华优秀法治文明和科技文明的研究基地。规划的研究主题包括：①法庭科学通史、断代史、专门史研究类；②法庭科学标志性人物"口述历史"研究类；③相关研究专题整理类；④历史文献校注翻译类；⑤历史文献资料汇编类等。

博物馆现存《洗冤集录》及衍生作品、《法律医学》《近世法医学》《法医月刊》和《国立北京大学法医学教室鉴定书》等代表不同时期法庭科学发展高峰的珍贵古籍和珍稀民国时期文献实物。该馆目前的展示区域分为博物馆主体展区和公共展区两部分，其中主体展区面积约为230平方米，共展示藏品619件；公共展区位于法大鉴定所办公楼部分廊道、教室、会议室、门厅、院落等处，共展示藏品50件。除了序言和后记，主体展区进一步划分为如下五个展区：

图1　世界法医学奠基人宋慈《洗冤集录》"狱事莫重于大辟，大辟莫重于初情，初情莫重于检验"

第一展区为"中国古代"，共展示藏品116件。主要包括两方面内容：一是以断代史方式，简要介绍了中国古代法庭科学起源、发展、演变和转归的历史轨迹；二是以专区形式，简要介绍了世界法医学奠基人宋慈的生平事迹，以及晚清《点石斋画报》记载的法庭科学相关时事和社会新闻。

图 2　"中国古代"展区（藏品共 116 件）

图 3　晚清《点石斋画报》记载的法庭科学相关时事和社会新闻；中国最早翻译引进的西方现代法医学著作《法律医学》

图 4　世界法医学奠基人宋慈的生平事迹

第二展区为"中国现代",分为中华民国和中华人民共和国两部分,共展示藏品267件。中华民国部分:主要通过鉴定制度沿革、学科建设沿革、专门人才培养培训、法庭科学论文论著、中国现代法医学奠基人林几的生平事迹等的介绍,勾勒了民国时期法庭科学的发展概况。中华人民共和国部分:主要通过鉴定制度沿革、法庭科学教育沿革、法庭科学院系介绍、新中国法庭科学人物、法庭科学杂志、法庭科学相关学会与协会、法庭科学专著与教材等介绍,展示了新中国法庭科学发展概况。

图 5　"中国现代"展区（藏品共 267 件）

第三展区为"外国概览"，共展示藏品 97 件。主要包括两部分内容：一是以时间轴方式，简要介绍了法庭科学各专业标志性事件与标志性人物的相关信息，粗略勾勒出外国法庭科学起源与发展的大致历程。二是以专区形式，简要介绍了华裔刑事科学技术专家李昌钰、美国马里兰法医局、瑞士洛桑大学、韩国国立科学搜查研究院等的相关信息。

图 6 "外国概览"展区（藏品共 97 件）

第四展区为"影视与文学"，共展示藏品 51 件。主要内容是以展板结合实物、模型、影视资料等形式，简要介绍了部分中外法庭科学影视与文学作品。

图 7 "影视与文学"展区（藏品共 51 件）

第五展区为"证据科学研究院院史"，共展示藏品 88 件。主要内容是通过研究院概况、学科建设、学术研究、人才培养、司法鉴定、大事记与人像墙、国际交流、海外学术研究机构等专题展示，较系统地介绍了中国政法大学证据科学研究院的发展历史。

　　法庭科学作为新兴的交叉学科，其文化研究的主体是法庭科学工作者，该群体须具备"问题意识"以解决司法鉴定相关问题，并积极回应社会和司法实践中亟须解决的重大理论问题，诸如司法鉴定社会学问题研究、司法鉴定管理学问题等。法庭科学文化是司法鉴定职业共同体的精神支柱和生命之魂，唯以此可形成敬畏职业信仰的司法鉴定职业共同体，营造科学公正、恪守法律、具有社会公信力的司法鉴定服务环境。